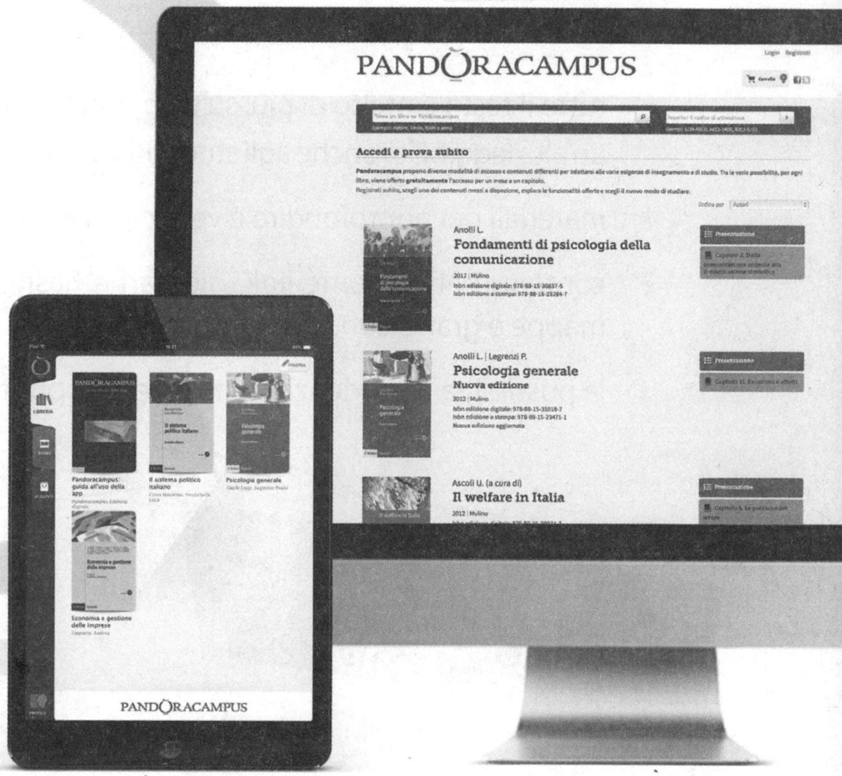

organizzarsi

studiare

verificare

confrontarsi

approfondire

> Per chi studia:

- tutto il testo e molto di più, su web e su tablet, pensato per garantire un'alta leggibilità anche agli studenti con DSA (in particolare, dislessia);
- materiali per approfondire e verificare l'apprendimento;
- contenuti attivi come link, glossari e flashcard, video, cronologie, mappe e grafici con i quali interagire;
- la possibilità di evidenziare, prendere appunti e fare ricerche;

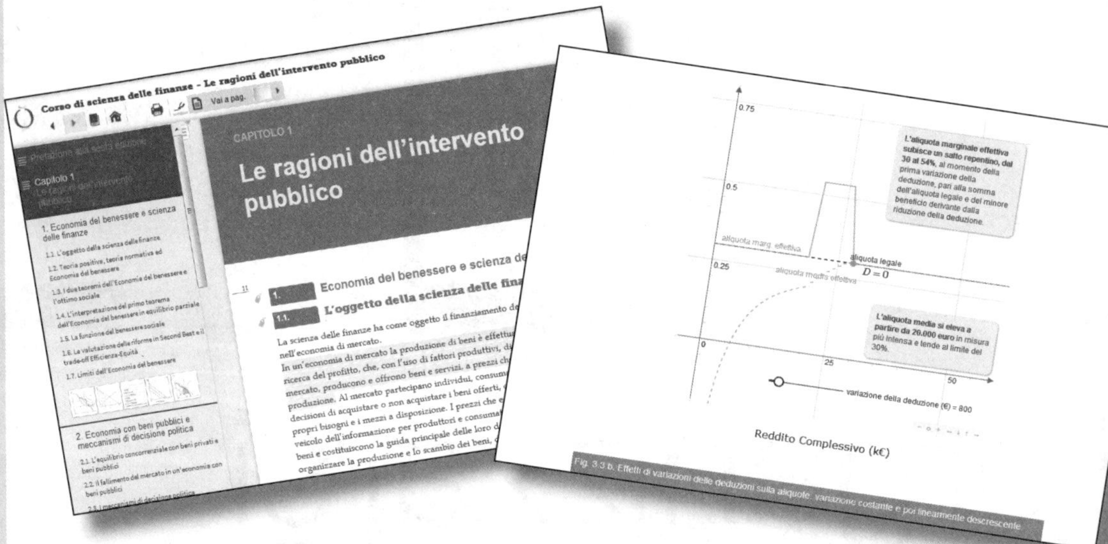

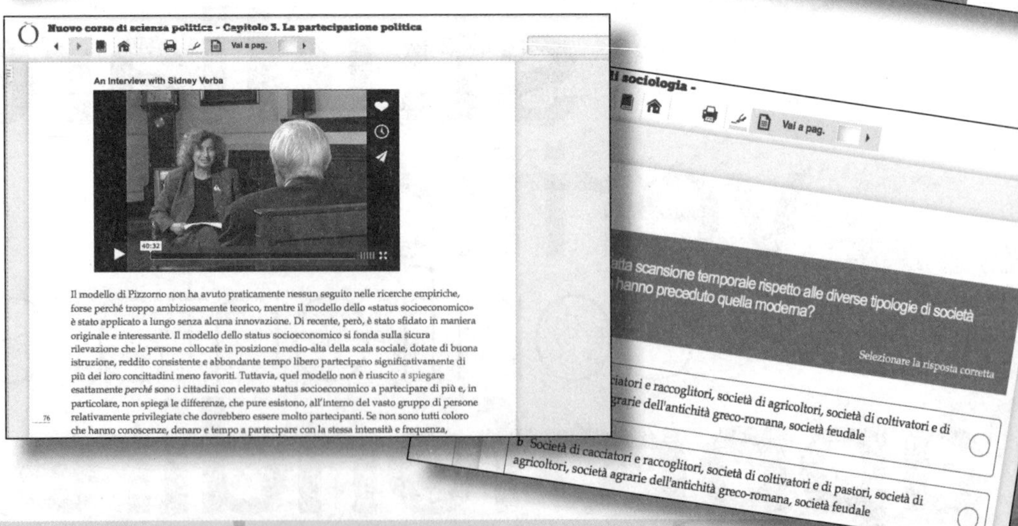

www.pandoracampus.it

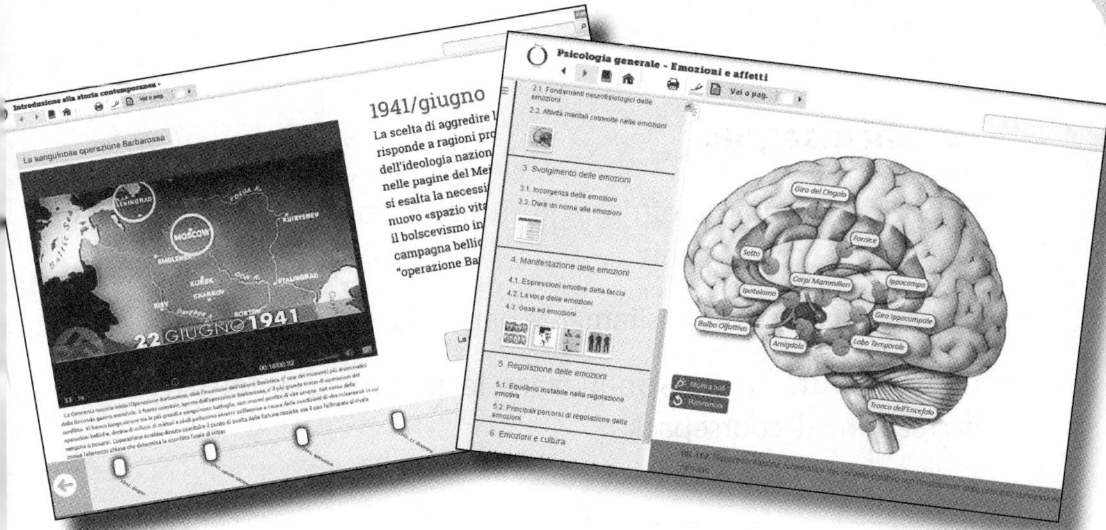

- la possibilità di confrontarsi e interagire con chi sta studiando lo stesso manuale e, quando disponibile, con un tutor a cui fare domande;
- strumenti di organizzazione dello studio per programmare l'esame e creare un calendario con gli obiettivi da raggiungere.

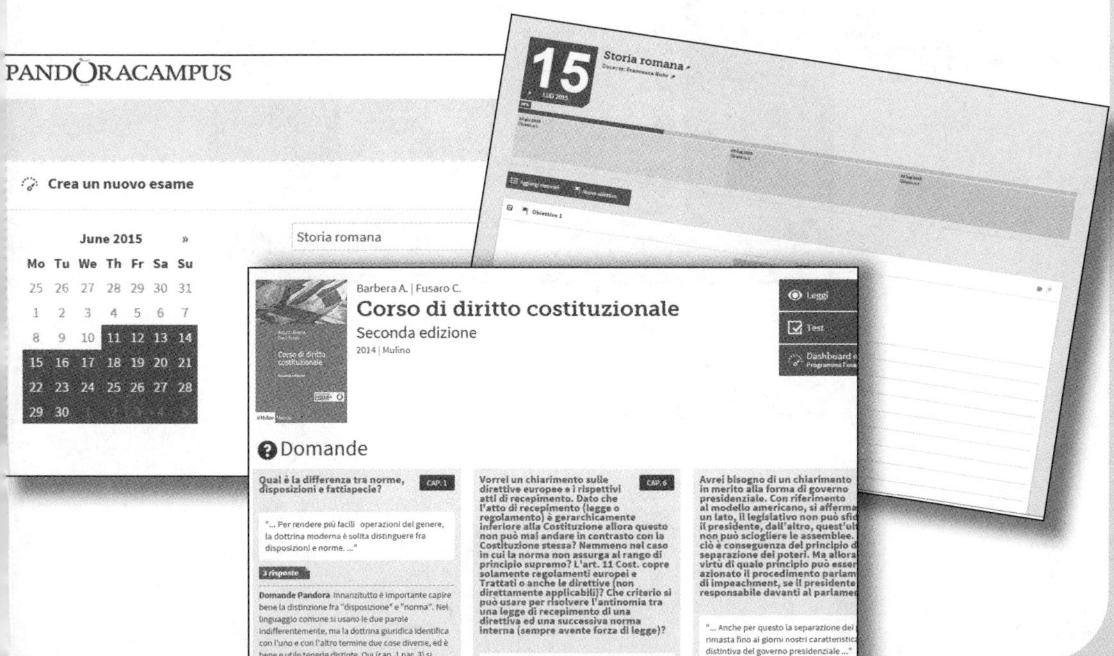

> Per chi insegna:

- un'opzione in più da offrire agli studenti, con formule di accesso innovative e convenienti;
- materiali elaborati appositamente per la didattica;
- l'opportunità di personalizzare le proprie scelte attraverso la creazione di coursepack.

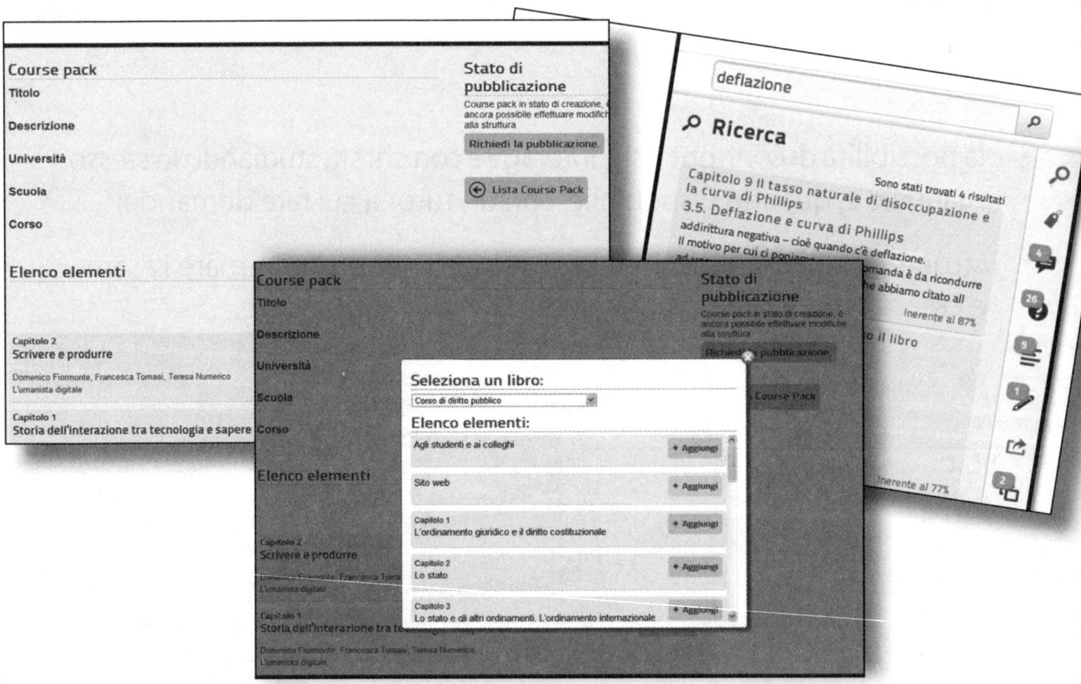

www.pandoracampus.it

MANUALI

Diritto

Diritto pubblico comparato

Le democrazie stabilizzate

a cura di

TOMMASO EDOARDO FROSINI

il Mulino

ISBN 978-88-15-28034-3

Redazione e produzione: Edimill srl - www.edimill.it

Indice

Presentazione

Da tempo avvertivamo l'esigenza di un nuovo manuale di diritto pubblico comparato. Certo, ce ne sono e anche di molto buoni. Lo sforzo però che si è fatto finora è stato quello di voler comprendere l'intero globo delle esperienze giuridiche, costringendo così lo studente a imparare e archiviare una notevole messe di atti e fatti costituzionali.

Abbiamo voluto fare una scelta diversa. E l'abbiamo voluta esplicitare fin dal sottotitolo di questo manuale. Quindi, *Le democrazie stabilizzate*: ovvero quei Paesi che si fondano sulle ragioni del costituzionalismo, che hanno mostrato e dimostrano ferma e convinta difesa dei diritti di libertà e delle garanzie costituzionali. Il cui sistema di governo ha privilegiato il criterio della separazione dei poteri, quale baluardo dell'effettività della democrazia liberale.

Di «democrazie stabilizzate» parlava già un insigne Maestro del diritto pubblico comparato, quale Paolo Biscaretti di Ruffia, nel raccogliere in un volumetto dieci Costituzioni di altrettanti Stati, selezionati e classificati come «democrazie stabilizzate».

Siamo voluti tornare a quella impostazione e all'uso di quel concetto, convinti che vi siano ragioni teoriche e ragioni didattiche per farlo circolare nuovamente nell'ambito del diritto pubblico comparato. Le ragioni teoriche attengono alla esigenza di fronteggiare, dalla parte del costituzionalismo, quella pericolosa tendenza di alcuni regimi politici, che stanno subendo un'inquietante *constitutional retrogression*. Una sorta di «arretramento» del costituzionalismo e svuotamento della Costituzione, che passa attraverso non una revisione della stessa ma piuttosto un'azione politica anticostituzionale. Tornare a diffondere i modi e metodi del diritto secondo la tradizione delle democrazie stabilizzate vuole essere anche una precisa testimonianza, che il diritto pubblico comparato nasce e si sviluppa come disciplina sempre protesa alla ricerca della libertà.

Anche per questo motivo abbiamo convintamente voluto un capitolo dedicato all'Unione Europea. Che è un presidio di diritti e libertà, quale risultato di una progressiva attività di comparazione fra il diritto e i diritti di Paesi appartenenti all'UE. Le ragioni didattiche attengono anche alle nuove modalità dei corsi universitari. Oggi chiamati «semestrali» ma che in realtà sono trimestrali. Uno spazio di tempo che non consente al docente di spiegare e dispiegare il funzionamento dei sistemi giuridici in giro per il mondo. Da qui la scelta di privilegiare l'analisi del funzionamento istituzionale di quei Paesi che non possono non essere conosciuti; la cui conoscenza, anzi, è prolegomena allo studio di altre esperienze giuridiche.

Abbiamo ritenuto che fosse più importante che lo studente conoscesse prima e meglio gli ordinamenti costituzionali delle democrazie stabilizzate, e che lo potesse fare nello spazio di tempo consentito dall'attività didattica. Salvo prevedere approfondimenti di altri ordinamenti, sulla base delle sensibilità scientifiche del singolo docente, che possono integrare la lettura e lo studio di questo manuale. A partire dall'utilizzo del sito *Pandoracampus*, nel quale sarà presente l'edizione digitale del testo insieme a materiali integrativi per lo studio e la didattica, per esempio link di approfondimento tematico.

Da quanto finora detto risulta chiaro che abbiamo voluto scrivere un manuale per lo studente e non per lo studioso. Il quale potrà rimanere deluso nel non trovare le tanto desiderate citazioni bibliografiche, impedendogli così di partecipare al gioco accademico delle stesse, che consiste talvolta nel misurarle con il bilancino. Decidere di avere come punto di riferimento lo studente significa anche operare scelte lessicali adeguate, privilegiando un registro espositivo chiaro e lineare, sempre volto a favorire la comprensione delle tematiche trattate piuttosto che l'avvitamento in elucubrazioni eccessive.

Gli Autori di questo manuale hanno pensato ciascun contributo proprio nell'ottica di una scommessa culturale. Viviamo un'epoca in cui troppo spesso traspare una sfiducia di fondo sulla possibilità di trasmettere concetti complessi in modo semplice e accattivante. Noi, invece, crediamo che non solo sia possibile, ma trattando di principi, norme e tradizioni costituzionali, cioè i fondamenti della convivenza civile, sia addirittura doveroso. Insomma, con questo manuale abbiamo voluto dare un piccolo contributo per invertire una pericolosa tendenza a un progressivo scollamento tra la cultura costituzionalistica, con tutto il patrimonio storico, filosofico e giuridico che racchiude, e il bagaglio di conoscenze della parte più avvertita e sensibile delle giovani generazioni, ovvero i nostri studenti universitari. Che invitiamo, pertanto, a conoscere, studiare e diffondere il diritto pubblico comparato, che è da ritenersi fra le più avvincenti e interessanti discipline giuridiche odierne.

Gli Autori

CAPITOLO 1

Il metodo

OBIETTIVI DI APPRENDIMENTO

- **Comprendere l'importanza del diritto comparato per il giurista di oggi**
- **Apprendere le tecniche attraverso le quali si fa comparazione**
- **Imparare una metodologia di utilizzo della comparazione giuridica**
- **Capire come si compara, che cosa si compara e perché si compara**
- **Contestualizzare la comparazione giuridica nella globalizzazione**

1. IL METODO *NEL* E *DEL* DIRITTO COMPARATO

La questione del metodo è una sorta di «ossessione» dei comparatisti. Qualunque scritto sulla comparazione giuridica, per essere considerato davvero tale, deve essere caratterizzato dal metodo, così come un manuale di diritto comparato non può non contenere un capitolo sul metodo. Bisogna quindi atteggiarsi, piaccia oppure no, come dei novelli Cartesio e pronunciare un *Discorso sul metodo per un retto uso della propria ragione e per la ricerca della verità nelle scienze*.

Certo, rispetto ai problemi che si poneva Cartesio nel 1637, oggi il metodo serve senz'altro ancora per un «retto uso della ragione», sicuramente meno «per la ricerca della verità nelle scienze». Al comparatista serve, innanzitutto e soprattutto, per avere una sua identità scientifica e per distinguersi dagli altri giuristi. Perché il diritto comparato non ha un preciso marchio di origine, è privo di chiare e profonde radici scientifico-disciplinari a differenza degli altri

Questo capitolo è di Tommaso Edoardo Frosini.

settori del diritto, a principiare dal diritto romano. Un tempo, tendenzialmente tra la fine dell'Ottocento e gli inizi del Novecento, si teorizzava, quanto meno in Italia, addirittura l'inutilità del diritto comparato, ovvero dello studio degli ordinamenti stranieri, attraverso un'espressione all'epoca diffusa: «altre genti, altri climi». Come dire, ciò che veniva regolato e normato all'estero era frutto della loro specificità nazionale e non poteva essere di nessun ausilio per l'ordinamento domestico. Idea oggi datata e obsoleta. Anzi, **oggi il diritto comparato risulta essere determinante per la formazione del giurista, per l'evoluzione della legislazione e per il consolidamento della giurisprudenza**. Il diritto comparato quindi è un metodo, che si esplicita attraverso un confronto tra soluzioni normative adottate da diversi ordinamenti, ovvero è una scienza autonoma, che ha la sua identità e caratterizzazione scientifica? Quello tra metodo e scienza appare come un dilemma sterile, che soffre delle logiche accademiche chiuse, protese e preoccupate a salvaguardare la comparazione quale disciplina autonoma, oppure a farne uso e consumo all'interno delle tradizionali materie. Il diritto comparato è scienza e metodo: anzi, è scienza in quanto ha un metodo, che si declina al plurale. E che consiste nel saper affrontare un viaggio di esplorazione attraverso terre solo in parte note oppure, spesso, ignote e pertanto tutte da scoprire. **Il comparatista, allora, è un viaggiatore della teoria e della prassi nell'universo giuridico**. Una sorta di «Marco Polo» mosso dall'inquietudine e dalla curiosità, che lo spingono a superare le sue paratie culturali e disciplinari, accettando di rimettersi ogni volta in gioco per spostare sempre un po' più avanti la bandierina della conoscenza. Nella sua valigia non deve portare le ristrettezze mentali del proprio mondo di origine e aprirsi all'esterno, al confronto, alle novità, alle contrapposizioni: non deve trascurare la lezione del passato, ma non deve essere neppure troppo immerso nel presente, che è transeunte. Il viaggio del comparatista oggi si chiama (anche) «globalizzazione»: alla scoperta di sistemi giuridici che cambiano e si trasformano, come il diritto islamico; ma anche gli emergenti Paesi che si sviluppano economicamente (si pensi, tra gli altri, alla Cina) e che vanno studiati sotto il prisma dell'analisi economica del diritto comparato. Valorizzando altresì il «nuovo mondo» del diritto dell'Unione Europea, quale contaminazione delle esperienze giuridiche degli Stati membri. **Comparare vuol dire mettere in luce le analogie e, soprattutto, le differenze fra i sistemi giuridici, ovvero fra norme e istituti di vari Paesi**. Ai fini di un possibile trapianto nell'ordinamento di appartenenza, per verificare, per esempio, se i patti di convivenza civili codificati in Spagna o in Francia possano essere recepiti anche in Italia. Oppure se il presidenzialismo statunitense possa trovare una sua corretta e adeguata emulazione nel costituzionalismo italiano. Si badi, non sono operazioni meccaniche, una sorta di «taglia e incolla»: vanno calate e comprese in un ampio contesto culturale, che è dato dalla conoscenza degli ordinamenti oggetto della comparazione. Conoscenza che non è solo *law in books* ma soprattutto *law in action*: e quindi un diritto da guardare e studiare attraverso l'operatività effettiva della normazione nel momento applicativo, senza rimanere prigionieri dell'analisi svolta solo per il tramite del «diritto dei libri». Quindi, bisogna viaggiare per conoscere e pertanto «vivere» gli ordinamenti giuridici per meglio compararli. Vale il monito che oggi non si può legiferare senza prima comparare. Perché chi conosce un solo diritto, non conosce alcun diritto.

Ecco che allora il comparatista deve agire come la volpe che sa molte cose, anziché come il riccio che ne sa una sola grande. La cultura derivante dalla comparazione ha anche un effetto concreto: perché consente di legiferare meglio, andando cioè a cogliere di fiore in fiore la migliore normativa in giro per il mondo per riadattarla, con metodo, al proprio ordinamento giuridico di appartenenza. E lo stesso vale per le sentenze della giurisprudenza, specialmente costituzionale. **Il diritto comparato può essere definito come una sorta di «clausola aperta» a qualunque principio o regola, proveniente dall'esterno, che possa servire per progredire, per innovare, per tutelare di più e meglio i diritti di libertà dell'individuo.** Certo, bisogna conoscere la dimensione storica, linguistica e culturale dei Paesi oggetto di comparazione. Bisogna, cioè, sapere entrare metodologicamente nelle realtà giuridiche degli altri per sapere cosa e come comparare. Perché il testo giuridico può essere solo un significante, al fine di scoprire il significato culturale e di mentalità che il testo rappresenta. Occorre svelare le analogie e le differenze fra due o più ordinamenti, ovvero fra istituti, normative e sentenze. Un'operazione intellettuale di raffronto, dove sono però le dissonanze che esaltano maggiormente la comparazione, producendo davvero un valore aggiunto.

2. IL DIRITTO COMPARATO TRA STRUTTURA E FUNZIONE

Alla domanda **a che cosa serve il diritto comparato?** si può agevolmente rispondere che è strumentale alla conoscenza e alla soluzione di diversi problemi, che sono generati dalle trasformazioni del diritto, specialmente nel XXI secolo, nonché dalla circolazione da un ordinamento all'altro di leggi, norme, prassi, sentenze e dottrine. La conoscenza e poi la soluzione dei problemi si ricava attraverso un'opera di interpretazione giuridica, che comporta l'apprendimento della lettera e dello spirito della legge, più in generale di qualunque provvedimento avente natura ed effetti giuridici. E l'attività dell'interprete è favorita dall'indagine comparatistica. Per vedere e cogliere come altrove è stato regolato quel determinato problema giuridico, per interpretarlo e semmai trapiantarlo nel proprio ordinamento di appartenenza. Quindi la funzione di interpretazione è da ritenersi senz'altro tra le finalità concrete della comparazione giuridica. Che deve tener conto del significato culturale e della mentalità che il provvedimento assunto altrove esprime; e deve tener presente la capacità di trapianto, senza rischi di rigetto, in un altro ordinamento.

Insomma, **il diritto comparato serve a contribuire all'evoluzione e al progresso di un ordinamento giuridico, attraverso le esperienze giuridiche che**

si sono prodotte in terre straniere. Laddove, cioè, si è saputo ben regolare una materia, e quindi ha avuto successo applicativo, allora la si studia, la si contestualizza tenendo conto delle sue specificità, e poi la si propone ai fini regolativi e decisori in un altro ordinamento. Attraverso il metodo che valorizza la dimensione storica, linguistica e culturale dei Paesi in cui gli ordinamenti giuridici diventano oggetto di comparazione. Ancora: la comparazione può avere finalità scientifiche per il ricercatore, ovvero finalità pratiche per il normatore e il giudice. Può essere sincronica, laddove si studiano gli ordinamenti e i suoi derivati in un dato momento storico, altrimenti può essere diacronica, quando invece si esaminano gli ordinamenti e i suoi derivati nella loro successione temporale.

A colui che si approccia allo studio del diritto comparato, per esempio lo studente, questo serve a conoscere il funzionamento di uno o, meglio, più sistemi giuridici, anche al fine di comprendere le dinamiche giuridiche all'interno dell'ordinamento di appartenenza. E per iniziare un affascinante viaggio intellettuale delle esperienze giuridiche, i cui benefici si avranno in maniera sempre più rilevante e significativa qualunque dovesse essere la professionalità giuridica. **Oggi, un bravo avvocato o un giudice preparato si connotano per la conoscenza e per il corretto utilizzo del diritto comparato**. Laddove l'uno, l'avvocato, ne farà un uso attento e preciso nei suoi ricorsi e memorie, mostrando cioè come altrove quel caso è stato risolto; mentre il giudice utilizzerà il diritto comparato anche al fine di avallare la sua pronuncia o per motivare meglio la sua sentenza. Sull'utilizzo da parte del giudice del diritto comparato si è soliti ricordare una norma costituzionale, ovvero la Sezione 35(1) della Costituzione del Sud Africa, che recita: «Nell'interpretare le previsioni di questo capitolo i tribunali dovranno promuovere i valori che stanno alla base di una società democratica fondata su libertà e uguaglianza e dovranno, dove compatibile, tener conto del diritto internazionale pubblico applicabile alla protezione dei diritti sanciti in questo capitolo, e *potranno tener conto della giurisprudenza straniera*» [corsivo nostro]. Si tratta di un «invito» costituzionale a utilizzare la giurisprudenza di altri Paesi, per risolvere questioni e casi in funzione della tutela dei diritti fondamentali. Certo, a fronte di un'apertura al diritto comparato, addirittura codificata in Costituzione, c'è chi, come la Corte suprema degli Stati Uniti d'America, per il tramite di un suo autorevole giudice, che non c'è più, ha rifiutato e rigettato l'ipotesi che il diritto americano «should conform to the laws of the rest the world». Come dire, l'America e i suoi giudici non prendono spunto né giammai si conformano a quanto deciso in altri Paesi in giro per il mondo; anche laddove questo potesse servire a garantire meglio e di più i diritti costituzionali.

Alla domanda **che cosa si può comparare?** si possono dare diverse risposte. Ci sono la micro e la macrocomparazione, per esempio. **Attraverso la micro si comparano specifici settori dell'ordinamento giuridico, come singole norme ovvero gruppi di norme, che formano particolari istituzioni**. Per esempio: la legislazione sulla c.d. «fine vita», oppure sulla procreazione medicalmente assistita (PMA), viene sottoposta a comparazione tra gli ordinamenti che la prevedono e disciplinano. La finalità è quella di svelare consonanze e dissonanze o, se piace, di più analogie e differenze. Certo, tenendo in conto e sullo sfondo il panorama culturale nonché i valori a esso sottostanti. Abbiamo volutamente citato due materie, «fine vita» e PMA, ad alto tasso di impatto etico, proprio per evidenziare come non basti leggere e confrontare per capire, ma occorra entrare nella realtà sociale di quel determinato Paese, ovvero verificare la tensione e l'attenzione etica che vive quella cittadinanza. Compito che spetta anche e soprattutto al giurista comparatista per comprendere la tecnicalità normativa e i concreti effetti di quella determinata legislazione.

Con la macrocomparazione, invece, si sottopongono a confronto organi o istituti, e quindi interi settori del diritto, ovvero le famiglie giuridiche e le loro declinazioni in termini generali di organizzazione politico-giuridica. Per esempio: nel primo caso, si comparano i Parlamenti, i governi oppure le corti di giustizia. La tecnica comparativa è sempre la stessa: individuare analogie e differenze; ovvio però che l'estensione dello studio si amplia di molto e risulta più complesso cogliere norme e fatti. A maggior ragione per il secondo caso, e cioè quello della comparazione tra le famiglie giuridiche oppure gli ordinamenti costituzionali. Il confronto però risulta essere anch'esso macro, per così dire, perché deve tenere in conto la forma di Stato, e cioè i rapporti che intercorrono fra governanti e governati, fra l'autorità e l'individuo. Che è il modo, verrebbe da dire il metodo, con il quale si costruiscono e si implementano i modelli effettivi di sistemi giuridici.

Si compara il diritto privato e il diritto pubblico. Un tempo distinti e distanti nella comparazione, oggi vivono una loro tendenziale unità. Perché si è affermato il diritto comparato, privo di declinazioni settoriali. Temi e problemi come le famiglie giuridiche, le fonti del diritto e soprattutto i diritti fondamentali vengono affrontati e studiati nella prospettiva del comparatista, a prescindere dalla sua formazione privatistica o pubblicistica. Certo, permangono le varie sensibilità e curiosità: un comparatista di formazione privatistica studierà con maggiore agio e profondità le successioni o i contratti, per esempio, di quanto possa fare un comparatista di formazione pubblicistica. Il quale avrà maggiore sollecitudine e dimestichezza nello studiare le forme di governo e la giustizia costituzionale. Quindi, ci sono terreni di incontro che valorizzano lo studio del diritto comparato *tout court*, ma permane una differenziazione sulla base delle singole inclinazioni dello studioso. Da qui, un'ulteriore caratteristica del comparatista, che è quella di spaziare nella conoscenza e nella ricerca, senza paratie e recinti. Davanti a sé ha il globo: si sceglie uno o più Paesi, ci va e li frequenta, prende un istituto giuridico e lo studia comparandolo con quello dell'ordinamento di appartenenza ovvero con un terzo.

È il raffronto quello che conta, o, per dirlo meglio, l'operazione intellettuale di raffronto tra istituti, normative e decisioni giurisprudenziali per le finalità di cui si è detto. La questione del raffronto, e quindi della comparazione, evoca un altro problema, che è stato oggetto di mai sopita discussione. Il diritto straniero è diritto comparato? Ovvero: chi studia solo un ordinamento straniero, oppure un suo istituto o la sua legislazione, può ritenersi ed essere

considerato un comparatista? A rigor di logica parrebbe di no, perché viene meno l'operazione intellettuale di raffronto, che a sua volta fa venir meno la metodologia delle consonanze e assonanze e quindi dell'eventuale trapianto di ciò che in un ordinamento c'è di buono giuridicamente in un altro ordinamento. Il diritto straniero, in questi termini, appiattisce e rattrappisce il metodo. Si presenta quasi come la traduzione di documenti giuridici e relativo dibattito intorno a essi, che si sono prodotti in un dato Paese. Per esempio: ha senso studiare e far conoscere un istituto francese oppure tedesco senza raffrontarlo con l'omologo italiano ovvero di un terzo Paese? Certo, va riconosciuto che senza lo studio del diritto straniero verrebbero meno i presupposti per svolgere una qualsiasi analisi comparativa. Allora, come è stato efficacemente detto, **il comparatista sta al diritto straniero come il direttore d'orchestra sta all'orchestrale**, e quindi non si può essere l'uno senza essere stato l'altro. O, parimenti, si può dire che il diritto straniero appare come l'introduttore necessario per il diritto comparato. Che è e rimane un valore aggiunto, perché con la comparazione si rende viva ed effettiva la vita del diritto, al di là e oltre la pura e semplice descrizione del diritto straniero.
Infine, alle domande **perché si compara? come si compara?** si è in buona parte già risposto in precedenza. Vale però la pena di insistere e specificare ulteriormente. Innanzitutto, quello di **voler ampliare la conoscenza dei sistemi giuridici è senz'altro uno dei motivi che valorizza il diritto comparato**. Da qui ne discende una visione più ampia e più incisiva di come si sviluppa il diritto in giro per il mondo. Quali sono le fonti che determinano lo sgorgare del diritto, ovvero i principi e i valori che stanno alla base di una comunità. E quindi: la religione, come nel caso dei Paesi islamici, che hanno nel Corano la loro fonte sulle regole dei comportamenti di vita e di diritto; la politica, in quei Paesi dove le scelte giuridiche sono dettate da un preciso indirizzo politico-ideologico, che si vuole perseguire ai fini dell'organizzazione della società: l'inveramento del costituzionalismo liberale, che si manifesta nei Paesi che chiamiamo di «democrazia stabilizzata», e che sono oggetto di approfondimento in questo manuale. Dalla conoscenza, che ha una finalità a prevalenza culturale, all'effettività, che ha una ricaduta sulle innovazioni da apportare nel proprio ordinamento giuridico. E quindi: **si compara per consentire ovvero favorire una crescita della propria legislazione, degli istituti giuridici domestici e delle scelte giurisprudenziali dei tribunali nazionali**. Si trae ispirazione dal diritto comparato quando il diritto nazionale risulta essere obsoleto, poco chiaro o addirittura contraddittorio.
C'è un argomento, fra i tanti, che si è prodotto nella recente esperienza giuridica relativamente al perché comparare. Si pensi a quanto sia servita la comparazione per lo sviluppo dell'ordinamento giuridico dell'Unione Europea. Al punto da poter dire che quello è il risultato di una continua e progressiva attività di comparazione fra il diritto e i diritti dei Paesi appartenenti all'Unione. Altrimenti, sarebbe stato difficile riuscire nell'impresa di creare uno spazio giuridico europeo caratterizzato dalla formula «uniti nella diversità», che evoca chiaramente il metodo comparativo. Nelle direttive e nei regola-

menti europei, così come nelle pronunce della Corte di giustizia dell'Unione Europea emerge la ricerca, talvolta esplicitata, di una soluzione che è il frutto del raffronto fra le regole degli Stati membri, evidenziandone analogie e differenze per poi deliberare sulla base di una sorta di «sintesi giuridica». Come nel caso dei diritti fondamentali europei, che sono stati codificati e poi allegati nel Trattato di Lisbona e che risultano essere l'elaborazione di norme, prassi e giurisprudenza sviluppatasi in diversi ordinamenti europei. Soprattutto quei c.d. «nuovi diritti», che non hanno trovato sistemazione letterale nelle Costituzioni nazionali ma che ormai albergano nella cittadinanza, che li riconosce e ne invoca la tutela. E che il trattato europeo ha provveduto a formalizzare per dare loro forma e sostanza giuridica. Basterebbe questo richiamo all'Europa del diritto e dei diritti per avvalorare l'importanza del diritto comparato e del perché si compara. Perché attraverso la comparazione e i suoi metodi si possa pensare e creare una dimensione maggiore di libertà e giustizia.
Per comparare occorre tener presente i c.d. «formanti dell'ordinamento» e la c.d. «formula politica istituzionalizzata». Sono definizioni elaborate dalla dottrina e che, nel primo caso, si riferiscono ai diversi insiemi di regole e proposizioni le quali contribuiscono a formare l'ordine giuridico di una comunità. Quindi, **i «formanti» sono la legge, la giurisprudenza e la dottrina, cioè le disposizioni adottate dal legislatore, le sentenze dei giudici e le opinioni dei dottori della legge**. Attraverso i «formanti» si procede a effettuare la comparazione giuridica. **La «formula politica istituzionalizzata» esprime invece l'essenza di quel dato sistema costituzionale, individuandone gli elementi tipici e necessari**. Occorre tener presente, quindi, l'interpretazione della norma e della prassi costituzionale, al fine di cogliere il reale dinamismo della vita della Costituzione immersa nella realtà sociale. Grazie al contributo fondato sull'interdisciplinarietà, ovvero di altre materie non giuridiche che concorrono a chiarire e capire il funzionamento della struttura del diritto all'interno di una specifica società.

3. DIRITTO COMPARATO *VS* DIRITTO GLOBALE?

Vale ora la pena di svolgere uno specifico approfondimento, che si riferisce all'attualità giuridica del diritto globale e il suo rapporto con il diritto comparato. L'intenzione è quella di favorire il ragionamento di chi legge, ovvero si chiede di voler produrre uno sforzo maggiore di attenzione e tensione dialettica per comprendere meglio le questioni, che sono presentate nelle pagine che seguono. Certo, la questione del metodo comparativo è sempre sullo sfondo ma si è pensato di privilegiare alcune problematiche di maggiore concretezza in punto di diritto comparato. **Con il diritto globale siamo di fronte a una giuridicità composita, fatta di pezzi diversi, e spesso sfuggente a una chiara classificazione**. Il diritto globale si presenta come un oggetto snodabile, che si riarticola di continuo, rinunciando in gran parte a una forma fissa e definita.

La c.d. «globalizzazione», che può essere intesa come «deterritorializzazione», ha favorito il sorgere e l'affermarsi di nuove e varie fonti del diritto come la *soft law*, che si vanno sempre più espandendo senza confini e quindi prive di frontiere giuridiche. Che sono frutto di una prassi giuridica, che altera la gerarchia normativa e che sottrae agli Stati la titolarità del diritto consentendo ad altri soggetti, soprattutto privati, di partecipare attivamente alla produzione del diritto. Anzi, vi è di più: un incontenibile sviluppo del diritto dei privati, ovvero un diritto fatto dai privati, che genera diritti non più riferiti allo Stato ma alle persone, ai singoli soggetti. E che favorisce risposte agli sviluppi e alle situazioni che si producono in maniera dinamica, provando a fissare dei vincoli o degli obblighi che tuttavia lasciano possibilità di azione e di scelta ai destinatari. Ciò vale anche per la giustizia, dove si sono accentuate, *around the World*, le risoluzioni alternative delle controversie affidate ai privati, vuoi per il tramite delle mediazioni ovvero degli arbitrati, che si fondano sulla volontà negoziale delle parti in conflitto.
Quindi, si sostiene che il baricentro della produzione giuridica si stia spostando sui regimi privati, ovvero su accordi stipulati da attori globali, su regolamenti commerciali delle imprese multinazionali, su normative interne alle organizzazioni internazionali, su sistemi di negoziato interorganizzativi e su processi mondiali di standardizzazione. Quindi, nei c.d. «regimi privati globali» sta emergendo una vera e propria autodecostruzione del diritto che semplicemente mette fuori gioco alcuni principi fondamentali del diritto nazionale. È veramente così?

4. COMPARAZIONE E GLOBALIZZAZIONE: PIÙ DIFFERENZE CHE ANALOGIE

Questo nuovo modo di intendere il diritto – qui appena accennato – che produce diritti oltre la funzione legislativa dello Stato, sconta una visione fin troppo occidentale di un unico e unificante processo di globalizzazione. Che tale però non è: **i processi di globalizzazione, infatti, sono diversi e si snodano anche sotto forma di islamizzazione o di orientalizzazione**: pertanto, alla competizione per la globalizzazione concorrono oggi (almeno) tre principali candidati: l'Occidente, l'Islam e l'Asia orientale. Se il diritto comparato vuole adeguarsi alle sfide teoriche e pratiche della globalizzazione dovrà necessariamente allargare i suoi orizzonti al di là e oltre l'Occidente, avvicinandosi, quindi, alle esperienze giuridiche *beyond the West* e ridimensionando la prospettiva eurocentrica e statunitensecentrica.
Prendiamo a esempio, in particolare, il rapporto fra legislazione e globalizzazione: si dubita che vi possa essere un motivo di forte condizionamento dell'una con l'altra. Da un lato, perché il fenomeno della globalizzazione esalta nuove forme di normazione, che non sono direttamente derivabili dalla volontà del legislatore statale, dall'altro perché la legislazione, per quanto

frammentata e indebolita, ha comunque mantenuto un suo intrinseco valore, sia pure come residuo di un baluardo di sovranità. Ci riferiamo, soprattutto, ad alcune leggi che, **sul piano del contenuto, non sembrano subire forme di contaminazione da parte di altre esperienze giuridiche**. Certo, si sottopongono comunque al test della comparazione, per così dire, ma poi si esprimono nella loro originalità, come se fossero marchiate da una sorta di «denominazione di origine controllata».

È il caso della legge elettorale, per esempio. Ebbene, si può senz'altro affermare che ogni Paese, quanto meno fra quelli ascrivibili alla forma di Stato di democrazia stabilizzata, ha una legge elettorale che esprime un proprio sistema elettorale, che non ha eguali altrove. È come se in materia elettorale ci fosse una sovranità assoluta, esercitata attraverso l'individuazione di un proprio sistema elettorale, che non copia e non riproduce modelli altrui. Si pensi alla Francia del maggioritario a doppio turno, al Regno Unito dell'uninominale *first past the post*, alla Germania del proporzionale con la clausola di sbarramento del 5%, alla Spagna del proporzionale con i collegi provinciali ristretti, che determinano un effetto maggioritario; e così anche negli Stati Uniti, in Australia, in Canada.

Se ciò vale per leggi ad alto contenuto politico, quale la legge elettorale tale da qualificarsi come *Grundnorm* della Costituzione in senso materiale, altrettanto **vale per le leggi ad alto contenuto etico**. Anche qui, si procede al test della comparazione, ovvero si verifica come altrove sia stata regolamentata quella determinata materia ma poi si tende a legiferare in proprio, senza cioè emulare quanto è stato fatto altrove. È il caso della legge sulla procreazione medicalmente assistita, ovvero sulle diverse leggi che regolano le unioni civili e anche i matrimoni omosessuali. Certo, qui incide il livello più o meno diffuso della componente etica, ovvero religiosa, presente sul territorio e nella cittadinanza; altrimenti, l'influenza della religione all'interno della maggioranza politico-parlamentare. Sul punto, anche con riferimento a quanto detto prima sui processi di globalizzazione, non si può non richiamare il fattore religioso come fonte del diritto nei Paesi islamici. Problema difficile e delicato che qui non è possibile affrontare.

L'esempio di queste leggi, a contenuto politico e a contenuto etico-religioso, non prova troppo. Anzi, sono leggi attraverso le quali si viene a imprimere un'assai significativa caratterizzazione della forma di Stato e di governo, che per quanto debitrice di una sorta di «patrimonio costituzionale comune» mantiene comunque una sua specificità nei contesti ordinamentali nazionali. Quindi, il fenomeno della globalizzazione va inquadrato nella giusta angolazione, che è senz'altro quella economica e tecnologica, ma che non ha assorbito, anzi fagocitato, l'assetto istituzionale degli Stati e la legislazione degli stessi, in punto di scelte caratterizzanti la forma di Stato e di governo. Su quest'ultima, poi, i modelli sono diversi e differenti, variando dal presidenzialismo nella sua declinazione statunitense ovvero in quella sudamericana, al parlamentarismo che si manifesta con norme e prassi differenziate in larga parte d'Europa, con il semipresidenzialismo la cui provenienza francese si

è alterata nelle altre esperienze europee e dell'Europa orientale. Senza poi considerare le convenzioni costituzionali, che si vengono a formare in punto di forma di governo, che hanno caratteristiche e modalità tutte riferibili ai singoli ordinamenti.
Ecco perché la tesi che la cifra metodologica della comparazione, che è quella delle differenze/somiglianze, sia venuta meno in epoca di globalizzazione, non risulta essere persuasiva. Si sostiene che con la globalizzazione è aumentata la dose di metodo fondata sulle somiglianze anziché sulle differenze – invertendo il rapporto, dove erano e sono le differenze che esaltano di più e meglio l'analisi comparativa – e poi, che semmai sono altre le dinamiche che modellano e indirizzano la ricerca del comparatista, quali la convergenza, lo scambio e la contaminazione, attraverso un *dynamic longitudinal project*. Sarà pur vero che viviamo in un'epoca che vede con favore l'unificazione e la incoraggia, e che l'ordinamento giuridico europeo si muove senz'altro in tal senso, seppure «uniti nella diversità». Ma per il *comparative law in book* e il *comparative law in action* rimane e permane il metodo delle differenze, anche nell'età della globalizzazione. Il raffronto fra sistemi e norme giuridiche deve esaltare le diversità e farlo con particolare riferimento allo scenario del diritto globale, con il suo carattere transnazionale oltre che nazionale e sovranazionale. **Bisogna diffidare delle convergenze, ovvero delle consonanze, e quindi dall'idea che «tout se tient»**.

5. IL DIALOGO FRA ISTITUZIONI NEL DIRITTO COMPARATO

Altro derivato del diritto globale sarebbe il dialogo fra Parlamenti, che si richiama a un altro noto «dialogo», ovvero quello fra le corti. Dialogo quest'ultimo molto studiato e celebrato, nella convinzione di un suo forte impatto giurisprudenziale in grado di suggerire un interscambio o, persino, un'interdipendenza fra le varie esperienze giurisdizionali nazionali. Salvo verificare che manca il dialogo fra le corti statali, e semmai **c'è uno scambio per lo più unilaterale di decisioni giurisprudenziali**; né tanto meno c'è un ricorso all'uso della comparazione ma piuttosto un approssimativo riferimento al diritto straniero.
Se riserve vanno mosse rispetto al c.d. «dialogo fra le corti», a maggior ragione non si ritiene che si sia venuto a sviluppare, utilmente e in chiave comparatistica, un dialogo fra Parlamenti, anche se da intendersi non già come circolazione spontanea dei modelli ma piuttosto come «mettersi in ascolto» di un altro ordinamento. Le Assemblee legislative fanno ricorso all'uso della comparazione o, meglio, della conoscenza del diritto straniero nella fase istruttoria, laddove vengono raccolti materiali legislativi, e non solo, di altri ordinamenti, allo scopo di conoscere come altrove si sia regolamentato quel dato problema, quella certa materia. Ci sono, all'interno delle

Assemblee legislative, uffici parlamentari di diritto comparato che svolgono il precipuo compito di raccogliere in dossier tutto il materiale legislativo, giurisprudenziale e dottrinale in giro per il mondo, riferito a un dato argomento oggetto di esame per una regolamentazione normativa. Questo lavoro di documentazione viene svolto ogniqualvolta l'Assemblea intende avviare l'iter legislativo per regolamentare una determinata disciplina. Altrimenti, possono essere di ausilio, ai fini di una maggiore conoscenza comparatistica, le audizioni svolte nelle indagini conoscitive promosse dalle Assemblee parlamentari, specialmente quando l'audito è uno studioso di diritto comparato. Certo, rischia di essere un lavoro acritico, semplice ricognizione delle fonti del diritto positivo e dei testi giuridici stranieri. Ma è fungibile a orientare il legislatore su come si è provveduto a normare altrove, inducendolo così a svolgere un ragionamento per analogie e differenze, dove sono queste ultime a prevalere, almeno nella fase finale dell'approvazione della legge; laddove nella fase iniziale della proposta di legge si riscontra una maggiore tendenza a emulare testi legislativi stranieri. Si può quindi provare a sintetizzare e schematizzare, affermando che **la proposta di legge ha un iniziale approccio di diritto straniero per poi svilupparsi, nell'iter legislativo, attraverso l'uso del metodo comparativo**.

Quindi non si legifera senza prima comparare; ovvero conoscere, apprendere, prendere contezza come altrove si è provveduto a normare una certa materia. Poi, il legislatore agisce prevalentemente per differenze, ovvero senza emulare il legislatore straniero, sia pure conoscendolo. Il c.d. «dialogo fra le corti» e, soprattutto, fra Parlamenti appare come un mito, al quale in molti tendono nella convinzione, tutta da verificare in concreto, che si svolgano forme di trapianti di sentenze e, soprattutto, di norme. E che tutto ciò sia un inevitabile derivato del processo di globalizzazione nella sua induzione verso un'uniformità giuridica e una circolazione, «occidentalmente orientata», del diritto e dei diritti. Sia come perimetro geopolitico della nozione, quello euroatlantico; sia come Occidente giuridico, ovvero il modo attraverso il quale il diritto ha saputo radicarsi nell'organizzazione delle società di una parte del mondo, e i tentativi di incorporare nelle proprie ragioni la complessità del mondo.

C'è invece una questione che investe il rapporto fra legislazione e comparazione, in termini di circolazione delle esperienze e dei modelli giuridici, che si sta affermando sempre più negli ordinamenti contemporanei: si tratta del tema riferibile alla **«qualità delle leggi», altrimenti detta «better regulation»**. È su questo tema, oggi, che si incontrano i legislatori nazionali. È su questo tema, oggi, che si viene a valorizzare la circolazione delle scelte legislative. Non sui contenuti delle norme ma piuttosto sulla corretta forma della redazione delle norme (*drafting*) e ancora sull'analisi dell'impatto della regolamentazione (AIR), innestando modi e metodi di tecnica legislativa e di analisi economica del diritto. Da qui una prima considerazione: e cioè che la legge rischia sempre più di essere considerata alla stregua di un «bene di consumo», un «prodotto» che è offerto nel mercato delle regole e scelto da chi quella regola vedrà applicata. Un prodotto che deve essere pulito, ordinato e corretto sul piano della forma; che deve essere razionale, economicamente vantaggioso e di sicuro impatto tra gli *stakeholders* sul piano della fattibilità.

Nell'età della globalizzazione la comparazione ha sicuramente ancora un suo fondamento, e la legislazione degli Stati, per quanto frammentata in nuove e varie fonti, non può e non deve essere privata di un edificante raffronto con le legislazioni straniere. Raffronto che deve insistere sulle differenze, senza cadere nelle accondiscendenti analogie in nome di un processo unificante, che è ben al di là da venire. Si è provato a indicare come e in quale fase deve avvenire il procedimento comparativo nel momento della formulazione legislativa. E questo vale per le c.d. «microleggi», che regolano il quotidiano vivere di una comunità, e per le c.d. «macroleggi», intendendo queste ultime come quelle ad alto contenuto politico oppure etico, che declinano torsioni della forma di Stato e di governo. Il risultato dell'originalità ed esclusività di queste leggi (per esempio, la legge elettorale) è comunque frutto di una comparazione per differenze, che tiene conto della diversità dell'assetto politico-istituzionale di quel dato ordinamento.

Per quanto riguarda il valore e la forza della legge negli Stati contemporanei, questa risulta significativamente indebolita dall'incapacità di regolare la complessità del reale e le continue trasformazioni dei processi sociali e tecnologici. E quindi in buona parte sostituita da altri modi di normare, dalla *soft law* al diritto dei privati. Ma l'afasia e l'apatia della legge è altresì dovuta alla sua grammatica sgrammaticata, ovvero alla cattiva redazione che determina incomprensione, ambiguità, vaghezza, oscurità e che minaccia la certezza del diritto, l'equilibrio fra i poteri costituzionali, l'efficienza della giustizia, l'osservanza della legge. Ci vuole un'igiene legislativa, che metta ordine e pulizia anche attraverso la tecnica legislativa, ovvero il *drafting* e quindi il modo e il metodo per scrivere bene e in modo chiaro le leggi. E la metodologia comparativa deve servire anche a questo.

6. UN CONSIGLIO (DI METODO) ALLO STUDENTE

Per concludere, vogliamo offrire un suggerimento allo studente sul metodo, che gli convenga tenere in conto per studiare il diritto e in particolare il diritto comparato. E lo facciamo attraverso un brano estratto da un formidabile libriccino di Leonardo Sciascia, *Una storia semplice*. A un certo punto del romanzo, Sciascia racconta dell'incontro fra il professore d'italiano e il suo ex alunno ora divenuto magistrato, il quale stava conducendo un'inchiesta e aveva convocato il suo vecchio professore perché desse testimonianza. Scrive Sciascia: «Il magistrato scoppiò a ridere. "L'italiano: ero piuttosto debole in italiano. Ma, come vede, non è poi stato un gran guaio: sono qui, procuratore della Repubblica...". "L'italiano non è l'italiano: è il ragionare" disse il professore».

Così, possiamo dire che **il diritto non è il diritto: è il ragionare**. Quindi, allo studente si chiede non solo di imparare il diritto, ma soprattutto di saperlo usare attraverso il ragionamento. Quindi non basta conoscere la sola norma giuridica se poi non la si sviluppa attraverso un ragionare che metta insieme la prassi, la giurisprudenza e la dottrina, secondo un'interpretazione comparativamente orientata. Perché **oggi chi conosce un solo diritto, non conosce alcun diritto**.

CAPITOLO 2

Teoria e storia del costituzionalismo

Obiettivi di apprendimento

- **Comprendere il significato dei concetti chiave della teoria costituzionale e dei momenti più significativi della storia del costituzionalismo**
- **Imparare una metodologia di selezione degli eventi**
- **Apprezzare l'intreccio tra avvenimenti storici, pensiero politico e documenti giuridici**
- **Apprendere i passaggi fondamentali che hanno determinato le trasformazioni dello Stato moderno**
- **Capire che gli ordinamenti attuali sono il frutto di una concatenazione di eventi del passato**

1. ALCUNI CONCETTI ESSENZIALI

Il primo dei concetti essenziali non può che essere **Costituzione**. Contrariamente a quanto si potrebbe pensare limitando lo sguardo al tempo presente, il significato di questo termine non è univoco e storicamente abbraccia fenomeni anche molto diversi tra loro.

Inizia ad affacciarsi nel dibattito culturale del pensiero occidentale con i filosofi greci che lo utilizzano per indicare il complesso degli assetti politici su cui si fondava la vita della comunità per eccellenza, cioè la *polis*. In particolare, Aristotele intitola *Costituzione degli ateniesi* una della sue più rilevanti riflessioni sulle modalità di governo di una delle società più avanzate del suo tempo. In questa opera e, ancor prima, nella *Politica*, Aristotele afferma l'idea, innovativa per la sua epoca, che gli assetti politici e giuridici che stanno alla base della convivenza civile siano prodotti dalla volontà degli uomini e non

Questo capitolo è di Claudio Martinelli.

dagli dei. Dunque, l'uomo di pensiero ha il dovere di riflettere su quali siano i migliori equilibri costituzionali per una comunità. E qui il grande filosofo ci offre analisi e considerazioni con cui il sapere costituzionalistico si confronterà continuamente nei secoli successivi. **Vi troviamo un'accurata classificazione delle forme di organizzazione del potere fondata sulla combinazione di due criteri: il numero di persone che lo detengono e le caratteristiche con cui lo esercitano**. Poiché ciascuna di queste forme contiene il rischio di una degenerazione (la monarchia in tirannide, l'aristocrazia in oligarchia, la *politia* in democrazia), è opportuno che ogni comunità ricerchi per sé la combinazione più adatta alle proprie caratteristiche.

Come si vede, siamo ben lontani da una concezione della Costituzione come documento giuridico cui uniformare tutte le fonti dell'ordinamento. Questo sarà, come vedremo, il portato della modernità. Tuttavia, dentro questa idea di «Costituzione» come complesso dei principi attorno a cui si struttura il potere politico sono presenti in embrione elementi e preoccupazioni che avranno un ruolo importante anche nel futuro: **il potere può degenerare se non incontra freni adeguati; le forme «pure» favoriscono queste degenerazioni; le Costituzioni che abbracciano una commistione tra principi diversi favoriscono una gestione moderata del potere; non esiste una Costituzione astrattamente migliore, valida per ogni luogo e in tutte le circostanze**.

Concetti e ammonimenti che verranno ripresi nel mondo romano in epoca repubblicana, sempre all'interno di un significato ampio e non strettamente giuridico di «Costituzione». Tra gli altri, Polibio e Cicerone sottolineano l'importanza dell'apporto di tutti i corpi sociali alle funzioni pubbliche come garanzia che nessun potere possa prevaricare gli altri e mettere in pericolo le fondamenta della Repubblica. Dunque, una **Costituzione mista** dal significato più storico-politico che non giuridico, ma che coglie il tema della complessità insita nel concetto di «Costituzione» e il suo valore fondativo rispetto alla vita di una comunità.

Una complessità che ritroviamo anche nell'età medievale, in forme sociali caratterizzate da una pluralità di centri di potere sparsi sul territorio: l'Impero, il Papato, gli ordini monastici, gli statuti dei comuni, le corporazioni, le prime università, e così via. Un potere pulviscolare che certo non poteva elaborare una concezione unitaria di Costituzione. Perché questo avvenga è necessario attendere dapprima il superamento di questi canoni medievali grazie allo Stato assoluto e, successivamente, l'entrata in crisi dell'Assolutismo e l'affermazione delle libertà individuali e della divisione dei poteri, propugnata dall'Illuminismo liberale.

Da quel momento, le concezioni dell'idea di «Costituzione» coincideranno con la storia del costituzionalismo, ovvero un processo storico, diversificato e articolato, fatto di elaborazioni intellettuali, avvenimenti rivoluzionari e sedimentazioni giuridiche, attraverso cui si affermeranno determinati principi che oggi albergano nei documenti costituzionali degli Stati che appartengono a questa tradizione: tra gli altri, l'affermazione e il rispetto della dignità e dei diritti della persona, la fissazione in termini giuridici di precisi limiti all'esercizio del potere politico, la distinzione tra l'area dell'indirizzo politico e le regole di funzionamento degli organi costituzionali.

Le Costituzioni contemporanee, dunque, sono il frutto di questo lungo e accidentato percorso che definiamo «costituzionalismo», la cui complessa storia sarà appunto oggetto di analisi in questo capitolo. Ma per capirne in modo approfondito i passaggi essenziali è necessario avere ben chiari anche altri basilari concetti, a cominciare da quello di **Stato**.

È significativo notare come l'utilizzo del termine «Stato» nel suo significato attuale, cioè di costruzione politico-giuridica, che nulla ha a che fare con la traduzione del latino *Status*, cominci a entrare nel linguaggio degli studiosi solo con il passaggio dal mondo medievale all'età moderna. Fino a tutta l'età medievale i termini adoperati erano altri e rendevano molto bene i caratteri di ciascuna forma cui si riferivano: *Regnum*, *Res Publica*, *Imperium*. Dal punto di vista linguistico questa trasformazione si inserisce nel processo di sostituzione del latino con il volgare, ma ciò che a noi più interessa è che coincide con il fondamentale passaggio dalla pluralità degli ordinamenti feudali all'accentramento del potere postulato dalla modernità con l'esperienza, appunto, dello Stato moderno. Si avverte la necessità, letteraria e comunicativa, di ricomprendere in un solo vocabolo le variegate forme organizzative fin lì conosciute: uno sforzo di concentrazione linguistica pienamente coerente con lo spirito del tempo. Già nel XV secolo si trovano i primi sporadici esempi di questo nuovo utilizzo, **ma il vero punto di svolta sarà segnato da Niccolò Machiavelli** che nel 1513 apre *Il Principe* con queste celebri parole: «Tutti gli stati, tutti e' dominii che hanno avuto e hanno imperio sopra gli uomini, sono stati e sono o repubbliche o principati».

Da questo momento si comincerà a indicare con il termine «Stato» quell'entità costituita essenzialmente da tre indispensabili elementi: sovranità, popolo, territorio. Lo Stato, pertanto, consiste nell'organizzazione politico-giuridica di un popolo presente su un determinato territorio, su cui viene esercitata in via esclusiva una forma di sovranità le cui caratteristiche specifiche variano considerevolmente a seconda del periodo storico di riferimento.

Questi sono gli elementi caratterizzanti lo Stato nazionale. In relazione ai caratteri di questi elementi dobbiamo introdurre ora il concetto successivo, che ci accompagnerà per tutto il capitolo: la **forma di Stato. Con questa espressione si suole indicare il rapporto intercorrente tra governanti e governati; oppure, se si preferisce fare un riferimento più esplicito ai citati elementi costitutivi dello Stato, l'insieme delle relazioni intercorrenti tra chi esercita la sovranità su un territorio e la totalità del popolo che insiste sul territorio stesso**. Ma al di là della definizione che si preferisce assumere, ciò che veramente importa capire è che si tratta di un concetto con una forte proiezione storica, nel senso che descrive le profonde trasformazioni che quelle relazioni di potere hanno avuto nel corso dei secoli di storia dello Stato moderno. Per cui, ecco che al termine del ciclo storico dello Stato assoluto subentrerà una forma di Stato fondata su principi radicalmente diversi: lo Stato liberale. A sua volta, quest'ultimo dovrà subire l'attacco di due forme di Stato tipicamente novecentesche come lo Stato

socialista e lo Stato autoritario. La storia si incaricherà poi, anche attraverso eventi tragici, di decretare l'affermazione dello Stato democratico contemporaneo, la forma entro cui abbiamo la fortuna di vivere.
Tutte queste forme e trasformazioni verranno descritte nelle pagine che seguono, alla ricerca delle ragioni storico-politiche che le hanno generate, delle strutture giuridiche che ne hanno costituito l'architrave e di interpretazioni convincenti sul ruolo che hanno svolto nell'evoluzione delle società che ne sono state il terreno. Non dimentichiamo, infatti, che vi sono tuttora aree del mondo che non fanno parte di questa tradizione culturale e quindi restano estranee al contesto delle nostre indagini.

2. LO STATO ASSOLUTO COME ALBA DELLA MODERNITÀ

Dunque, la formazione dello Stato moderno coincide con l'affermazione dell'Assolutismo monarchico. Cerchiamo di capire come e perché, spendendo innanzitutto due parole sugli assetti ordinamentali precedenti, quelli che caratterizzavano le società medievali. Ovviamente stiamo parlando di un periodo storico, il Medioevo, molto lungo e variegato, che non è possibile racchiudere in formule descrittive troppo rigide. Tuttavia, ciò che qui interessa è rilevare taluni caratteri sociali e giuridici di fondo, indispensabili per capire il significato delle trasformazioni successive.
Ebbene, **il concetto chiave è che in questa età premoderna i rapporti di potere sono fondati essenzialmente su relazioni di tipo privatistico**, a cominciare da quella del re con il proprio territorio. I regni venivano ereditati, suddivisi, accorpati; talvolta, perfino venduti: insomma, erano trattati come oggetti su cui il monarca esercitava i diritti di un proprietario. In sintesi, possiamo rilevare come: la sovranità fosse sfarinata, pulviscolare, decentrata; i rapporti di potere fossero di natura patrimoniale; vi fosse una notevole pluralità di ordinamenti e quindi di fonti del diritto, ciascuna funzionale alla regolamentazione delle relazioni interne all'ordinamento di riferimento; un ruolo unificante fosse svolto dal diritto naturale e dalla funzione giurisdizionale assicurata dalle corti del monarca.
Questa struttura sociale, puntiforme e variegata, che pure era durata molto a lungo e aveva scandito per secoli la vita dei popoli europei, tra Quattrocento e Cinquecento viene superata a favore di una nuova concezione dei rapporti di potere e delle relazioni tra chi lo detiene e chi lo subisce. **In tutta Europa si innesca un processo di centralizzazione del potere nelle mani di un unico soggetto: il sovrano assoluto**.
Furono soprattutto nuove esigenze di ordine socioeconomico e militare che impressero un'accelerazione fortissima verso la trasformazione complessiva della società civile e del potere politico sulla base di canoni per molti versi opposti a quelli precedenti.

Lo Stato moderno assume così la sua prima forma. Dalla pluralità degli ordinamenti medievali si passa a un accentramento di poteri, funzioni, produzione normativa e giurisdizionale. Tutto ruota attorno alla sovranità del monarca assoluto, incarnazione della simbologia e dell'effettività del potere politico. Come teorizzerà Thomas Hobbes, in pieno XVII secolo, cioè all'apogeo dell'Assolutismo che trova nel re di Francia Luigi XIV, detto appunto il «re Sole», il suo massimo esponente storico, il contratto sociale da cui prende vita lo Stato assoluto si fonda sullo spossessamento di ogni diritto individuale a favore dell'entità di vertice dello Stato.

3. LA LIBERTÀ E IL POTERE: INDIVIDUO E STATO NEI PARADIGMI ILLUMINISTI

Nella seconda metà del Settecento lo Stato assoluto opera qualche pregevole tentativo di adeguarsi al mutamento dei tempi, proponendo una sua variante che gli storici delle istituzioni chiameranno «Stato di polizia» o «dispotismo illuminato». In sostanza, si tratta di una stagione di riforme giuridiche e sociali, riconducibili soprattutto alle esperienze di Federico il Grande in Prussia e di Maria Teresa e suo figlio Giuseppe II nell'Impero austriaco, in cui lo Stato, pur conservando i fondamenti dell'Assolutismo, agisce per procurare ai sudditi una maggiore diffusione di un relativo benessere e assicurando, tra l'altro, il riconoscimento di forme di tutela giurisdizionale a favore delle posizioni soggettive dei singoli contro gli atti della pubblica amministrazione. Insomma, un tentativo di introdurre qualche timido cambiamento nel rapporto tra governanti e governati che però si rivelerà tardivo e inadeguato alle accelerazioni che la storia stava prendendo. L'Assolutismo stava esaurendo la sua funzione storica, entrando nella fase discendente della parabola.
La spinta decisiva in tal senso venne provocata dai mutamenti sociali e dalle innovazioni intellettuali. L'ascesa economica della borghesia produttiva e delle professioni era un processo in atto da secoli e aveva accompagnato l'affermazione dello Stato assoluto. Ma con lo scorrere del tempo diventava sempre più stridente e insostenibile il contrasto con l'immobilismo delle classi dominanti: aristocrazia e clero. Si affacciavano nuove concezioni del mondo, dell'economia, del diritto, e la borghesia reclamava un deciso adeguamento del proprio ruolo politico nella conduzione dello Stato.
Gli ideali illuministi si sposavano perfettamente con queste nuove aspirazioni: esortazione a utilizzare la ragione come strumento di affermazione di un pensiero di matrice individuale; sottoposizione a critica delle incrostazioni sociali e dei rapporti di potere, emancipazione dai condizionamenti tradizionali. **Così, l'Illuminismo impose all'Europa e a tutto l'Occidente una svolta nella concezione del rapporto tra potere e libertà. Il protagonista diventava l'individuo: nel pensiero costituzionale degli illuministi per la prima volta sono le strutture del potere a essere modellate sulla misura del singolo e non**

viceversa come era sempre stato. La persona è portatrice di diritti, interessi, aspirazioni e lo Stato deve garantire la cornice giuridica perché la libertà individuale si affermi.
Per la teoria e la storia del costituzionalismo si segnala l'importanza del pensatore francese **Montesquieu, la cui teoria della divisione dei poteri è funzionale proprio alla protezione delle libertà individuali**.
L'analisi impietosa delle degenerazioni del principio monarchico in Assolutismo politico lo conduce all'elaborazione della tesi centrale della sua teoria dello Stato, sintetizzabile nell'affermazione: «**Occorre che il potere freni il potere**», sintesi concettuale del suo libro più celebre *Lo spirito delle leggi*, del 1748.
In sostanza, che cosa vuole dire Montesquieu? Il potere politico è sempre pericoloso per le libertà del cittadino, chiunque lo detenga e comunque sia organizzato. Ma, al tempo stesso, è ineliminabile perché la produzione di leggi e di altre fonti è indispensabile per una convivenza libera e sicura. Pertanto, è necessario escogitare opportuni meccanismi di organizzazione del potere che avvicinino il più possibile la forma di governo francese, punto di riferimento delle sue riflessioni, all'ideale della monarchia bilanciata e moderata incarnato ai suoi occhi dal modello inglese. **A tal fine i poteri dello Stato devono essere distinti e divisi**. Mai più nessun soggetto dovrà accumulare su di sé tutte le funzioni fondamentali dello Stato: legislativa, esecutiva e giudiziaria. Questa nuova architettura dello Stato dovrà essere sancita da una Costituzione che ne fissi i capisaldi.
Una Carta il cui spirito profondo sarà improntato alla tutela delle libertà individuali, grazie alla divisione dei poteri, al sistema dei pesi e contrappesi, al governo moderato: principi decisivi per il costituzionalismo e per le grandi rivoluzioni di fine Settecento, porta d'ingresso dello Stato liberale ottocentesco.

4. IL COSTITUZIONALISMO INGLESE

Quanto descritto finora sintetizza le prime trasformazioni degli ordinamenti degli Stati continentali. In Europa vi è però un'esperienza che ha storicamente percorso una via parzialmente diversa sulla strada del costituzionalismo, e che spesso ha anticipato l'affermazione di libertà e diritti, costituendo così un modello a cui guardare e una fonte di ispirazione per gli intellettuali liberali che riflettevano sulla crisi dell'Assolutismo. Si tratta ovviamente dell'Inghilterra, protagonista di una storia costituzionale che affonda le radici già nel Medioevo e su cui ora dobbiamo soffermare la nostra attenzione.
Fin dagli albori dell'età medievale la tradizione giuridica dell'isola britannica assunse caratteri peculiari e distinti rispetto a quella del continente europeo, fondata sul dominio del diritto romano. Già a partire dall'egemonia altomedievale degli angli e dei sassoni si instaurano su quel territorio regole di convivenza che ne delineano una specificità: si tratta della c.d. *lex angliae*, forse più un insieme di *customs* che un *corpus* organico di norme giuridiche,

ma che conferisce a quei popoli un'identità peculiare che costituirà la base su cui verrà successivamente edificato il sistema giuridico di *common law*. Il grande giurista Henry de Bracton, nel suo trattato del XIII secolo *De Legibus Et Consuetudinibus Angliae*, ci racconta come, dopo la conquista normanna del 1066, le dinamiche sociali abbiano innescato un processo, assecondato dall'opera unificatrice dei sovrani, grazie al quale gli antichi principi di libertà già contenuti nella *lex angliae* si sono sedimentati, affinati e arricchiti nella *common law*. Per capire il valore costituzionale di questi processi si tenga presente che **l'Inghilterra non deve la sua statualità alla forza unificante esercitata dall'uniformità amministrativa**, come invece è accaduto nei processi unitari di molti Stati continentali, basti pensare per tutti al caso francese, **bensì alla diffusione capillare della funzione giudiziaria in grado di portare la «common law» sull'intero territorio della Nazione**. Un processo che trova il suo compimento, tra il XII e il XIII secolo, grazie all'opera di sovrani come Enrico II ed Edoardo I. In particolare, il primo promuove la pratica delle corti di giustizia itineranti che, attraversando i territori del regno per decidere delle controversie attraverso l'applicazione imparziale delle regole e dei precedenti che via via andavano formandosi uniformemente all'interno della Nazione, finiscono per dare un volto preciso agli istituti giuridici e alle procedure giudiziarie. **Un volto in cui si rispecchierà tutta la Nazione e che farà da collante collettivo, plasmando lo spirito di un popolo e il suo rapporto con la libertà**. L'identificazione tra la Nazione inglese e la storia del suo ordinamento giuridico non è affatto un dettaglio accidentale in grado di suscitare solo l'interesse degli studiosi di storia del diritto, ma un elemento essenziale per capire le differenze di fondo sulle due sponde della Manica nel modo di concepire le funzioni dello Stato e il suo rapporto con l'individuo. **Nella cultura giuridica inglese e alla base del sistema di «common law» riveste un ruolo centrale il concetto di «rule of law», ossia la primazia dei principi che presiedono alle libertà e ai diritti degli individui e delle comunità, limiti invalicabili per il potere politico perché antecedenti a esso**.

Ed è in questo quadro complessivo che bisogna collocare il rilievo storico di un documento come la *Magna Carta*. Nel 1215 il re d'Inghilterra Giovanni si trova a dover fronteggiare una rivolta di baroni e vescovi che lo accusano di non rispettare le prerogative della nobiltà e l'autonomia di borghi e contee. Il contrasto verte essenzialmente sulla legittimazione a prendere determinate decisioni, sulle modalità con cui potevano essere prese e sui limiti entro cui potevano dispiegare la loro efficacia. Il re, temendo un'alleanza tra i suoi oppositori e gli odiati nemici francesi, è costretto a scendere a patti e a sottoscrivere, il 15 giugno presso la località di Runnymede, un accordo scritto, che solo successivamente assumerà il nome di **Magna Carta Libertatum**.

Ciò che più conta sottolineare, al di là del tenore formale delle singole clausole e del loro progressivo venire meno in termini di concreta applicabilità giuridica essendo molto legate alle dinamiche della società feudale, è lo spirito di fondo che animava la Carta: **la negoziazione di un patto costituzionale con il re, la fissazione di limiti al suo potere e l'assunzione di responsabilità**

verso il regno da parte di tutte le componenti sociali che avevano dato vita al documento. È questo il passo decisivo per il futuro del costituzionalismo inglese, e non solo.

Una concezione del ruolo del sovrano che sarà alla base delle tormentate vicende che caratterizzeranno tutto il XVII secolo e che sfoceranno nella Seconda Rivoluzione inglese.

La morte di Elisabetta I, nel 1603, sancisce la fine della dinastia Tudor e l'ascesa al trono d'Inghilterra degli scozzesi Stuart. Si forma così l'unione personale tra i regni d'Inghilterra e Scozia: Giacomo VI di Scozia diventa anche Giacomo I d'Inghilterra. **Gli Stuart si mettono subito in urto con la tradizione giuridica inglese mostrando pulsioni assolutistiche sulla falsariga del modello francese.** Tutto ciò determina l'apertura di un lunghissimo braccio di ferro tra la Corona e i custodi della tradizione giuridica e costituzionalistica inglese, uniti nell'alleanza tra il Parlamento e i *common lawyers*.

Le articolate vicende della Prima Rivoluzione (1642-1658) portarono alla decapitazione di re Carlo I Stuart e alla proclamazione del protettorato guidato da Oliver Cromwell. Il potere di quest'ultimo si trasformò in una sorta di «dittatura repubblicana», una condizione che contrastava apertamente con la tradizione politica e giuridica della Nazione. Alla morte di Cromwell il Parlamento preferì restaurare la monarchia con la speranza di stabilire un rapporto diverso con gli Stuart. Speranza che risulterà vana poiché la dinastia non solo accentuerà i tratti assolutistici ma si farà portatrice di istanze cattoliche contrastanti con il profilo anglicano della Nazione e del Parlamento.

I conflitti si fanno insanabili durante il regno di Giacomo II, e nel 1688 la situazione precipita. Tutte le correnti politiche rappresentate in Parlamento, di ispirazione Whig o Tory, non possono accettare di vedere vanificati gli sforzi compiuti durante quasi un intero secolo per arginare la sostanziale europeizzazione dell'isola perseguita dagli Stuart: trasformazione in senso assolutistico dello Stato, ritorno a un cattolicesimo ormai estraneo ai sentimenti della Nazione, sudditanza verso la nemica Francia di Luigi XIV. **Così, tra il 1688 e il 1689 si compie la Seconda Rivoluzione inglese o «Glorious Revolution»: il Parlamento costringe Giacomo all'esilio, lo sostituisce con Guglielmo d'Orange (marito di Maria, una delle figlie di Giacomo) e impone al nuovo sovrano il «Bill of Rights 1689»**, un documento giuridico di fondamentale importanza per la storia costituzionale britannica perché, da una parte, riafferma le antiche libertà della tradizione medievale, compreso l'*habeas corpus*, cioè il diritto dell'individuo accusato di un crimine a essere giudicato da un giudice imparziale e non da un fiduciario del re e, dall'altra, sancisce con forza importanti prerogative a favore del Parlamento, come, per esempio, la libertà di espressione negli atti parlamentari (art. 9)[1].

[1] Art. 9 del *Bill of Rights 1689*: «la libertà di parola e di dibattiti o procedura in Parlamento non possono esser poste sotto accusa o in questione in qualsiasi corte o in qualsiasi sede fuori dal Parlamento».

Insomma, un atto costituzionale fondamentale per il futuro del regno che pone fine a contrasti secolari, riafferma la forza e la specificità della storia giuridica inglese rispetto a quella del continente europeo, ribadisce e aggiorna il patrimonio di libertà e diritti in capo ai cittadini e ai loro rappresentanti, nonché i limiti al potere e alle funzioni del sovrano. La forma monarchica viene conservata (complice il cattivo risultato dell'esperienza repubblicana), ma il re sarà per sempre imbrigliato all'interno di confini che, pur riconoscendogli il valore simbolico di vertice della Nazione, gli assegneranno solo il ruolo di capo del potere esecutivo. Si instaura così la monarchia costituzionale, efficacemente teorizzata da **John Locke** nel *Secondo trattato sul governo* del 1690, e da cui, come detto, prenderà ispirazione Montesquieu per elaborare la sua teoria della separazione dei poteri. Secondo Locke lo Stato è il frutto di un contratto che gli uomini stipulano liberamente per conferire a questa entità politica la protezione di quella che egli chiamava *property*, ovvero un insieme di diritti individuali fondamentali consistenti essenzialmente nella vita, libertà, proprietà. Dunque, per il pensatore inglese la fonte di legittimazione dei poteri dello Stato è la delega che gli viene conferita dai singoli per la difesa dei loro diritti individuali. Per evitare che lo Stato abusi di questa delega è necessario che trovi limiti precisi e invalicabili.

Nel suo libro ritiene importante mettere in luce la necessità di una separazione tra potere legislativo e potere esecutivo. **E poiché il potere più rilevante di cui dispone la società politica è quello di legiferare, per evitare abusi e arbitrii è bene che i due poteri siano nelle mani di soggetti diversi**.

Insomma, un pensatore imbevuto della tradizione costituzionalistica del proprio Paese, inesorabilmente inglese, che riflette per offrire un contributo alle lotte per la libertà che il Parlamento e le corti stanno ingaggiando da tempo con gli Stuart. Riflessioni che colgono perfettamente lo spirito del tempo, tanto da diventare il principale canone interpretativo della *Glorious Revolution* e della monarchia costituzionale inglese. Tuttavia, l'impatto del suo pensiero travalicherà i confini dell'isola e si imporrà come uno dei più influenti sia nel continente europeo sia sull'altra sponda dell'Atlantico.

5. LE GRANDI RIVOLUZIONI DEL XVIII SECOLO

La lunga tradizione giuridica inglese, con il sistema di *common law*, i diritti di libertà, i documenti costituzionali, i conflitti per sancire i limiti al potere del sovrano. La forza persuasiva dell'Illuminismo liberale, con l'esortazione all'utilizzo della ragione contro le superstizioni e le incrostazioni della vita sociale, con le riflessioni sui pericoli insiti in un potere assoluto e sulla necessità di articolarlo su più organi in grado di controllarsi a vicenda. Insomma, tutte le trasformazioni politiche e le elaborazioni intellettuali che abbiamo descritto saranno alla base di **due grandi eventi rivoluzionari di fine Sette-**

cento, decisivi per la storia del costituzionalismo: la Rivoluzione americana e la Rivoluzione francese.

Con la prima espressione si intende denominare il susseguirsi degli avvenimenti da cui scaturì la formazione degli Stati Uniti d'America: Dichiarazione di indipendenza delle colonie nei confronti della madrepatria britannica (1776); conseguente Guerra di indipendenza (1776-1783); Convenzione di Filadelfia per la redazione e l'approvazione della Costituzione (1787); completamento della Carta con i primi dieci emendamenti conosciuti come *Bill of Rights* (1791); assunzione da parte della Corte suprema di un ruolo attivo di custode della Costituzione con la sentenza *Marbury vs Madison* (1803).

Da circa due secoli la potenza coloniale inglese aveva cominciato a porre propri insediamenti sui territori della costa orientale del Nord America. L'organizzazione politica e amministrativa di ciascun territorio presentava caratteri peculiari, anche rispetto al legame con la Corona inglese. Tuttavia, vi era un elemento comune che si rivelerà di particolare importanza al momento di combattere per l'indipendenza: **quelle popolazioni erano impregnate della cultura giuridica e politica inglese, dello spirito antiautoritario e individualista che informava di sé il sistema di «common law» e i documenti costituzionali che avevano costruito l'identità della madrepatria**.

In particolare, un classico principio del diritto britannico venne in discussione negli anni Settanta del XVIII secolo: il cruciale *no taxation without representation*, già enucleato fin dai tempi remoti della *Magna Carta*. Le colonie lamentavano di essere soggiogate da un regime fiscale sfavorevole deciso a Londra, senza che loro avessero alcuna voce in capitolo per discuterlo, non godendo di una rappresentanza presso il Parlamento britannico. Per qualche anno gli organismi rappresentativi delle colonie si limitarono ad avanzare richieste politiche alla madrepatria, coltivando soprattutto la speranza che re Giorgio III, cui confermavano fedeltà, se ne facesse carico e costringesse un Parlamento riottoso ad accoglierle. Ma l'immobilismo di Londra fece precipitare la situazione, finché **il 4 luglio 1776 l'Assemblea delle colonie approvò la Dichiarazione di indipendenza degli Stati Uniti d'America**, redatta da Thomas Jefferson, John Adams e Benjamin Franklin, con cui le colonie sancirono il distacco dall'Impero britannico e ciascuna di esse si proclamava Stato autonomo e indipendente.

Lo storico documento, carico di motivi ideali e rivendicazioni giuridiche, costituisce una pietra miliare nella storia del costituzionalismo, sia perché avvia il processo che porterà alla Costituzione degli Stati Uniti, sia perché è un concentrato di principi e concetti di ispirazione giusnaturalistica, contrattualistica, illuministica e liberale, che vengono proposti come validi per l'emancipazione di tutti gli esseri umani. Si afferma che Dio ha creato gli uomini uguali e li ha dotati di diritti inalienabili che esistono in capo a ogni persona come il diritto alla vita, alla libertà e alla ricerca della felicità, indipendentemente da qualunque organizzazione politica. Anzi, riprendendo un'idea di Locke, gli Stati sono legittimati a esistere solo in quanto svolgano la funzione di proteggerli.

La reazione inglese non si fece attendere. Scoppiò la Guerra di indipendenza, un duro conflitto in cui alla fine prevalsero i nuovi Stati. Molti dei quali, nel frattempo, avevano provveduto a dotarsi di una Carta che, sostituendo quelle imposte dalla Corona e fino a quel momento vigenti, affermasse i diritti fondamentali e ridisegnasse l'organizzazione del potere. Inoltre, nel 1777 diedero vita a una Confederazione di Stati, al cui Congresso venivano conferiti poteri decisori nelle materie di più delicato interesse comune, come la politica estera e di difesa. Siamo all'embrione del nuovo Stato federale, per la nascita del quale bisognerà però attendere altri dieci anni.

L'Unione confederale si dimostrò inadeguata rispetto ai problemi che affliggevano i nuovi Stati perché troppo debole e priva di strumenti giuridici efficaci. **Per discutere della situazione e provare a trovare soluzioni opportune venne convocata a Filadelfia, nella primavera del 1787, una Convenzione cui avrebbero partecipato i rappresentanti di tutti gli Stati della Confederazione.** Alla fine venne approvata una Carta costituzionale che segna un vero e proprio spartiacque per il costituzionalismo, e per diversi motivi. Innanzitutto, per il metodo: è il primo esempio nella storia del costituzionalismo moderno di una Costituzione che scaturisce da un'Assemblea costituente, formata dai rappresentanti dei popoli e degli Stati che sottoscrivono un patto fondativo. Poi per il merito dei contenuti, strettamente legati al metodo seguito e alle aspirazioni che si erano confrontate nella Convenzione. Viene fondato uno Stato federale, in cui la Costituzione provvede a redigere i confini entro cui si dispiega l'autonomia degli Stati membri e, per converso, la forza unificante della Federazione. **Si tratta di una Costituzione democratica e repubblicana, nata da una guerra contro una monarchia, sebbene la più aperta e moderna del mondo, il cui impianto organizzativo si fonda su un sistema di pesi e contrappesi reciproci tra gli organi costituzionali, reso ancora più efficace dalla separazione dei poteri.** Tutte caratteristiche in forte distonia con il contesto storico in cui irrompeva, ancora dominato in larga misura dai canoni dell'Assolutismo.

Nel mese di giugno del 1788 la Costituzione raggiunse il numero necessario di ratifiche per entrare in vigore. Ma il processo costituente non era ancora terminato. I Padri costituenti si erano concentrati, nei sette articoli che avevano prodotto, sui canali di legittimazione e sulle attribuzioni degli organi costituzionali nel quadro dello Stato federale. Non avevano inserito un catalogo dei diritti individuali, ritenendo sufficienti da questo punto di vista le garanzie assicurate dalle Carte dei singoli Stati. Tuttavia, la mancanza apparve subito palese e fu oggetto di critica da più parti. Così, il Congresso nel 1789 avviò un dibattito a cui seguì l'adozione di una risoluzione e nel 1791 si concluse il lungo processo di revisione costituzionale con cui, ai sensi dell'art. V della Carta che prevede il coinvolgimento del Congresso e delle Assemblee degli Stati[2], veniva approvato **il «Bill of Rights» degli Stati Uniti. Si tratta di dieci**

[2] Art. V della Costituzione degli Stati Uniti: «Il Congresso, ogniqualvolta i due terzi delle Camere lo riterranno necessario, proporrà emendamenti alla presente Costituzione, oppure, su richiesta dei due terzi delle Legislature dei vari Stati, convocherà una Convenzione per proporre gli emendamenti. In entrambi i casi, gli emendamenti saranno validi

articoli che, sancendo il riconoscimento di fondamentali diritti di libertà, danno maggiore visibilità e concretezza allo spirito individualista e liberale della Costituzione americana, con un'impostazione volta a sancire precisi limiti al potere dello Stato di ingerirsi nella vita del cittadino. I temi toccati sono molteplici e vanno dalla libertà di stampa a quella religiosa, dalle garanzie processuali come l'*habeas corpus*, il *ne bis in idem*, il diritto alla difesa e al giudice naturale, al principio secondo cui i poteri che la Costituzione non attribuisce alla Federazione o vieta agli Stati, appartengono a questi ultimi o al popolo.

Questo sistema di garanzie e, in generale, il processo costituente troveranno poi un opportuno completamento nel 1803 con la celebre sentenza della Corte suprema *Marbury vs Madison* (v. *infra* cap. 10). I costituenti avevano elaborato una Costituzione rigida, cioè provvista di una norma che disciplinava la revisione costituzionale con un procedimento aggravato, appunto l'art. V appena citato. La Carta, però, nulla disponeva circa il controllo di costituzionalità delle leggi approvate dal Congresso, e pertanto la supremazia delle norme costituzionali rischiava di essere un elemento fortemente depotenziato sul piano dell'effettività. Fu la Corte suprema, decidendo questo caso con una sentenza redatta dal *chief justice* Marshall, a colmare la lacuna attribuendo ai giudici, e in ultima istanza a sé stessa, la competenza a giudicare una legge ordinaria come incostituzionale, impedendone così l'applicazione nelle aule di giustizia. **Nasceva così il «judicial review», ossia il modello americano del controllo di costituzionalità e si completava con un importante tassello la costruzione dell'architettura costituzionale degli Stati Uniti d'America**, un Paese in quel momento ancora piccolo e periferico ma destinato nel futuro a diventare il principale protagonista delle relazioni internazionali.

Un ruolo da protagonista era invece già recitato da secoli dalla Francia, in particolare da quando, grazie alla forza accentratrice della monarchia assoluta, aveva assunto un'identità nazionale ben definita, una riconosciuta solidità politica e amministrativa, una posizione centrale nello scacchiere delle potenze europee. **Il Settecento è però anche il secolo dei Lumi e abbiamo già visto come la Francia sia percorsa dai fermenti intellettuali degli illuministi che mettono in forte risalto le incrostazioni dello Stato assoluto, contrapponendo alla vecchia struttura del potere le idee razionaliste, individualiste e liberali che ne mettono in discussione le fondamenta concettuali e la legittimità politica.** La monarchia costituzionale britannica e le gesta dei rivoluzionari americani dimostrano come l'Assolutismo non sia un risultato ineluttabile della storia ma possa concretamente essere messo in crisi e superato da un'altra concezione

a ogni effetto, come parte di questa Costituzione, allorché saranno stati ratificati dalle Legislature di tre quarti degli Stati, o dai tre quarti delle Convenzioni riunite a tale scopo in ciascuno degli Stati, a seconda che l'uno o l'altro modo di ratifica sia stato prescritto dal Congresso; tuttavia resta stabilito che nessun emendamento, prima dell'anno 1808, potrà modificare in alcun modo i capoversi primo e quarto della sez. 9 dell'art. I, e che nessuno Stato, senza il suo proprio consenso, potrà essere privato della parità di rappresentanza nel Senato».

del rapporto tra governanti e governati e come non vi siano ragioni di carattere teorico o pratico che impediscano a processi analoghi di innescarsi anche sul continente europeo.
La scintilla che innescherà la detonazione rivoluzionaria sarà costituita da una crisi finanziaria in cui dagli anni Settanta del XVIII secolo si imbatteranno le casse dello Stato. Una crisi che si ripercuoterà pesantemente sulla popolazione, provocando un forte malcontento nelle classi popolari per le difficili condizioni di vita e nella borghesia per un deficit di coinvolgimento politico causato dalle pulsioni conservatrici della Corona e di una parte della nobiltà e del clero. Sintetizzare in poche righe un evento storico come la Rivoluzione francese, uno dei più complessi, articolati e tumultuosi della storia dell'umanità, esula dai compiti di questo capitolo, che invece si prefigge soltanto di enucleare e spiegare il significato dei passaggi rivoluzionari che hanno maggiormente influito sulla storia del costituzionalismo.
Ebbene, il primo in ordine cronologico, e forse il più importante in assoluto, è costituito dalla Dichiarazione dei diritti dell'uomo e del cittadino. Non si tratta di una Costituzione, bensì di un catalogo di principi e norme con cui la Francia rivoluzionaria si metteva al passo con i documenti di natura analoga già in vigore in Gran Bretagna e negli Stati Uniti, offrendo così un paradigma di riferimento per tutti i movimenti liberali che tra la fine del Settecento e il secolo successivo sorgeranno ai quattro angoli dell'Europa.
Lo spirito illuminista e liberale che pervade l'intero documento è testimoniato fin dal Preambolo e alcuni fondamentali articoli mostrano un evidente tributo al giusnaturalismo e al contrattualismo, individuando come fonti di legittimazione dell'esistenza dello Stato la protezione della libertà, come bene supremo della vita degli individui, la difesa della proprietà, come diritto sacro e inviolabile, l'affermazione della sicurezza, come condizione indispensabile per una società ordinata.
Svariate norme ripercorrono i sentieri già battuti in passato dalla tradizione inglese e che contemporaneamente si stanno sperimentando dall'altra parte dell'Atlantico, e dunque troviamo articoli che garantiscono il cittadino in tema di diritto penale e processuale, di diritto tributario nonché di libertà di manifestazione del pensiero e di credo religioso.
Ma la norma che forse caratterizza maggiormente la Dichiarazione e ne fisserà per sempre il ruolo fondamentale nella storia del costituzionalismo è l'art. 16: «Ogni società in cui la garanzia dei diritti non è assicurata, né la separazione dei poteri stabilita, non ha una Costituzione». Siamo di fronte a un fulmineo condensato, all'interno di una norma giuridica, delle riflessioni di Montesquieu e del suo monito antiassolutista che si concentrava appunto nel rapporto inscindibile tra l'affermazione dei diritti individuali e la separazione dei poteri. In questo contesto, si supera per sempre l'idea che qualunque documento che disegni una struttura del potere sia da considerare una Costituzione. Solo se una Carta sancisce questa relazione si può ritenere che organizzi la società in base ai principi del costituzionalismo moderno. Diversamente, potrà anche essere una Legge fondamentale ma non disporrà

dei caratteri tipici che la possano annoverare come parte del processo di emancipazione dei popoli dall'Assolutismo. **Così, con la Dichiarazione del 1789 il costituzionalismo liberale europeo raggiunge il suo apice filosofico e giuridico**. Compiuto questo fondamentale passaggio, coerentemente l'Assemblea rivoluzionaria avvia le discussioni per la redazione di una vera e propria Costituzione. In questa fase del processo rivoluzionario, la maggioranza nella Costituente appartiene ancora alle forze moderate che pertanto, nel settembre del 1791, riescono a far approvare una Carta ispirata ai dettami della monarchia costituzionale, in cui il re, pur restando al vertice dello Stato e incarnando il potere esecutivo, conserva sostanzialmente un unico rilevante potere di indirizzo politico: il diritto di veto sulle leggi dell'Assemblea, peraltro superabile con la riproposizione da parte del Corpo legislativo del medesimo provvedimento per due legislature consecutive.

Il sovrano, che non può sciogliere l'Assemblea (monocamerale, eletta a suffragio ristretto su base censitaria, i cui membri rappresentano la Nazione e godono del libero mandato parlamentare), né gode dell'iniziativa legislativa, vede ridursi radicalmente il suo potere perfino in un settore come quello della politica estera e militare: la decisione finale sull'ingresso in una guerra è presa dal Legislativo, così come quella di ratificare o meno i trattati internazionali firmati dal re.

Anche qui troviamo un preambolo particolarmente significativo perché, oltre a inglobare il testo della *Déclaration*, segna la chiusura definitiva del regime assolutistico: «L'Assemblea nazionale, volendo stabilire la Costituzione francese sui principi ch'essa ha appena riconosciuto e dichiarato, abolisce irrevocabilmente le istituzioni che ferivano la libertà e l'uguaglianza dei diritti».

L'articolato si apre con una lunga lista di «diritti naturali e civili» che verranno garantiti. Si va dal rispetto delle condizioni di uguaglianza nell'accesso alle funzioni pubbliche, nel trattamento fiscale e nell'applicazione delle pene, al riconoscimento della libertà di manifestazione del pensiero, di stampa, di circolazione, di professione del culto, di riunione e di petizione. Inoltre, per la prima volta in un documento costituzionale, troviamo qualche riferimento a un programma, pur minimale, di assistenza sociale. Il potere giudiziario è indipendente dagli altri due e le sue decisioni non sono soggette a interferenze esterne. Infine, è importante sottolineare che anche questa Carta, come quella americana, è rigida, prevedendo un procedimento particolarmente aggravato per la revisione costituzionale.

Insomma, una Costituzione che storicamente ha avuto una vita breve ma che ha rappresentato il primo importante tentativo di instaurare una monarchia costituzionale nell'Europa continentale.

Successivamente, la Rivoluzione prende strade diverse. Alla proclamazione della Repubblica (1792) fa seguito la decapitazione di Luigi XVI (1793), la lotta acerrima tra girondini e giacobini, l'instaurazione del Terrore da parte di questi ultimi, il tentativo dei loro leader Robespierre e Saint-Just di introdurre (sempre nel 1793, poi fallito per ragioni politiche) una nuova Costituzione improntata ai principi assemblearisti enunciati da Jean-Jacques Rousseau nel

Contratto sociale del 1762, la Costituzione termidoriana del 1795, animata dall'intenzione di riportare al centro del processo rivoluzionario la moderazione dei comportamenti e l'equilibrio tra i poteri. Infine, la Rivoluzione finisce per negare sé stessa con il colpo di Stato di Napoleone del Brumaio 1799. La parabola rivoluzionaria si era compiuta e la fine non corrispondeva alle speranze e alle ragioni che ne avevano innescato l'inizio. Tuttavia, l'Europa e, più in generale, la politica e la cultura del mondo occidentale non sarebbero state mai più come prima. Una cesura decisiva nella storia dell'umanità si era aperta e tutti i tentavi di richiuderla, per esempio il Congresso di Vienna, si dimostreranno velleitari. **Ormai la storia procedeva verso la conclusione della lunga stagione dell'Assolutismo e l'apertura di un'epoca fondata sui principi del liberalismo già enucleati dai pensatori anglosassoni e francesi tra Seicento e Settecento. I tempi erano maturi per il secolo del costituzionalismo liberale**.

6. IL REGNO UNITO DALLA MONARCHIA COSTITUZIONALE AL MODELLO WESTMINSTER

Abbiamo lasciato l'Inghilterra agli albori della monarchia costituzionale. Adesso dobbiamo comprendere i passaggi fondamentali che la portano da questa forma di governo tipicamente settecentesca alla democrazia parlamentare che conosciamo oggi.

Il primo è ovviamente la fondazione del Regno Unito di Gran Bretagna. Nel 1707 con l'*Act of Union* la Scozia si unisce a Inghilterra e Galles in un unico regno. L'unione personale dei due regni che, come sappiamo, aveva caratterizzato il XVII secolo con la dinastia Stuart, viene superata da questo trattato che unisce tutte le componenti dell'isola. **Da un punto di vista costituzionalistico l'aspetto più rilevante è che il nuovo assetto viene perseguito attraverso la fusione di due Parlamenti, quello di Edimburgo e quello di Londra**. Ovvero, se l'unione personale vedeva lo stesso sovrano sui due troni ma lasciava inalterate le strutture costituzionali delle due distinte realtà, l'*Act of Union* dispone che vi sia una sola Corona e un solo organo legislativo, ovviamente quello inglese. Infatti, formalmente si trattava di una fusione ma sostanzialmente veniva chiusa l'Assemblea scozzese e si perpetuava la tradizione del Parlamento di Westminster.

Dunque, la monarchia costituzionale britannica si consolida e si pone alla guida di una Nazione plurale, già con una vocazione imperiale, con un architrave in Gran Bretagna, una colonia vicino casa, cioè l'Irlanda (da sempre, e anche in futuro, spina nel fianco degli inglesi), e diversi territori da controllare da lontano, a cominciare dalle colonie del Nord America.

Dopo una lunga fase di assestamento che va dalla Seconda Rivoluzione fino alla fondazione del Regno Unito, la forma di governo risultante da questi mutamenti guiderà i rapporti tra Parlamento e sovrano per tutto il corso del secolo. E lo farà in modo dinamico, cioè evolvendo continuamente e adattando le istituzioni ai cambiamenti della realtà. **La monarchia costituzionale era una forma di governo che si fondava su un sostanziale equilibrio tra legislativo ed esecutivo**. Al primo spettava la produzione di norme di legge ma, contrariamente a quanto avviene con i Parlamenti attuali, le sessioni di lavoro dei suoi due rami (House of Commons e House of Lords) non si susseguivano senza soluzione di continuità e la legiferazione non era né cospicua né costante, ma interveniva solo quando necessario. La principale funzione del Parlamento restava il controllo e il condizionamento delle decisioni dell'unico potere politico permanente, cioè l'esecutivo, a capo del quale rimaneva il sovrano. Quest'ultimo, però, trovandosi spesso alle prese con affari di Stato sempre più complessi, doveva consultarsi, in maniera molto più assidua che in passato, con i propri collaboratori per trovare gli indirizzi politici più opportuni per la Nazione. Fu così che iniziò a emergere tra i ministri una figura con cui il re potesse confrontarsi quotidianamente, a cui delegare la gestione corrente degli affari di governo e il dibattito politico con il Parlamento. **Ebbene, cominciò così a enuclearsi la figura del primo ministro, dapprima essenzialmente un funzionario del re, poi progressivamente il vero capo politico del governo**. Le modalità di formazione della carica di premier sono emblematiche dello spirito della Costituzione britannica, ovvero di un costituzionalismo che procede per evoluzioni, trasformazioni, accumulazioni, che si innestano sulla tradizione esistente e la adattano ai tempi. Una concezione che tende a escludere momenti traumatici e atti fondativi che cancellino il passato, privilegiando invece i cambiamenti graduali e coerenti con i principi tradizionali. **Pertanto, non può stupire che questo Paese non abbia mai adottato una Carta costituzionale, normalmente frutto di drammatiche linee di frattura della storia**. Gli Stati Uniti lo fecero per siglare la propria formazione e cristallizzare in un documento condiviso i principi che avrebbero dovuto animare la vita pubblica; i rivoluzionari francesi volevano marcare una cesura netta rispetto all'*ancien régime* assolutistico e di Costituzioni finirono per elaborarne anche troppe, ciascuna rispondente alla specifica visione della rivoluzione di cui erano portatrici, momento per momento, le forze politiche dominanti. Se si eccettuano le vicende della Prima Rivoluzione, i britannici fin dai tempi della *Magna Carta* hanno sempre privilegiato una visione negoziale ed evolutiva della struttura costituzionale, con i suoi intrecci con la *common law*, i documenti volti a limitare il potere del sovrano, le consuetudini che si formano e si sedimentano in ragione delle necessità. La tendenza della storia è sempre andata nel senso di un trasferimento di potere dagli elementi aristocratici della Nazione (la Corona, la nobiltà, la Camera dei lord) verso i corpi rappresentativi della volontà politica, *in primis* la Camera dei comuni. Il primo ministro, dunque, è dapprima un fiduciario del re, che lo nomina e a cui deve rispondere. Con il tempo, però, la figura verrà sempre più attratta nell'area di influenza della Camera dei comuni, ramo elettivo del Parlamento britannico, sia pure a suffragio fortemente ristretto. Era inevitabile che a occupare quella carica andassero i principali notabili presenti a Westminster, contribuendo così ad accentuarne l'autorevolezza e ad affievolire la sostanza politica del ruolo del re. A partire dalla fine del Settecento i sovrani, salvo rare eccezioni, si guarderanno bene dal nominare un primo ministro sgradito al Parlamento, soprattutto ai Comuni. **Così, senza alcuna cesura costituzionale, la forma di governo si trasforma da monarchico-costituzionale**, con un sovrano ancora sostanzialmente a capo di un esecutivo che si trova in un rapporto di equilibrio dialettico con il Parlamento, **in monarchico-parlamentare**, in cui si instaura, e diventa il centro del sistema, il rapporto fiduciario tra legislativo ed esecutivo, alla cui guida troviamo un primo ministro che assume e perde questa carica non più per volontà del re (che si limita a nominarlo formalmente), bensì del Parlamento, e via via sempre più della sola Camera dei comuni, come appunto accade oggi.

La svolta decisiva che sancisce il passaggio definitivo alla monarchia parlamentare e che avvierà il processo di democratizzazione del sistema è la riforma elettorale del 1832, attuata dal Parlamento con il *Great Reform Act*, una legge che per la sua importanza viene anche chiamata *The Modern Constitution*. Fino agli anni Trenta del XIX secolo il sistema elettorale per la Camera dei comuni era ancora fortemente elitario e aristocratico, frammentato e anacronistico. Il diritto di voto era strettamente limitato su base censitaria, in particolare di natura fondiaria; coerentemente i partiti non disponevano di un apparato organizzativo a livello nazionale ma erano ancora una sorta di «sommatoria» di club locali, fortemente condizionati dai grandi notabili espressione di interessi localistici. Ma soprattutto dopo l'avvio della Rivoluzione industriale apparve chiaro ai riformatori (appartenenti soprattutto all'ala liberal-radicale dei Whig) che le vecchie consuetudini non rispondevano più alle nuove esigenze di modernizzazione; era giunto il tempo che l'ordinamento si dotasse di una legislazione elettorale che incidesse profondamente sulla rappresentanza politica rendendola più uniforme e trasformandola gradualmente in uno strumento di larga legittimazione politica in grado di ampliare la base rappresentativa del Parlamento di Westminster. La nuova legge cominciava a rispondere a queste esigenze perché, da una parte, rivedeva radicalmente il rapporto tra quantità di popolazione e rappresentanza parlamentare, ridistribuendo i seggi in favore delle città sempre più popolose e penalizzando le zone di campagna ormai quasi disabitate e, dall'altra, riduceva i parametri per godere dell'elettorato, sganciandolo dal tradizionale rilievo del possesso fondiario.

L'insieme di queste nuove norme non poteva che avere un effetto graduale ma costante di apertura del sistema politico e di incrinatura delle tradizionali oligarchie, anche se naturalmente non determinarono l'instaurazione immediata di un sistema democratico di massa. Per una piena democratizzazione del sistema bisognerà attendere le altre riforme elettorali del XIX secolo (1867 e 1884-1885, che allargarono ulteriormente il suffragio), oltre a una coeva, e molto avanzata per l'epoca, legislazione sociale in tema di diritti dei lavoratori, assistenza medica, previdenza, istruzione, e così via. Le conseguenze politiche di queste riforme furono graduali ma evidenti e soprattutto di lungo periodo. Innescarono un processo irreversibile di incremento della partecipazione alla vita politica da parte di amplissime fasce di popolazione per secoli escluse. I partiti politici tradizionali (Whig, poi liberali; Tory, poi conservatori) si diedero una struttura organizzativa nazionale e verso la fine del secolo apparve sulla scena anche il Partito laburista, espressione dei ceti più popolari. **La Camera dei comuni risultò sempre più rappresentativa delle anime politiche presenti nella Nazione**. Dai rapporti di forza al suo interno dipendevano l'indirizzo politico del governo e il nome del primo ministro, mentre il suo ruolo nel procedimento legislativo divenne, dapprima per via consuetudinaria e successivamente, con il *Parliament Act 1911*, anche ai sensi della legge, preponderante su quello della Camera dei lord, ossia l'Assemblea ereditaria e nominativa.

Il processo di democratizzazione di quello che si chiama «modello Westminster» si era compiuto. Il fulcro del sistema è dato dal circuito rappresentativo: il corpo elettorale vota a suffragio universale (con il XX secolo, maschile e femminile); spesso conferisce la maggioranza assoluta a un partito il cui leader viene nominato primo ministro dal sovrano; tra i Comuni e il governo si instaura un rapporto fiduciario per l'intera legislatura, oppure fino a quando il gruppo parlamentare del partito maggioritario non decide di cambiare leader, e quindi premier, e magari anche indirizzo politico. Insomma, **un sistema parlamentare in cui corpo elettorale, Comuni e governo determinano, ciascuno in ragione delle proprie attribuzioni, l'indirizzo politico della Nazione**.

7. L'EVOLUZIONE DEL COSTITUZIONALISMO STATUNITENSE

Sull'altra sponda dell'Atlantico, la fondazione dell'ordinamento costituzionale del nuovo Stato federale aveva segnato un punto di svolta nella storia del costituzionalismo ma non aveva certo concluso il percorso dell'evoluzione costituzionale degli Stati Uniti. Anzi, possiamo affermare che era soltanto l'inizio: per i secoli a venire quello Stato si sarebbe continuamente trasformato ed evoluto, in mezzo a mille contraddizioni (basti pensare alla pratica della schiavitù, per la cui cessazione sarà necessaria addirittura una guerra civile), ma anche in virtù di un afflato popolare rivolto alla conquista di nuove frontiere, in senso sia reale sia metaforico.

Dal punto di vista territoriale, le tredici ex colonie britanniche che si erano affrancate dalla madrepatria e avevano dato origine alla Costituzione erano tutto sommato un'entità trascurabile e periferica. Occupavano solo una parte della *East coast* americana, in un'epoca storica che vedeva ancora la centralità dell'Europa, e inoltre dovevano fare i conti con i possedimenti limitrofi di Francia e Spagna. Una condizione non semplice sul piano geopolitico per uno Stato giovane, composito e dal futuro incerto. Ma fin da subito il governo federale cominciò a guardare a ovest e a sud, avendo ben chiaro che una delle prime missioni da intraprendere consistesse nell'allargamento geografico della

Federazione. Così, nel 1803 l'amministrazione Jefferson comprò per pochi milioni di dollari la Louisiana ed entro la metà del secolo, grazie anche a una vittoriosa guerra con il Messico, gli Stati Uniti si allargarono a sud-ovest fino alla costa del Pacifico, per poi acquisire anche i territori a nord-ovest grazie a trattati con Inghilterra e Russia. **La fisionomia territoriale che conosciamo, «coast to coast», era completata.**

Questo processo di allargamento territoriale ebbe rilevanti riverberi politici, molto importanti anche per il futuro. La principale dicotomia politica dei primi decenni di vita degli Stati Uniti era quella tra federalisti e antifederalisti. È importante fare attenzione alle parole e al corretto significato che bisogna attribuire loro in ciascun contesto storico. In quello che stiamo esaminando, i due vocaboli hanno un significato opposto a quello comunemente inteso oggi. Non dimentichiamo che la condizione di partenza era la pluralità delle colonie e che solo grazie a un processo accentratore si erano formati gli Stati Uniti, il cui motto è infatti *e pluribus unum*. Dunque, **i federalisti erano coloro che caldeggiavano un consolidamento e accrescimento del potere dello Stato federale, anche a scapito di una relativa compressione delle attribuzioni degli Stati membri**. Tra questi troviamo grandi nomi come Washington, Adams, Jay e Hamilton, che diedero appunto vita al Partito federalista. Ma anche gli **antifederalisti**, riuniti nel Partito democratico-repubblicano, annoveravano figure di peso come Jefferson, il principale estensore della Dichiarazione di indipendenza, e Madison, protagonista della Convenzione. **Costoro si fecero paladini dei diritti degli Stati, contro un'amministrazione centrale forte e invasiva.**

Ebbene, l'allargamento territoriale finì per rendere inevitabile la necessità di un governo federale autorevole ed efficace, anche perché le popolazioni che andavano ad abitare quei territori (spesso calpestando i diritti di quelle autoctone, i c.d. «indiani» o «pellerossa», rispetto ai quali si generò un'altra patente contraddizione) non lo facevano in nome di uno Stato coloniale preesistente ma si sentivano parte integrante dell'Unione. **I nuovi territori, dunque, erano annessi direttamente dalla Federazione per la Federazione, condizione che allentava il tema dell'identità statale in contrapposizione a quella federale**.

Intanto, nella capitale prendevano forma gli organi costituzionali, con il loro sistema di pesi e contrappesi disegnato dai Padri costituenti. Il **Congresso** legiferava nel rispetto dei limiti imposti dalla Carta nei confronti degli Stati membri e dei singoli cittadini, e il **presidente**, in quel periodo storico figura meno rilevante e autorevole di quanto non lo sia oggi, guidava l'amministrazione nella funzione esecutiva delle leggi votate dal Parlamento. A custodia di questa divisione «orizzontale» e «verticale» dei poteri, operava la **Corte suprema** che con le sue pronunce contribuiva a definire e rafforzare il carattere federale e liberale dello Stato. **Anche il sistema dei partiti con il passare dei decenni evolve nel senso di un moderno bipartitismo**. Esaurito il ruolo storico del Partito federalista, presto estinto, il Partito democratico viene rifondato dal presidente Jackson negli anni Trenta e nel 1854 viene fondato il Partito repubblicano.

Tutti questi processi che caratterizzano la prima metà del XIX secolo sono decisivi per imprimere il carattere nazionale agli Stati Uniti ma non descrivono una situazione priva di problemi e fratture, la più importante delle quali è quella di ordine socioeconomico tra un Nord, industriale e avanzato, e un Sud agricolo e ancorato a modelli produttivi superati e a strutture sociali divenute inaccettabili.
Così, nel 1861 scoppia la Guerra per la secessione dalla Federazione degli Stati sudisti, la cui miccia è l'elezione a presidente di un esponente repubblicano antischiavista: Abraham Lincoln.
Sconfitto il fronte schiavista e rientrata la minaccia per l'integrità della Nazione, gli Stati Uniti si incamminano verso la fase decisiva della loro storia, quella che li porterà a diventare una potenza, e poi la superpotenza, a livello mondiale.
Le principali linee di tendenza in questa fase storica vedono dapprima il consolidamento dei profili liberali in economia e nel rapporto tra il cittadino e lo Stato e, successivamente, una consistente trasformazione della forma di governo in senso presidenzialista e una nuova propensione dello Stato a intervenire nelle dinamiche economiche per favorire una maggiore socialità.
Sul primo aspetto, possiamo dire che i decenni che vanno dalla fine della Guerra di secessione alla Prima guerra mondiale vedono subito l'approvazione di alcuni emendamenti alla Costituzione con cui viene decretata l'abolizione della schiavitù, vietate le discriminazioni razziali in tema di diritto di voto (in quel momento universale maschile), estese agli Stati membri le norme costituzionali sul giusto processo e sull'uguaglianza di fronte alla legge. In economia, per ora lo Stato si limita a fare da regolatore a protezione, per esempio, dei principi della libera concorrenza, come nel caso della legislazione antitrust dei primi del Novecento.
Ma, come detto, anche la forma di governo è in continua trasformazione, in piena coerenza con il mutamento del contesto storico che assegna agli Stati Uniti un ruolo da protagonista sullo scacchiere internazionale che prima non avevano. Per cui, se ancora alla fine dell'Ottocento il futuro presidente Wilson poteva definire, in un suo celebre libro, il sistema americano come un «congressional government», già a cavallo tra le due guerre mondiali la figura del presidente degli Stati Uniti diventerà sempre più importante e autorevole, soprattutto per ragioni attinenti alla politica estera e al suo ruolo di *commander in chief* delle forze armate. Inoltre, la Grande depressione degli anni Trenta convince il presidente Franklin D. Roosevelt a mettere in campo tutto il suo prestigio per convincere il Congresso e la Corte suprema ad avallare una politica interventista nelle dinamiche del sistema economico (passata alla storia con il nome di *New Deal*), non certo per discutere i capisaldi di un capitalismo fondato sulla libera iniziativa privata e sulla ricerca del profitto, ma per inserire nel sistema dosi importanti di Stato sociale volte a una migliore redistribuzione della ricchezza.
Le trasformazioni del mondo determinate dalla Seconda guerra mondiale accentueranno ulteriormente sia l'importanza del presidente nella forma di

governo sia le strutture dell'amministrazione centrale. Tuttavia, è importante tenere sempre presente, da una parte, che la democrazia americana non ha mai imboccato la strada della costruzione di un massiccio Stato sociale come invece è avvenuto in tutta Europa, preferendo sempre conservare una marcata autonomia della società civile nelle dinamiche economiche e, dall'altra, che la forma di governo, pur considerando tutte le sue trasformazioni, non ha mai rinunciato al bilanciamento dialettico tra i poteri, compreso il pur potente presidente, che spesso si deve confrontare con un Congresso ostile e una Corte suprema ferma custode dei valori costituzionali più profondi. **Insomma, una democrazia in cui non esiste la centralità di un organo ma che si fonda ancora, come volevano Madison e gli altri Padri costituenti, sui limiti reciproci tra i poteri costituzionali.**

8. PROFILI COSTITUZIONALISTICI DELLO STATO LIBERALE NELL'EUROPA CONTINENTALE

In Europa continentale il passaggio tra il XVIII e il XIX secolo è dominato dalle vicende che caratterizzano la Francia: si conclude la parabola rivoluzionaria e si apre l'era napoleonica, che a sua volta si chiuderà a Waterloo e con il Congresso di Vienna, un tentativo delle altre potenze europee di ripristinare l'*ancien régime* che la Rivoluzione francese, prima, e Napoleone, poi, avevano abbattuto.
In realtà, quel tentativo si dimostrerà fallimentare poiché la storia stava andando in un'altra direzione, e cioè verso l'affermazione della forma di Stato liberale. Naturalmente, come tutte le forme di Stato anche la categoria «Stato liberale» è inevitabilmente imprecisa e vaga. È sempre difficile collocare efficacemente sotto un'unica denominazione una varietà di fenomeni, spesso anche contraddittori, soprattutto se riferiti a singole esperienze statali, ciascuna con caratteri e sfumature proprie. Tuttavia, è possibile ravvisare all'interno di questa variegata e puntiforme categoria concettuale alcuni caratteri comuni da cui partire per tratteggiare una tendenza storica piuttosto evidente.
Ma perché trattare la fisionomia dello Stato liberale in Europa continentale in un paragrafo a parte rispetto all'esperienza britannica e a quella americana? **Per ragioni che intrecciano tempi storici, percorsi intrapresi e contesti culturali, i binari percorsi dal costituzionalismo continentale presentano marcate differenze rispetto a quelli seguiti dal mondo anglosassone, da diversi punti di vista.** Come sappiamo, le tempistiche con cui l'Inghilterra, e poi il Regno Unito, e le sue colonie, e poi gli Stati Uniti, approdano ai terreni delle libertà individuali sono molto antecedenti e affondano le radici addirittura nell'età medievale, mentre il continente europeo conosceva secoli di Assolutismo. Inoltre, le modalità con cui l'Europa, in pieno XIX secolo, finalmente si affranca da quella fase storica sono diverse rispetto sia all'evoluzionismo tradizionalistico britannico, sia al repubblicanesimo federale d'oltreoceano

(con la sola eccezione della Svizzera, geograficamente nel cuore del Vecchio continente, ma con una storia del tutto *sui generis*).
Le tendenze storiche fondamentali per comprendere i caratteri essenziali del costituzionalismo europeo ottocentesco sono altre: la ribellione, in nome dei valori della Rivoluzione francese, ai tentativi di ripristinare l'Assolutismo dopo il Congresso di Vienna; i movimenti di unificazione nazionale, che si saldano con lo spirito del Romanticismo e la conseguente trasformazione del concetto di «Nazione»; l'affermazione dei canoni politici ed economici del liberalismo classico.
Per proporre solo qualche esempio significativo, in Francia la monarchia restauratrice di Carlo X viene superata dalla Costituzione orleanista del 1830 (a sua volta poi abbattuta nel fatidico 1848 dalla Seconda Repubblica); in Italia, buona parte del secolo viene percorsa dalle vicende del Risorgimento, entro cui troviamo tutte le correnti politiche che agitano l'Ottocento in Europa; in Germania, la riunificazione di regni e principati viene raggiunta grazie alla potenza militare e politica del più forte tra essi, cioè la Prussia.
È in questo contesto che matura il liberalismo europeo, con i suoi pensatori (tra gli altri, Constant e Tocqueville) e i suoi capisaldi politici, istituzionali ed economici, armonicamente intrecciati. Cerchiamo di analizzare gli elementi di fondo, tenendo ben presente che tendenze storiche che segnano un'epoca sono sempre attraversate da un certo numero di eccezioni.
Per capire i fondamenti istituzionali dello Stato liberale è indispensabile conoscere le dinamiche sociopolitiche che ne determinarono l'adozione.
Come detto, i sovrani europei si erano illusi di riportare le lancette della storia ai fasti della monarchia assoluta, messa in crisi già molto tempo prima dall'Illuminismo e dalla Rivoluzione francese. **Gli equilibri internazionali raggiunti con il Congresso di Vienna, costruiti sulla restaurazione delle monarchie tradizionali, si rivelarono ben presto molto instabili**. Fin dagli anni Venti del XIX secolo molte aree europee vengono percorse da moti rivoluzionari, di matrice giacobina, democratica e repubblicana, ovvero proprio le correnti politiche che avevano impresso quell'accelerazione alla Rivoluzione francese che aveva comportato la decapitazione di Luigi XVI.
Progressivamente, e in tempi diversi da luogo a luogo, presso molti circoli nobiliari europei si fa strada l'idea che non solo questi movimenti sovversivi siano pericolosi ma anche che non siano arginabili a lungo senza innescare un altro processo rivoluzionario. Contemporaneamente, un'altra classe sociale, la borghesia proprietaria e imprenditoriale, stava assumendo un protagonismo sempre più marcato in campo economico, anche in virtù dei mutamenti produttivi imposti dalla Rivoluzione industriale. Era inevitabile che questi nuovi ceti reclamassero un adeguato potere politico che li mettesse in grado di dare concretezza, anche giuridica, ai valori e alle idee liberali che li animavano. Non cercavano alcuna rivoluzione democratica e, men che meno, socialista, ma propugnavano la definitiva chiusura dell'Assolutismo e l'apertura di una nuova fase storica dominata dal liberalismo, in campo economico, politico e istituzionale.

Ebbene, il patto costituzionale che emerse in molteplici esperienze statali nell'Europa ottocentesca fu il frutto dell'incontro tra le visioni e gli interessi di queste classi sociali: da una parte, un'aristocrazia ormai recessiva ma che desiderava «salvare il salvabile», cioè la monarchia, ed evitare ulteriori derive rivoluzionarie; dall'altra, una borghesia, monarchica e moderata, interessata però a imprimere una decisa svolta in senso liberale e costituzionale: separazione dei poteri e affermazione dei diritti individuali; scissione funzionale tra società e Stato; tutela della proprietà privata e della libera iniziativa; non interventismo dello Stato nelle dinamiche dell'economia.
Da questo contesto politico nascono le Costituzioni ottriate (dal francese *octroyée*), cioè concesse dal sovrano, di cui un tipico esempio è lo Statuto albertino del 1848, o le Costituzioni pattizie, prodotte dall'accordo tra un sovrano e un'Assemblea rappresentativa, come nel caso della Costituzione orleanista del 1830.
Il senso di tali accordi spiega molto bene i caratteri distintivi che si trovano alla base di queste Carte. Innanzitutto, esprimono un'idea di «Costituzione» dal valore essenzialmente politico. La Carta è certamente un documento giuridico ma il suo contenuto deve servire soprattutto a definire la cornice istituzionale entro cui gli organi dello Stato potranno dispiegare la propria quota di potere. Una concezione molto lontana da quella contemporanea, in cui la Costituzione è pensata come la principale fonte del diritto, la cui supremazia giuridica deve essere salvaguardata da un organo *ad hoc* come la Corte costituzionale. **Il costituzionalismo ottocentesco salda, invece, un rapporto molto stretto tra patto costituzionale e flessibilità della Carta**. La Costituzione non contiene al proprio interno norme che stabiliscano un procedimento aggravato per la sua modifica. Le norme costituzionali non sono il prodotto di un accordo raggiunto in un'Assemblea rappresentativa del popolo, democraticamente eletta, in cui tutti i cittadini si possano riconoscere e la cui rigidità sia sancita e protetta. **Il patto è garantito esclusivamente da una visione politica comune alle classi che lo hanno stipulato**. Una di queste, l'alta borghesia, è destinata a dominare i meccanismi elettorali e dunque il Parlamento, per cui è interessata a che l'atto giuridico per eccellenza non sia la Costituzione bensì la legge, prodotta appunto dalle Camere. Ecco un punto cardine dello Stato di diritto ottocentesco, che lo differenzia sensibilmente rispetto allo Stato democratico contemporaneo: tra la Costituzione e la legge non si instaura un rapporto gerarchico; dunque, la legge ordinaria, forte anche di molteplici riserve di legge previste in Costituzione, ha il potere di derogare a quanto sancito da norme costituzionali.
In questo quadro concettuale i canoni del costituzionalismo liberale sono descrivibili con una certa precisione, proprio perché coerentemente legati a una specifica visione del ruolo dello Stato e del rapporto tra potere politico e libertà individuali.
Come prescritto dall'art. 16 della Dichiarazione del 1789, **l'architrave fondamentale è costituito dalla compresenza della separazione dei poteri e dalla proclamazione dei classici diritti di libertà**. Come sappiamo, questo è un col-

legamento irrinunciabile, senza cui non è possibile parlare di «Costituzione» nel senso moderno del termine.

Il Parlamento è il luogo dell'elaborazione delle linee politiche di fondo e della conseguente produzione legislativa. Da questo punto di vista possiamo sicuramente affermare che assume una duplice centralità nella forma di governo. **Innanzitutto, appunto come luogo in cui si esercita la rappresentanza politica finalizzata alla produzione legislativa**. La struttura del potere legislativo è bicamerale e solitamente solo uno dei due rami (la Camera bassa) è elettivo. È importante rammentare e sottolineare che il suffragio è ristretto, su base censitaria. Lo Stato liberale non è democratico, nel senso che noi attribuiamo oggi a questo termine. Amplissime fasce di popolazione sono escluse dai meccanismi della rappresentanza politica, e per quanto ci possa sembrare strano, sono coerentemente escluse. Infatti, l'idea dominante era che il voto non fosse un diritto individuale bensì una componente delle funzioni istituzionali e come tale dovesse essere riservato sostanzialmente ai proprietari, cioè a coloro che fossero portatori di interessi meritevoli di tutela, e quindi degni di entrare nell'agone politico. **Il suffragio ristretto giocava un ruolo strategico per il mantenimento del patto costituzionale**: la Camera elettiva era composta essenzialmente di notabili, cioè personalità molto in vista nel proprio collegio elettorale e in cui si riconoscevano i pochi cittadini dotati del diritto di voto. Ne conseguivano divisioni politiche molto contenute che si estrinsecavano nell'appartenenza a forze parlamentari che non avevano le caratteristiche dei partiti ideologici novecenteschi ma erano più degli agglomerati di notabili che proponevano sfumature diverse di una visione del mondo sostanzialmente omogenea. È evidente che in un contesto come questo il singolo parlamentare aveva un peso specifico importante, anche perché poteva contare su un caposaldo del parlamentarismo, un elemento che costituisce una cesura netta tra la rappresentanza politica delle assemblee premoderne e quella dei Parlamenti prodotti dal costituzionalismo moderno: il libero mandato parlamentare. **Tutte le Carte della modernità riconoscono al componente delle Camere di essere un rappresentante dell'intera Nazione e di agire senza vincolo di mandato**.

Dunque, in virtù di questa nuova concezione della rappresentanza, il Parlamento, secondo modalità previste in Costituzione e nei regolamenti parlamentari, produce le leggi. Nella visione del diritto propugnata dal liberalismo le leggi sono poche, generali e astratte. Da una parte, queste caratteristiche sono funzionali sia al mantenimento dell'autonomia delle dinamiche socioeconomiche rispetto all'invadenza dello Stato, che dovrà limitarsi ad assicurare la grande regolazione, sia all'affermazione del principio di uguaglianza davanti alla legge; dall'altra, lasceranno notevoli margini di manovra al titolare del potere esecutivo, cioè il governo. Qui troviamo il secondo significato della centralità parlamentare: **l'esistenza, la composizione e l'indirizzo politico dell'esecutivo escono sempre più dall'orbita di influenza del sovrano per entrare in quella del Parlamento**. Si afferma cioè nelle Costituzioni ottocentesche quel processo, che abbiamo visto essere già in atto da un secolo in Gran

Bretagna per via evolutiva, per cui il cuore della forma di governo diventa il rapporto fiduciario tra Parlamento e governo. La condivisione dell'indirizzo politico tra la maggioranza parlamentare e il governo è la condizione di esistenza di quest'ultimo e dagli equilibri politici presenti nelle Camere, soprattutto nella Camera bassa, dipende la scelta del primo ministro e dei ministri, non più dalle preferenze del sovrano.

Quanto alla disciplina dei diritti individuali, il costituzionalismo ottocentesco, soprattutto in alcune realtà come Italia e Germania, tende a perdere le radici giusnaturalistiche, che tanta importanza avevano rivestito nelle teorie e nelle lotte secentesche e settecentesche, a favore di una concezione «statalistica» dei diritti. Ovvero, le libertà fondamentali non sarebbero espressione dei diritti connaturati alla persona bensì il prodotto della potenza dello Stato e dunque, concessi da quest'ultimo ed esercitabili entro i limiti stabiliti da un suo atto di volontà. Se accostiamo questa idea con quanto detto in precedenza sul rapporto tra la Costituzione e la legge, capiamo come in questa forma di Stato la tutela delle libertà fondamentali fosse in realtà meno garantita di quanto non lo sia oggi, poiché la legge, frutto della dialettica parlamentare e dei rapporti di forza che lì si esercitavano, poteva comprimere le libertà individuali a volte in modo intollerabile, magari per asserite ragioni di sicurezza dello Stato, senza che esistessero gli anticorpi giuridici per annullare quelle decisioni.

Da questa pur sintetica ricostruzione emerge come lo Stato liberale ottocentesco presentasse elementi di forza ed elementi di debolezza.

Da una parte, segna un passaggio storico epocale con il definitivo superamento dell'Assolutismo e la sua sostituzione con il costituzionalismo. Fornisce una cornice istituzionale alla società moderna, affermando una concezione dialettica del potere e delineandone il limite più forte nel principio di legalità. Concretizza giuridicamente una visione dello Stato coerente con i valori incarnati dalla borghesia produttiva e con le sue istanze politiche.

Dall'altra, però, tende a essere oligarchico e non inclusivo, soprattutto nei confronti delle classi sociali che proprio la Rivoluzione industriale guidata dalla borghesia aveva generato, tra cui il proletariato urbano. Come detto, una caratteristica coerente alla difesa del patto costituzionale ma che difficilmente avrebbe potuto reggere a lungo. E infatti, consapevole di questi elementi di debolezza, lo Stato liberale è spesso percorso da tentazioni autoritarie che ne accentuano i caratteri nazionalistici rispetto a quelli individualistici.

Tutti questi caratteri essenziali, compositi, articolati e talvolta perfino contraddittori, furono comuni a un buon numero di esperienze statali europee e, dal nostro angolo di osservazione, trovano nello **Statuto albertino, Costituzione del Regno di Sardegna dal 1848 e poi, dal 1861, Costituzione del neonato Regno d'Italia, un esempio paradigmatico**. La Carta viene ottriata da Carlo Alberto, nell'anno dei moti rivoluzionari per eccellenza, nel tentativo di salvare la monarchia rendendola pienamente compatibile con le istanze costituzionalistiche e liberali che provengono dalla borghesia più illuminata. Tuttavia, gli elementi di debolezza sempre presenti nelle strutture costituzionali, am-

ministrative e politiche dello Stato italiano fecero precipitare la situazione in corrispondenza con le vicende della Prima guerra mondiale.
Anzi, più in generale, possiamo dire che quell'evento epocale fece entrare in una grossa crisi la forma di Stato liberale europea in quanto tale. **Nell'orizzonte continentale si profilavano due nuove forme di Stato, diverse tra loro ma entrambe antitetiche ai fondamenti concettuali, giuridici e politici del costituzionalismo liberale: lo Stato socialista e lo Stato autoritario.**
Contrariamente a quanto teorizzato da Marx, a partire dalla pubblicazione del *Manifesto del Partito comunista* nel 1848, la rivoluzione socialista non finì per compiersi in uno Stato a capitalismo avanzato, retto dalle istituzioni liberali volute dalla borghesia proprietaria dei mezzi di produzione, come potevano essere l'Inghilterra o la Francia, bensì in una Nazione come la Russia, tanto grande geograficamente e storicamente, quanto decentrata rispetto allo sviluppo individualistico, capitalistico e industriale. In sostanza, un Paese per molti versi ancora feudale, premoderno e illiberale.
Nel febbraio del 1917 un'aggregazione di forze rivoluzionarie ma democratiche determinano la caduta dello zar, mentre nel mese di ottobre i bolscevichi guidati da Lenin spodestano il legittimo governo che si era formato e instaurano il regime dei soviet, innescando il processo che porterà alla fondazione dell'Unione Sovietica, che tanta parte avrà nelle successive vicende storiche del Novecento.
Sul piano giuridico-costituzionale ci troviamo di fronte a una radicale negazione dei capisaldi del costituzionalismo per come si erano andati sviluppando da due secoli. Alle tradizionali libertà individuali, considerate un esempio della corruzione borghese, si risponde con la dottrina marxista-leninista. La separazione dei poteri è sostituita dal ruolo guida del Partito comunista, unico soggetto politico legittimo in quanto interprete della dittatura del proletariato, che procede alla collettivizzazione dei mezzi di produzione. Il partito seleziona le candidature all'Assemblea nazionale, il Soviet supremo, e decide i componenti dell'esecutivo. Spicca la figura centrale del sistema: il segretario del Partito comunista, leader del partito e capo dello Stato, titolare ultimo di tutti gli indirizzi politici della Nazione. Si pensi a un esempio come quello di Stalin.
Ma dopo la fine della Prima guerra mondiale, tra gli anni Venti e gli anni Trenta, si affaccia anche un'altra forma di Stato che si propone di superare alla radice lo Stato liberale: lo Stato autoritario, che vede la luce proprio in Italia. Il Fascismo, movimento politico che propugna una sorta di «superamento» sia del liberal-capitalismo sia del socialismo a favore di un sacrificio degli interessi di tutti gli attori sociali sull'altare della potenza della Nazione, si inserisce come un cuneo nella crisi e nelle contraddizioni in cui si dibatteva lo Stato liberale, approfitta delle sue debolezze e, al tempo stesso, ne decreta la fine irreversibile. Prima con la Marcia su Roma dell'ottobre del 1922 e poi con la definitiva svolta autoritaria annunciata da Mussolini in un celebre discorso tenuto alla Camera il 3 gennaio 1925, **il governo fascista instaura un regime dittatoriale che finisce per cancellare libertà e diritti, istituzioni e**

corpi intermedi, fino all'infamia assoluta delle leggi razziali del 1938 e alla disastrosa avventura bellica del 1940. Questo regime politico, che purtroppo farà scuola in Europa e troverà applicazione, pur con importanti elementi di diversità, in Germania con il Nazismo di Hitler, in Spagna con il Franchismo e nel Portogallo di Salazar, si fonda sul culto del Capo da parte delle masse, con cui egli instaura un rapporto diretto, asseritamente simbiotico, privo di mediazioni e di contestazioni. Il Partito tende a coincidere con le strutture dello Stato e le vecchie istituzioni o sono soppresse o vengono marginalizzate.
La Seconda guerra mondiale costituirà lo spartiacque del secolo. I suoi esiti determineranno il futuro dei popoli e delle loro istituzioni. Gli equilibri politici decisi dai principali vincitori della guerra (Stati Uniti, Regno Unito e Unione Sovietica, con gli Accordi di Jalta) determineranno la divisione dell'Europa in due aree ben distinte: l'Europa orientale, che vivrà a immagine e somiglianza del modello sovietico, e l'Europa occidentale, che imboccherà con decisione la strada dell'affermazione dello Stato democratico, fondato su un nuovo modello di Carte costituzionali.

9. GLI ASPETTI ESSENZIALI DEL COSTITUZIONALISMO DEMOCRATICO

Come si diceva all'inizio del capitolo, lo Stato democratico è quello entro cui abbiamo la fortuna di vivere. È la forma tipica per noi europei contemporanei, figli della storia del costituzionalismo, di cui apprezziamo il frutto più maturo. Questa considerazione ne richiama altre due. La prima riguarda l'economia di questo volume: gli istituti costituzionali caratterizzanti questa forma di Stato saranno dettagliatamente analizzati in chiave comparatistica nei prossimi capitoli, mentre qui cercheremo solo di capire brevemente il contesto storico in cui si afferma, le ragioni ideali che ne animano l'adozione e i profili essenziali che la distinguono dalle altre. La seconda è invece un'esortazione a non dare mai per scontate le libertà di cui godiamo e le istituzioni con cui ci governiamo: tutto è criticabile, e anche aspramente, ma, come diceva Churchill, «la democrazia è il peggiore dei regimi politici... eccetto tutti gli altri». Dunque, **l'affermazione generalizzata in Europa occidentale dello Stato democratico è un portato dei risultati della Seconda guerra mondiale, da cui scaturisce una vera e propria generazione di nuove Costituzioni, tra cui quella della Repubblica Italiana.**
Tuttavia, non bisogna dimenticare una precedente esperienza costituzionale che ebbe una vita breve e sfortunata, ma che proponeva elementi fortemente innovativi, come l'inserimento nella Carta di un ampio catalogo di diritti sociali. Si tratta della Repubblica di Weimar, dal nome della città tedesca in cui fu fondata, la cui traiettoria venne bruscamente interrotta dall'avvento del Nazismo.
Tornando al secondo dopoguerra, dobbiamo ricordare che, oltre all'Italia, anche altri Paesi si dotano di una nuova Costituzione negli anni immediata-

mente successivi alla fine del conflitto bellico. Nel 1946 il Giappone approda al costituzionalismo democratico occidentale in virtù di una Carta sostanzialmente imposta dagli Stati Uniti, che però saggiamente comprendono l'utilità, per la stabilità del Paese, di conservare la figura dell'imperatore, sia pur privato di ogni influenza politica, come *trait d'union* tra passato e presente, molto importante per un popolo fortemente radicato nelle proprie tradizioni. Nel 1949 viene approvata la Legge fondamentale della Repubblica federale tedesca, ossia la Germania Ovest, con il compito impegnativo, ma pienamente riuscito, di portare sulle sponde della democrazia liberale la Nazione che aveva generato il mostro del Nazismo e la tragedia della guerra, mentre la Germania Est era stata destinata a vivere sotto l'ombrello sovietico e perciò si stava dotando di un ordinamento di tipo comunista.

Dunque, Italia, Germania e Giappone: le potenze dell'Asse, uscite sconfitte dalla Seconda guerra mondiale, che ovviamente necessitavano di una profonda cesura con il passato da ogni punto di vista, a cominciare da quello costituzionale.

Ma anche la Francia, che pure aveva già conosciuto una fase storica di democratizzazione del sistema politico e istituzionale grazie alle tre leggi costituzionali del 1875 che avevano dato vita alla Terza Repubblica, dopo la guerra visse una stagione costituente con l'approvazione della Costituzione della IV Repubblica, nel 1946. Lo esigevano la sconfitta bellica del 1940 e la successiva involuzione autoritaria con la vergogna del regime di Vichy, collaborazionista con gli occupanti tedeschi.

Naturalmente vi furono anche Stati che non conobbero momenti di cesura, bensì un'evoluzione in senso ulteriormente democratico dei loro preesistenti ordinamenti costituzionali. Questo discorso vale, oltre che per le esperienze del Regno Unito e degli Stati Uniti, per democrazie già abbastanza consolidate come quelle delle monarchie parlamentari del Nord Europa, dell'Olanda e del Belgio, oppure per una Repubblica federale di antica tradizione democratica come la Svizzera. Tutte queste realtà procederanno nel corso del Novecento a operazioni di aggiornamento costituzionale per adeguare i loro risalenti ordinamenti ai mutamenti imposti dal cambiamento dei tempi.

Ma nel corso del XX secolo vi saranno altri due momenti in cui importanti Stati europei vivranno vere e proprie cesure storiche che li porteranno nell'alveo delle democrazie liberali. Alla metà degli anni Settanta, Portogallo e Spagna, come ricordato dominati per decenni da regimi dittatoriali, avviano entrambi, pur con modalità e condizioni politiche diverse, un processo costituente che porterà all'adozione di Costituzioni democratiche, rispettivamente nel 1976 e nel 1978; mentre la Grecia, in cui nel 1967 si era instaurata una dittatura militare (il c.d. «regime dei colonnelli») che aveva costretto all'esilio il re, nel 1975 torna alla democrazia con una nuova Costituzione repubblicana, poi largamente emendata nel 1986.

Successivamente, tra la fine degli anni Ottanta e i primi anni Novanta, con la caduta del Muro di Berlino e la fine dell'Unione Sovietica, crollano anche gli altri regimi comunisti dell'Europa orientale, innescando un processo di

liberalizzazione e democratizzazione della vita politica di quei Paesi, sia pur con modalità diverse. Solo per proporre qualche esempio, la riunificazione tedesca del 1990 consistette in una sostanziale estensione dell'ordinamento costituzionale della Repubblica federale tedesca ai territori della vecchia Germania Est; Ungheria, Polonia e Cecoslovacchia videro coronare antiche aspirazioni alla libertà che avevano pagato con invasioni sovietiche o con giri di vite da parte dei loro governanti. Una ritrovata libertà che i cecoslovacchi decisero di utilizzare anche per dividersi in due Stati: la Repubblica Ceca e la Slovacchia. In Romania la fine del regime fu più drammatica perché comportò l'uccisione del presidente Ceaușescu, praticamente in diretta televisiva. Ma il caso di gran lunga più tragico fu quello della Jugoslavia, un agglomerato di piccoli Stati, popoli, etnie, culture, spesso in lotta atavica tra loro, creato artificiosamente dopo la Prima guerra mondiale ed entrato nel mondo comunista dopo la Seconda. Il disfacimento di quella esperienza e la formazione di Stati come Slovenia, Croazia, Serbia, Bosnia, e così via, costò il prezzo di una guerra civile sanguinosa e intricata, che si protrasse per tutti gli anni Novanta e le cui scorie non sono ancora del tutto superate.

Dentro il contesto storico appena descritto, credo che una buona chiave interpretativa per analizzare i fondamenti costituzionali dello Stato democratico sia proporre una comparazione diacronica con lo Stato liberale. Liberalismo e democrazia sono filoni di pensiero e assetti istituzionali appartenenti a due tradizioni diverse, talvolta storicamente perfino alternative, ma che il Novecento ha «costretto» a incontrarsi perché entrambe minacciate dai nemici comuni cui abbiamo fatto cenno, e perché è andata affermandosi l'idea che la democrazia senza il liberalismo rischia di trasformarsi in dittatura della maggioranza, mentre il liberalismo senza democrazia risponde solo a esigenze di pochi.

Da questo punto di vista, dunque, è importante sottolineare come lo Stato democratico presenti elementi di continuità ed elementi di discontinuità con il precedente Stato liberale. In estrema sintesi proveremo a descrivere gli aspetti essenziali di questa evoluzione del costituzionalismo, cominciando dai primi.

Ovviamente, persiste il perno centrale della modernità costituzionale: la separazione dei poteri. Tuttavia, rispetto alla versione classica elaborata da Montesquieu dobbiamo registrare alcune importanti differenze strutturali. Nelle monarchie parlamentari si è definitivamente esaurita la funzione strettamente politica del sovrano, in capo al quale permane ormai solo una rappresentanza simbolica della continuità e dell'unità della Nazione, mentre al vertice dell'esecutivo troviamo il primo ministro legato, con il suo governo, al rapporto fiduciario con la Camera bassa. Discorso analogo vale per le repubbliche parlamentari, anche se in questo caso il ruolo del capo dello Stato, pur non essendo portatore di un proprio indirizzo politico, è chiamato spesso in causa come garante della Costituzione e con un ruolo da protagonista in alcuni momenti critici, come per esempio accade in Italia per la risoluzione di una crisi di governo.

Dunque, ai classici tre poteri settecenteschi si sono con il tempo aggiunti un capo dello Stato come potere neutro nel gioco delle forze politiche, nonché un organo *ad hoc* per la giustizia costituzionale, come vedremo meglio tra poco. **Altro elemento di continuità non può che essere il riconoscimento delle libertà individuali, spesso ulteriormente allargate, precisate e protette**. Per non parlare dei consueti istituti che delineano lo *status* di parlamentare: rappresentanza nazionale e libero mandato, verifica dei poteri e immunità parlamentari, a cui lo Stato democratico aggiunge coerentemente il principio della sua retribuzione, norma irrinunciabile per ampliare la base partecipativa della composizione delle Camere.

Quanto agli elementi di discontinuità sono certamente molti ed eterogenei, ma è possibile riscontrare una «ratio» che li accomuna: la volontà di allargare a tutti i singoli e a tutte le classi sociali la possibilità di essere parte integrante del patto costituzionale.

Il processo costituente vede protagoniste assemblee popolari in cui rappresentanti eletti a suffragio universale, maschile e femminile, normalmente appartenenti a partiti politici organizzati e ben radicati sul territorio, cercano un compromesso in cui tutti i cittadini si possano riconoscere. Ecco, in questi caratteri del momento costitutivo di una nuova Carta vi sono già tutti gli elementi essenziali che marcano la discontinuità con la fase precedente del costituzionalismo: suffragio universale invece che ristretto; in luogo di una Carta ottriata dal re, una Costituzione discussa da un'Assemblea costituente, e in qualche caso anche una partecipazione diretta del popolo per via referendaria, vuoi per ratificare il documento votato dall'Assemblea, vuoi per fornire un indirizzo istituzionale preventivo; forze politiche strutturate portatrici di una precisa ideologia ma disponibili a trovare punti di incontro per costruire una casa comune e consapevoli che il loro ruolo come soggetti politici sarà poi molto più importante e invasivo nella vita dello Stato di quanto non fosse stato in epoca liberale.

Da tutti questi fondamentali aspetti ne conseguono coerentemente altri non meno significativi. **La Costituzione assume appieno la sua valenza di fonte del diritto di rango superprimario, cui tutte le altre fonti si devono uniformare**. La primazia nella gerarchia delle fonti, la rigidità costituzionale e la presenza in Costituzione di un organo che ha il compito di proteggere il suo contenuto emettendo pronunce di illegittimità costituzionale sono tutte caratteristiche peculiari dello Stato democratico intimamente intrecciate con i profili già descritti del patto costituzionale: la casa comune deve essere protetta proprio perché non è espressione della volontà di pochi e dunque non è nelle mani di chi detiene l'indirizzo politico maggioritario in un determinato momento. La volontà politica espressa dalle forze politiche di maggioranza si può esplicitare solo entro i limiti del rispetto delle norme costituzionali, che a loro volta possono essere modificate ma solo in virtù di un procedimento aggravato, ossia più articolato, lungo e condiviso di quello previsto per approvare una qualunque legge ordinaria. Questi essenziali profili relativi alla natura della

Costituzione hanno portato gli studiosi a denominare lo Stato democratico anche come «Stato costituzionale».

In questo quadro viene spezzata ogni assolutezza della sovranità: nemmeno il popolo è sovrano assoluto poiché esercita la sua sovranità «nelle forme e nei limiti della Costituzione».

Ma anche nel campo dei diritti troviamo profonde discontinuità. Oltre agli ampliamenti già visti in tema di diritti di libertà e di diritti politici, è soprattutto nel campo dei c.d. «diritti sociali» che si registra un mutamento evidente di paradigma. Un cambiamento talmente rilevante che spesso lo Stato democratico viene anche definito «Stato democratico-sociale». La base logico-giuridica di questa evoluzione è da ricercare, oltre che in una relativizzazione della proprietà privata, che invece era un caposaldo centrale e irrinunciabile dello Stato liberale, nell'affermazione di una diversa concezione del principio di uguaglianza. Mentre il liberalismo classico riteneva che compito dello Stato fosse solo di assicurare l'uguaglianza formale, cioè l'uguaglianza dei cittadini di fronte alla legge, lo Stato democratico conferma questo intendimento ma assume tra le proprie principali incombenze anche di adoperarsi per rendere effettiva pure l'uguaglianza in senso materiale, grazie alla rimozione degli ostacoli economici che impediscono alle persone di avere delle opportunità per migliorare la propria condizione. Per raggiungere questo obiettivo la Costituzione è percorsa da un catalogo di diritti sociali su cui costruire una massiccia legislazione specifica: salute, istruzione, previdenza, assistenza, e così via. È il sistema del *Welfare State*, forse la principale architettura distintiva degli ordinamenti democratici contemporanei.

10. IL COSTITUZIONALISMO, TRA PRESENTE E FUTURO

Di fronte a questi tumultuosi sviluppi della storia europea del secolo scorso e degli assetti istituzionali che ne conseguirono, vale forse la pena di porsi un interrogativo, e cioè se gli avvenimenti descritti, così eterogenei per condizioni, modalità e tempistiche, segnalino in realtà un sottofondo comune, un *fil rouge* in grado di fornirci un'unica chiave interpretativa. Ebbene, la risposta è positiva e consiste in una tendenza storica del Novecento: la sua parabola ci dice che lo Stato democratico è stato l'approdo finale di esperienze che nulla avevano in comune; segno evidente di un'aspirazione dei popoli a essere governati da istituti e procedure che garantiscono il rispetto della dignità umana, punto d'arrivo di una storia, quella del costituzionalismo, lunga, complessa e talvolta contraddittoria ma essenziale per dare forma alla migliore cultura dell'Occidente sul piano politico e giuridico.

L'esempio forse più importante di questa tendenza è costituito dall'Unione Europea (v. *infra* cap. 11). Il processo di integrazione avviato da sei Nazioni (Italia, Germania Ovest, Francia, Olanda, Belgio e Lussemburgo) nel 1957 con il Trattato di Roma istitutivo delle Comunità Europee, rispondeva innanzitutto all'esigenza storica di evitare il ripetersi delle cicliche «guerre civili europee», divenute nel Novecento il focolaio di due devastanti guerre mondiali. **Ed evidentemente il tentativo, da questo punto di vista perfettamente riuscito, fu possibile solo grazie al fatto che tutti questi Stati, e gli altri che si sarebbero aggiunti fino alla metà degli anni Novanta, facevano parte della famiglia delle democrazie liberali.**

Quando poi crollarono i regimi comunisti dell'Europa orientale sembrò a molti che la vittoria storica del costituzionalismo occidentale avrebbe comportato un'ineluttabile processo di democratizzazione del mondo intero. Purtroppo gli avvenimenti degli anni successivi hanno smentito questa troppo ottimistica previsione.

Intanto, abbiamo assistito all'irrompere sul palcoscenico mondiale di una recrudescenza del fondamentalismo islamico e di un feroce terrorismo a esso collegato.

Inoltre, dobbiamo constatare come molte Nazioni che svolgono un ruolo da protagonista nello scenario geopolitico ed economico non appartengono affatto alla tradizione del costituzionalismo e mostrano quotidianamente di volersene ben guardare: si pensi, tra gli altri, ai casi di Cina, Russia e Turchia. **Ma quel che è peggio è che da qualche anno assistiamo a una messa in discussione dei fondamenti della democrazia liberale anche da parte di Stati che oggi fanno parte dell'Unione Europea**. Gli esempi più clamorosi sono gli attacchi ai principi della divisione dei poteri e dello Stato di diritto perpetrati in Polonia e Ungheria (entrate nell'Unione con l'allargamento a est del 2004) con riforme costituzionali e provvedimenti legislativi. Senza contare che anche nei popoli e nelle classi politiche di alcuni Paesi di provata tradizione democratica talvolta si agitano pulsioni che diffidano del bilanciamento tra i poteri e degli organi preposti a vigilare sul rispetto della legalità costituzionale, facendo coincidere il gioco democratico esclusivamente con il grado di consenso a favore di un indirizzo politico piuttosto che di un altro.

Le nubi inquietanti che si addensano sul futuro del costituzionalismo ci dimostrano una volta di più che la democrazia liberale, prima ancora che un assetto istituzionale, è una forma di cultura politica, che si afferma solo con la generale consapevolezza che la cittadinanza coincide con la difesa di alcuni preziosi valori di fondo, che sarebbe opportuno conservare e proteggere.

CAPITOLO 3

Le famiglie giuridiche e le fonti del diritto

OBIETTIVI DI APPRENDIMENTO

- **Conoscere e identificare i criteri distintivi delle principali famiglie giuridiche**
- **Ricostruire la genesi, le tappe evolutive e individuare le caratteristiche dei modelli di «common law» e di «civil law»**
- **Definire il concetto di «fonte del diritto» e illustrare il sistema generale di classificazione delle fonti**
- **Individuare le forme e i meccanismi di produzione del diritto nelle democrazie stabilizzate**
- **Delineare le prospettive e le tendenze evolutive delle famiglie giuridiche e delle fonti del diritto**

1. FAMIGLIE GIURIDICHE: CLASSIFICAZIONI E TENDENZE EVOLUTIVE

Nel tempo molti sono stati i tentativi di catalogazione delle diverse tradizioni giuridiche, individuate sulla base del riconoscimento di istituzioni, norme e procedure condivise e radicate sul territorio. Vari e non sempre efficaci sono i criteri cui si è fatto ricorso per distinguere le c.d. **famiglie giuridiche**, ossia **ordinamenti accomunati da caratteristiche strutturali precise e distintive**. Agli inizi del Novecento risalgono classificazioni operate sulla base di differenze di tipo culturale e finanche razziale. Così, Adhémar Esmain individuò cinque famiglie giuridiche: romanistica, germanistica, anglosassone, slava e islamica, mentre Georges Sauser-Hall, basandosi su un criterio antropologico,

Questo capitolo è di Carla Bassu.

distinse la famiglia indoeuropea (a sua volta suddivisa nei sottogruppi induista, iraniana, celtica, greco-latina, germanica, anglosassone e lettone-slava); quella mongola e quella propria delle popolazioni giudicate ancora primitive. Ancora, Henri Lévy-Ullmann fece perno sul sistema delle fonti per individuare un gruppo di diritto dell'Europa continentale, uno dei Paesi anglofoni e uno di quelli islamici.
Un cambiamento di prospettiva si ebbe negli anni Cinquanta del secolo scorso, quando Pierre Arminjon, Baron Boris Nolde e Martin Wolff, basandosi su criteri prettamente giuridici ed escludendo dunque elementi di carattere etnico o geografico, individuarono sette famiglie: francese, germanica, scandinava, inglese, islamica, indù e sovietica. A questi gruppi, nel 1984, Konrad Zweigert e Hein Kötz, aggiunsero quello dell'Estremo Oriente, comprendente il diritto cinese, giapponese, indocinese e indonesiano.
In precedenza, negli anni Sessanta, René David ritenne di far prevalere un criterio di matrice storico-ideologica su quello tecnico-giuridico e su questa base individuò tre famiglie (romano-germanica; *common law*; socialista) più una (sistemi a base religiosa tradizionale).
Un ultimo, interessante, tentativo di classificazione si deve a Ugo Mattei e Pier Giuseppe Monateri che nel 1997, con l'intenzione di superare la prospettiva eurocentrica fino ad allora prevalente, individuarono tre famiglie giuridiche, distinte in ragione del modello di organizzazione del diritto. Si identifica così la famiglia **a egemonia professionale** (*rule of professional law*) composta da ordinamenti in cui la sfera giuridica assume valore autonomo rispetto alla dimensione sociale e religiosa e in cui le regole del diritto – del tutto secolarizzate – hanno carattere generale e astratto e servono come parametro unico per la risoluzione delle controversie e l'organizzazione dell'assetto istituzionale. In questo gruppo rientrano i sistemi a tradizione giuridica occidentale e, dunque, i modelli di *common law* e *civil law*. Una seconda famiglia è definita **a egemonia politica** (*rule of political law*) e comprende i c.d. «Paesi in transizione», ossia ordinamenti che si trovano in una fase di evoluzione in cui gli obiettivi della politica pervadono il circuito giuridico, influenzandone la determinazione. È questo il caso dei Paesi dell'ex Blocco sovietico e degli Stati latinoamericani e afroasiatici in via di modernizzazione costituzionale.
Ora, ferma restando l'utilità delle classificazioni sopra descritte, che hanno avuto un ruolo fondamentale nel progresso dell'analisi comparatistica, si deve constatare che la principale caratteristica nonché tendenza imperante nel diritto comparato è l'ibridazione dei modelli che è alla base di un irreversibile percorso di commistione dei sistemi che non si prestano a essere collocati in categorie predefinite. Occorre insomma rassegnarsi all'ineluttabile variabilità e incompletezza delle catalogazioni che non possono essere statiche, rigide e infallibili perché inesorabilmente destinate a essere messe in discussione e superate dal moto di mescolanza e influenza reciproca.
In sostanza, le classificazioni tradizionali devono senz'altro essere conosciute e hanno valore come base di partenza nella conoscenza del diritto comparato, ma non possono essere ritenute come riferimenti immutabili, essendo peraltro

valide solo se considerate nell'ambito di un preciso momento storico e di una specifica dimensione geografica e territoriale.

2. *COMMON LAW* E *CIVIL LAW*: ORIGINE E CARATTERISTICHE

Nell'ambito delle classificazioni tradizionali, con riferimento agli impianti giuridici originari dell'Europa continentale e insulare, la distinzione più diffusa e radicata è quella tra i sistemi di *common law* e di *civil law* che si rivela importante per descrivere una geografia del diritto comparato. Facendo riferimento all'origine e all'evoluzione dei diversi ordinamenti è infatti possibile collocare gran parte del mondo contemporaneo nell'ambito di un'area di influenza giuridica di *common law*, ovvero di *civil law* e – anche se nella realtà contemporanea non esiste più una netta separazione tra i due modelli che sono da tempo oggetto di commistione e ibridazione reciproca – tale ripartizione di massima è ancora significativa e indicativa delle caratteristiche di base di un sistema.

Il «common law» è nato e si è sviluppato in Inghilterra a partire dalla conquista dei normanni, avvenuta nel 1066 sotto la guida di Guglielmo il Conquistatore, che determinò una progressiva sostituzione delle consuetudini locali relative all'amministrazione della giustizia con un sistema centralizzato. La fase di formazione e affermazione del *common law* perdurò fino all'ascesa al potere della dinastia Tudor (1485), quando l'impianto di diritto comune poté ritenersi definitivamente consolidato come riferimento condiviso sull'intero territorio. Per comprendere appieno il percorso di genesi e sviluppo del *common law* inglese bisogna – come sempre nel diritto comparato – considerare le peculiarità di ordine storico e sociale che l'hanno influenzato. Si badi che **nel diritto nulla accade per caso ma ogni cambiamento è conseguenza di un'esigenza e finalizzato a un obiettivo**. In questo caso dobbiamo chiederci: qual è il motivo che ha portato alla creazione del *common law* e qual è lo scopo che si intendeva perseguire con la creazione di un nuovo modello giuridico? Ebbene, la spinta per la creazione di un sistema accentrato era certamente dovuta alla volontà/necessità del nuovo sovrano di omogeneizzare (e rendere dunque più affidabile ed efficiente) una realtà caratterizzata da uno spiccato pluralismo giuridico in cui la giustizia veniva amministrata a livello parcellizzato dai potenti baroni locali. D'altra parte l'obiettivo, doppio, era quello di valorizzare il ruolo della Corona che, grazie all'avocazione a sé del parametro giuridico, risultava rafforzata sia nei confronti della classe nobiliare, che veniva privata di un importante strumento di potere e controllo delle popolazioni locali, sia nei confronti dei sudditi che trovavano nelle corti facenti capo al re l'unico luogo in cui far valere le proprie ragioni e ottenere giustizia. In quest'ottica si collocava anche la scelta di non istituire organi giurisdizionali autonomi basati sul territorio, ma di fondare un sistema di giustizia itinerante,

con giudici che – come nomadi del diritto – si spostavano di luogo in luogo per offrire ai sudditi della Corona inglese il servizio della giustizia.
Nel 1176, con l'Assise di Northampton, l'Inghilterra venne infatti suddivisa in circuiti – composti ciascuno da una pluralità di contee – in cui i giudici regi si recavano periodicamente. È dunque la *Curia regis*, il tribunale itinerante chiamato a somministrare la giustizia per conto del sovrano che ne sceglieva direttamente i componenti, il primo strumento di diffusione del *common law*. Tale organo aveva la competenza generale di garantire la pace sociale attraverso l'esercizio della giurisdizione, occupandosi dei c.d. *pleas of the Crown* (ossia questioni che riguardavano direttamente la Corona) e dei casi di chi contestava i giudizi delle corti locali – preesistenti all'arrivo dei normanni – cui si associava la funzione di risolvere le controversie legate alla proprietà dei fondi tra il re e i feudatari (i Lord, *tennants in chief* che rispondevano direttamente al sovrano, e i *subtennants*, che erano invece soggetti ai Lord e solo in subordine alla Corona). L'azione della *Curia regis*, legittimata e rafforzata dagli scritti di giuristi che affermarono il primato della produzione giurisprudenziale come fonte primaria del diritto, risultò nella configurazione di un sistema di diritto regio, amministrato da una struttura centralizzata formata da tecnici, che con il tempo assunse anche carattere di imparzialità.
La **Curia regis** nacque dunque come corollario delle funzioni regie ma con il tempo subì un'evoluzione, cessando di essere concepita come una estensione fisica del re. L'avvento della *Magna Carta Libertatum*, nel 1215, e le alterne vicende della monarchia favorirono un cambiamento nella composizione e nel funzionamento dell'organo che – ormai svincolato dalla persona di chi sedeva sul trono e legato invece alla istituzione della Corona – si articolò nelle tre componenti illustrate di seguito.

- **King's Bench**: la corte che in origine seguiva il sovrano nei suoi spostamenti e dalla fine del XIV secolo trovò una sede stabile a Westminster, aveva giurisdizione per i *pleas of the Crown* e, in generale, per le questioni riguardanti la «pace del regno» con competenze di *supervisory jurisdiction* in materia penale e civile (tramite *prerogative writs* quali, per esempio, il *writ of certiorari*: finalizzato ad avocare alla corte un caso pendente di fronte a organi incompetenti o non in grado di assicurare un processo equo o il *writ of error*, utilizzato per impugnare sentenze viziate) o civile (per mezzo del *writ of trespass*, inerente l'ingerenza illecita nella proprietà altrui).
- **Exchequer**: nacque come sezione contabile della *Curia regis*, con funzioni nell'ambito della raccolta delle entrate della Corona e di amministrazione delle finanze regie. Nel tempo si registrò un'evoluzione dell'organo e alla fine del XIII secolo venne istituita una vera e propria *Court of Exchequer*, con competenze in materia fiscale, che si affiancò all'*Exchequer of Account and Receipt*, che conservò compiti di gestione contabile e amministrativa.
- **Common Pleas**: la corte delle controversie comuni, tendenzialmente ininfluenti per l'ordine pubblico e rilevanti solo nei rapporti tra individui. Nata come sezione della *Curia regis*, si trasformò in un tribunale autonomo durante il regno di Enrico III (1216-1272) assumendo la competenza generale

delle dispute tra privati e acquisendo un ruolo cruciale nell'elaborazione del sistema dal momento che da questo organo proveniva la gran parte delle regole civilistiche integranti il nucleo del *common law* inglese.
Sostanziale nella caratterizzazione del modello di **common law** è la **connotazione procedurale del sistema giuridico** che funzionava secondo schemi rigidi e predefiniti. In sostanza, chiunque avesse interesse a ottenere un intervento regio (per esempio, per avere giustizia contro la pronuncia di una corte locale ritenuta iniqua) doveva richiedere alla Cancelleria un *writ* (o *brevis*) che veniva concesso previo pagamento di una determinata tariffa. Il *writ* altro non era se non un'ordinanza con cui il sovrano disponeva che il delegato locale (*sheriff*) si assicurasse che – con riferimento all'oggetto specificato – fosse resa giustizia nei confronti del detentore dello stesso *writ*. Fino all'emanazione delle *Provisions of Oxford*, nel 1258, le tipologie di *writ* non erano limitate e predeterminate, ma le ordinanze potevano essere formulate liberamente dalla *Curia regis*, senza vincoli particolari. In seguito si affermò un sistema tipizzato, a numero chiuso, per cui una pretesa poteva essere tutelata solo se rientrava tra i diritti presenti nel formulario dei *writs*.
Chi, nell'Inghilterra del 1300, avesse lamentato la lesione di un proprio diritto poteva presentarsi in Cancelleria e chiedere un *writ* per ottenere giustizia. Così, chi si fosse trovato in una situazione rientrante tra quelle configurate da un *writ* preformulato poteva chiedere l'intervento della giustizia regia. Al contrario, chi avesse presentato casi anomali che fuoriuscivano dal circuito definito dal meccanismo dei formulari non poteva rivolgersi a una corte di *common law*. Il sistema prevedeva dunque un registro dei *writs* che comprendeva i tipi di azione (*forms of action*) tassativamente esperibili per tutelare le corrispondenti pretese.
Proprio il rigido formalismo e l'impossibilità di derogare agli schemi precostituiti secondo la formula *no writ, no remedy* determinò la nascita di un percorso giurisdizionale parallelo, volto a soddisfare le esigenze di chi trovandosi in una situazione non riconducibile a una delle fattispecie precostituite nelle *forms of action* non riusciva a ottenere giustizia. Questi casi venivano sottoposti – attraverso il cancelliere del re – direttamente al sovrano, unico autorizzato a decidere prescindendo dal rispetto delle procedure. Presto l'ufficio della Cancelleria (*Court of Chancery*) diventò una vera e propria corte, che agiva applicando i criteri discrezionali tipici della formula originaria della giustizia regia al di fuori dei rigidi vincoli procedurali e senza ricorrere alla giuria (*trial by jury*), presenza ormai costante nei processi di *common law*.
Diversamente, nell'ambito della Court of Chancery si decideva secondo criteri di *aequitas* (*equity*), ovvero tenendo conto delle circostanze specifiche e delle peculiarità di ogni caso. **Per «equity» si intende** dunque **il diritto prodotto dalla Court of Chancery che si affiancava al circuito del «common law» integrandolo** attraverso un sostanziale ampliamento del parametro della tutela giurisdizionale. Nel XVII secolo il parallelismo tra *common law* ed *equity* rispecchia la dualità conflittuale tra le classi nobiliari e borghesi,

rappresentate in Parlamento, e il detentore della Corona. Il compromesso che evitò lo scontro radicale, ponendo le basi per il superamento della monarchia assoluta (la cui fine fu segnata tra il 1688 e il 1689 dalla *Glorious Revolution*) fu rappresentato dalla coesistenza delle due giurisdizioni, che si trovarono a convivere, tollerandosi reciprocamente. Nel tempo si verificò una progressiva tecnicizzazione dell'*equity*, che gradualmente assunse procedure simili a quelle del *common law* e venne infine del tutto assimilata nel sistema nel momento in cui si attestò che il riferimento per la decisione, anche in sede di giudizio di equità, doveva essere rappresentato da elementi di natura squisitamente giuridica e non già da valutazioni di carattere morale. Il principio diventò dunque: *equity follows the law*, con il *rule of law* che divenne perno assoluto del modello.

In sintesi, si può dire che **il sistema giuridico inglese ha un'origine (e solo un'origine) consuetudinaria** ma si sviluppa **e si attesta come diritto di base giurisprudenziale, fondandosi sulle sentenze delle corti**.

In questo contesto, l'elemento che contraddistingue il sistema, rendendolo funzionale e capace di perpetuarsi è il principio del precedente vincolante: **stare decisis** o *binding precedent*. L'aspetto su cui fa perno l'impianto del *common law* è infatti rappresentato dal carattere di **obbligatorietà del precedente** in ragione del quale un giudice è tenuto a uniformarsi a quanto deciso da una corte gerarchicamente sovraordinata che si è pronunciata in precedenza su un caso analogo. La portata coattiva del precedente giudiziario si stabilizzò in Inghilterra tra il XVIII e il XIX secolo, quando il sistema delle corti subì una sostanziale riorganizzazione a seguito dell'entrata in vigore dei *Judicature Acts* del 1873-1875.

Nell'elaborazione originaria della dottrina dello *stare decisis* l'obbligo del magistrato di attenersi al precedente giudiziario era pieno e corrispondeva a una **visione dichiarativa del diritto in virtù della quale il giudice non creava nuovo diritto ma si limitava a scoprirlo**, orientandosi nella stratificazione della giurisprudenza preesistente, e a metterlo in luce richiamando nella propria pronuncia quanto deciso in precedenza in casi assimilabili. La possibilità di staccarsi dal precedente era allora connessa alla fisiologica possibilità che un giudice potesse incorrere in un errore nell'individuazione del diritto applicabile. In questa ipotesi era ammessa la non applicazione del precedente, ma ciò comportava un cambio di prospettiva del ruolo del giudice che assumeva una **funzione creativa del diritto**, non meramente ricognitiva. Oggi, come si vedrà più avanti, **nel Regno Unito la regola del «binding precedent» opera in senso verticale**, con la *Supreme Court* (prima del 2009 la *House of Lords*) che vincola le corti inferiori (*Court of Appeal, Divisional Court of the High Court, High Court, Crown Courts, County Courts, Magistrates' Courts*) **e orizzontale**, con le corti obbligate a rispettare i precedenti propri e dei tribunali di pari grado, fatta eccezione per la Corte suprema che è legittimata a non rispettare le proprie decisioni precedenti. Ciò a partire dal 1966, quando la House of Lords si pronunciò in tal senso in un documento di autoregolamentazione delle corti, riconoscendo che una

aderenza totale e imprescindibile dei precedenti avrebbe potuto determinare decisioni inique.
Diversa è la genesi e la caratterizzazione del sistema di **civil law**, che affonda le sue radici nel processo di **codificazione del diritto** progressivamente attuato nell'**Europa continentale**.
C'è da dire che dal punto di vista sostanziale le tradizioni di *common law* e *civil law* presentano un ancoraggio comune **nel patrimonio del diritto romano e nell'influenza esercitata dall'impronta della religione cristiana**. Tuttavia, già a partire dall'XI e XII secolo vicende storiche e fenomeni di matrice economica e sociale determinarono una caratterizzazione particolare e differente nell'Europa insulare e continentale. Sul territorio del continente europeo la nascita delle prime università favorì il superamento delle tradizioni giuridiche locali, prevalentemente basate su consuetudini, che non si prestavano a essere oggetto di studio per allievi provenienti dalle zone più remote dell'ex Impero romano. Nelle università veniva invece impartita un'educazione giuridica improntata sul diritto romano così come riportato dal Codice di Giustiniano, a cui si associa lo studio del diritto canonico. I giuristi – formati sulla base dell'approccio teorico ai principi e alle regole del diritto – cominciarono a essere riconosciuti come portatori autorevoli di una conoscenza che veniva appresa e trasmessa tramite l'elaborazione e la lettura di testi scritti. Diversamente, oltremanica la formazione dei giuristi non avviene nelle sedi universitarie, ma ha un'impostazione squisitamente pratica, svolgendosi nell'ambito delle *Inns of Courts*, organi cooperativi che si occupavano della selezione e del monitoraggio dell'attività dei professionisti del diritto che si distinguevano in *barristers* (responsabili della discussione delle cause di fronte alle corti) e *solicitors* (chiamati a occuparsi dell'assistenza ai clienti e delle negoziazioni stragiudiziali). Tra i componenti delle Inns of Courts venivano individuati i *readers* – con la funzione di insegnare il mestiere ai giuristi – e i giudici che venivano nominati dal re. Come si nota, nel *common law* i protagonisti del mondo del diritto erano i professionisti che si cimentavano con una produzione giuridica di tipo giudiziale e operavano secondo un metodo orientato su casi concreti. Al contrario, nel sistema di *civil law* il ceto dei giuristi era composto da docenti universitari che si occupavano di configurare categorie concettuali di tipo dogmatico e il sistema giuridico si affermava attraverso forme sempre più sistematiche e raffinate di codificazione. Tale azione di **raccolta organica delle norme giuridiche vigenti**, finalizzata a fornire agli operatori del diritto un **parametro di riferimento scritto, generale e astratto** trovò la massima espressione nell'Europa continentale tra la fine del Settecento e i primi anni dell'Ottocento, quando in Prussia (1794), in Francia (1804) e in Austria (1811) si attuò una massiccia opera di codificazione del diritto civile. Si trattò di un intervento che rifletteva la volontà borghese di azzerare i privilegi delle classi nobiliari e clericali e di affermare il principio di uguaglianza anche attraverso la possibilità di accedere a un **corpus giuridico organico e chiaro**, semplice da comprendere. La centralità conferita alle fonti scritte e – in particolare – alla legge del Parlamento, che si impose come strumento normativo espressione

della volontà generale, fu determinante nel configurare la figura del giudice il cui ruolo era ridotto a mera *bouche de la loi*. Con questa eloquente formula Montesquieu descrisse vividamente la funzione dei giudici che nei sistemi di *civil law* assumevano la parte di sostanziali esecutori delle norme scritte, con funzioni interpretative ridotte al minimo.

Oltre a caratterizzare in maniera pregnante il modello giuridico di *civil law*, la codificazione del diritto risulta fondamentale anche nella conclusione dell'esperienza dello *ius commune* europeo, segnando l'avvio di sistemi normativi differenziati su base nazionale, improntati su criteri distintivi di carattere identitario.

Il successo che il sistema di *civil law* ha riscosso nel mondo è dovuto prevalentemente all'esportazione conseguente alla colonizzazione da parte di ordinamenti dell'Europa continentale, con la Francia che – in questo frangente – ha ricoperto un ruolo di primo piano, diffondendo il codice napoleonico nei territori di influenza. Lo stesso discorso vale per il moto di circolazione del modello giuridico nato nell'Europa insulare, che ha seguito lo sviluppo imponente dell'Impero britannico, facendo sì che tutti gli ordinamenti che in un modo o nell'altro hanno subito l'influsso del regime di colonizzazione presentino – almeno di base – un impianto di *common law*.

Attenzione però: oggi non esistono più nella realtà ordinamenti perfettamente riconducibili negli schemi tradizionali del *common law* o del *civil law*, semplicemente perché – come si è detto in premessa – le categorie rigide non resistono al flusso inesorabile del diritto che – materia viva e storica, profondamente legata all'evoluzione sociale e culturale – sfugge a ogni possibilità di catalogazione statica.

Ibridazione è la parola chiave nel definire il rapporto tra le famiglie giuridiche tradizionali e la combinazione incrociata dei modelli è un fenomeno particolarmente facile da constatare, limitandosi a osservare le caratteristiche delle democrazie stabilizzate che presentano tutte elementi tipici di sistemi differenti che nel tempo sono stati importati alterando il modello originario e dando vita all'arcobaleno delle sfumature giuridiche che colorano lo spettro del comparatista.

3. LE FONTI DEL DIRITTO: DEFINIZIONE E CLASSIFICAZIONI GENERALI

Una volta individuati i caratteri primari e i criteri distintivi utili al fine di identificare le famiglie del diritto, occorre chiarire come – nei diversi sistemi – vengono prodotte le regole giuridiche ovvero come vengono generate e quale forma assumono le fonti del diritto.

La definizione più classica e onnicomprensiva recita che «**sono fonti del diritto tutti gli atti e i fatti idonei a produrre diritto**». È una formula che può apparire ostica solo se ci si lascia intimidire dal linguaggio tecnico e non ci si sofferma sul significato dei singoli termini. Già la metafora utilizzata è sufficiente a rendere l'idea del concetto che si vuole esprimere: **la fonte è la sorgente del diritto, il luogo da cui sgorgano le regole giuridiche**. Come ci si reca alla fontana per trovare l'acqua, così si ricorre alle fonti del diritto per sapere quali sono le regole giuridiche applicabili nelle diverse situazioni. Ebbene, in ogni ordinamento vi sono diversi atti (documenti) o fatti (comportamenti) da cui deriva il diritto vigente, ma è possibile individuare meccanismi di produzione comuni.

In generale, si distingue tra *fonti legali*, regole giuridiche prodotte secondo procedure e caratteristiche predefinite dal sistema, e *fonti extra ordinem*, che nascono al di fuori delle regole sancite perché tendenzialmente finalizzate a stabilire un ordinamento diverso, come nel caso di una rivoluzione, in cui le nuove norme segnano la frattura con il sistema precedente e ne impongono uno rinnovato. Le fonti *extra ordinem* sono dunque prodotte al di fuori del circuito dell'ordine costituito e si rivelano perciò estremamente residuali nell'ambito delle democrazie stabilizzate riducendosi – in sostanza – alle fasi di origine della struttura costituzionale. Sono fonti che nascono nel mancato rispetto del **principio di legalità** e che assumono valore sulla base del **principio di effettività** in ragione del quale il fatto di essere applicate e rispettate conferisce loro valenza giuridica. Altra differenziazione di base è quella tra **fonti atto**, prodotte da organi preposti alla funzione normativa (per esempio, il Parlamento) secondo procedure predeterminate (per esempio, *iter legis* descritto dalla Costituzione e dai regolamenti parlamentari), e **fonti fatto**. Sono fonti atto quelle di diritto codificato, come la Costituzione, le leggi, i decreti governativi, i regolamenti, che rappresentano la grande maggioranza delle fonti nei modelli di *civil law*. Sono invece fonti fatto le regole derivanti da attività che non sono espressamente indirizzate alla produzione di nuovo diritto. L'esempio per eccellenza è rappresentato dalla consuetudine, che si concretizza allorché si verifica la reiterazione costante di un comportamento da parte della generalità dei soggetti (*diuturnitas*), associata alla convinzione che tale condotta risponda a un obbligo di carattere giuridico (*opinio iuris sive necessitatis*).

Importante è anche la posizione gerarchica che le diverse fonti assumono nell'ambito di un ordinamento giuridico. Pur nelle differenze riscontrabili nei singoli ordinamenti è possibile ricostruire una gradazione di massima che contempla una classe di fonti di rango costituzionale – sovraordinata rispetto alle altre – e, in ordine decrescente, livelli di norme primarie e secondarie. La struttura piramidale del sistema delle fonti consente l'applicazione di un efficace criterio di risoluzione delle antinomie in ragione del quale, nel caso di conflitto tra norme diverse e poste a diversi livelli della scala gerarchica, sarà quella superiore a prevalere. Nelle democrazie contemporanee la stratificazione e la crescente complessità delle fonti vigenti impone che al criterio gerarchico se ne affianchino altri, quali il criterio di competenza, cronologico e di specialità che, come si vedrà più avanti, costituiscono uno strumentario organico per la risoluzione dei conflitti tra norme.

Una precisazione importante riguarda i sistemi in cui non esiste una netta separazione formale tra fonti di rango costituzionale e fonti primarie, anche se questa apparente assenza di sovraordinazione ufficiale non è condivisa da tutti. Per quanto riguarda i Paesi che presentano una Costituzione rigida il rispetto della gerarchia delle fonti e, in particolare, la coerenza di tutte le norme vigenti nell'ordinamento con il parametro costituzionale è garantita da meccanismi di controllo di legittimità costituzionale (v. *infra* cap. 10).
Si badi che non sempre il livello costituzionale rappresenta il grado più alto della gerarchia delle fonti. In alcuni casi si registrano infatti ipotesi di fonti definibili come «supreme» perché non modificabili attraverso i meccanismi di revisione ordinari; d'altra parte esistono categorie di fonti intermedie che si collocano in una posizione mediana tra la Costituzione e la legge ordinaria. È il caso, su cui ci si soffermerà più avanti, delle leggi organiche francesi e spagnole (v. *infra* par. 7).
Da ultimo, una distinzione da ricordare è quella tra **fonti di produzione** (destinate a innovare il sistema attraverso l'introduzione di nuove regole giuridiche) e **fonti di cognizione** (veicoli delle norme di produzione, che danno notizia ufficiale delle innovazioni introdotte nell'ordinamento). Nella prima categoria ricadono le fonti che in qualche modo producono un cambiamento nell'apparato normativo, dunque leggi, decreti, regolamenti, ecc. Una tipica fonte di cognizione è invece, per esempio, la Gazzetta Ufficiale, in cui sono pubblicate tutte le novità normative introdotte nel sistema, anche se il ruolo da protagonista nella diffusione delle innovazioni giuridiche è svolto dalla piattaforma Internet e, in particolare, dai portali istituzionali che in tempo reale danno notizia delle nuove norme emanate.

4. COME SI PRODUCE IL DIRITTO NELLE DEMOCRAZIE STABILIZZATE

Uno degli elementi caratterizzanti le democrazie costituzionali contemporanee è la presenza di una pluralità variegata di fonti del diritto, prodotte da soggetti diversi posti in gradi differenti dell'apparato istituzionale. Non esiste un ordinamento che preveda una sola sede di produzione delle norme giuridiche. «Complessità» e «stratificazione» sono termini chiave nella descrizione del sistema delle fonti che, proprio in ragione della pluralità e della provenienza differenziata, si prestano a porsi in conflitto una con l'altra dando vita ad **antinomie**, ossia **contrasti tra norme**. Tali discrepanze tra regole giuridiche vengono risolte attraverso strumenti appositamente predisposti dal sistema per stabilire una graduatoria tra le norme utile al fine di essere sempre in grado di identificare la fonte applicabile. I criteri ordinatori delle fonti del diritto variano di ordinamento in ordinamento e tengono conto della rilevanza e del grado di effettività delle diverse norme, che dipendono *in primis* dal ruolo del soggetto legittimato a formularle e dal meccanismo di produzione.

In linea generale, le **fonti** che nelle democrazie stabilizzate godono di una posizione prevalente sono quelle **di origine politica**, ovvero quelle **regole giuridiche prodotte da organi istituzionali eletti direttamente o legittimati indirettamente dal popolo** (per esempio, Parlamento, governo, consiglio regionale, ecc.). Si tratta di un'amplissima categoria di norme (di gran lunga la più vasta e significativa nell'ambito degli Stati costituzionali) finalizzate al perseguimento di obiettivi specifici che riflettono l'indirizzo politico degli organi che le producono. Anche riducendo la prospettiva di analisi alle democrazie stabilizzate si osserva come la caratterizzazione delle fonti di origine politica, e la posizione da esse rivestita nell'ambito dell'ordinamento, è profondamente influenzata da elementi quali il tipo di Stato (unitario o decentrato e – tra i modelli decentrati – federale o regionale) e la forma di governo (presidenziale, parlamentare, ecc.).
Al diritto politico si affianca il diritto giurisprudenziale che fa perno sulle decisioni dei giudici e si contraddistingue per l'impostazione concreta, rispondendo all'esigenza di risolvere casi specifici, sciogliendo nodi giuridici legati a vicende specifiche.
Le fonti di origine politica e quelle di matrice giurisprudenziale rappresentano insieme – con variazioni relative al sistema di riferimento – la quasi totalità delle fonti del diritto in una democrazia costituzionale. Solo residuali – almeno nel panorama delle democrazie stabilizzate – sono le **fonti religiose** (per esempio, diritto canonico, diritto musulmano, ecc.), che **prevedono una corrispondenza tra precetti religiosi e norme giuridiche**, ritenendo il diritto in qualche modo derivante dalla volontà della divinità e le **fonti consuetudinarie**. Tali regole, come anticipato in sede di descrizione delle fonti fatto, derivano dalla sussistenza di comportamenti ripetuti in modo costante, uniforme e frequente nel tempo, a cui si associa l'elemento soggettivo della convinzione sincera che tali modi di agire siano vincolanti in quanto dotati di natura giuridica. Le fonti consuetudinarie non devono essere confuse con le regole sociali e si distinguono anche dalle **regole convenzionali** che seguono l'impostazione di diritto privato e – similmente a quanto avviene nei contratti – **derivano da un accordo stipulato tra le parti e risultano vincolanti solo per le parti stesse, che le hanno accettate come obbligatorie**. Questo tipo di fonti assume una valenza particolare nell'ambito dei rapporti costituzionali, che spesso sono regolati da norme di carattere convenzionale (si sono già ricordati i casi della forma di governo britannica, in cui su base convenzionale la Corona nomina premier il leader del partito di maggioranza. Il «problema» delle norme convenzionali è che non essendo formalizzate non godono di tutela giurisdizionale con la conseguenza che a fronte di una loro violazione non è prevista alcuna sanzione. A ogni modo, fatta eccezione per la dimensione costituzionale, il diritto convenzionale è da ritenersi minoritario nelle democrazie stabilizzate al pari del diritto consuetudinario, anche se occorre segnalare la crescente importanza di un determinato tipo di fonti basate sulle consuetudini. Si tratta delle fonti di diritto internazionale, di origine pattizia e fondate su consuetudini che occupano uno spazio significativo nei modelli costituzionali contemporanei.

La struttura complessa e multiforme che caratterizza il sistema delle fonti nelle democrazie contemporanee rende indispensabile l'**identificazione di criteri rigorosi che consentano all'operatore giuridico, ma anche al privato cittadino, di essere capace di individuare la regola applicabile, nel caso non infrequente di conflitto tra norme**. La moltiplicazione, nelle società attuali, dei centri di produzione delle norme che non provengono più, come accadeva negli Stati nazionali ottocenteschi, dal solo livello statale, ma possono derivare oltre che dallo Stato (per esempio, leggi del Parlamento nazionale; decreti governativi; regolamenti esecutivi) dagli enti subnazionali (per esempio, leggi regionali o degli enti federati rispettivamente negli ordinamenti regionali o federali) o sovranazionali (per esempio, norme di diritto internazionale, fonti dell'Unione Europea), ha arricchito (e complicato) l'articolazione delle fonti del diritto. Anche la rilevanza crescente di norme di natura non politica, ma emanate da organi autonomi e specializzati come le autorità indipendenti diffuse in tutte le realtà costituzionali ha influito nell'organizzazione del sistema, rendendo necessario il riferimento a parametri chiari di sistemazione.
La panoramica delle democrazie contemporanee mostra l'assunzione diffusa – con diverse forme e declinazioni – di **formule ordinatorie che combinano i principi di gerarchia e di competenza**. Il primo, basandosi sull'articolazione delle norme nell'ambito di una scala gerarchica, prevede la prevalenza della fonte di grado superiore su quella di grado inferiore. Il secondo distingue la norma applicabile in ragione della competenza sulla base del meccanismo di riparto delle funzioni normative previsto in Costituzione (v. *infra* cap. 4). Così, per esempio, la Costituzione di uno Stato decentrato stabilisce una serie di materie in cui la competenza legislativa è riservata al livello nazionale e in quelle materie gli enti subnazionali non possono legiferare; se ciò avvenisse le norme prodotte in violazione del principio di competenza soccomberebbero inevitabilmente. Se, per intenderci, la Costituzione federale degli Stati Uniti prevede che spetti al Parlamento nazionale (Congresso) il potere di regolare il commercio con i Paesi stranieri, una legge dello Stato della California che stabilisce accordi commerciali con il Messico in deroga alla normativa federale è priva di validità, in ragione del principio di competenza[1]. Negli Stati

[1] L'art. I, sez. 8 della Costituzione degli Stati Uniti indica le materie di competenza del Congresso federale: «Il Congresso avrà il potere: Di fissare e riscuotere tasse, diritti, imposte e dazi, di pagare i debiti [pubblici] e provvedere alla difesa comune e al benessere generale degli Stati Uniti; ma i diritti, le imposte e i dazi saranno uniformi in tutti gli Stati Uniti; Di prendere danaro in prestito sul credito degli Stati Uniti; Di regolare il commercio con i Paesi stranieri, tra gli Stati e con le tribù indiane [c.d. *commerce clause*]; Di stabilire una disciplina uniforme della Naturalizzazione, e leggi uniformi in materia di fallimento in tutti gli Stati Uniti; Di battere moneta, di regolare il valore di questa e delle monete straniere, e di fissare lo standard dei pesi e delle misure; Di provvedere a punire la contraffazione dei titoli e della moneta corrente degli Stati Uniti; Di stabilire uffici postali e linee postali; Di promuovere il progresso della scienza e delle arti utili, assicurando per periodi limitati di tempo agli autori e agli inventori il diritto esclusivo sui loro scritti e scoperte; Di costituire tribunali inferiori alla Corte suprema; Di definire e punire gli atti di pirateria e fellonia compiuti in alto mare e le offese contro il Diritto delle Genti; Di dichiarare guerra, di concedere licenze di preda e di rappresaglia, e di stabilire regole sulle prede in terra e in mare; Di reclutare e mantenere eserciti, ma nessun tipo di acquisizione

decentrati il compito di risolvere i conflitti di competenza tra diversi livelli istituzionali è affidato agli organi di giustizia costituzionale.
Un altro criterio, al quale si ricorre sostanzialmente nel caso in cui sia impossibile applicare il principio gerarchico o di competenza (per esempio, fonti dello stesso grado prodotte da organi competenti che pongono regole diverse), è quello **cronologico**, in base al quale la norma più recente prevale su quella anteriore (*lex posterior derogat priori*). Dunque, per esempio, nell'ipotesi di due leggi del Parlamento nazionale che regolano la stessa materia e sono in conflitto tra loro si applica la più attuale. Da ultimo, si segnala il **principio di specialità**, in ragione del quale la norma di carattere speciale prevale su quella generale (*lex specialis derogat legi generali*) anche nel caso in cui quella generale sia successiva (*lex posterior generalis non derogat legi priori speciali*).

5. LE FONTI DEL DIRITTO NEI MODELLI DI *COMMON LAW*

Come osservato nel paragrafo 2 dedicato alla definizione dei modelli di *civil law* e di *common law* quest'ultimo sistema prevede un approccio di tipo «rimediale», secondo la formula *remedies precede rights*, in virtù della quale un diritto è considerato tale solo se è previsto uno strumento processuale specifico che ne garantisca la tutela da parte di un giudice. Tuttora il *common law* si caratterizza come *diritto procedurale*, fondato su casi concreti e non su categorie giuridiche astratte, come accade invece nei modelli di *civil law*. Le colonne portanti del sistema sono rappresentate dai *writs* risalenti alle origini del modello come l'*habeas corpus*, che comporta il controllo di legittimità delle restrizioni della libertà personale; il *certiorari*, che prevede la verifica dell'operato di un organo giurisdizionale da parte di una corte superiore; il *trespass*: ovvero l'azione a garanzia del domicilio; il *mandamus*, che impone di compiere un determinato atto e il *prohibition* che, al contrario, secondo il meccanismo dell'interdizione vieta condotte specifiche.
L'elemento chiave su cui fa perno l'articolazione delle fonti di **common law** è il principio del **precedente vincolante** che, stabilendo di fatto una gradazione

di denaro a tal fine potrà esser votato per un termine più lungo di 2 anni; Di creare e mantenere una marina militare; Di stabilire regole per l'amministrazione e il governo delle forze militari di terra e di mare; Di provvedere a convocare la Milizia per l'esecuzione delle leggi dell'Unione, per reprimere insurrezioni e respingere invasioni; Di provvedere a organizzare, armare e disciplinare la Milizia e a disporre quale parte di essa sia impiegata al servizio degli Stati Uniti, riservando ai relativi Stati la nomina degli ufficiali e la funzione di addestrare la Milizia in conformità alla disciplina dettata dal Congresso; Di esercitare in via esclusiva e per qualsiasi caso il potere legislativo in quel Distretto (di non più di dieci miglia quadrate) che, per cessione di alcuni Stati e con l'accettazione del Congresso, diverrà la sede del governo degli Stati Uniti, e di esercitare eguali poteri su tutti i luoghi acquistati, con il consenso dei corpi legislativi dello Stato in cui si trovano per erigervi fortilizi, magazzini, arsenali, cantieri e altri edifici di necessità [pubblica]; e Di fare tutte le leggi che saranno necessarie e utili [*necessary and proper*] per portare ed esecuzione i poteri predetti e tutti gli altri poteri di cui questa Costituzione investe il governo degli Stati Uniti o i suoi dipartimenti e funzionari [c.d. *implied powers clause*]».

gerarchica nelle pronunce giurisprudenziali, conferisce stabilità al sistema. Si ricorda che la dottrina dello **stare decisis** o **binding precedent** si traduce nell'**obbligo per un giudice di common law di attenersi al precedente stabilito dalle corti superiori in un caso analogo**. Eccezioni allo *stare decisis* sono previste in ipotesi specifiche, come il caso già ricordato della Corte suprema del Regno Unito nei confronti della quale non si applica l'efficacia orizzontale dello *stare decisis*. Nello strumentario del giudice di *common law* esistono alcuni dispositivi che consentono di discostarsi dal precedente; tra questi rilevano in particolar modo:

- **distinguishing**, che consente al giudice di svincolarsi dal precedente qualora esso sia frutto di una decisione palesemente errata ovvero nell'ipotesi in cui si tratti di una pronuncia tanto risalente nel tempo da risultare obsoleta alla luce del diritto vigente e perciò inapplicabile. L'atto deve essere supportato da una motivazione idonea che giustifichi la deroga che può essere determinata dal mutamento delle circostanze di fatto; da un più approfondito esame della fattispecie o da ragioni legate all'interesse pubblico. **Procedimento opposto al «distinguishing» è quello dell'«harmonizing» previsto nel diritto statunitense**, secondo cui un giudice può ritenere irrilevanti le differenze tra il nuovo caso oggetto di giudizio e la causa che stabilisce il precedente e non considerarle, uniformando le decisioni;
- **overruling**, che determina l'abrogazione della regola stabilita con una decisione precedente con un'altra. In sostanza, **si nega il precedente esistente e se ne afferma uno nuovo**. Si noti la differenza rispetto al *distinguishing*, che prevede che il giudice si distacchi dal precedente senza sostituirlo mentre l'*overruling* sancisce l'eliminazione del precedente dal sistema delle fonti con valore retroattivo e fa subentrare una nuova regola. Al pari del *distinguishing* anche la decisione di ricorrere all'*overruling* deve essere opportunamente motivata;
- **reversal of judgment**, che prevede l'annullamento in sede di giudizio di appello di una sentenza impugnata;
- **dissenting opinion**, che consente a un singolo giudice, nell'ambito di un giudizio collegiale, di **esprimere il proprio parere discostandosi dalla posizione assunta dalla maggioranza**. Già nella più antica tradizione del *common law* britannico ai giudici era concesso di esprimere sentenze individuali, al contrario di quanto previsto nel modello dell'Europa continentale in cui i giudizi erano (e sono tuttora) di norma collegiali, senza possibilità per i singoli componenti delle corti di rendere pubblico il proprio parere ove discordante con quello della maggioranza. C'è da dire che tra gli ordinamenti di *civil law* esistono forme di espressione individuale dei membri delle corti, assimilabili alla *dissenting opinion*; è il caso del **«voto particular» spagnolo**[2].

[2] Art. 164, comma 1 della Costituzione spagnola: «Le sentenze del Tribunale costituzionale saranno pubblicate sul Bollettino Ufficiale dello Stato, unitamente alle opinioni individuali [*votos particulares*], ove espresse».

Occorre tener presente che l'interpretazione e le modalità di attuazione dello *stare decisis* variano a seconda dell'ordinamento di *common law* in cui si applica. Come si è visto, **nel Regno Unito** l'obbligatorietà del precedente vale sia in senso verticale, con la *Supreme Court* (e prima del 2009 la House of Lords) che vincola le corti inferiori (*Court of Appeal, Divisional Court of the High Court, High Court, Crown Courts, County Courts, Magistrates' Courts*), sia in senso orizzontale, con la *House of Lords* (poi divenuta Corte suprema) che solo nel 1966 ha il riconoscimento della facoltà di attenersi o meno ai propri precedenti. Altrove la regola è diversa: **negli Stati Uniti**, tendenzialmente l'applicazione dello *stare decisis* è ritenuta più flessibile rispetto all'approccio dell'ex madrepatria. Per esempio, se in senso verticale il precedente è sempre *binding*, le corti federali non sono vincolate tra loro come non lo sono le corti supreme dei singoli Stati, anche se non bisogna trascurare la potenzialità persuasiva dei precedenti altrui, che vengono comunque tenuti in considerazione. Peraltro, si segnala che la Corte suprema federale non ha mai esitato a mutare l'orientamento delle proprie decisioni, determinando con le proprie pronunce, in misura talora dirompente, l'evoluzione del sistema. Si pensi, tra i tanti esempi, alla decisione del caso *Erie Railroad Co. vs Tompkins*, del 1938, con cui la Corte suprema ha esercitato la funzione di *overruling*, capovolgendo il *leading case* rappresentato dal precedente *Swift vs Tyson*, del 1842. Nella fattispecie, nella decisione del caso *Swift vs Tyson* la Corte aveva affermato l'esistenza di un «general common law» cui una corte federale avrebbe dovuto far ricorso in assenza di una disciplina legislativa statale che regolasse la materia. Tale previsione lasciava intendere una sorta di «gerarchizzazione» tra le corti federali e statali, che presentava delle incongruità con il modello federale statunitense, fondato sulla separazione di competenze. Nel 1938 la Supreme Court ribaltò questo orientamento, affermando – nel giudizio della causa *Erie Railroad v. Tompkins* – che le corti federali non potevano dare vita a un proprio sistema di regole ma, in assenza di una legge federale utile al fine di risolvere una controversia, avrebbero dovuto applicare il diritto dello Stato di riferimento. Il precedente venne dunque *overruled*.

Nel compiere una rassegna generale e organica delle fonti vigenti in un ordinamento di *common law* si deve tener presente che l'ampia diffusione del modello originario inglese, essenzialmente accolto **in tutti i Paesi che hanno subito il dominio dell'Impero coloniale britannico** (**Stati Uniti, Canada, Australia, Nuova Zelanda, Sud Africa, India** sono solo alcuni esempi), ha determinato la creazione di diverse declinazioni del sistema. Nello specifico, tra gli elementi che più hanno contribuito alla differenziazione dell'articolazione delle fonti vi è l'adozione – da parte della maggior parte dei Paesi di *common law* (tra le democrazie stabilizzate fanno eccezione solo Regno Unito e Nuova Zelanda) – di una Costituzione rigida e codificata in un unico documento. In questi casi le fonti del diritto assumono una disposizione gerarchica – simile in linea di massima alla gradazione presente nei modelli di *civil law* – in cui il testo costituzionale riveste il rango più alto. Tale primato è assicurato dalla rigidità e da un sistema di controllo di legittimità costituzionale che garantisce che le norme contrastanti con il parametro della Costituzione vengano eliminate dall'ordinamento. Diversa è la situazione di quegli ordinamenti – come Regno Unito e Nuova Zelanda – che non adottano un concetto di «Costituzione» unidocumentale, ma che presentano un sistema in cui il parametro costituzionale è rappresentato da una pluralità di documenti stratificati nel tempo. Tali sistemi conferiscono massimo valore al principio della sovranità del Parlamento e per questo non esiste un sistema vero e proprio di giustizia costituzionale anche se il valore assunto da atti come quelli sopra indicati – che formalmente sono leggi ordinarie – e, per quanto riguarda il Regno Unito, l'azione uniformante svolta dalla «giovane» Corte suprema alimentano il dibattito sull'opportunità di conferire ufficialmente una posizione superiore agli *statutes* univocamente riconosciuti come di rango costituzionale. Differente è il contesto negli Stati Uniti, dove con la celebre sentenza del 1803 del caso *Marbury vs Madison*, si diede vita al modello diffuso di giustizia costituzionale (*judicial review of legislation*) che da allora influisce sul modo di intendere l'operato del Parlamento che non è insindacabile ma può essere messo in discussione e finanche disapplicato (sebbene con riferimento al caso specifico e solo tra le parti in causa) se giudicato incompatibile con il disposto costituzionale.

La matrice giurisprudenziale del *common law* non deve far credere che non esista una produzione normativa di carattere primario. Al contrario, i Parlamenti attivi nei Paesi di *common law* esercitano il potere legislativo al pari dei corrispettivi organi operanti in contesti di *civil law*. Il prodotto di tale attività (*statutes*, ossia le leggi) è – nei modelli che presentano una Carta fondamentale codificata – gerarchicamente subordinato alla Costituzione ma prevalente rispetto al diritto giurisprudenziale che però rappresenta il fondamento del sistema. Insomma, i giudici sono tenuti ad attuare il disposto delle leggi del Parlamento (basti ricordare che il principio della *sovereignty of Parliament* è alla base dell'impianto costituzionale britannico) ma è pur vero che la struttura dell'ordinamento si fonda sulla casistica giurisprudenziale che costituisce un presupposto imprescindibile anche per il legislatore. Ciò fa sì che **«case law» e «statute law» risultino strettamente interconnessi** perché nonostante le fonti legislative siano sovraordinate alla giurisprudenza (al pari di quanto avviene nel *civil law*) l'interprete del diritto è consapevole della valenza formale della casistica giurisprudenziale e questo influisce dal punto di vista operativo, contribuendo a definire l'approccio concreto che contraddistingue i sistemi di *common law*.

Occorre sottolineare che ormai da tempo si registra nei modelli di *common law* un progressivo aumento della rilevanza della legislazione primaria la cui produzione presenta un percorso di crescita costante. Nello stesso senso si registra una proliferazione delle fonti di grado secondario, definite *delegated* o *subordinated legislation* e di norme di rango amministrativo prodotte dall'esecutivo sotto forma di *orders*, *rules* e *regulations*. Particolarmente significativa è la prerogativa del presidente degli Stati Uniti di emanare atti esecutivi con valore di fonte primaria come gli **«executive orders»** di cui fa largo uso nell'ambito dell'esercizio di poteri straordinari in situazioni

giudicate di emergenza, come quelle connesse alle minacce del terrorismo internazionale. Da segnalare sono poi le *bylaws* previste dall'ordinamento britannico: atti emanati da autorità territoriali o da agenzie indipendenti. In generale, si rileva l'espansione delle agenzie indipendenti che, soprattutto negli Stati Uniti, esercitano un'ampia funzione regolamentare, contribuendo ad arricchire la struttura delle fonti.
Da non trascurare, negli ordinamenti di *common law*, è infine il ruolo delle **consuetudini** e delle **convenzioni costituzionali**, che conservano un rilievo significativo, sebbene residuale, rispetto al parametro normativo scritto.

6. LE FONTI DEL DIRITTO NEI MODELLI DI *CIVIL LAW*

Si è ormai chiarito che la differenza cruciale tra gli ordinamenti riconducibili a un modello di *civil law* e quelli rientranti nella sfera del *common law* è rappresentata dal fatto che questi ultimi riconoscono alla giurisprudenza il valore di fonte primaria del diritto. **Nei regimi di «common law» il fattore di stabilizzazione del sistema è costituito dal principio del precedente vincolante. Nei sistemi di «civil law», invece, il principale elemento regolatore delle fonti del diritto è dato dall'ordine gerarchico assegnato alle diverse norme di origine politica.**
Di base, in un Paese di *civil law* la gerarchia delle fonti è dominata dalle norme di rango costituzionale (Costituzione; leggi costituzionali e leggi di revisione costituzionale), che occupano il vertice dell'immaginaria piramide in cui si collocano le regole giuridiche vigenti nell'ordinamento. Si rileva che esistono casi in cui non è possibile ricorrere a leggi costituzionali che – emanate attraverso un procedimento aggravato – modifichino o integrino il testo costituzionale e ciò in ottemperanza alla dottrina della codificazione secondo la quale tutto il diritto costituzionale dovrebbe essere iscritto nel testo della Carta fondamentale: è questo il caso della Germania[3].
In alcune democrazie di *civil law*, come il Belgio, la Francia e la Spagna, nel gradino successivo della scala gerarchica/piramide, si trovano le c.d. **leggi organiche**, atti normativi approvati con maggioranze qualificate o che disciplinano settori particolari e sensibili (v. *infra* par. 7). Ancora in un grado intermedio si devono collocare quelle **fonti atipiche** – presenti in alcuni ordinamenti – che per l'oggetto o per la procedura attraverso la quale sono state approvate non possono essere modificate con una semplice legge ordinaria, pur essendo a essa pariordinate dal punto di vista formale. È questo il caso

[3] L'art. 79, comma 1 della Legge fondamentale tedesca prescrive: «La Legge fondamentale può essere modificata solo mediante una legge che ne modifichi o integri espressamente il testo. In caso di trattati internazionali che hanno a oggetto un accordo di pace, la preparazione di un accordo di pace o l'abolizione di un regime di occupazione o che sono finalizzati alla difesa della Repubblica federale, è sufficiente una integrazione del testo della Legge fondamentale che si limiti a chiarire che le disposizioni della Legge fondamentale non ostano alla stipulazione e all'entrata in vigore dei trattati medesimi».

dei Patti Lateranensi, incorporati nell'art. 7 della Costituzione italiana, che pur non assumendo natura di norma costituzionale godono di una maggiore resistenza alla modifica rispetto a una fonte primaria.
Ancora in un livello intermedio si collocano, nei soli ordinamenti dei Paesi che ne fanno parte, i **regolamenti dell'Unione Europea** (v. *infra* cap. 11) che, pur non avendo rango costituzionale, non possono essere assimilati a una fonte primaria perché in caso di contrasto con una norma primaria nazionale risultano prevalenti.
Giungiamo dunque al rango delle **fonti primarie**, che comprendono le **leggi emesse dal Parlamento nazionale** e talora, in presenza di determinati tipi di Stato decentrato, dei **Parlamenti degli enti substatali** (Regioni o Stati federati come nel caso delle leggi regionali italiane, della legislazione delle *Comunidades autónomas* spagnole e dei *Länder* tedeschi). Possono assumere valore di norme primarie anche gli **atti normativi dell'esecutivo**, frutto di delega parlamentare o adottati in casi straordinari, come nell'ipotesi dei **decreti** e delle **ordinanze di emergenza**.
Il gradino successivo è occupato dalle **fonti secondarie**, quelle di matrice regolamentare, a cui seguono, alla base della piramide gerarchica, le **fonti di natura consuetudinaria e convenzionale**.

7. LE FONTI COSTITUZIONALI E LE LEGGI ORGANICHE

Le Costituzioni delle democrazie stabilizzate sono il prodotto dell'esercizio del **potere costituente** e rappresentano la massima espressione della sovranità del popolo. Caratteristica comune delle Costituzioni democratiche contemporanee è la **rigidità** che presuppone il valore prezioso delle norme costituzionali, che devono essere preservate dalle esigenze ondivaghe delle maggioranze politiche. Rigida è infatti la Costituzione che può essere modificata solo attraverso un **procedimento rafforzato**, di solito molto lungo e complesso, che garantisca la massima ponderazione e la tendenziale condivisione della modifica. L'ordinamento spagnolo prevede due procedimenti di riforma costituzionale: uno, disciplinato dagli artt. 166 e 167, disciplina la modifica di norme determinate del testo della Costituzione, mentre l'art. 168 prevede la possibilità di revisione integrale. Fermo restando il carattere della rigidità, che accomuna le esperienze di cui qui ci si occupa, una distinzione significativa è quella che riguarda la struttura delle **Costituzioni** che, come già visto, possono essere **codificate in un unico testo** oppure sono di **matrice consuetudinaria**. Modello emblematico di Costituzione di impostazione consuetudinaria è quello del Regno Unito che – come si è detto – insieme alla Nuova Zelanda rappresenta l'eccezione alla regola imperante tra le democrazie contemporanee che hanno adottato in massa testi costituzionali codificati. In realtà, quella britannica non è propriamente una Costituzione consuetudinaria essendo integrata da una molteplicità di atti tra cui la *Magna Carta* del 1215; il *Bill of*

Rights del 1689; l'*Act of Settlement* (1701); i *Parliament Acts* (1911 e 1949) e i meno risalenti *European Communities Act* (revocato nel 2017 dal *Great Repeal Bill*, conseguente al processo della *Brexit* e dunque non più parte del patrimonio costituzionale); lo *Human Rights Act* (1998), i *Devolution Acts* (1998), l'*House of Lords Act* (1999) e il *Supreme Court Act* (2005). Si tratta dunque di un apparato organico di norme ottenuto grazie alla stratificazione di regole giuridiche derivanti da tradizioni e consuetudini spesso recepite in leggi. Come si è già avuto modo di osservare, nel diritto niente è casuale e, dunque, il fatto che il modello costituzionale del Regno Unito sia così peculiare e residuale deve spingere a interrogarsi sui motivi che hanno portato la gran parte degli ordinamenti democratici a staccarsi dall'esempio di un sistema che sotto altri punti di vista è risultato tanto influente. *In primis* – come spesso accade – si tratta di ragioni storiche: la Costituzione britannica ha radici antiche e presenta una sostanziale linea di continuità al contrario della maggioranza dei documenti costituzionali degli altri ordinamenti che qui si considerano, che sono prodotto (pur avendo subito successive evoluzioni) del costituzionalismo liberale essendosi affermate – in netta rottura con il sistema previgente – in seguito delle rivoluzioni liberali della fine del Settecento. La prima tra le Costituzioni liberali è quella federale degli Stati Uniti d'America (1787), positivizzata in un unico documento in espressa controtendenza rispetto al modello della ex Madre Patria, come simbolo di massimo rinnovamento non solo dal punto di vista dei contenuti ma anche nella forma.

Altra distinzione è quella tra **Costituzioni brevi**, che si limitano a disciplinare gli elementi essenziali del sistema e indicare struttura e competenze degli organi istituzionali, e **Costituzioni lunghe**, che presentano un'articolazione molto più complessa, racchiudendo regole e principi, elencando le diverse categorie dei diritti garantiti ed entrando nel dettaglio dei meccanismi di organizzazione costituzionale. **Sono lunghe quasi tutte le Costituzioni delle democrazie stabilizzate. Fa eccezione il caso degli Stati Uniti**, la cui Costituzione è composta di soli 7 articoli, cui si aggiungono 27 emendamenti integrati al testo nel tempo (tra il 1787 e il 1992). C'è da dire che la Costituzione statunitense si inserisce nel contesto di un solido ordinamento federale, che prevede un livello costituzionale in ciascuno Stato ed è espressione di un momento storico in cui il rango costituzionale federale era inteso soprattutto come sede utile per stabilire i limiti del potere nazionale. A parte il caso britannico, le Costituzioni delle democrazie europee sono praticamente contemporanee. La maggior parte dei testi ora vigenti è stata infatti adottata in un periodo compreso tra gli anni successivi alla Seconda guerra mondiale e la fine degli anni Settanta (Italia, 1948; Germania, 1949; Danimarca, 1953; Francia, 1958; Spagna, 1978). La Costituzione del Belgio del 1994, frutto di un intervento di sostanziale riordino e integrazione del testo originario del 1831, è stata da ultimo revisionata nel 2007, a seguito del processo di federalizzazione, con l'inserimento di 27 emendamenti. Altro caso peculiare è quello dell'attuale Costituzione della Svizzera, adottata nel 2000, che contiene regole di rango apparentemente non costituzionale come, per esempio, una norma a disciplina del gioco di azzardo[4].

Per quanto riguarda il contenuto, le Costituzioni democratiche somigliano molto tra loro, racchiudendo principi e valori fondamentali che rappresentano il nucleo profondo e il cuore pulsante dell'ordinamento, insieme ai diritti inalienabili, alle principali regole di convivenza e ai criteri dell'organizzazione costituzionale cui è solitamente dedicata la seconda parte delle Costituzioni scritte. È qui, dove vengono sancite le caratteristiche della forma di governo e i meccanismi di ripartizione delle competenze tra diversi livelli istituzionali nel caso di Stati decentrati, che troviamo le principali differenze tra le Carte fondamentali che nella loro prima parte, dedicata ai principi e ai diritti sono molto simili, risultando l'espressione della condivisione di base di un patrimonio giuridico ma anche filosofico e culturale.

Parificate negli effetti al disposto costituzionale sono le **leggi costituzionali, approvate secondo l'iter rafforzato stabilito dalla Costituzione** (gli Statuti delle Regioni italiane a Statuto speciale sono adottati con legge costituzionale) e le **leggi di revisione costituzionale** che, approvate secondo la stessa procedura complessa, **intervengono direttamente sul testo della Costituzione, modificandolo**.

Interessante e significativa è la presenza, in alcuni documenti costituzionali di **preamboli** di natura non precettiva bensì dichiarativa e simbolica che racchiudono in sintesi le linee di indirizzo, gli obiettivi e i principi a cui si ispira l'ordinamento. Si registrano in alcuni preamboli riferimenti alla storia costituzionale[5], all'ideologia politica e alle finalità perseguite dall'ordinamento[6] ma anche alla divinità[7]. Celebre e particolarmente evocativo è il Preambolo

[4] Art. 106 della Costituzione della Svizzera: «1. La legislazione sui giochi d'azzardo e le lotterie compete alla Confederazione. 2. Per aprire e gestire un casinò occorre una concessione della Confederazione. Nel rilasciare la concessione la Confederazione tiene conto delle condizioni regionali e dei pericoli insiti nel gioco d'azzardo. 3. La Confederazione riscuote dai Casinò una tassa commisurata ai loro introiti; la tassa non può eccedere l'80 per cento degli introiti lordi provenienti dal gioco. Essa è impiegata per coprire il contributo federale all'assicurazione per la vecchiaia, i superstiti e l'invalidità. 4. L'ammissione degli apparecchi automatici per giochi di abilità con possibilità di vincita compete ai Cantoni».

[5] Preambolo della Costituzione francese: «Il popolo francese proclama solennemente la sua fedeltà ai diritti dell'uomo e ai principi della sovranità nazionale definiti dalla Dichiarazione del 1789, confermata e integrata dal Preambolo della Costituzione del 1946, come pure ai diritti e doveri definiti nella Carta dell'ambiente del 2004».

[6] Preambolo della Costituzione spagnola: «La Nazione spagnola, desiderando stabilire la giustizia, la libertà e la sicurezza e promuovere il bene di quanti la compongono, nell'uso della sua sovranità, proclama la sua volontà di: Garantire la convivenza democratica nell'ambito della Costituzione e delle leggi conformemente a un ordine economico e sociale giusto; Consolidare uno Stato di diritto che assicuri la supremazia della legge come espressione della volontà popolare; Proteggere tutti gli spagnoli e i popoli della Spagna nell'esercizio dei diritti umani, le loro culture e tradizioni, lingue e istituzioni; Promuovere il progresso della cultura e dell'economia in modo da assicurare a tutti una dignitosa qualità di vita; Realizzare una società democratica progredita e collaborare al rafforzamento di relazioni pacifiche e ad un'efficace collaborazione fra tutti i popoli della terra».

[7] Preambolo della Legge fondamentale tedesca: «Consapevole della propria responsabilità di fronte a Dio e agli uomini, animato dalla volontà di mettersi al servizio della pace nel mondo quale membro, a parità di diritti, di un'Europa unita, il popolo tedesco, in forza del proprio potere costituente, si è dato questa Legge fondamentale».

della Costituzione degli Stati Uniti del 1787, un'ambiziosa dichiarazione di intenti e una promessa di libertà rivolte alle generazioni future[8].

Le **leggi organiche**, come si è già brevemente detto, sono atti normativi adottati dal Parlamento attraverso un **iter aggravato**, dunque più complesso rispetto a quello predisposto per le leggi ordinarie rispetto alle quali sono sovraordinate, nella gerarchia delle fonti. Tali strumenti normativi sono solitamente utilizzati per la **disciplina dei poteri pubblici** ma sono per esempio adottati tramite legge organica (nei Paesi che prevedono tale strumento normativo) gli Statuti degli *enti substatali* o gli atti di ratifica di norme di diritto internazionale quali la Convenzione europea dei diritti dell'uomo formulata nell'ambito del Consiglio d'Europa (CEDU).

In Europa le leggi organiche sono previste, per esempio, dagli ordinamenti costituzionali francese e spagnolo secondo formule differenti. L'art. 81 della Costituzione della Spagna stabilisce che: «sono leggi organiche quelle relative all'attuazione dei diritti fondamentali e delle libertà pubbliche, quelle che approvano gli Statuti di autonomia e il regime elettorale generale e le altre previste dalla Costituzione. 2. L'approvazione, modifica o deroga delle leggi organiche comporterà la maggioranza assoluta del Congresso con una votazione finale del progetto nel suo complesso».

In Francia l'articolata procedura di approvazione delle leggi organiche è stabilita dall'art. 46 della Costituzione che prescrive: «le leggi alle quali la Costituzione attribuisce il carattere di leggi organiche sono votate e modificate alle condizioni seguenti. Il disegno o la proposta non possono, in prima lettura, essere sottoposti alla decisione e al voto delle Assemblee prima che siano trascorsi i termini stabiliti dal comma 3 dell'art. 42. Tuttavia, se la procedura accelerata è stata avviata alle condizioni di cui all'art. 45 [che disciplina l'*iter legis* e stabilisce la possibilità di ricorrere a un meccanismo di mediazione in caso di disaccordo tra le due Camere], il disegno o la proposta non possono essere sottoposti alla decisione dell'Assemblea prima che siano trascorsi 15 giorni dalla sua presentazione. È applicabile tuttavia la procedura di cui all'art. 45. In mancanza di accordo tra le due Assemblee, il testo deve essere adottato dall'Assemblea nazionale in ultima lettura, a maggioranza assoluta dei suoi membri. Le leggi organiche relative al Senato devono essere votate nello stesso testo nelle due Assemblee. Le leggi organiche sono promulgate solo dopo dichiarazione di conformità alla Costituzione da parte del Consiglio costituzionale». Le leggi organiche francesi sono sottoposte obbligatoriamente al controllo di costituzionalità da parte del *Conseil constitutionnel* (v. *infra* cap. 10).

[8] Preambolo della Costituzione degli Stati Uniti d'America: «Noi, Popolo degli Stati Uniti, allo Scopo di realizzare una più perfetta Unione, stabilire la Giustizia, garantire la Tranquillità interna, provvedere per la difesa comune, promuovere il Benessere generale e assicurare le Benedizioni della Libertà a noi stessi e alla nostra Posterità, ordiniamo e stabiliamo questa Costituzione per gli Stati Uniti d'America».

8. LA LEGGE: CARATTERISTICHE E PROCESSO DI FORMAZIONE

Nonostante nel linguaggio comune il termine «legge» sia spesso associato al concetto generale di «diritto» (in inglese *law*), è bene chiarire che si tratta invece di uno strumento preciso e tecnicamente identificato. La **legge** è l'**atto normativo prodotto dal Parlamento** cui in inglese ci si riferisce con il termine *statute*, oppure *act*. A lungo la legge è stata considerata la «regina delle fonti», rivestendo un ruolo centrale nel sistema normativo, in quanto manifestazione diretta della volontà popolare espressa attraverso l'Assemblea legislativa. Con il tempo la legge è stata scalzata dalla sua posizione privilegiata nell'ambito delle fonti primarie a causa dell'evolversi dei modelli istituzionali e delle esigenze delle democrazie contemporanee, che mal si conciliano con i tempi lunghi e le procedure complesse dell'*iter legis* e richiedono sempre più immediatezza ed efficacia dei processi decisionali. Ciò non significa che la legge sia uno strumento desueto: al contrario, si tratta di un atto fondamentale perché – grazie alla dinamica procedurale e al contraddittorio tra maggioranza e opposizione in sede di dibattito parlamentare – assicura la massima garanzia della dialettica democratica. Proprio per la loro capacità di tutela degli interessi coinvolti, le Costituzioni riservano al Parlamento la disciplina di materie particolarmente delicate e preziose nell'assetto dell'ordinamento. L'istituto del**la riserva di legge prevede che la Costituzione stabilisca che determinate materie possano essere regolate solo dalla legge adottata dall'Assemblea legislativa**, rappresentativa del popolo secondo l'iter previsto dalla stessa Costituzione. Nel caso di **riserve materiali** è ammessa la disciplina anche da parte di atti con forza di legge, come un decreto esecutivo, mentre le **riserve formali** precludono la possibilità che una materia sia regolamentata se non da una legge del Parlamento. Ancora, si segnala la differenza tra **riserva assoluta**, che impone che una materia debba essere regolata esclusivamente tramite legge, e **riserva relativa**, che prevede che per legge siano definiti i principi, lasciando all'esecutivo la possibilità di intervenire nei dettagli, e **riserva rinforzata**, in cui la Costituzione entra nel merito della disciplina stabilendo elementi che devono essere previsti nella norma di legge[9].

[9] Art. 11 della Legge fondamentale tedesca: «Tutti i tedeschi hanno il diritto di circolare liberamente nell'intero territorio federale. (2) Questo diritto può essere limitato solo per legge o in base a una legge ed esclusivamente nei casi in cui manchino sufficienti mezzi di sostentamento e ciò potrebbe causare particolari oneri per la collettività, oppure nei casi in cui ciò sia necessario per difendere la stabilità o l'ordinamento liberal-democratico dello Stato o di un *Land* da un imminente pericolo, per contrastare il diffondersi di epidemie, per far fronte a catastrofi naturali o a calamità particolarmente gravi, per proteggere i minori dall'abbandono o prevenire i reati»; Art. 17 della Costituzione spagnola: «1. Ogni persona ha diritto alla libertà e alla sicurezza. Nessuno può essere privato della sua libertà se non con l'osservanza di quanto stabilito in questo articolo e *nei casi e nella forma previsti dalla legge*. 2. La detenzione preventiva non potrà durare più del tempo strettamente necessario per la realizzazione degli accertamenti tendenti al chiarimento dei fatti e, in ogni caso, il detenuto dovrà essere messo in libertà o a disposizione dell'autorità giudiziaria nel termine massimo di 72 ore. 3. Ogni persona detenuta deve essere informata

Nell'ambito delle democrazie contemporanee si è affermato anche lo strumento delle **leggi provvedimento**, che si concretizzano nel contenuto in veri e propri atti amministrativi, pur conservando la forma della legge. Altro è il caso delle **leggi formali**, che sono prive di un preciso contenuto normativo. Un discorso a parte meritano le **leggi di bilancio**, che godono di attenzione speciale soprattutto in alcuni ordinamenti. In Francia, per esempio, la legge di bilancio non può essere oggetto di delega e, al pari di quanto avviene in altri sistemi tra cui quello spagnolo, si stabiliscono rigide prescrizioni sulla copertura finanziaria dei provvedimenti. In alcune Costituzioni, come quella francese, italiana, tedesca e spagnola, sono state introdotte regole sul pareggio di bilancio che impongono limiti all'indebitamento.

Il **procedimento di elaborazione di una legge** è normalmente disciplinato da norme della Costituzione, che solitamente ne delineano gli aspetti principali; talora da leggi organiche, a cui si associano i regolamenti parlamentari (atti che regolano nel dettaglio l'organizzazione e il funzionamento delle Assemblee legislative), fonti di natura convenzionale e regole di prassi.

Pur presentando alcune differenze nell'organizzazione dell'iter, il processo di formazione delle leggi segue tendenzialmente la stessa scansione in tutti gli ordinamenti costituzionali e si suddivide in **quattro fasi**: **iniziativa**, **costitutiva**, **intervento presidenziale** e **pubblicazione**.

La possibilità di presentare un'iniziativa legislativa è in tutti gli Stati democratici garantita ai membri del Parlamento (iniziativa parlamentare), che possono presentare alla Camera di appartenenza progetti di legge tendenzialmente su tutte le materie, con l'eccezione di alcuni che possono essere riservati all'iniziativa del governo.

Nei sistemi a bicameralismo differenziato, in cui le Camere del Parlamento sono diverse per struttura e funzioni, alla c.d. «Camera bassa» – eletta direttamente su base nazionale – può essere assicurata una posizione privilegiata dal punto di vista dell'iniziativa (v. *infra* cap. 6). Nel **Regno Unito**, per esempio, la Camera dei comuni ha competenza riservata sui *money bills* (progetti di legge di carattere finanziario) e anche in Spagna e negli Stati Uniti il Senato non può presentare iniziativa su questioni inerenti materie finanziarie. Il Senato assume invece il ruolo di protagonista negli Stati Uniti con riferimento ai trattati internazionali e anche in Belgio l'iniziativa per la ratifica compete al Senato. Nelle forme di governo parlamentari un *favor* particolare è rivolto al governo, che esercita l'iniziativa legislativa come strumento finalizzato alla promozione e alla realizzazione del programma di indirizzo politico. Il primato delle iniziative governative è facilmente riscontrabile dall'osservazione dei dati e, se in alcuni casi si afferma grazie ai regolamenti parlamentari (Italia) o in virtù di prassi o

immediatamente e in modo comprensibile dei propri diritti e delle ragioni della sua detenzione, non potendo essere obbligata a fare ammissioni. È garantita al detenuto l'assistenza di un avvocato negli adempimenti di polizia e giudiziari, *nei termini stabiliti dalla legge*. 4. *La legge disciplinerà* un procedimento di *habeas corpus* per ottenere l'immediata messa a disposizione del giudice di qualsiasi persona detenuta illegalmente. Similmente, *a mezzo di legge* sarà determinato il termine massimo di carcerazione provvisoria» [corsivo nostro].

regole convenzionali (Regno Unito), in altri può essere anche espressamente sancito dalla Costituzione, come accade in Francia[10].
Negli Stati decentrati l'iniziativa legislativa può essere riconosciuta anche agli enti territoriali[11], e alcuni ordinamenti, tra cui ancora l'Italia e la Spagna, prevedono forme di iniziativa popolare.
La tappa successiva dell'*iter legis* prevede l'effettiva elaborazione del provvedimento legislativo che, per perfezionarsi, deve passare attraverso uno schema trifasico derivante dal modello «a tre letture» originato nell'esperienza parlamentare inglese. La **fase costitutiva** prevede dunque, di base, tre passaggi, il primo dei quali è costituito dall'acquisizione formale della proposta di legge. Successivamente, il progetto viene assegnato alla commissione competente per materia e in questa sede si plasma il testo. Nei vari ordinamenti si prevedono diverse forme di procedimento in cui le commissioni possono svolgere un compito più o meno pregnante, fino a giungere alle ipotesi di commissioni deliberanti previste in Italia e Spagna. Nel Regno Unito, invece, vale ancora la regola della supremazia dell'Aula, in base alla quale le commissioni sono strettamente vincolate alle linee di indirizzo stabilite dall'Assemblea di Westminster.
Al termine dell'esame in commissione il testo viene trasmesso all'Aula, dove si svolge il dibattito e possono essere presentati ulteriori emendamenti. Anche in seno al Plenum la posizione del governo può essere sostenuta attraverso regole apposite al fine di evitare che i parlamentari strumentalizzino la discussione e il potere di emendamento con fini ostruzionistici. Così, in Francia, per esempio, la Costituzione prevede alcune materie in cui non è possibile proporre emendamenti[12]. Sempre in Francia, significativo è quanto previsto dall'art. 45 della Costituzione in virtù del quale dopo due letture infruttuose da parte di ciascuna Assemblea – o dopo una sola lettura, nell'ipotesi in cui il governo decida di adottare la procedura accelerata senza che le conferenze dei presidenti delle Camere vi si siano congiuntamente opposte – il primo ministro o, nel caso di proposta di legge di iniziativa parlamentare, i presidenti delle due Assemblee congiuntamente, possono far ricorso a una procedura di

[10] Art. 48, comma 2 della Costituzione francese: «Due settimane di seduta su quattro sono riservate in via prioritaria, e secondo l'ordine stabilito dal governo, all'esame dei testi e ai dibattiti di cui esso richieda l'iscrizione all'ordine del giorno».
[11] Art. 87 della Costituzione spagnola: «1. L'iniziativa legislativa spetta al governo, al Congresso e al Senato conformemente alla Costituzione e ai regolamenti delle Camere. 2. Le Assemblee delle Comunità autonome potranno sollecitare al governo l'adozione di un progetto di legge o rimettere all'Ufficio di presidenza del Congresso una proposta di legge, formando una delegazione, di al massimo 3 membri dell'Assemblea, incaricata della sua perorazione di fronte alla Camera. 3. Una legge organica regolerà le forme di esercizio e i requisiti dell'iniziativa popolare per la presentazione di proposte di legge. In ogni caso si esigeranno non meno di 500 mila firme autenticate. Detta iniziativa non spetterà nelle materie proprie della legge organica, tributaria o di carattere internazionale, né in quella relativa alla prerogativa di grazia».
[12] Art. 40 della Costituzione francese: «Le proposte e gli emendamenti formulati dai membri del Parlamento non sono accettabili allorquando la loro adozione abbia per conseguenza una diminuzione delle entrate pubbliche, ovvero la creazione o l'aggravio di un onere pubblico».

mediazione. Interviene dunque un organo paritario di conciliazione, e se la situazione di *impasse* non fosse superata neanche in questo modo il governo sarebbe legittimato ad attribuire all'Assemblea nazionale la potestà di deliberare in ultima istanza.

Nell'ambito dei modelli bicamerali, una volta approvato da una Camera con il voto della maggioranza dei presenti (ma ci sono casi in cui si prevedono maggioranze qualificate), il testo passa all'altro ramo del Parlamento. Nei sistemi a bicameralismo paritario, come in Italia, il provvedimento ripercorre il medesimo percorso in seno alle commissioni e successivamente all'Aula e, qualora siano introdotti emendamenti, passa da una Camera all'altra fino a che non viene approvato da entrambe nella stessa, identica versione definitiva. Altrove, come in **Spagna**, alla Camera bassa viene riservata l'approvazione finale anche se l'esame viene effettuato in entrambi i rami del Parlamento. In Francia e nel Regno Unito, invece, di base le leggi ordinarie vengono esaminate e approvate da entrambe le Camere, a parte il caso in cui si verifichino contrasti nella posizione assunta oppure nell'ipotesi che il Senato o la House of Lords ritardino nel pronunciarsi. In queste circostanze la Camera bassa può essere legittimata a esprimere da sola l'approvazione definitiva. In particolare, nel Regno Unito, i *Parliament Acts* del 1911 e del 1949 hanno assegnato un ruolo prevalente alla House of Commons nell'ambito del processo legislativo stabilendo, per esempio, che i *money bills* devono essere sottoposti alla Camera dei comuni e poi trasmessi alla House of Lords, ma nel caso in cui vengano approvati in questa sede entro un mese ricevono comunque il *royal assent* ed entrano dunque in vigore.

In **Germania e Belgio** (entrambi Stati federali) la regola prevede che la maggioranza delle leggi segua una procedura monocamerale con poche eccezioni di provvedimenti – individuati dalla Costituzione in base a una classificazione per materia – che seguono un iter bicamerale. Si tratta prevalentemente di materie inerenti agli enti federati e ai loro rapporti con l'ordinamento centrale, per cui è richiesto il coinvolgimento delle seconde Camere, depositarie degli interessi dei territori. Nello specifico, in **Germania** la Legge fondamentale individua come leggi da sottoporre al consenso necessario del Bundesrat (Camera alta, rappresentativa dei *Länder*) le leggi di modifica costituzionale, che devono essere approvate con una maggioranza rinforzata da entrambe le Camere[13], e leggi ordinarie relative a una serie di materie tra cui si citano

[13] Art. 79 della Legge fondamentale tedesca: «(1) La Legge fondamentale può essere modificata solo mediante una legge che ne modifichi o integri espressamente il testo. In caso di trattati internazionali che hanno a oggetto un accordo di pace, la preparazione di un accordo di pace o l'abolizione di un regime di occupazione, o che sono finalizzati alla difesa della Repubblica federale, è sufficiente un'integrazione del testo della Legge fondamentale che si limiti a chiarire che le disposizioni della Legge fondamentale non ostano alla stipulazione e all'entrata in vigore dei trattati medesimi. (2) Tale legge richiede l'approvazione di due terzi dei componenti del Bundestag e due terzi dei voti del Bundesrat. (3) Non è ammissibile una revisione di questa Legge fondamentale che tocchi l'articolazione dello Stato federale in *Länder*, il principio della partecipazione dei *Länder* alla legislazione o i principi sanciti dagli artt. 1-20».

il diritto di asilo (art. 16a, commi 2 e 3); il trasferimento di poteri sovrani a organi sovranazionali (Unione Europea; art. 23, comma 1 della Legge fondamentale) e la fase ascendente della normativa UE con riferimento a interessi dei *Länder* (art. 23, comma 7); le modifiche dell'assetto territoriale dei *Länder* (art. 29, comma 7) e la tutela dal terrorismo internazionale (art. 73, comma 2). Anche in **Belgio** la Costituzione prevede un elenco di materie, più o meno corrispondenti ai settori identificati dalla Legge fondamentale tedesca, che devono essere disciplinate attraverso leggi approvate da entrambi i rami del Parlamento su un piano di parità (art. 77 della Costituzione del Belgio).

Una volta perfezionato il processo di formazione della legge e approvato il testo in via definitiva, molte democrazie prevedono un passaggio che si traduce in un **intervento del capo dello Stato** (v. *infra* cap. 7), chiamato a sancire o integrare l'efficacia della norma attraverso diverse modalità. La sanzione o promulgazione della legge del Parlamento da parte del presidente della Repubblica è prevista in Italia e in Francia dove è possibile il **rinvio della legge alle Camere** nel caso in cui si riscontrino profili di incostituzionalità. Si tratta tuttavia di un rinvio superabile da un nuovo voto del Parlamento che, in ipotesi, potrebbe anche scegliere di non intervenire sul testo contestato e ripresentare il provvedimento invariato alla firma che a questo punto non può essere negata[14].

Negli Stati Uniti l'intervento del presidente nell'ambito del processo legislativo si manifesta in un potere di veto che può essere però superato se la Camera, da cui proviene il provvedimento, lo riapprova a maggioranza di due terzi per poi ritrasmetterlo all'altra Camera che lo approva con la medesima maggioranza. Può anche configurarsi l'ipotesi del **pocket veto**, allorquando il Congresso si aggiorni prima che il presidente possa disporre il rinvio. Nello specifico, il progetto di legge si considera approvato se entro 10 giorni dalla trasmissione al presidente non venga esercitato il veto, ma se il Parlamento in questo periodo di tempo si aggiorna il provvedimento decade automaticamente[15].

[14] Art. 10 della Costituzione francese: «Il presidente della Repubblica promulga le leggi entro 15 giorni dalla trasmissione al governo della legge definitivamente approvata. Prima della scadenza del termine, può chiedere al Parlamento una nuova deliberazione della legge o di alcuni suoi articoli. La nuova deliberazione non può essere respinta».

[15] Art. VII, sez. 7, comma 2 della Costituzione degli Stati Uniti d'America: «Ogni progetto di legge che sia stato approvato dalla Camera dei rappresentanti e dal Senato dovrà, prima di diventare legge, essere presentato al presidente degli Stati Uniti; e questi, se lo approva, dovrà firmarlo ma altrimenti dovrà restituirlo con le sue obiezioni alla Camera da cui esso ha avuto origine, la quale dovrà riportare per intero tali obiezioni nei suoi verbali e procedere a un riesame. Se dopo tale riesame i due terzi di quella Camera consentiranno di approvare il progetto, esso sarà trasmesso, assieme alle obiezioni (del presidente) all'altra Camera, da cui esso sarà analogamente riesaminato e, se approvato dai due terzi di questa Camera, diventerà legge. Ma in tutti questi casi i voti di entrambe le Camere dovranno essere manifestati con dei Sì e No (cioè a scrutinio palese) e i nomi delle persone che votano a favore e contro il progetto dovranno essere trascritti nei verbali della rispettiva Camera. Se un qualche progetto non viene rinviato al presidente entro 10 giorni (domeniche escluse) dopo che gli è stato presentato, lo stesso progetto diventa legge, come se fosse stato firmato, a meno che il Congresso, aggiornandosi, non abbia impedito che gli venisse rinviato, nel qual caso il progetto non diverrà legge».

Da ultimo, tutti gli ordinamenti prevedono la fase della **pubblicazione**, necessaria al fine di rendere conoscibile il contenuto della nuova normativa alla collettività. Una volta pubblicata, sui bollettini ufficiali e sulle piattaforme informatiche, la legge entra ufficialmente in vigore e deve essere rispettata secondo il principio *ignorantia legis non excusat*.

9. LE FUNZIONI NORMATIVE DELL'ESECUTIVO

Ferma restando l'assegnazione della funzione legislativa agli organi parlamentari da parte di tutte le democrazie contemporanee, i titolari dell'esecutivo – con le differenze derivanti dalla forma di governo che caratterizza l'ordinamento di riferimento – possono esercitare alcune funzioni normative. Di base, esistono due canali attraverso cui gli esecutivi possono produrre direttamente norme. Da un lato vi sono le ipotesi di **delega legislativa** da parte del Parlamento, operanti nelle forme di governo parlamentari, ove la separazione flessibile dei poteri e l'esistenza del rapporto di fiducia tra legislativo ed esecutivo lo consente. Dall'altro lato rilevano i **decreti d'urgenza** che, sostanzialmente, in tutti gli ordinamenti contemporanei, possono essere disposti dagli organi esecutivi in casi straordinari, di fronte a situazioni di emergenza che non consentono di attendere i tempi (lunghi) della dialettica parlamentare per regolare una situazione impellente.

Nelle forme di governo parlamentari la delega legislativa è una realtà diffusa: in Italia, il Parlamento può delegare la funzione legislativa al governo, che è tenuto a esercitarla nel rigoroso rispetto delle indicazioni relative all'**oggetto**, ai **principi** e ai **limiti temporali** stabiliti nella **legge delega** emessa dalle Camere. Lo stesso schema è previsto per i decreti normativi previsti dal sistema costituzionale tedesco che, per determinate materie, richiede anche l'approvazione del Bundesrat[16]. Sulla stessa linea delle discipline italiana e tedesca è quella prevista dalla Costituzione della Spagna che esclude però la possibilità di procedere a deleghe legislative per regolare materie riservate

[16] Art. 80 della Legge fondamentale tedesca: «(1) La legge può conferire al governo federale, a un ministro federale o ai governi dei *Länder* il potere di emanare decreti normativi. Nella legge devono essere specificati il contenuto, lo scopo e i limiti della delega concessa. Il fondamento giuridico deve essere indicato nel decreto. Se la legge prevede che una delega possa essere ulteriormente trasferita, allora per il trasferimento della delega è necessario un decreto normativo. (2) Richiedono l'approvazione del Bundesrat, a meno che una regolamentazione federale non disponga diversamente, i decreti normativi del governo federale o di un ministro che riguardano i principi e le tariffe relativi all'uso delle infrastrutture delle poste e delle telecomunicazioni, i principi relativi alla riscossione delle tariffe per l'uso delle ferrovie federali, la costruzione e la gestione delle ferrovie, nonché i decreti normativi basati su leggi federali che richiedono l'approvazione del Bundesrat o la cui esecuzione spetta ai *Länder* a titolo di competenza propria o su delega dello Stato federale. (3) Il Bundesrat può trasmettere al governo federale progetti per l'emanazione di decreti normativi che richiedono l'approvazione del Bundesrat. (4) Nel caso in cui ai governi dei *Länder* venga conferito con legge federale, in base a leggi federali il potere di emanare decreti normativi, i *Länder* possono adottare una disciplina normativa in materia anche mediante legge».

alle leggi organiche. Si segnala peraltro la posizione privilegiata conferita alla legislazione delegata nell'ambito delle fonti primarie, che si evince dalla possibilità riconosciuta al governo di opporsi a iniziative legislative o proposte di modifica di delegazioni legislative in vigore[17].

Diverso è il modello vigente in Francia, in cui il governo può chiedere al Parlamento l'autorizzazione a emettere ordinanze su materie solitamente disciplinate per legge. Una volta ricevuta l'autorizzazione la normativa governativa entra in vigore ma è destinata a decadere se non viene ratificata dal Parlamento entro il termine previsto dalla legge di autorizzazione. A differenza di quanto previsto per i decreti delegati in Italia e Germania, in Francia l'intervento è doppio e si manifesta nella fase preliminare di **autorizzazione** e in quella finale di **sanzione e ratifica**[18].

La delegazione legislativa si è affermata, per effetto di una normativa specifica e in via di prassi, anche negli ordinamenti di «common law», come dimostra l'esperienza del Regno Unito dove il Parlamento può affidare al governo funzioni normative. In particolare, lo *Statutory Instrument Act* del 1964 ha aperto la strada all'utilizzo da parte dei singoli ministri di atti normativi (*statutory instruments*) analoghi ai decreti legislativi perché emanati sulla base di una specifica delega legislativa (*enabling act*). Su tale produzione normativa del governo il Parlamento opera un vaglio preventivo, in sede di elaborazione della delega, o successivo, in sede di controllo conclusivo e presupposto all'entrata in vigore della norma. I membri del governo non sono però gli unici soggetti legittimati a legiferare su delega parlamentare. *Bylaws*, *rules*, *orders* e *regulations* sono tutti atti normativi riconducibili nella sfera della *delegated legislation* ed emanati da enti pubblici e autorità locali sulla base di una concessione del Parlamento di Westminster.

Negli Stati Uniti, in ragione del sistema rigido di separazione delle funzioni, non ci dovrebbero essere commistioni nell'esercizio delle prerogative istituzionali, ma in realtà esiste la possibilità che il potere esecutivo emani atti dotati di forza di legge anche su delega del Congresso. Tali atti devono essere considerati nella particolare dinamica di pesi e contrappesi (*checks and balances*) che negli Stati Uniti garantisce l'equilibrio del sistema e rappresentano espressione della teoria dei poteri impliciti (*implied powers*) in virtù della quale al Congresso è attribuito il potere di emanare tutte le leggi necessarie e opportune ai fini

[17] Art. 84 della Costituzione spagnola: «Qualora una proposta di legge o un emendamento fossero contrari a una delegazione legislativa in vigore, il governo ha la facoltà di opporsi al loro inoltro. In tal caso, potrà presentarsi una proposta di legge per la deroga totale o parziale della legge di delegazione».

[18] Art. 38 della Costituzione francese: «Il governo può, per l'esecuzione del suo programma, richiedere al Parlamento l'autorizzazione a emanare con ordinanze, entro un termine stabilito, provvedimenti su misure che sono normalmente riservate alla legge. Dette ordinanze sono deliberate dal Consiglio dei ministri, sentito il Consiglio di Stato. Esse entrano in vigore con la loro pubblicazione, ma decadono se il progetto di legge di ratifica non è presentato al Parlamento entro la data stabilita dalla legge di autorizzazione. Possono essere ratificate solo espressamente. Alla scadenza del termine di cui al comma 1 del presente articolo le ordinanze possono essere modificate, nelle materie che sono di competenza legislativa, solo con legge».

dell'esercizio dei poteri elencati (*enumerated powers*) nel testo costituzionale e di tutte le altre funzioni che la stessa Costituzione assegna al governo[19].
Per quanto riguarda i **decreti d'urgenza**, occorre precisare che si tratta di strumenti normativi che rispondono a esigenze ineliminabili in una società, ossia quelle scaturite da una situazione imprevedibile, che rappresenta una minaccia effettiva e imminente per l'ordine pubblico o per il benessere della collettività. La dinamica procedurale è opposta a quella della legislazione delegata perché in questo caso è l'esecutivo che, tendenzialmente senza chiedere il consenso, in presenza di determinate circostanze, avoca a sé il potere normativo e produce un atto che solo successivamente viene presentato al Parlamento affinché lo esamini ed eventualmente lo ratifichi o, come avviene nel modello italiano per il decreto legge, lo converta in legge.
Non sempre la Costituzione assegna espressamente all'esecutivo la potestà di emanare normativa con forza di legge per reagire a una condizione di **necessità**, ma proprio questa condizione di fatto configura, insieme con l'**urgenza**, la circostanza/requisito legittimante l'adozione di una disciplina provvisoria. L'elemento chiave in questo tipo di provvedimento è l'intervento del Parlamento che, chiamato a esaminare l'atto governativo che ha valenza provvisoria, ne determina la sorte confermandolo attraverso una legge vera e propria.
Per capire la differenza tra i decreti delegati/decreti legislativi e i decreti di necessità e urgenza/decreti legge possiamo far ricorso alle risorse terminologiche delle lingue italiana e inglese e, in particolare, servirci delle sfumature di significato dei verbi *to lend* e *to borrow* traducibili in italiano rispettivamente nelle formule *prestare* e *prendere in prestito*. Ebbene, nel caso della delegazione legislativa il Parlamento *presta* e dunque *lends* il potere normativo all'esecutivo che lo esercita secondo le indicazioni stabilite nell'atto di delega. È la stessa dinamica che si produce allorquando ognuno di noi presta un bene di sua proprietà e nel gesto di affidarlo si raccomanda che venga trattato con cura e che sia utilizzato per lo scopo preposto. Diversamente, nell'ipotesi della decretazione di necessità è l'esecutivo che assume l'iniziativa e prende in prestito/*borrows* il potere normativo necessario per rispondere a un'esigenza pressante scaturita da un bisogno concreto (per esempio, uno stato di calamità improvviso e imprevedibile). Come nella vita quotidiana possono sopravvenire circostanze che impongono di decidere subito, senza avere il tempo di ottenere l'autorizzazione dal soggetto legittimato (si pensi a un poliziotto che requisisca un'auto privata perché necessaria a inseguire un criminale colto in flagranza di reato), così il governo può trovarsi in circostanze (di necessità e urgenza) tali da non consentire l'attesa dei fisiologici tempi di decisione parlamentare. In queste ipotesi si accetta la produzione di atti normativi provvisori che entrano subito in vigore ma sono contestualmente sottoposti al vaglio del Parlamento

[19] Art. I, sez. 8, ultimo comma della Costituzione degli Stati Uniti d'America: «Il Congresso avrà il potere: [...] di fare tutte le leggi che saranno necessarie e utili [*necessary and proper*] per portare a esecuzione i poteri predetti e tutti gli altri poteri di cui questa Costituzione investe il governo degli Stati Uniti o i suoi dipartimenti o funzionari [c.d. *implied powers clause*]».

(legittimo proprietario del potere legislativo) che, scaduto il termine predefinito di validità dell'atto dell'esecutivo, può ratificarlo e perpetuarne gli effetti tramite una legge ovvero farlo decadere. La valutazione sulla sussistenza dei requisiti di necessità e/o di urgenza viene affidata al Parlamento o, come previsto dal sistema spagnolo, anche dall'organo di giustizia costituzionale[20].

10. LE FONTI DEGLI ENTI TERRITORIALI NEGLI STATI DECENTRATI

Si è detto che la **molteplicità stratificata delle fonti** è caratteristica costante degli ordinamenti democratici contemporanei. L'evoluzione istituzionale, influenzata da fenomeni come la globalizzazione e l'integrazione sovranazionale da una parte e la tendenza al decentramento delle funzioni dall'altra, ha determinato la **proliferazione dei luoghi di produzione delle norme**. Questo fenomeno è ulteriormente accentuato nei tipi di Stato decentrato in cui l'archetipo costituzionale assegna, secondo diverse declinazioni e gradazioni, potestà legislative a organi operanti su diversi piani dell'ordinamento (v. *infra* cap. 4). È evidente che la presenza di una pluralità di soggetti legittimati a produrre diritto determina un aumento della probabilità che si verifichino dei contrasti tra norme (antinomie). Il modo per scongiurare o comunque ridurre al minimo questa possibilità è stabilire criteri di ripartizione delle competenze tra diversi livelli di governo rigorosi e razionali, che non lascino spazio alla confusione nell'esercizio della potestà normativa.
La realtà dei fatti dimostra che forse si tratta di un obiettivo utopico ma, presupponendo il dato dell'inesistenza del modello perfetto, è possibile delineare i sistemi adottati per ottenere un'organizzazione razionale delle fonti. Quello della **gerarchia**, come si è constatato nei paragrafi precedenti, è il concetto che ispira e contraddistingue il meccanismo ordinatorio delle regole giuridiche vigenti. In tutti gli ordinamenti che prevedono un decentramento del potere legislativo, sia esso di impostazione regionale o federale, esiste una **Costituzione centrale** che rappresenta il riferimento primario e sovraordinato rispetto a tutte le altre norme (fa eccezione il caso peculiare del Regno Unito, v. *supra* par. 6). È in sede di Costituzione centrale che vengono disciplinati gli enti territoriali e stabiliti i criteri di allocazione delle competenze tra

[20] Art. 86 della Costituzione spagnola: «In caso di straordinaria e urgente necessità, il governo potrà dettare disposizioni legislative provvisorie che prenderanno forma di decreti legge e che non potranno modificare l'ordinamento delle istituzioni basilari dello Stato, i diritti, i doveri e le libertà dei cittadini regolati nel Titolo I, il regime delle Comunità autonome né il diritto elettorale generale. 2. I decreti legge dovranno essere immediatamente sottoposti a esame e votazione dell'Assemblea del Congresso dei deputati, convocata a tal fine ove non fosse già riunita, nel termine di 30 giorni successivi alla loro promulgazione. Il Congresso dovrà pronunciarsi espressamente entro detto termine sulla convalida o rifiuto, per cui il regolamento stabilirà un procedimento speciale e di urgenza. 3. Durante il termine stabilito nel comma precedente le Cortes potranno inoltrarli come progetti di legge con procedura d'urgenza».

questi e l'ordinamento nazionale. Gli enti decentrati, siano essi Regioni o Stati membri, sono retti rispettivamente da **Statuti** o **Costituzioni** che in ogni caso sono sottoposti alla Costituzione centrale, in ragione di una **clausola di supremazia** (*supremacy clause*). Gli schemi di riparto delle competenze tra centro e periferia adottati dalla Costituzioni democratiche sono riconducibili sostanzialmente a tre tipologie:

- la Costituzione centrale elenca le materie di competenza del centro lasciando quelle residuali (ovvero tutte quelle non espressamente comprese nell'elenco) alla periferia (è questo il caso degli Stati Uniti, art. 1, sez. 8 della Costituzione degli Stati Uniti)[21];
- la Costituzione centrale elenca le materie di competenza della periferia e assegna quelle residuali al centro;
- la Costituzione centrale prevede tre elenchi di competenze: uno indica le materie riservate in via esclusiva al centro; un altro individua le materie di competenza concorrente tra centro e periferia; un terzo assegna le competenze residuali, ovvero quelle escluse dai primi due elenchi, alla periferia (è questo il caso della Germania, artt. 73 e 74 della Legge fondamentale tedesca).

Negli Stati Uniti l'enumerazione originaria di competenze esclusive della Federazione (poche sebbene rilevanti) ha subito nel tempo una riconsiderazione in senso estensivo a seguito dell'inserimento degli emendamenti al testo del 1787 (a partire dal *Bill of Rights*, fondamentale nell'opera di consolidamento di una tutela dei diritti uniforme sul territorio nazionale) e dell'azione armonizzatrice dovuta all'applicazione della già menzionata dottrina dei poteri impliciti (art. 1, sez. 8, ultimo comma della Costituzione) che ha esteso la sfera di influenza federale in ambiti cruciali (per esempio, tutela dei diritti; commercio interstatale e giusto processo). Il modello statunitense è stato adottato dalle principali Federazioni aderenti al modello di *common law* come Canada, Australia, Sud Africa, India.

Per quanto riguarda il sistema tedesco, come anticipato la regola di base è che la competenza legislativa spetti ai *Länder* a meno che la Costituzione non assegni esplicitamente allo Stato centrale (*Bund*) il potere di legiferare (art. 70, comma 1 della Legge fondamentale tedesca)[22]. Vengono dunque enumerate le materie di competenza esclusiva dello Stato centrale (art. 73)[23] e quelle

[21] Art. I, sez. 8 della Costituzione degli Stati Uniti: v. *supra* nota 1.

[22] Art. 70, comma 1 della Legge fondamentale tedesca: «I *Länder* hanno il diritto di legiferare nella misura in cui questa Legge fondamentale non attribuisca competenze legislative allo Stato federale».

[23] Art. 73 della Legge fondamentale tedesca: «Lo Stato federale ha competenza legislativa esclusiva nelle seguenti materie: 1. gli affari esteri e la difesa, ivi compresa la protezione della popolazione civile; 2. la cittadinanza federale; 3. la libertà di circolazione, i passaporti, l'anagrafe e i documenti di identità, l'immigrazione, l'emigrazione e l'estradizione; 4. il sistema valutario, finanziario e monetario, i pesi e le misure, nonché l'ora ufficiale; 5. l'unità del territorio doganale e commerciale, i trattati in materia di commercio e di navigazione, la libera circolazione delle merci, gli scambi di merci con l'estero e le operazioni di pagamento da e verso l'estero, ivi compresa la guardia doganale e di frontiera; 5a. la tutela del patrimonio culturale tedesco contro il trasferimento all'estero; 6. il traffico aereo; 6a. i trasporti ferroviari per le ferrovie di proprietà totale o maggioritaria dello Stato federale (ferrovie federali), la costruzione, la manutenzione e la gestione di vie rotabili

ricadenti nella sfera di legislazione concorrente (art. 74)[24]. In questi settori

delle ferrovie federali come pure la riscossione di tariffe per l'uso di tali vie: 7. le poste e le telecomunicazioni; 8. lo stato giuridico del personale di servizio dello Stato federale e degli enti di diritto pubblico direttamente sottoposti allo Stato federale; 9. la tutela giuridica delle proprietà industriali, i diritti d'autore e il diritto dell'editoria; 9a. la difesa dai pericoli del terrorismo internazionale a opera dell'Ufficio federale di polizia criminale se sussiste un pericolo che investe più di un *Land*, se non è possibile stabilire la competenza dell'autorità di polizia di un *Land* oppure se l'autorità suprema di un *Land* chiede l'intervento dello Stato federale; 10. la collaborazione tra lo Stato federale e i *Länder*; *a*) in materia di polizia criminale; *b*) nella salvaguardia dell'ordinamento liberal-democratico, della stabilità e della sicurezza dello Stato federale o di un *Land* (tutela della Costituzione) e *c*) nella difesa contro attività che, nel territorio federale, mirino a mettere in pericolo gli interessi internazionali della Repubblica Federale di Germania mediante l'uso della violenza o con azioni preparatorie a ciò finalizzate, nonché l'istituzione di un Ufficio federale di polizia criminale e la lotta alla criminalità internazionale; 11. la statistica per scopi dello Stato federale; 12. la disciplina delle armi e degli esplosivi; 13. il trattamento previdenziale per gli invalidi e i superstiti di guerra e l'assistenza agli ex prigionieri di guerra; 14. la produzione e l'utilizzo di energia nucleare a scopi pacifici, la costruzione e la gestione di impianti che servono a tali scopi, la protezione dai pericoli che derivano dallo sprigionamento dell'energia nucleare e da raggi ionizzanti, e lo smaltimento delle sostanze radioattive. 2. Le leggi di cui al comma 1, n. 9a richiedono l'approvazione del Bundesrat».

[24] Art. 74 della Legge fondamentale tedesca: «La legislazione concorrente comprende le seguenti materie: 1. il diritto civile, il diritto penale, l'ordinamento giudiziario, il procedimento giudiziario (esclusa la disciplina dell'esecuzione della custodia cautelare), l'avvocatura, il notariato e la consulenza legale; 2. lo stato civile; il diritto di associazione; il diritto di soggiorno a tempo determinato e a tempo indeterminato degli stranieri; 5. (abrogato); 6. le questioni relative ai profughi e agli espulsi; 7. l'assistenza sociale pubblica (salva la disciplina degli ospizi); 8. (abrogato); 9. i danni di guerra e le riparazioni; 10. le tombe dei caduti e delle altre vittime della guerra e della dittatura; 11. il diritto dell'economia (miniere, industria, economia dell'energia, artigianato, attività produttive, commercio, banche e borsa, assicurazioni di diritto privato), salvo la disciplina della chiusura degli esercizi commerciali, dei servizi di ristorazione, delle sale giochi, dell'esibizione di persone dal vivo, delle fiere, delle mostre e dei mercati; 12. il diritto del lavoro, ivi comprese le norme in materia di organizzazione delle imprese, di tutela del lavoro e di collocamento, nonché le assicurazioni sociali, compresa l'assicurazione per i disoccupati; 13. la normativa in materia di sussidi per la formazione professionale e di promozione della ricerca scientifica; 14. la disciplina dell'espropriazione concernente le materie di cui agli artt. 73 e 74: 15. il trasferimento di fondi e suoli, di risorse naturali e mezzi di produzione in proprietà collettiva o ad altre forme di gestione economica collettiva; 16. la prevenzione dell'abuso di posizioni economiche dominanti; 17. la promozione della produzione agricola e forestale (salvo il diritto del riordinamento dei fondi agricoli), la garanzia degli approvvigionamenti alimentari, l'importazione e l'esportazione di prodotti agricoli e forestali, la pesca d'alto mare e costiera e la protezione delle coste; 18. i trasferimenti immobiliari urbanistici, il diritto dei suoli (escluse le norme sui contributi di urbanizzazione) e il diritto dei sussidi per l'abitazione, degli aiuti per l'estinzione dei debiti pregressi, degli incentivi all'edilizia residenziale, dell'edilizia residenziale dei minatori e degli insediamenti dei minatori; 19, le misure contro le malattie dell'uomo e degli animali contagiose e pericolose per la collettività pubblica, l'abilitazione alla professione medica e ad altre professioni e attività del settore sanitario, nonché il diritto delle farmacie, dei medicinali e dei prodotti medici, dei farmaci, dei narcotici e dei veleni; 19a. la garanzia della stabilità economica degli ospedali e la regolamentazione delle tariffe ospedaliere; 20. il diritto dei generi alimentari e degli animali che servono alla loro produzione, il diritto dei generi voluttuari, degli oggetti di prima necessità e dei foraggi, nonché la sicurezza nella circolazione di semenze e piante agricole e forestali, la protezione delle piante contro malattie e parassiti e la tutela degli animali; 21. la navigazione d'alto mare e costiera, nonché la segnalazione marittima, la navigazione interna, il servizio meteorologico, le rotte della navigazione marittima e le vie di navigazione interna destinate al traffico pubblico: 22. la circolazione stradale, gli autoveicoli, la costruzione e la manutenzione delle strade di grande comunicazione dei *Länder* nonché la riscossione e la ripartizione di pedaggi pubblici o privati per la circolazione dei veicoli sulle strade pubbliche; 23. le strade ferrate diverse dalle ferrovie

i *Länder* possono intervenire con normativa propria solo nel caso in cui lo Stato non sia intervenuto con una legge nazionale, ritenendo che per quella materia sia necessaria una disciplina unitaria (art. 72)[25].
In Svizzera, caratterizzata per il particolare ordinamento federale, le competenze legislative e degli enti federati (Cantoni) sono indicate nel dettaglio nella Costituzione con riferimenti diretti alle singole materie (cap. 2, sez. III della Costituzione svizzera).
Si segnala che il concetto di **competenza concorrente** adottato dalla Costituzione italiana è diverso da quello tedesco che prevede in sostanza la possibilità alternativa di legislazione federale o dei *Länder* nelle materie concorrenti.
In Spagna la Costituzione enumera sia le materie di competenza degli enti decentrati/Comunità autonome (art. 148 della Costituzione spagnola) e quelle riservate in via esclusiva allo Stato, che sono molte e di ampio respiro (art. 149). Si registra poi uno spazio di legislazione concorrente in cui le *Comunidades autónomas* possono intervenire ma nel rispetto dei principi e dei criteri stabiliti dalla legge dello Stato (art. 150).
Peculiare, anche da questo punto di vista, il caso del Regno Unito, che presenta tradizionalmente una struttura statale centralizzata che solo a partire dalla fine gli anni Novanta del Novecento è stata oggetto di un progressivo percorso di decentramento di alcune funzioni. Tale processo di riconoscimento di alcune autonomie territoriali, che ha preso il nome di *devolution*, ha determinato l'istituzione di organi di governo nelle zone storicamente portatrici di un carattere identitario nazionale, e cioè il Galles, la Scozia e l'Irlanda del Nord.

federali, con esclusione delle ferrovie di montagna; 24. l'economia dei rifiuti, la tutela della qualità dell'aria e la lotta all'inquinamento acustico (esclusa la tutela dal rumore riferibile a condotta personale); 25. la responsabilità civile dello Stato; 26. la procreazione di vita umana medicalmente assistita, l'esame e la modificazione artificiale di informazioni genetiche, nonché le norme in materia di trapianti di organi, tessuti e cellule; 27. i diritti e i doveri inerenti allo *status* giuridico dei funzionari dei *Länder* dei comuni e degli altri enti di diritto pubblico, nonché dei giudici dei *Länder*, escluse le carriere ed escluso il regime retributivo e previdenziale; 28. la caccia; 29. la tutela della natura e la cura del paesaggio; 30. la distribuzione delle terre; 31. l'assetto territoriale; 32. la gestione delle risorse idriche; 33. l'ammissione all'università e i titoli conseguiti al termine degli studi universitari. 2. Le leggi di cui al comma 1, n. 25 e n. 27 richiedono l'approvazione del Bundesrat».

[25] Art. 72 della Legge fondamentale tedesca: «Nell'ambito della legislazione concorrente, i *Länder* hanno il potere di legiferare fintantoché e nella misura in cui lo Stato federale non abbia esercitato tramite legge la propria competenza legislativa. 2. Negli ambiti di cui all'art. 74, comma 1, nn. 4, 7, 11, 13, 15, 19a, 20, 22, 25 e 26, lo Stato federale ha il diritto di legiferare se e nella misura in cui la creazione di condizioni di vita equivalenti nel territorio federale o la tutela dell'unità giuridica o economica nell'interesse dell'intero Stato rendano necessaria una disciplina legislativa federale. 3. Se lo Stato federale ha esercitato la propria competenza legislativa, i *Länder* possono, tramite legge, adottare norme derogatorie in materia di: 1. caccia; 2. tutela della natura a cura del paesaggio (esclusi i principi generali della tutela della natura, il diritto sulle specie protette e sulla tutela dell'ambiente marino); distribuzione delle terre; 4. assetto del territorio; 5. regime delle acque (escluse le norme in materia di sostanze e impianti); 6. ammissione all'università e titoli conseguiti al termine degli studi universitari. Le leggi federali in questi ambiti entrano in vigore non prima di 6 mesi dalla loro promulgazione a meno che, con l'approvazione del Bundesrat, non venga disposto diversamente. Negli ambiti di cui al comma 1, tra il diritto federale e il diritto del *Land* prevale la legge di volta in volta posteriore. 4. Con legge federale si può stabilire che una disciplina legislativa federale non più necessaria ai sensi del comma 2 possa essere sostituita dal diritto del *Land*».

Qui esistono oggi organi rappresentativi monocamerali, eletti direttamente dalle comunità territoriali, dotati di competenze normative. In particolare, le Assemblee scozzese (*Scottish Parliament*) e gallese (*Welsh Assembly*) godono di potestà legislativa primaria con riferimento a materie «devolute» (*devolved*). Il riferimento per la Scozia è lo *Scotland Act*, che nella *schedule 5* elenca le materie spettanti al Parlamento di Westminster, lasciando allo Scottish Parliament – in via residuale – tutte le altre. In Galles vige invece il criterio inverso dal momento che lo *Welsh Act*, nella *schedule 22*, assegna all'Assemblea con sede a Cardiff una serie di materie elencate, mentre quelle restanti sono da intendersi di competenza del Parlamento nazionale. Vale in generale, per tutti gli enti oggetto della *devolution*, il principio della supremazia del Parlamento di Londra, che si associa a limiti di base imposti al legislatore territoriale, ovvero quelli in rispetto dei diritti fondamentali sanciti dalla CEDU e incorporati nel Regno Unito tramite lo *Human Rights Act* del 1998.

11. CONTAMINAZIONI AL SISTEMA DELLE FONTI

Come si è detto, nell'ambito delle democrazie contemporanee lo spazio lasciato a fonti del diritto di natura non politica è davvero poco. Con riferimento alla commistione tra **regole di carattere religioso e norme giuridiche** si può affermare che nella panoramica degli ordinamenti costituzionali moderni rappresenta un'**esperienza archiviata con l'affermazione dei principi di laicità e separazione tra Stato e Chiesa affermati dal costituzionalismo liberale**. Qualche residuo riferimento alla divinità può essere individuato nei preamboli di alcuni testi costituzionali (per esempio, la Legge fondamentale tedesca, v. *supra* par. 6) ma niente a che fare con la produzione del diritto.
Nel mondo esistono ancora ordinamenti a matrice religiosa, basti pensare ai Paesi islamici in cui la fonte primaria è la *shari'a*, la legge sacra rivelata da Dio e non frutto dell'elaborazione umana come il diritto positivo. In realtà, anche in Europa resiste un'enclave che prevede la sovrapposizione tra diritto e religione: è lo **Stato Città del Vaticano,** guidato dal papa, che concentra nella sua figura i poteri legislativo, esecutivo e giudiziario. Si tratta però di un *unicum* in un panorama costituzionale – quello delle democrazie costituzionali – sostanzialmente secolarizzato.
Al pari della religione, la **consuetudine** rappresenta prevalentemente un retaggio degli albori degli Stati costituzionali. Ci si è soffermati sulla Costituzione britannica che ha radici consuetudinarie ma che si è arricchita grazie a fonti di origine diversa. Oggi, almeno nelle democrazie consolidate, **la consuetudine è una fonte spiccatamente residuale** e trova uno spazio solo nell'ambito dell'organizzazione istituzionale, sotto forma di **convenzioni costituzionali** che invece rivestono una posizione quasi dominante in questo settore. Esempi significativi in questo senso sono rappresentati dalla forma di governo britannica (per esempio, processo di nomina del premier che, in

base a una convenzione, è identificato nella persona del leader del partito di maggioranza; v. *infra* cap. 5).
Come si evince dall'analisi svolta soprattutto (ma non solo) con riferimento ai sistemi di *common law*, nelle democrazie costituzionali le **fonti giurisprudenziali** si affiancano a quelle di origine politica. Dal punto di vista del diritto pubblico, un ruolo fondamentale è svolto dalla produzione degli **organi di giustizia costituzionale** che, oltre a contribuire attivamente e continuativamente all'interpretazione e all'integrazione del parametro costituzionale, hanno attivato un dialogo reciproco che ha promosso l'instaurazione di un circuito virtuoso di **circolazione dei modelli** (v. *infra* par. 7). In questo senso, determinanti sono stati i processi di integrazione sovranazionale (in particolar modo per quanto riguarda i Paesi membri dell'Unione Europea) e internazionale (si pensi al grado di pregnanza raggiunto dal sistema CEDU nell'ambito del Consiglio d'Europa) che hanno consentito la creazione di una piattaforma di **diritto transnazionale** a cui le corti attingono e che utilizzano nel motivare e argomentare le decisioni.
Il **diritto internazionale** ha raggiunto un grado di pervasività nell'ambito degli ordinamenti nazionali non sospettabile fino a poco tempo fa. A partire dalla seconda metà del Novecento si è messo in moto un percorso di graduale potenziamento e penetrazione delle norme di diritto internazionale sul diritto interno agli Stati. Espressione di questa tendenza è la sostanziale **internazionalizzazione o**, addirittura, **universalizzazione di settori cruciali nella disciplina costituzionale come, per esempio, la tutela dei diritti fondamentali** codificati in numerosi documenti di diritto internazionale che rappresentano un riferimento diretto per le corti degli Stati. Certamente una spinta importante in questo frangente è rappresentata da**ll'evoluzione del concetto di «sovranità» e l'affermazione di organizzazioni internazionali di carattere regionale** che nel tempo hanno acquisito il potere di produrre norme direttamente applicabili all'interno degli Stati e nei confronti dei cittadini che addirittura – in caso di contrasto con le fonti primarie interne – risultano prevalenti.

12. ORIENTAMENTI E PROSPETTIVE DELLE FONTI DEL DIRITTO: RELATIVITÀ E COMMISTIONE DEI MODELLI

Il **sistema delle fonti** di un ordinamento democratico, storicamente incanalato tra i confini rigidi di una struttura piramidale, in realtà si rivela attualmente **fluido**, sfuggendo alle maglie di una catalogazione rigida e immutabile.
Una delle sfide che la sistematizzazione tradizionale deve affrontare è rappresentata senz'altro dall'**aumento significativo dei centri di produzione normativa**, che pongono questioni relative alla relazione tra fonti extranazionali, interne e subnazionali. Nessun legislatore nazionale, in un ordinamento democratico occidentale, può aspirare a esercitare una potestà normativa piena ed esclusiva sul territorio. Le pressioni e l'influenza diretta di dottrine

e regole sancite in ambito internazionale e ormai assimilate dagli ordinamenti interni, entrate a far parte del substrato giuridico che impregna ogni cultura, non possono essere cancellate con un colpo di spugna.

L'ondata di sovranismo che da qualche tempo ha investito molti ordinamenti, sul continente europeo, oltremanica e oltreoceano spinge a rivangare un concetto di «primato nazionale» rigido, che dovrebbe riflettersi anche sul sistema delle fonti, conferendo nuova forza alla legislazione interna che si vorrebbe sempre prevalente rispetto alle regole imposte dall'esterno. La tendenza del costituzionalismo a partire dalla seconda metà del Novecento è stata di apertura, finalizzata al crollo delle barriere fisiche e ideologiche che ostacolavano il contatto tra popoli (e tra sistemi giuridici) e a promuovere il dialogo e l'interscambio di idee e conoscenze. Questa propensione costituisce il presupposto del fenomeno che fino a oggi ha contraddistinto l'orientamento del diritto pubblico comparato: l'**ibridazione dei modelli**. Il percorso evolutivo del diritto contemporaneo vede un progressivo sgretolamento degli argini che delimitavano le categorie classiche dell'elaborazione giuridica. Oggi non è possibile individuare un sistema che risponda perfettamente all'archetipo di scuola: i sistemi si sono mischiati, importando principi e metodologie dall'esterno ed esportandone a loro volta. Così, per esempio, sebbene la regola dello *stare decisis* sia in realtà vigente solo nei sistemi di *common law* (seppure nelle varietà di interpretazioni e declinazioni consolidate nelle diverse esperienze), anche i giudici operanti nei sistemi di *civil law* – pur non essendo obbligati a rispettarli – tengono in grande considerazione i precedenti, applicando di fatto una modalità di azione e ricoprendo un ruolo talora creativo nel sistema, estraneo e forse incompatibile con il prototipo originale dei modelli a diritto codificato.

Le Costituzioni vigenti subiscono la pressione di **documenti internazionali dal contenuto costituzionale** (per esempio, le Carte dei diritti) che racchiudono prerogative individuali e collettive di terza e quarta generazione che per evidenti ragioni di carattere storico e istituzionale non trovavano spazio nelle Costituzioni del Novecento e che ora entrano direttamente a far parte del patrimonio costituzionale nazionale.

Il fenomeno di **commistione tra sistemi giuridici e integrazione organica delle norme interne ed esterne** può destabilizzare ma costituisce una risorsa per l'ordinamento che voglia evolversi e tenere il passo con il progredire della società, senza tuttavia mettere in discussione i principi del costituzionalismo liberal-democratico che restano parte integrante del patrimonio costituzionale di un ordinamento e devono essere ribaditi e arricchiti, non messi da parte né rinnegati.

Da qualche tempo si assiste a un inquietante fenomeno di *constitutional retrogression*, che comporta la messa in discussione di elementi cardine del sistema democratico che si consideravano ormai assodati e diventati strutturali.

Le c.d. «democrazie stabilizzate», oggetto dell'indagine compiuta in questo volume, non sono immuni dagli attacchi che quotidianamente si registrano nei confronti di colonne portanti del metodo democratico quali la separazione dei poteri, il principio di legalità o la salvaguardia delle libertà individuali. La consapevolezza della fragilità dell'equilibrio che regge il sistema della democrazia deve spingere a tenere sempre alto il livello di attenzione e garantire il rispetto dell'intreccio delle regole giuridiche e dei dispositivi previsti dalle Costituzioni, per preservare sé stesse e garantire anche le future generazioni.

CAPITOLO 4

Le forme di Stato

Obiettivi di apprendimento

- **Conoscere le principali classificazioni delle forme di Stato**
- **Individuare i rapporti fra autorità e libertà**
- **Comprendere l'evoluzione storica degli Stati moderni**
- **Cogliere le differenze tra Stati di matrice liberale e altri modelli**
- **Saper individuare le principali differenze tra ordinamenti federali e regionali**

1. IL CONCETTO DI «FORMA DI STATO» E LE VARIE CLASSIFICAZIONI

Non c'è una definizione univoca del concetto di «forma di Stato». Gli studiosi, a seconda dei diversi angoli di indagine, hanno offerto diversi inquadramenti. Fin dall'antichità i pensatori hanno elaborato classificazioni delle forme di Stato e di governo. In particolare, i classici greci hanno offerto le più importanti ricostruzioni, che si sono tramandate fino ai giorni nostri. Si tratta, però, di classificazioni ormai scarsamente utili per studiare gli Stati contemporanei. Inoltre, esse non distinguono il concetto di «forma di Stato» da quello di «forma di governo», con alcune zone grigie che non aiutano a delimitare con precisione il nostro campo di indagine.
In questa sede, si può dunque prescindere da un'analisi di dettaglio dei classici greci (come Erodoto, Platone e altri), limitandosi a richiamare l'autore che ha avuto maggior successo, cioè Aristotele, che, nella *Politica*, individua **tre forme «positive»**, in quanto esercitate nell'interesse dei governati, e **tre forme «degenerative»**. Le prime tre sono monarchia (il governo di uno solo),

Questo capitolo è di Lorenzo Cuocolo.

aristocrazia (il governo dei migliori) e *politia* (il governo di molti). A esse corrispondono le forme degenerate di tirannia, oligarchia e democrazia, che vedono prevalere gli interessi dei governanti su quelli dei governati, con un abuso del potere esercitato.
Merita anche un cenno la ricostruzione di Polibio, che, prendendo spunto dalla tripartizione aristotelica, individua un'ulteriore forma, il c.d. **governo misto**, che assomma gli aspetti migliori delle tre forme di governo «buone», neutralizzando i difetti delle forme degenerate. A Polibio si deve anche uno dei primi tentativi di classificazione diacronica delle forme di Stato. Secondo l'autore, infatti, vi sarebbe una ciclicità nell'alternarsi di forme buone e forme degenerate, con una tendenziale involuzione della monarchia in tirannide, dell'aristocrazia in oligarchia e della democrazia in oclocrazia (Polibio, a differenza di Aristotele, considera la democrazia una forma «buona», e chiama «oclocrazia» quella degenerata).
Spostando l'attenzione ai classici moderni, l'autore di maggiore interesse è senz'altro Machiavelli, che, nel *Principe* (1513), afferma che «tutti gli Stati, tutti i domini che hanno avuto e hanno imperio sopra li uomini sono e sono stati o repubbliche o principati». Lo studioso fiorentino opera una netta semplificazione rispetto all'impostazione aristotelica. Da un lato, infatti, individua solo due modelli: **quello del governo di uno solo** (il principato, cioè la monarchia) e **quello del governo di una pluralità** (la repubblica), a prescindere dal fatto che si tratti di un corpo ristretto, oppure di un governo di molti. Dall'altro lato, Machiavelli abbandona la distinzione tra «forme buone» e «forme degenerate», sull'assunto che l'obiettivo di chi detiene il potere sia quello di conservarlo, con qualsiasi mezzo. La fortuna di tale classificazione si consolida nel passaggio dagli Stati assoluti agli Stati liberali, perché la ricostruzione di Machiavelli ha il pregio di mettere in luce la distinzione tra «regimi autocratici» e «regimi di stampo liberale», caratterizzati dalla rappresentatività di almeno parte delle istituzioni pubbliche, come si vedrà nel seguito.
Le classificazioni proposte dai classici, tuttavia, non sono pienamente soddisfacenti ai nostri fini, sia perché – come detto – non distinguono tra forma di Stato e forma di governo, sia perché analizzano regimi in larga parte superati rispetto a quelli dell'epoca moderna. È dunque più fruttuoso concentrarsi sulle classificazioni più recenti, cercando innanzitutto di delimitare il campo di indagine, considerando che la distinzione tra «forme di Stato» e «forme di governo» è piuttosto recente, risalendo agli anni Trenta del Novecento.
In via di prima approssimazione si può dire che la forma di Stato, cioè **la forma di «uno» Stato**, **è data dal rapporto che intercorre tra i suoi elementi costitutivi**, quali popolo, territorio e potere sovrano. Le diverse relazioni che intercorrono fra questi tre elementi contribuiscono a delineare le diverse forme di Stato.
Una seconda prospettiva porta a definire la «forma di Stato» come il **rapporto che intercorre tra le autorità pubbliche, dotate di potestà di imperio – da un lato –, e i cittadini – dall'altro**. In quest'ottica, la forma di Stato è delineata dal tipo di **rapporto che intercorre tra chi detiene il potere e chi a questo è**

assoggettato. Possono sembrare definizioni diverse, ma – a ben vedere – anche queste si fondano sul rapporto tra gli elementi costitutivi dello Stato: in particolare, tra il potere sovrano (l'autorità) e il popolo (chi subisce l'autorità). Una terza prospettiva classifica le forme di Stato in base **ai principi e ai valori di fondo cui lo Stato ispira la propria azione**. Anche in questo caso, come si vedrà meglio nel seguito, è chiaro il collegamento con gli elementi costitutivi dello Stato, poiché la diversa concezione del potere incide sul binomio autorità/libertà.

Alla luce di questi caratteri di fondo, gli studiosi hanno offerto vari tentativi classificatori. Ovviamente non esistono definizioni oggettive, né le Costituzioni e gli altri documenti fondanti degli ordinamenti qualificano in modo preciso – almeno di norma – la forma dello Stato a cui si riferiscono. Bisogna, dunque, muoversi per approssimazioni progressive, sapendo che un certo margine di vaghezza e di incertezza è inevitabile.

Le classificazioni più diffuse delle forme di Stato sono tre. **La prima classificazione distingue tra «monarchie» e «repubbliche»**.

Su di essa ci si può soffermare subito, tenendo conto che è una distinzione ormai di scarso rilievo, stante la progressiva evoluzione delle forme monarchiche e la commistione di profili attinenti al concetto di «forma di Stato» con quelli attinenti al concetto di «forma di governo».

Secondo alcune ricostruzioni risalenti, la caratteristica principale delle monarchie risiederebbe nel carattere ereditario del capo dello Stato. In realtà, l'analisi empirica mostra come vi siano stati e vi siano esempi di monarchie elettive: fu così per la dinastia capetingia in Francia e per il Regno carolingio in Germania, ed è ancora oggi così per il papa, sovrano dello Stato vaticano, eletto in conclave.

Sembra più corretto, dunque, ritenere che il criterio differenziale della forma di Stato monarchica sia la mancanza di rappresentatività del capo dello Stato. Anche in caso di monarchie elettive, infatti, l'elezione ha valore meramente dichiarativo, e il sovrano non si pone come il rappresentante del collegio elettorale o dei consociati.

Nelle forme repubblicane, al contrario, il capo dello Stato è il rappresentante dei consociati. Quale che sia la modalità di elezione, diretta o indiretta, essa ha carattere costitutivo, cioè attribuisce alla persona prescelta delle caratteristiche che prima non possedeva e che, appunto, consistono nella rappresentanza dei consociati in funzione dell'ufficio ricoperto.

La seconda classificazione mira a distinguere le forme di Stato in base alla loro evoluzione storica. Si parla, infatti, di **classificazione diacronica**. Il principale pregio di questa classificazione è quello di mostrare la tendenziale evoluzione «positiva» degli Stati, con un crescente livello di tutela delle situazioni soggettive (salvo alcune parentesi di segno opposto, per esempio gli Stati autoritari del Novecento). Detto altrimenti, la classificazione diacronica mostra come – dal Medioevo a oggi – le forme di Stato abbiano visto un progressivo aumento delle garanzie per i consociati, con una conseguente limitazione delle prerogative dei titolari del potere di imperio.

La **terza classificazione** è quella **sincronica**. In questo caso non si tratta di studiare l'evoluzione nel tempo degli ordinamenti statuali, bensì di assumere un momento «senza tempo» e di verificare come è articolato il potere politico in un determinato ordinamento. Fra gli elementi costitutivi dello Stato, in questa classificazione quello che riveste più importanza è il territorio. La classificazione sincronica, infatti, mira soprattutto a far emergere la diversa allocazione del potere pubblico sul territorio, con Stati accentrati, Stati decentrati, regionali e federali.
Prima di addentrarci nell'esame della classificazione diacronica e sincronica, è appena il caso di precisare che il concetto di «forma di Stato» è distinto da quello di «forma di governo» (come si vedrà nel seguito, v. *infra* cap. 5). Ne consegue che si possono avere due ordinamenti con la medesima forma di Stato e diverse forme di governo (è il caso dell'Italia e degli Stati Uniti d'America, entrambi repubbliche, ma una parlamentare e l'altra presidenziale); oppure due ordinamenti con forme di Stato diverse, ma con la medesima forma di governo (si pensi ancora all'Italia e all'Inghilterra: Repubblica la prima, monarchia la seconda, ma entrambe con forma di governo parlamentare).

2. LE FORME DI STATO IN SENSO DIACRONICO

La classificazione forse più rilevante è quella **in senso diacronico**. Come si è già accennato, essa **mira a studiare l'evoluzione delle forme di Stato nella storia**. Senza soffermarsi sugli ordinamenti dell'antichità, è necessario partire almeno dai regimi medievali, che precedono la nascita degli Stati nel senso moderno del termine. Come si vedrà nel seguito, quindi, la classificazione in senso diacronico incontra, innanzitutto, il regime patrimoniale, che caratterizza il periodo feudale. Segue lo Stato assoluto, che si manifesta in Europa in epoche diverse, ma che – convenzionalmente – si fa risalire alla pace di Westfalia del 1648. Un'evoluzione dello Stato assoluto è poi rappresentata dallo Stato di polizia, che caratterizza alcune esperienze europee del Settecento e, successivamente, lascia il campo allo Stato liberale, che domina la storia europea ottocentesca.
Il Novecento è invece caratterizzato – da un lato – dalle esperienze autoritarie o totalitarie che segnano le sorti di alcuni ordinamenti di primario rilievo, come Italia, Germania e Spagna. Dall'altro lato, però, è anche caratterizzato dall'emersione e dal successivo consolidamento dello Stato pluralista, che si connota come Stato sociale di diritto.
Salvo alcune eccezioni, **la classificazione diacronica evidenzia la tendenziale crescita nel tempo della tutela delle situazioni soggettive**, registrando un progressivo spostamento del potere dal sovrano ai cittadini e ai loro rappresentanti.

3. IL REGIME PATRIMONIALE

Punto di partenza nell'analisi dell'evoluzione delle forme di Stato è il regime patrimoniale, che inizia a diffondersi in Europa a partire dalla caduta dell'Impero romano d'Occidente (476). Come dice la locuzione, non si tratta di una vera e propria forma di *Stato*, bensì di un **regime prestatuale**, che **ha caratterizzato larga parte dell'esperienza feudale**.
L'assetto feudale, infatti, è contraddistinto da un rapporto fiduciario tra il re, proprietario delle terre, e i vari signori e feudatari minori, ai quali le terre vengono concesse. L'unico titolare del diritto di proprietà rimane il signore feudale (c.d. «dominio eminente»), mentre i soggetti legati dal rapporto di vassallaggio dispongono del c.d. «dominio utile», cioè del diritto di sfruttare le terre a essi concesse. Vi è dunque una totale identificazione tra il re e le sue terre, che rende impossibile individuare caratteri pubblicistici e riduce i rapporti tra signore e feudatari (relativi alla concessione delle terre e ai correlati poteri esercitabili) ad accordi patrimoniali, di natura privatistica. Nei fatti, tuttavia, il potere del re assume quasi sempre carattere formale, poiché ogni signore locale ha un ampio potere di *iurisdictio* sulle terre concesse. In questa fase **manca l'impersonalità del potere**. Ciò significa che non si ubbidisce a un'entità astratta (lo Stato), bensì a una specifica persona (il re o i signori feudali), in ragione delle particolari relazioni che legano le persone. È il «governo degli uomini» di cui parla Jean-Jacques Rousseau.
Gli accordi tra il re e i feudatari avvengono su base pattizia e sono caratterizzati dalla comune esigenza di difendersi dalle minacce esterne. Il re garantisce sicurezza nei confronti dell'esterno e, in cambio, impone ai sudditi alcuni tributi (per esempio, il focatico e la taglia reale). In questa prima esperienza, dunque, **manca la politicità**, cioè la generalità dei fini perseguiti. Al contrario, si tratta solo di fini personali, incentrati sulla concezione patrimoniale dei beni che, appunto, caratterizzano la feudalità.
Si può dunque affermare che il regime patrimoniale sia caratterizzato dalla pluralità: innanzitutto, **pluralità del potere**, di cui sono titolari di fatto i signori dei feudi, e non il re. Poi, **pluralità delle fonti**, che disciplinano diversamente città, terreni, corporazioni e altre situazioni. E, infine, **pluralità delle giurisdizioni**, poiché ogni corporazione ha un giudice diverso, che giudica in base alle regole applicabili.
Il regime patrimoniale trova particolare diffusione in Europa intorno all'anno Mille, a seguito della progressiva destrutturazione dell'organizzazione carolingia. L'assenza di un potere pubblico forte, unita al ripetersi di invasioni da parte di varie popolazioni (normanni, saraceni, ungari e altri), porta a far emergere «dal basso» una domanda di protezione e, quindi, di nuovi apparati di potere in grado di garantirla. Nasce così il *foedus*, cioè il patto tra signore e vassallo che sta alla base dell'*incastellamento*, cioè la richiesta al signore locale di poter stare dentro le mura, con la duplice conseguenza di

essere – da un lato – sottomessi al signore e – dall'altro – da questi protetti in caso di minacce esterne.
Il sistema feudale vassallatico è caratterizzato da tre elementi principali. Il primo è l'**elemento reale**, che consiste nella concessione di terre o altri beni dal signore al suo vassallo. Il secondo è l'**elemento personale**, che prevede la necessaria dichiarazione di fedeltà del vassallo al signore. Tale sottomissione viene dichiarata in uno speciale rito, l'*homagium*, durante il quale il vassallo si dichiara *homo* e fedele al proprio signore. Il terzo è l'**elemento giuridico**, poiché – a seguito dell'*homagium* – il vassallo ottiene poteri di *iurisdictio* sulle terre assegnate, senza subire intromissioni da parte del signore. È importante notare come il sistema di regole, all'interno del feudo, sia frutto della compartecipazione tra il signore e i vassalli di grado inferiore: l'accordo tra i diversi soggetti è ottenuto in assemblee appositamente convocate, che presentano alcuni caratteri poi sviluppati nei primi Parlamenti.
Infine, è importante notare come, nel sistema feudale, assumano un ruolo di primo piano i corpi intermedi e, in particolare, le **corporazioni di mestieri**. Tali soggetti intermedi stipulano con il signore accordi e patti specifici, che vincolano tutti gli appartenenti alla corporazione. Manca, pertanto, un'unicità del soggetto giuridico, ma ogni individuo è assoggettato a regole diverse a seconda delle corporazioni o degli ordini ai quali appartiene. Un ruolo di primo piano è svolto anche dalla **Chiesa cattolica**, che assume su di sé soprattutto funzioni di assistenza non rientranti nel patto sociale.
Fra le Carte che sanciscono patti tra signore, feudatari e rappresentanti delle corporazioni, la più nota è senza dubbio la **Magna Carta Libertatum** (v. *supra* cap. 2), adottata nel 1215 in un momento di profonda debolezza della Corona inglese. Si tratta di un documento molto analitico: all'introduzione seguono ben 63 disposizioni che rappresentano la parte più alta della *common law*.
La *Magna Carta* fa riferimento ai baroni, al clero e ai c.d. **freemen**. Viene così superata la rigida ripartizione in *status* e la tutela prevista dalla Carta è accordata alla generalità degli uomini liberi. Viene, inoltre, evidenziato il **legame fra tassazione e rappresentanza**, sancendo il divieto per la Corona di imporre tributi al di là degli usi feudali. Si introduce, così, seppur in forma embrionale, una pretesa partecipativa, che anticipa di parecchi secoli il *no taxation without representation* che ritroveremo nel percorso di indipendenza delle colonie del Nord America. Altro aspetto, molto noto, è l'introduzione del c.d. **habeas corpus** (art. 39), cioè la necessità che gli arresti siano accompagnati da garanzie procedurali e organizzative predeterminate[1]. Sono questi i primi semi della rivendicazione di una libertà individuale dal potere pubblico, che caratterizzerà l'evoluzione del costituzionalismo inglese e non solo. L'ultimo aspetto degno di nota riguarda il **diritto di resistenza** (artt. 60 e 63)[2]. Viene

[1] Art. 39 della *Magna Carta Libertatum*: «Nessun uomo libero sarà arrestato, imprigionato, multato, messo fuori legge, esiliato o molestato in alcun modo, né noi useremo la forza nei suoi confronti o demanderemo di farlo ad altre persone, se non per giudizio legale dei suoi pari e per la legge del regno».
[2] Art. 60 della *Magna Carta Libertatum*: «Tutte le consuetudini e le libertà suddette che

infatti riconosciuto il diritto a una resistenza armata, qualora il re violi l'impegno solenne di osservare i diritti e le garanzie previste nella *Magna Carta*. In generale, la *Magna Carta* si caratterizza per la **forte limitazione del potere del re in forza della lex terrae** (le *laws of the land*), all'insegna della continuità consuetudinaria.

4. LO STATO ASSOLUTO

Il modello prestatuale che caratterizza l'epoca feudale lascia gradualmente il posto alla prima vera forma di Stato in senso moderno, che – convenzionalmente – si fa risalire al **1648**, anno della **Pace di Westfalia**. Si tratta di semplificazioni a fini espositivi, poiché l'evoluzione dal regime patrimoniale allo Stato assoluto è progressiva, cominciando nel corso del Cinquecento in modo disomogeneo nelle diverse aree del continente europeo. L'assunzione come punto di riferimento della Pace di Westfalia, tuttavia, è motivata dal fondamentale contenuto simbolico della medesima.

Nel 1648, infatti, viene messa fine alla Guerra dei Trent'anni (1618-1648), che aveva contrapposto i principi cattolici e quelli protestanti. Nei pressi di Westfalia vengono firmati due trattati, uno a Münster, per i cattolici, e l'altro a Osnabrück, per i protestanti. La guerra era sorta perché i principi tedeschi volevano contrapporsi agli intenti di restaurazione del nuovo imperatore degli Asburgo, sostenuto dalla Spagna, e per contrasti religiosi tra cattolici, luterani e calvinisti.

In particolare, l'imperatore asburgico voleva superare il consolidato principio *cuius regio, eius religio*, rispettato fin dalla Pace di Augusta del 1555.

La Pace di Westfalia segna però la sconfitta delle ambizioni imperiali e sancisce la libertà degli Stati tedeschi in materia di religione e di politica estera. Viene, così, riconfermata la Pace di Augusta e i correlati principi. Ma, soprattutto, nasce con Westfalia un nuovo sistema in cui gli Stati si riconoscono fra loro in quanto Stati sovrani, a prescindere dalla fede dei rispettivi principi.

Con Westfalia, dunque, viene riconosciuta ai principi tedeschi la piena sovranità sulle proprie terre e la potestà di stringere alleanze con altri Stati, purché queste non fossero dirette contro il Sacro romano impero. È infatti da ricordare che il Sacro romano impero, nato nel 962 con l'incoronazione di Ottone I di Sassonia, scompare formalmente solo nel 1806, dopo la sconfitta di Francesco II Asburgo da parte di Napoleone. Nonostante la sopravvivenza formale, tuttavia, il Sacro romano impero perde progressivamente importanza

abbiamo concesse nel nostro regno, e per quanto ci compete, siano osservate da tutti gli uomini del nostro regno, siano ecclesiastici o laici; le osservino, per quanto a essi compete, nei confronti di coloro a essi soggetti». Art. 63 della *Magna Carta Libertatum*: «Desideriamo e fermamente ordiniamo che la Chiesa d'Inghilterra sia libera e che i nostri sudditi abbiano e conservino tutte le predette libertà, diritti e concessioni, bene e pacificamente, liberamente e quietamente, pienamente e integralmente per sé stessi e per i loro eredi, da noi e dai nostri eredi, in ogni cosa e luogo, in perpetuo, come è stato detto sopra».

e, dopo la Pace di Westfalia, rappresenta poco più che la mera aggregazione di una serie di nuovi Stati indipendenti e sovrani.

Lo Stato assoluto si caratterizza per una decisa rottura con il precedente assetto feudale. Esso, infatti, rappresenta il passaggio dalla dimensione privatistica (propria, come si è detto, del regime patrimoniale feudale), alla dimensione pubblicistica. Gli studiosi distinguono due fasi: la prima è quella dell'**Assolutismo empirico**, la seconda è quella dell'**Assolutismo illuminato**. Fin da subito, scompare il patto tra signore e vassallo e il potere del principe si fonda sulla sua autorità, che legittima il patto sociale con i sudditi e la sottomissione di questi al sovrano, secondo quanto teorizzato da Jean Bodin nei *Six livres de la République* (1576). **Il nuovo potere, quindi, è spersonalizzato, attribuito alla Corona e concentrato nelle mani del solo sovrano**, unico soggetto in grado di garantire la pace sociale. Scompare il frazionamento del potere sul territorio, tipico del periodo feudale.

Si può dire, dunque, che lo Stato assoluto è caratterizzato dall'unità. Innanzitutto, **unità di potere**, poiché il potere diventa impersonale e incarnato solo dallo Stato, unico titolare dell'uso legittimo della forza. Inoltre, **unità delle fonti**, poiché si radica il concetto di «unità del soggetto giuridico» e si diffonde la legge, astratta e uguale per tutti, quale strumento di regolazione dei comportamenti. Infine, **unità delle giurisdizioni**, poiché i giudici non esercitano più un potere autonomo, ma diventano funzionari dello Stato, scelti in base a competenze tecniche, senza più la possibilità di acquistare la carica o di trasmetterla in via ereditaria.

Lo Stato assoluto non prevede una Costituzione. Come si dirà nei paragrafi seguenti, infatti, le Costituzioni sono strumenti di limitazione del potere. Ed è chiaro come il carattere assoluto del potere sia logicamente incompatibile con lo strumento costituzionale.

Lo Stato assoluto, dunque, prende le forme concrete delle grandi monarchie assolute dell'Europa rinascimentale. Eppure la concentrazione del potere non impedisce allo Stato (per il tramite del suo sovrano) di perseguire interessi pubblici, cioè interessi generali. È in questa fase, infatti, che inizia a svilupparsi (seppur embrionalmente) un apparato amministrativo statale, cioè un corpo di funzionari e uffici incaricati di seguire le funzioni pubbliche che il sovrano ha deciso di assumere. Come si è accennato, il corpo di funzionari pubblici è nella disponibilità del principe, che può nominarli e revocarli. Questo comporta, tra l'altro, l'emersione di prassi di patrimonializzazione delle cariche pubbliche (la c.d. «venalità delle cariche»). L'accesso alla burocrazia, considerato un titolo di vanto, è spesso conseguente al versamento di somme di denaro, come avviene soprattutto in Francia e in Spagna.

All'aumento di funzioni esercitate dallo Stato, si sommano, in molti Paesi europei, le esigenze di armare eserciti di professione, per far fronte alle numerose guerre dell'epoca (soprattutto a matrice religiosa). Entrambi gli elementi conducono alla progressiva costruzione di **sistemi tributari stabili**, che rappresentano la principale fonte di finanziamento delle politiche pubbliche e di quelle militari.

In questo periodo si radica l'utilizzo del **denaro**, che progressivamente sostituisce la terra e i suoi frutti quale merce di scambio. Anche i funzionari pubblici vengono retribuiti in denaro, e non più con l'attribuzione di terre, come invece avveniva nel periodo medievale. È interessante notare come, in questa fase, si diffonda l'imposizione di dazi, proprio per trarre risorse dai commerci che registrano un costante aumento.
Il progressivo accrescimento dei compiti dello Stato e dei correlati costi, sopportati dalle classi sociali emergenti, che traevano crescenti profitti dai commerci, porterà, nel torno di qualche secolo, al disfacimento del modello di Stato assoluto. A partire dalla scoperta dell'America, infatti, si assiste a una progressiva trasformazione degli assetti economici e sociali del Vecchio continente. La terra non rappresenta più l'unica fonte di ricchezza e, anzi, si assiste a un costante sviluppo dei commerci, soprattutto di metalli e minerali preziosi, nonché dell'intermediazione bancaria, che vede in questo periodo alcune famiglie accumulare ricchezze tali da poter condizionare le attività dello Stato. Si pensi, per esempio, a Jacob Fugger, detto il Ricco, che nel 1519 fu decisivo nell'elezione di Carlo V al Sacro romano impero, finanziandola con i proventi della propria attività di banchiere.

5. LO STATO DI POLIZIA

Il periodo storico occupato dallo Stato assoluto è molto esteso e registra esperienze diversificate ed evoluzioni asimmetriche nei vari ordinamenti europei. Si può notare un tratto comune, che consiste nel progressivo aumento degli interessi generali curati dallo Stato, nell'intento dichiarato di perseguire il benessere della popolazione e non solo del sovrano. Questo porta progressivamente gli Stati a intervenire in campo economico, con un conseguente ulteriore sviluppo dell'apparato di funzionari chiamati a gestire le nuove funzioni pubbliche. Vengono, a titolo di esempio, istituite strutture per il sussidio agli indigenti, oppure, su altro fronte, il catasto dei beni immobili. È in questa fase che si consolidano le burocrazie nazionali.
Aumentano anche le tutele soggettive dei sudditi, soprattutto grazie all'istituzione del fisco, cioè di casse erariali separate dal patrimonio della Corona, deputate anche a rifondere i sudditi che abbiano subito danni patrimoniali dalle autorità pubbliche.
Lo Stato assoluto, così, si evolve in Stato di polizia (è la fase del c.d. **Assolutismo illuminato**). È bene notare che tale accezione, nello studio delle forme di Stato, non ha carattere negativo, ma – anzi – positivo, derivando dalla parola greca *politèia*. **Lo Stato di polizia**, cioè, **è lo Stato che cura gli interessi della comunità**. Questa evoluzione, che non si registra con gli stessi tempi e intensità in tutta Europa, non comporta un superamento dei tratti fondanti dello Stato assoluto. In particolare, lo Stato di polizia mantiene la concentrazione dei poteri in capo al sovrano, anche se si consolida l'idea che il sovrano debba perseguire

come prima finalità il benessere dei suoi sudditi. Si spiega così la felice sintesi *tout pour le peuple, rien par le peuple*. Se, dunque, lo Stato deve perseguire gli interessi dei sudditi, la scelta dei mezzi per raggiungere tali obiettivi rimane nell'esclusivo dominio del sovrano.

Lo Stato di polizia, dunque, è una specie di Stato assoluto, di cui conserva i caratteri essenziali. L'evoluzione descritta, tuttavia, consente agli ordinamenti interessati di scampare in larga parte le ondate rivoluzionarie di fine Settecento, che, invece, contraddistinguono le più importanti monarchie assolute, a cominciare dalla Francia. Fra gli esempi più noti di Stato di polizia si devono ricordare la Prussia di Federico II (1740-1786), l'Austria di Maria Teresa (1740-1780) e del figlio Giuseppe II (1780-1790), nonché la Toscana di Pietro Leopoldo (1765-1790).

6. LO STATO LIBERALE: CARATTERI GIURIDICI

Lo Stato liberale si afferma in conseguenza della progressiva emersione della borghesia, che assume sempre maggiore peso economico e diventa, pertanto, in grado di condizionare il volere della Corona e le dinamiche del potere pubblico. Ciò è acuito dalla crisi delle finanze pubbliche, che portano la Corona a chiedere sempre maggiori tributi, a fronte dei quali il Terzo Stato pretende di ottenere voce e, quindi, qualche forma di rappresentanza.

Più in dettaglio, le richieste della borghesia si muovono in due direzioni: da un lato si chiede il riconoscimento di **nuovi diritti** e di maggiore libertà per sviluppare attività economiche e commerciali. Dall'altro lato, come già detto, si chiede la possibilità di **partecipare alle scelte politiche** a cominciare dalle decisioni sulla tassazione.

Le rivendicazioni, dunque, sono proprie di una sola classe sociale, appunto quella borghese, che detiene il potere economico. Per questo motivo lo Stato liberale ottocentesco viene anche qualificato come **Stato monoclasse**: le classi sociali più povere, infatti, continuano a non essere in alcun modo rappresentate nella vita pubblica.

In tutte le esperienze europee tra Settecento e Ottocento il suffragio elettorale è assai ristretto, per lo più in base a criteri di censo: solo coloro che godono di una certa ricchezza possono essere titolari dell'elettorato attivo e, soprattutto, dell'elettorato passivo. Basti ricordare, come esempio, che nelle prime elezioni del Regno d'Italia (1861) votò meno del 2% della popolazione.

Le richieste di cambiamento sono correlate al carattere borghese delle medesime: obiettivo del Terzo Stato è avere uno **Stato minimo**, con finalità di garanzia delle attività borghesi, che si ingerisca il meno possibile nelle attività private, se non per garantirne la libertà (c.d. *laissez-faire*). Quest'ultima è declinata, innanzitutto, come libertà individuale, ma viene poi applicata alle attività commerciali e alle organizzazioni poste in essere per esercitarle. In

questo senso, è significativo l'art. 2 della Dichiarazione dei diritti dell'uomo e del cittadino, che riconosce come diritti naturali ed imprescrittibili quelli alla libertà, alla sicurezza, alla resistenza e, ovviamente, alla proprietà privata. Simili rivendicazioni si pongono in netta contrapposizione con lo Stato assoluto, e ben si comprende come le nuove istanze riescano ad affermarsi solo a seguito di eventi rivoluzionari.
Sotto il profilo giuridico-costituzionale, il punto di rottura più evidente è rappresentato dall'affermazione del **principio di separazione dei poteri**. La funzione legislativa, quella esecutiva e quella giurisdizionale, cioè, non sono più concentrate nella figura del sovrano (o dei suoi delegati), ma devono essere incarnate da corpi diversi, con diversa legittimazione.
Il principio di separazione dei poteri trova le proprie radici negli scritti di John Locke (*Two Treatises of Government*, del 1690) e, soprattutto, del barone di Montesquieu, che lo espone nel suo notissimo *Esprit des lois* del 1748. Si afferma, in particolare, che *le pouvoir arrête le pouvoir*: è necessario, cioè, che ogni potere (legislativo, esecutivo e giudiziario) costituisca un freno agli altri due, poiché, secondo Montesquieu, chiunque abbia potere è naturalmente portato ad abusarne, se non trova dei freni. E ciò rappresenta un'innovazione senza precedenti soprattutto nei rapporti tra potere legislativo e potere esecutivo, gettando le basi per lo sviluppo della monarchia costituzionale pura.
Come si dirà meglio nel seguito, la più importante conseguenza pratica della separazione dei poteri porta ad assegnare la funzione legislativa (anche) a un Parlamento, composto almeno in parte da rappresentanti dei cittadini. È necessario sottolineare che, in questa fase, la «Nazione» rappresentata in Parlamento è composta dalla sola borghesia, in quanto titolare del potere economico. Si tratta, però, di un cambio epocale rispetto al passato, dal momento che, come si è detto, le regole giuridiche non sono più frutto dell'esclusiva volontà del sovrano, bensì di una volontà condivisa dai rappresentanti del Terzo Stato.
Un altro principio che trova nello Stato liberale la sua piena espressione è quello di **legalità**. Esso comporta che tutti gli atti o i comportamenti dei pubblici poteri debbano essere previsti da una legge e conformi a essa. A ciò consegue che non possono esserci trattamenti differenziati o di favore a vantaggio di alcuni soggetti o di alcune categorie. La legge, infatti, dispone in modo generale e astratto ed esprime una volontà preliminare, che si applica indistintamente a tutte le fattispecie che integrino la previsione normativa. La legge assume carattere centrale in quanto è espressione della volontà generale o, più precisamente, della volontà della Nazione. Si noti, tuttavia, che il concetto di «Nazione», nell'epoca liberale, ha una portata ristretta, limitata alla classe sociale dominante, cioè alla borghesia.
Si afferma, con il principio di legalità, anche il **principio di uguaglianza in senso formale**, secondo il quale la legge è uguale per tutti e non possono essere effettuate discriminazioni in base alle diverse condizioni culturali, sociali, economiche o di altro tipo. Vi è, dunque, una piena affermazione dell'unicità del

soggetto giuridico, e il riconoscimento della titolarità dei diritti all'individuo in quanto tale, a prescindere dalle sue condizioni sociali (superando, così, il sistema di privilegi dell'aristocrazia). Il principio di uguaglianza formale, però, non comporta un impegno diretto da parte dello Stato per rimuovere le condizioni che – nei fatti – causano disuguaglianze tra i consociati, ma solo il divieto di porre in essere discriminazioni attive.

Come si è già accennato, tuttavia, la conquista più importante dello Stato liberale è il **principio rappresentativo**. In tutte le esperienze comparate, infatti, almeno una Camera del Parlamento è composta da rappresentanti del corpo sociale (o, per meglio dire, di una sua parte, cioè della «Nazione», nel senso limitato più sopra richiamato) e partecipa, insieme ad altri organi costituzionali, alla funzione legislativa. È anche opportuno notare che, fin dalla Costituzione francese del 1791, i rappresentanti agiscono **senza vincolo di mandato**, cioè sono liberi di interpretare la volontà del corpo elettorale, senza essere assoggettati al c.d. «mandato imperativo».

Queste innovazioni, come è agevole comprendere, devono trovare un particolare livello di garanzia, per scongiurare che la Corona possa limitarle o sopprimerle. È per questo motivo che lo Stato liberale si caratterizza anche quale **Stato costituzionale di diritto**. È, cioè, un ordinamento giuridico retto da una Costituzione, che si pone quale argine al potere del sovrano e, quindi, quale strumento di garanzia (v. *supra* e *amplius* cap. 2).

Sul significato da attribuire al termine «Costituzione», è ancora oggi illuminante l'art. 16 della Dichiarazione dei diritti dell'uomo e del cittadino, approvata durante la Rivoluzione francese: perché possa parlarsi di Costituzione è necessario che un ordinamento garantisca il principio di separazione dei poteri e i diritti fondamentali dell'individuo. Non basta, dunque, una qualificazione formale, ma serve un preciso contenuto, che – appunto – costituisce un freno al potere arbitrario.

È tuttavia necessario precisare che le Costituzioni di epoca liberale, a differenza di quelle che caratterizzeranno lo Stato pluriclasse, sono **Costituzioni flessibili**, cioè atti dello stesso livello gerarchico della legge ordinaria. I contenuti di garanzia che le Costituzioni contengono, cioè, possono essere modificati secondo le normali procedure parlamentari. Ciò, a ben vedere, è diretta conseguenza del carattere omogeneo della rappresentanza, che non richiede di tutelare le minoranze politiche e che, di fatto, limita la tutela agli interessi della borghesia.

Unica eccezione a questa tendenza è rappresentata dagli Stati Uniti d'America, dove – a partire dalla sentenza della Corte suprema nel caso *Marbury vs Madison* del 1803 – è stato introdotto un controllo di costituzionalità sulle leggi, postulando la superiorità della Costituzione rispetto alla legislazione ordinaria (v. *infra* cap. 10).

7. LO STATO DI DEMOCRAZIA PLURALISTA E LO STATO SOCIALE

L'ultima tappa dell'evoluzione diacronica delle forme di Stato è rappresentata dallo Stato di democrazia pluralista. Esso non si pone in rottura rispetto allo Stato liberale, bensì ne rappresenta un'evoluzione. Vengono, cioè, mantenuti tutti i caratteri principali del modello ottocentesco, ma **viene estesa la rappresentanza**, che non è più limitata alla classe economica dominante.

Lo Stato di democrazia pluralista appare in Europa nel Novecento e – facendo eccezione per la Repubblica di Weimar (1919-1933) – si radica soprattutto a partire dal secondo dopoguerra, anche grazie all'**estensione del suffragio**, che perde il carattere censitario e diviene suffragio universale (il primo esempio di suffragio universale è il Regno Unito, che lo realizza nel 1919. Francia e Germania introducono il suffragio universale nel 1890, ma limitato ai cittadini di sesso maschile). In un primo tempo, il diritto di voto è limitato agli uomini, ma – dalla metà del Novecento – viene progressivamente esteso anche alle donne in tutti gli ordinamenti europei. L'idea restrittiva di sovranità nazionale, propria degli ordinamenti ottocenteschi, lascia così il campo a quella di **sovranità popolare**. La volontà politica, cioè, emerge dal voto di tutti i cittadini, con elezioni regolari per l'Assemblea parlamentare. È bene sottolineare che la sovranità popolare non è né assoluta, né immediata, dovendosi misurare con sistemi a Costituzione rigida (come si dirà nel seguito). Ciò comporta che la volontà dei cittadini si esprime secondo le procedure e nei limiti previsti dalla Costituzione, e non può a questi derogare.

Il **principio di separazione dei poteri**, fra le principali conquiste dello Stato liberale, viene affermato anche nello Stato di democrazia pluralista, ancorché progressivamente attenuato, per la compartecipazione alle funzioni fondamentali dello Stato di diversi organi costituzionali. In particolare, nelle forme di governo parlamentari (che, in questa fase storica, rappresentano il modello più diffuso nel panorama comparato), il Parlamento e il governo, lungi dall'essere entità rigorosamente separate, collaborano nella determinazione e nell'attuazione dell'indirizzo politico (si pensi, per esempio, al penetrante ruolo del governo nell'esercizio della funzione legislativa) (v. *infra* cap. 5).

Un fenomeno più recente, che conferma l'attenuazione del principio di separazione dei poteri, è costituito dall'istituzione, in gran parte degli ordinamenti occidentali, di autorità indipendenti, che assommano su di sé compiti di regolazione, di amministrazione e di controllo-sanzione. Questa tendenza è tanto più significativa se si pensa che, nella maggior parte degli esempi comparati, le autorità indipendenti non godono di un'espressa copertura costituzionale, essendo istituite con leggi ordinarie.

L'allargamento del suffragio, lungi dal rappresentare solo una modifica quantitativa delle dinamiche elettorali, rappresenta un cambio qualitativo senza precedenti. Per la prima volta nella storia, infatti, vengono rappresentate in Parlamento anche le istanze delle fasce più deboli. Lo Stato, dunque, diviene

pluriclasse e perde il connotato borghese ricordato più sopra. A ciò si accompagna, a partire dai primi decenni del Novecento, lo sviluppo di nuovi partiti politici, che si connotano quali **partiti di massa**, essendo appunto destinati a intercettare le istanze di fasce molto ampie della popolazione (è il caso, per esempio, del Partito laburista inglese, fondato nel 1893, nonché del Partito dei lavoratori italiani, fondato nel 1892).

L'allargamento della base sociale porta con sé anche l'ampliamento dei fini perseguiti dallo Stato: non sono più tutelati solo gli interessi della borghesia, secondo il modello liberale di Stato minimo e di forte tutela della proprietà privata, bensì sono tutelate le aspettative anche delle classi sociali più deboli, in particolare di quelle operaie che, fino ai primi anni del Novecento, non avevano avuto alcuna sostanziale possibilità di rappresentanza. Si sviluppano in questi decenni nuovi corpi intermedi: istituzioni, cioè, che mediano tra i singoli e lo Stato. Oltre ai partiti politici, è anche il caso delle **organizzazioni sindacali**, volte a tutelare i nuovi diritti riconosciuti ai lavoratori.

L'affermazione dello Stato di democrazia pluralista comporta un **forte interventismo in campo economico e sociale**, con il perseguimento di politiche attive prima vietate ai pubblici poteri. Lo Stato pluralista, dunque, si connota quale **Stato sociale**, cioè un ordinamento che riconosce e garantisce i **diritti sociali** (per esempio, quelli alla salute, all'istruzione, all'equa retribuzione). Tale espressione è in certi casi espressamente utilizzata dalle Carte costituzionali (v., per esempio, l'art. 20 della Legge fondamentale tedesca del 1949[3] e l'art. 1 della Costituzione spagnola del 1978[4]). Ai pubblici poteri, dunque, non viene più chiesto di astenersi dalle ingerenze nella sfera dei consociati, bensì viene chiesto un intervento attivo, volto a garantire prestazioni per colmare i bisogni delle classi sociali più deboli. È in questa fase, per esempio, che si sviluppano le politiche in tema di istruzione pubblica o di sanità, con la costruzione e la gestione di istituti scolastici, ospedali e altre strutture volte a offrire prestazioni, cioè servizi, alla collettività, garantendo parità di accesso indistintamente a tutti i cittadini (per esempio, con l'istituzione di borse di studio, o con l'accesso gratuito alle cure mediche per gli indigenti). Il catalogo dei diritti dunque aumenta e le Costituzioni novecentesche si connotano come **Costituzioni lunghe**, in contrapposizione al carattere «breve» di quelle ottocentesche, che proteggevano solo le c.d. «libertà negative».

[3] Art. 20 della Legge fondamentale tedesca: «(1) La Repubblica federale tedesca è uno Stato federale democratico e sociale. (2) Tutto il potere statale emana dal popolo. Esso è esercitato dal popolo per mezzo di elezioni e di votazioni e per mezzo di organi speciali investiti di poteri legislativo, esecutivo e giudiziario. (3) La legislazione è soggetta all'ordinamento costituzionale, il potere esecutivo e la giurisdizione sono soggetti alla legge e al diritto. (4) Tutti i tedeschi hanno diritto di resistere a chiunque tenti di rovesciare questo ordinamento, qualora non vi sia altro rimedio possibile».

[4] Art. 1 della Costituzione spagnola: «1. La Spagna si costituisce come Stato sociale e democratico di Diritto che propugna come valori superiori del suo ordinamento giuridico la libertà, la giustizia, l'uguaglianza e il pluralismo politico. 2. La sovranità nazionale risiede nel popolo spagnolo da cui emanano i poteri dello Stato. 3. La forma politica dello Stato spagnolo è la monarchia parlamentare».

I nuovi diritti sono per la prima volta riconosciuti nella **Costituzione di Weimar**, che regola la Germania tra le due guerre mondiali. Il particolare contesto storico e la situazione di grave crisi economica in cui si trova il Paese a causa delle condizioni di pace sottoscritte al termine della Prima guerra mondiale (c.d. «logica di Versailles»), tuttavia, non consentono una piena realizzazione del progetto costituzionale, condannando i diritti sociali a rimanere in gran parte lettera morta.
La vera affermazione delle intuizioni weimariane si avrà solo nelle Costituzioni del secondo dopoguerra. Sotto questo profilo, la Costituzione italiana del 1948 ha rappresentato un valido punto di riferimento, utilizzato come modello da altri ordinamenti. Il primo tentativo di costruzione di uno Stato sociale, però, è da riconoscere all'Inghilterra dell'immediato dopoguerra. Il governo laburista, infatti, ha posto in essere una serie di importanti riforme, fondate sul **Rapporto Beveridge** del 1942, volte a garantire ai sudditi inglesi nuovi diritti a prestazione nei confronti dello Stato.
Lo Stato sociale è caratterizzato dal **principio di uguaglianza in senso sostanziale**, che si affianca a quello di uguaglianza formale già riconosciuto in epoca liberale. Il nuovo principio chiede ai poteri pubblici di intervenire per rimuovere le condizioni di disuguaglianza di fatto, partendo dalla considerazione che la società è molto più complessa e disomogenea di quanto non fosse rappresentato nello Stato liberale.
L'uguaglianza in senso sostanziale richiede ai pubblici poteri di creare per tutti i consociati le medesime possibilità, con sussidi e interventi pubblici. Ovviamente il carattere sociale dello Stato non deve essere confuso con le derive assistenzialiste che alcuni ordinamenti hanno assunto, né con la declinazione socialista che ha utilizzato le strutture pubbliche per livellare le condizioni di tutti i consociati. Al contrario, come già detto, lo Stato sociale è un'evoluzione e una specificazione dello Stato liberale, e comporta soltanto che debbano essere garantite a tutti le stesse opportunità, non anche l'uguaglianza dei punti di arrivo.
Sotto il profilo del sistema normativo, lo Stato pluriclasse è caratterizzato dalla presenza di **Costituzioni rigide**. Se, come si è detto in precedenza, lo Stato liberale non necessitava di particolari protezioni da parte della Costituzione, essendo connotato da omogeneità politica, cioè omogeneità degli interessi rappresentati, lo Stato pluriclasse si caratterizza per la presenza in Parlamento di una pluralità di forze politiche, con importanti aspetti di contrapposizione tra le medesime.
Da un lato, dunque, si afferma il **principio di maggioranza**, volto a consentire che la forza politica uscita vincente dal confronto elettorale sia in grado di prendere le decisioni volte a realizzare il proprio programma politico (v. *infra* cap. 5). Dall'altro lato, però, emerge l'esigenza di creare un insieme di «regole del gioco» che non possano essere liberamente modificate dalla forza politica che ottenga la maggioranza parlamentare in un determinato momento storico. Detto altrimenti, è necessario proteggere il sistema da rischi di «tirannia della maggioranza»: chi ha i numeri in Parlamento per

approvare una legge ordinaria non deve avere perciò solo la forza di modificare anche la Costituzione. A tal proposito, infatti, deve servire una maggioranza qualificata, che miri a coagulare il consenso del maggior numero possibile di forze politiche.
La Costituzione, dunque, segue un procedimento di modifica rinforzato rispetto alle leggi ordinarie e, perciò solo, si pone in una posizione gerarchica superiore a esse. Ne deriva che le leggi ordinarie non possono contrastare con la Costituzione e, per controllare tale conformità, sorgono in quasi tutti gli ordinamenti **corti costituzionali** o altri organi deputati al controllo di costituzionalità (v. *infra* cap. 10).
L'aumento delle funzioni pubbliche e l'accresciuto interventismo statale in campo sociale ed economico portano come ulteriore conseguenza il significativo **moltiplicarsi delle strutture burocratiche**. L'erogazione di prestazioni da parte dello Stato porta alla predisposizione di uffici e strutture a ciò deputate, con un imponente sviluppo degli apparati amministrativi rispetto allo Stato liberale ottocentesco.
Lo Stato sociale, che rappresenta una fondamentale conquista degli ordinamenti occidentali, nell'ampliare progressivamente i diritti e le prestazioni dovute ai consociati, ha comportato un inevitabile **aumento della spesa pubblica**. Spesso, però, le politiche di bilancio sono state subordinate e strumentalizzate all'ottenimento del consenso politico, creando in molti ordinamenti situazioni insostenibili.
Complice la crisi economica e finanziaria dell'ultimo decennio, negli ordinamenti dell'Europa unita le prestazioni dello Stato sociale sono oggi oggetto di un profondo ripensamento. Le risorse pubbliche, infatti, non sono più sufficienti a garantire il medesimo livello di garanzia dei diritti che veniva garantito in passato, e alcuni ordinamenti (si pensi alle recenti vicende della Grecia) hanno dovuto, negli ultimi anni, effettuare – anche sotto la spinta delle istituzioni europee – drastici tagli alla spesa sociale, che hanno messo in difficoltà le fasce più deboli della popolazione, già piegate dalla crisi.
A ciò si aggiunga la riflessione su chi possa essere titolare delle prestazioni sociali erogate dallo Stato. Da un lato, infatti, la garanzia dei diritti fondamentali (si pensi alla salute) deve essere riconosciuta all'individuo in quanto tale, a prescindere dalla sua condizione di cittadino o meno e di immigrato regolare o irregolare. Dall'altro lato, però, è vero che le prestazioni sono erogate grazie al prelievo fiscale che lo Stato opera sui cittadini o, comunque, su alcune fasce più stabili della popolazione. Gli anni presenti, dunque, sono caratterizzati dal dibattito, spesso dai toni emergenziali, tra l'esigenza di garantire a tutti i diritti fondamentali e quella di garantire l'equilibrio dei bilanci pubblici, anche alla luce dei vincoli di natura europea.

8. LO STATO AUTORITARIO

Lo Stato autoritario è una forma di Stato che ha caratterizzato alcuni Paesi europei nel corso del Novecento. Gli esempi più rilevanti sono l'Italia fascista e la Germania nazionalsocialista, anche se non sono mancati altri casi di ordinamenti autoritari, per esempio la Spagna del periodo franchista (1936-1975) o la Grecia «dei colonnelli» (1967-1974).
Si tratta di esempi diversi, che però presentano alcune caratteristiche comuni. Innanzitutto, gli ordinamenti autoritari sono originati **dalla crisi e dalla debolezza dello Stato liberale**. Il mancato consolidamento delle istituzioni rappresentative, in particolare del Parlamento, non ha consentito lo sviluppo degli anticorpi necessari per resistere alle torsioni autoritarie di movimenti politici emergenti. È così che, con il tendenziale sostegno della classe sociale piccolo-borghese, si sono sviluppati sistemi di potere autocratici, volti ad azzerare qualsiasi forma di pluralismo e di possibile opposizione al potere.
Ritorna, quindi, il principio di **concentrazione del potere**: gli ordinamenti autoritari negano qualsiasi pluralismo, sia a livello orizzontale (la separazione dei poteri tra organi costituzionali), sia a livello verticale (la suddivisione del potere tra diversi livelli territoriali di governo). Non si può, tuttavia, avvicinare questa forma di Stato a quella dello Stato assoluto, sia per il contesto storico profondamente diverso, sia per la non comparabile estensione delle funzioni statali negli ordinamenti novecenteschi. Si deve poi sottolineare che lo Stato autoritario, a differenza di quello assoluto, non è un fenomeno di vertice, bensì rappresenta il tentativo di organizzare un regime politico di massa.
Il carattere autoritario che accomuna le diverse esperienze europee si ritrova soprattutto nell'**organizzazione del potere** che, appunto, ha carattere accentrato, monocratico, volto a negare il pluralismo e il dissenso e a esaltare la posizione del capo del governo, e – più in generale – la funzione esecutiva rispetto a quella legislativa.
Discorso parzialmente diverso riguarda i **caratteri totalitari** che alcuni regimi autoritari hanno assunto. Quest'ultimo aspetto, infatti, sembra riguardare soprattutto il rapporto tra ordinamento e società civile, con una repressione di tutte le libertà individuali e collettive e un tentativo di conformare la società ai fini e alle ideologie proprie del regime. Come si vedrà, questi aspetti hanno differenziato i regimi fascista e nazista, pur senza alterarne i caratteri comuni di fondo, che – appunto – sono riconducibili alla forma di Stato autoritario.
Le diverse esperienze sono accomunate dalla presenza di un **capo carismatico**, capace – anche grazie alla diffusione di nuovi mezzi di comunicazione (si pensi, soprattutto, alla radio) – di coinvolgere grandi folle. Ciò è spesso dovuto anche alle origini dei capi, che appartengono agli strati sociali medio-bassi (almeno, questo è il caso tanto di Benito Mussolini, quanto di Adolf Hitler) e, anche per questo, sono in grado di attrarre un grande consenso e di ingenerare una sorta di «identificazione» da parte delle masse. L'ascesa dei nuovi regimi è, in modo più o meno evidente, legata a forti desideri di

cambiamento, ad ambizioni rivoluzionarie, volte a superare gli assetti dello Stato liberale, a favore di nuove forme di organizzazione del potere in grado di dare soddisfazione alle ambizioni frustrate delle classi medie.
Un ultimo elemento che accomuna i diversi Stati autoritari consiste nella **soppressione delle istituzioni rappresentative**. Nei nuovi regimi non si tengono più elezioni, oppure sono elezioni che hanno una valore solo formale, poiché sono caratterizzate dalla presenza di un partito unico.
E proprio il **partito unico**, che riesce con la forza a sopprimere il nascente pluralismo politico novecentesco, riveste un ruolo centrale negli equilibri del potere autoritario. Si vedrà, tuttavia, che mentre nell'Italia fascista il partito è sostanzialmente inglobato nello Stato, diventando un organo di questo, nella Germania nazista accade il contrario, è cioè il partito a sottomettere le strutture statali e a divenire il centro di elaborazione del *Führerprinzip*.
Posti questi tratti comuni, è ora necessario soffermarsi brevemente sui caratteri più significativi dell'ordinamento fascista e, successivamente, di quello nazista.
L'**ordinamento fascista** si radica in Italia a seguito della Marcia su Roma (28 ottobre 1922) e del conseguente incarico di formare un nuovo governo, conferito dal re Vittorio Emanuele III a Benito Mussolini.
Nel dicembre del 1922 viene istituito il **Gran consiglio del Fascismo**, organo che ha quale compito principale l'individuazione delle linee generali della politica fascista e il raccordo tra Partito fascista e governo.
Un fondamentale elemento di svolta è costituito dalla nuova legge elettorale, la c.d. **legge Acerbo**, approvata nel 1923 e applicata alle elezioni del 1924. Tale normativa prevede l'assegnazione del 75% dei seggi alla forza politica che ottenga almeno il 25% dei voti. Si tratta, quindi, di un premio di maggioranza, volto a iperrappresentare in Parlamento chi abbia vinto, anche con pochi consensi, il confronto elettorale. La nuova legge, insieme all'incapacità dei partiti antifascisti di coalizzarsi, porta il Partito nazionale fascista a una netta affermazione delle sue «liste nazionali», creando le condizioni per un sostanziale annullamento del dissenso politico in Parlamento.
La vera svolta autoritaria, tuttavia, si ha con l'approvazione delle c.d. **leggi fascistissime**, con le quali si dispone lo **scioglimento di tutti i partiti** diversi da quello fascista, si limitano le libertà fondamentali e, in particolare, la libertà di espressione e lo sciopero.
Viene, inoltre, **rafforzato il potere esecutivo**, e in particolare del capo del governo (pur mantenendo formalmente la responsabilità dell'esecutivo davanti al re), attribuendo al **governo anche ampi spazi di esercizio del potere normativo**.
L'altra esperienza autoritaria più rilevante nella storia europea del Novecento è rappresentata dalla **Germania nazista**. Non è in questa sede possibile ripercorrere le dinamiche che hanno portato all'ascesa di Adolf Hitler, ma – anche in questo caso – un ruolo centrale è giocato dalla debolezza delle istituzioni repubblicane disegnate dalla Costituzione di Weimar. Hitler viene nominato cancelliere il 30 gennaio 1933, alla guida di un governo di coalizione. Ben presto i fatti consentono a Hitler di imporre la svolta

in senso autoritario. A seguito dell'**incendio del Reichstag** (nella notte del 27 febbraio 1933), Hitler riesce a far approvare un decreto che sospende alcune delle libertà fondamentali previste dalla Costituzione di Weimar e ottiene dal nuovo Parlamento eletto il conferimento **pieni poteri** (legislativo, esecutivo e di modifica costituzionale: è la c.d. «legge di autorizzazione»). Pochi mesi dopo, il Partito nazionalsocialista viene dichiarato **partito unico** e l'anno successivo Hitler viene confermato **Führer e cancelliere del Reich**, unificando le cariche di presidente della Repubblica e di capo del governo (incarnando il c.d. **Führerprinzip**).

9. LO STATO SOCIALISTA

Il modello socialista ha caratterizzato numerosi ordinamenti del Novecento, contrapponendosi alla democrazia liberale. Si tratta di un modello ormai quasi scomparso, dal momento che gli ultimi Stati socialisti sono ormai ibridati da altri principi, come l'economia di mercato, che li allontanano significativamente dal modello originario (è il caso della Cina dei giorni nostri).
Le diverse esperienze storiche condividono la comune matrice ideologica e filosofica, fondata innanzitutto sul c.d. **socialismo scientifico** di Karl Marx e Friedrich Engels. Il progetto socialista prevede un'evoluzione della società – per gradi – volta a instaurare il comunismo, immaginato come punto di arrivo che neutralizzi qualunque tensione sociale.
Vengono ipotizzate due fasi necessarie e consequenziali: in un primo momento la classe operaia, guidata da un ristretto numero di intellettuali, dovrebbe prendere il potere, occupando i posti già in mano ai rappresentanti della borghesia e piegando le architetture tradizionali della borghesia alle finalità predicate dalla dottrina marxista. Si tratta della **dittatura del proletariato**, cioè del dominio degli oppressi sugli oppressori. Lo slogan diffuso per identificare questa prima fase è «da ciascuno secondo le sue possibilità, a ciascuno secondo il suo lavoro».
La seconda fase, invece, è quella del **comunismo** vero e proprio: lo smantellamento dell'architettura borghese-liberale, infatti, eliminerebbe alla radice le tensioni sociali, rendendo superflua ogni forma di Stato. Il «deperimento dello Stato», quindi, è considerato lo sbocco naturale della sconfitta della borghesia. La fase della società comunista si identifica nello slogan «da ciascuno secondo le sue possibilità, a ciascuno secondo i suoi bisogni».
È ben noto come quest'ultima fase sia rimasta inattuata: in tutte le esperienze storiche, infatti, non si è andati oltre la dittatura del proletariato, con il singolare paradosso dell'irrobustimento delle strutture dello Stato.
Uno degli elementi caratterizzanti gli ordinamenti socialisti è l'**abolizione della proprietà privata**. Secondo l'analisi scientifica marxista, infatti, essa è il vizio di origine dello Stato liberale, consentendo l'accumulo dei mezzi di

produzione in capo alla borghesia e il progressivo assoggettamento a essa di coloro che non ne hanno la proprietà.

Il modello socialista esprime una **concezione tendenzialmente totalitaria dello Stato**, con un'ideologia ufficiale incarnata dal Partito comunista, che si configura come **partito unico**; in un'ottica di dittatura del proletariato, infatti, il partito è considerato la prima avanguardia della classe operaia (art. 126 della Costituzione dell'Unione Sovietica del 1936).

Fra le più importanti differenze che separano il modello socialista da quello liberale, vi è la negazione – nel primo – del principio di separazione dei poteri, in favore dell'opposto **principio dell'unità del potere**. Se dunque un controllo reciproco fra organi è previsto, esso non prevede un'architettura in cui a ogni organo corrisponda tendenzialmente una funzione. Questo comporta l'impossibilità di una netta distinzione tra organi «legislativi», «esecutivi» e «giurisidizionali». Tale confusione dei poteri determina inevitabili e immediate ripercussioni sul sistema delle fonti del diritto e, più in generale, sugli atti prodotti dai pubblici poteri, con una più marcata sovrapposizione delle funzioni normative e di quelle esecutive. La principale distinzione tra i diversi organi, pertanto, è legata alla c.d. **dimensione del potere**, cioè a un criterio di matrice quantitativa che si riflette sull'organizzazione gerarchica dei pubblici poteri.

Deve essere infine richiamato il concetto di **legalità socialista**. In una prima fase, l'esigenza di abbattere l'ordinamento liberale e di perseguire il fine rivoluzionario impedisce di vincolare l'azione degli organi politici a comportamenti prestabiliti. Emerge quindi il concetto di «legalità rivoluzionaria», il quale riconosce la prevalenza dei fini rivoluzionari dello Stato sulla conformità dei comportamenti alle norme giuridiche positive. In una seconda fase, caratterizzata dal consolidamento delle istituzioni, le Costituzioni affermano l'esigenza del rispetto delle norme giuridiche da parte di tutti i soggetti dell'ordinamento. Tuttavia – e qui sta il carattere differenziale del concetto di «legalità socialista» rispetto al principio di legalità tipico degli Stati occidentali –, da un lato il partito unico svolge un ruolo di assoluta preminenza all'interno delle istituzioni dello Stato, per esempio intervenendo nella selezione dei giudici; dall'altro, viene in rilievo la clausola secondo la quale i cittadini, nella fruizione dei diritti e delle libertà loro spettanti, non possono pregiudicare la realizzazione delle finalità dello Stato.

10. LA CLASSIFICAZIONE SINCRONICA: LO STATO FEDERALE

È possibile classificare le forme di Stato anche in **prospettiva sincronica**. Non si tratta, cioè, di studiare l'evoluzione nel corso della storia che i diversi ordinamenti hanno conosciuto, bensì di «fotografare» i diversi Stati in un identico momento (normalmente quello attuale) e indagare il **grado**

di allocazione del potere sul territorio. Così facendo, dunque, si passerà da ordinamenti accentrati, dove il potere è gestito a livello unitario dal centro (al più con forme di deconcentrazione, cioè istituendo uffici territoriali del potere centrale, per esempio le prefetture), a ordinamenti decentrati, dove esistono una pluralità di livelli di governo sul territorio, dotati di importanti competenze.

Spesso, come si vedrà, non è semplice distinguere tra i diversi modelli, poiché le esperienze concrete vantano elementi propri di un tipo e dell'altro. Ciò nondimeno, è utile uno sforzo classificatorio, volto soprattutto a indagare le differenze tra i diversi modelli.

Dalla classificazione in senso sincronico degli Stati devono essere escluse le Confederazioni, che sorgono quando due o più Stati indipendenti e sovrani decidono di mettere in comune alcune competenze. Storicamente si è trattato soprattutto di condividere la difesa dalle minacce esterne e la politica estera. L'esempio più noto è forse la Confederazione delle ex colonie nordamericane, costituita nel 1777, a seguito della Dichiarazione di indipendenza dall'Inghilterra, proprio con il fine di gestire in modo comune la politica estera e la difesa. Ma si può richiamare anche l'Unione di Utrecht, siglata nel 1579 tra le Province olandesi, la Confederazione Svizzera tra il 1815 e il 1848, o la Confederazione Germanica tra il 1815 e il 1866. E, più recentemente, la Comunità degli Stati indipendenti (CSI), nata a seguito della disgregazione dell'Unione Sovietica, con l'Accordo di Minsk del 1991 tra Russia, Bielorussia e Ucraina.

Le Confederazioni sono governate da un trattato istitutivo, che ha le tipiche caratteristiche del trattato internazionale. Le decisioni della Confederazione sono assunte da un'Assemblea comune, formata dai delegati degli Stati, vincolati dal mandato ricevuto (c.d. «vincolo di mandato» o «mandato imperativo»). E tali decisioni non sono efficaci se non vengono ratificate da tutti gli Stati della Confederazione. Ciò significa, da un lato, che la Confederazione non è in grado di assumere decisioni in grado di vincolare direttamente i cittadini degli Stati membri; non nasce, cioè, una cittadinanza confederale, e le decisioni prese dagli organi confederali vincolano esclusivamente gli Stati. Dall'altro lato, ciò significa che ogni singolo Stato può porre un veto alle scelte confederali. E, in ciò, si manifesta chiaramente la titolarità della sovranità, che non viene ceduta alla Confederazione, ma che – al contrario – rimane nelle mani degli Stati.

Le Confederazioni, dunque, sono organizzazioni che riguardano il diritto internazionale, e non invece il diritto costituzionale. Quando si studia una Confederazione, si fa riferimento al rapporto tra Stati che mantengono la propria autonomia e sovranità, nonostante il trattato confederale. Dall'accordo istitutivo della Confederazione, dunque, non nasce un nuovo ordine costituzionale, non nasce un nuovo Stato. Gli ordinamenti restano quelli preesistenti, che si limitano a fissare regole comuni per disciplinare insieme alcune materie. Da ciò consegue, inoltre, che gli Stati mantengono la piena libertà di lasciare la Confederazione, in base a decisioni unilaterali.

È questo il motivo per cui le Confederazioni non rientrano nella classificazione delle forme di Stato in senso stretto: esse, infatti, non sono Stati, ma tecniche di regolazione dei rapporti tra Stati.
Prima di iniziare l'analisi dello Stato federale è opportuno soffermarsi su un'altra ipotesi a cavallo tra il diritto internazionale e quello costituzionale: si tratta della **secessione**, che configura una rottura dell'ordinamento costituzionale. Soprattutto negli ultimi decenni alcune comunità territoriali hanno invocato il diritto alla secessione per contrasti con il livello centrale di governo. Spesso il preteso diritto alla secessione è considerato il precipitato del principio di **autodeterminazione dei popoli**, che costituisce un principio generale del diritto internazionale. A ben vedere, tuttavia, l'autodeterminazione dei popoli ha un ambito di applicazione limitato e specifico, per esempio in caso di occupazione straniera o di colonizzazione. Non è dunque possibile, sotto il profilo giuridico, invocare un generale diritto alla secessione dei popoli. Questa conclusione, già riconosciuta nel 1998 dalla Corte suprema del Canada con riferimento alla provincia del Québec, è stata nel 2017 confermata dal Tribunale costituzionale spagnolo, che ha ritenuto illegittimo il referendum sull'autonomia della Catalogna.
Lo Stato federale, invece, dà vita a un vero e proprio ordinamento e, pertanto, il suo studio non rientra nel diritto internazionale, bensì nel **diritto costituzionale**. Quando si analizza uno Stato federale, cioè, si studia un ordinamento giuridico dotato di una propria Costituzione, seppur – come si dirà – caratterizzato dalla più intensa forma di autonomia sul territorio.
Il primo e più noto esempio di Stato federale è costituito dagli Stati Uniti d'America. Si tratta di un esempio storico particolarmente utile, perché mostra come – spesso – la scelta federale (o «federalizzatrice», come indica la dottrina americana) derivi dall'esigenza di superare i limiti e le rigidità della struttura confederale.
I limiti e le rigidità della struttura confederale istituita nel 1777 portano i nuovi Stati – dieci anni dopo – a dare vita a uno Stato federale, «to form a more perfect union». Si tratta di un salto di qualità, che va oltre il mero incremento delle funzioni esercitate a livello centrale. Con lo Stato federale, infatti, nasce un nuovo Stato, che ingloba quelli precedenti, nei limiti che si vedranno di seguito.
Lo Stato federale, nella sua prima esperienza storica, viene concepito anche come modalità attuativa del principio di **separazione dei poteri**. Il federalismo, infatti, è stato definito come una tecnica di separazione del potere su base territoriale. È bene ricordare, infatti, che l'*Esprit des lois* di Montesquieu (1748) è stato rapidamente diffuso nelle colonie nordamericane. Il principio di separazione dei poteri, dunque, trova la sua prima concreta attuazione nella Costituzione americana, che precede di due anni la Rivoluzione francese e le Costituzioni che ne seguiranno.
L'idea di «separazione dei poteri», però, viene declinata dai costituenti nordamericani in due direzioni: orizzontale e verticale. Il primo profilo, che riguarda i rapporti tra presidente, Congresso e potere giudiziario, verrà studiato nel

capitolo sulle forme di governo (v. *infra* cap. 5). La declinazione verticale, invece, deve essere studiata nelle forme di Stato. Secondo Alexander Hamilton, teorico di un federalismo «forte», per scongiurare pericolose concentrazioni e abusi di potere, era necessario che questo fosse frazionato sul territorio. Non solo, dunque, era necessario dividere il potere tra più organi diversi, bensì anche tra il centro e la periferia.

Una simile costruzione, nel pensiero di Hamilton, avrebbe dato una tale garanzia nei confronti di potenziali abusi, da rendere addirittura superflua la stesura di un catalogo dei diritti. È questo il motivo per cui la Costituzione americana nasce come documento che regola solo gli aspetti organizzativi. Per avere un catalogo dei diritti sarà infatti necessario attendere il 1791, con i primi dieci emendamenti, che costituiscono il *Bill of Rights*, voluti soprattutto da James Madison, che prefigurava un potere federale debole, a vantaggio dell'autonomia degli Stati membri.

Passando ai principali caratteri dello Stato federale, il più rilevante – come si è già detto – è l'esistenza di un **ordinamento costituzionale unitario**. Con lo Stato federale nasce uno Stato nuovo, che ha una propria Costituzione, proprie regole organizzative e livelli di tutela dei diritti.

Il secondo elemento caratterizzante, da leggere insieme a quello precedente, è dato dal **riconoscimento costituzionale degli Stati membri** e dalla tutela delle loro funzioni. Lo Stato federale, dunque, si manifesta come uno Stato di Stati. È, cioè, uno Stato con una struttura unitaria che, però, al proprio interno, vede la presenza di altri Stati, che trovano il proprio riconoscimento e la propria tutela nella Costituzione federale. È importante dire da subito che le competenze riconosciute agli Stati membri sono assai estese e toccano anche la tutela di alcuni diritti fondamentali.

Da questo elemento ne discende un terzo, cioè la **equiordinazione degli Stati membri**. Ciò significa che tutti gli Stati della Federazione hanno le medesime competenze e le medesime garanzie, senza che possano darsi ipotesi di autonomia differenziata o speciale (circostanza che, invece, caratterizza alcune esperienze di Stati regionali, come si dirà).

Il quarto elemento caratterizzante concerne la **subordinazione degli Stati membri alla Costituzione federale**. Ciò significa che, per quanto sia ampia l'autonomia concessa agli Stati membri della Federazione, questa non potrà mai essere esercitata contro la Costituzione federale e, anzi, trova nella Costituzione federale la propria legittimazione. Sul punto, alcune Costituzioni sono molto chiare nell'esplicitare la prevalenza del livello centrale: è il caso dell'art. 31 della Legge fondamentale tedesca, secondo il quale «il diritto federale prevale sul diritto dei *Länder*»[5].

Questo profilo ha suscitato negli anni un intenso dibattito, in riferimento a **chi sia il titolare della sovranità**. Secondo alcuni autori, infatti, la sovranità è da riconoscersi solo allo Stato federale. Gli Stati membri, pur dotati di si-

[5] Art. 31 della Legge fondamentale tedesca: «(1) il diritto federale prevale sul diritto dei *Länder*».

gnificative condizioni di autonomia, non disporrebbero di quella originarietà tale da comportare poteri sovrani. Al contrario, essi – derivando la propria esistenza e le proprie funzioni dalla Costituzione federale – non sarebbero enti sovrani, pur mantenendo formalmente la denominazione di «Stati». Da altra prospettiva, allo Stato federale rimarrebbe la c.d. *Kompetenz-Kompetenz*, cioè la competenza sulle competenze e, dunque, il potere di attribuire funzioni a livello centrale o ai livelli decentrati. L'autonomia degli Stati membri, dunque, sarebbe recessiva rispetto a quella federale (art. IV, sez. 4 della Costituzione degli Stati Uniti, a tenore del quale «Gli Stati Uniti garantiranno a ogni Stato dell'Unione la forma di governo repubblicana»)[6].

Secondo altri autori, al contrario, la sovranità rimarrebbe in capo agli Stati membri, che – in qualche modo – la delegherebbero in parte allo Stato federale. Secondo altri ancora, invece, sarebbe più corretto parlare di una «sovranità ripartita», cioè incarnata in parte dalla Federazione e in parte dai suoi Stati membri.

L'esperienza storica degli Stati Uniti ci mostra come, in un primo momento, sia stata prevalente la teoria della sovranità in capo agli Stati membri, anche per la derivazione della Federazione dalla precedente esperienza confederale. Tale impostazione, tuttavia, è stata abbandonata a seguito della Guerra di secessione (1861-1865), originata in larga parte dalla contrapposizione tra gli Stati del Nord e quelli del Sud in merito alla possibilità di estendere la disciplina della schiavitù ai territori dell'Ovest. In tale frangente prevalse l'interpretazione monista e, dunque, l'attribuzione della sovranità al solo Stato federale, anche in considerazione di un'interpretazione estensiva dei c.d. *implied powers*, cioè dei poteri centrali, non espressamente previsti dalla Costituzione, ma strumentali all'esercizio delle funzioni attribuite, contrapposti ai c.d. *enumerated powers*, cioè ai poteri espressamente elencati nel testo costituzionale e attribuiti allo Stato federale.

Senza riprendere le complesse argomentazioni a sostegno delle diverse tesi, è probabilmente più corretto ritenere che la sovranità in senso proprio spetti solo allo Stato federale, anche se gli Stati membri sono caratterizzati da un'ampia autonomia politica (cioè – tendenzialmente – libera nel fine), che non può essere compressa unilateralmente dal livello federale.

Quest'ultima affermazione trova la propria spiegazione alla luce del quinto elemento caratterizzante, in base al quale **gli Stati membri partecipano a organi e funzioni dello Stato federale**. Ciò significa che le decisioni del livello centrale vengono assunte grazie alla partecipazione, diretta o mediata, degli Stati membri. La Costituzione belga, per esempio, prevede all'art. 99 che il Consiglio dei ministri sia composto, in ugual numero, di ministri di lingua francese e olandese[7]. In alcune situazioni – per esempio in caso di modifiche

[6] Art. IV, sez. 4 della Costituzione degli Stati Uniti: «Gli Stati Uniti garantiranno a ogni Stato dell'Unione la forma di governo repubblicana, e proteggeranno ciascuno di essi da invasioni; e, su richiesta del legislativo o dell'esecutivo (quando il legislativo non possa essere convocato), anche da ogni violenza interna».

[7] Art. 99 della Costituzione belga: «1. Il Consiglio dei ministri si compone di non più di

della Costituzione – le proposte del livello centrale devono essere approvate anche dalle Assemblee o da altri organi degli Stati membri. In altre situazioni, invece – per esempio nel caso della legislazione ordinaria – le decisioni vengono assunte dal livello centrale, ma gli organi di questo sono costituiti anche da rappresentanti degli Stati membri: è il caso del Senato americano, composto da due senatori per ogni Stato della Federazione. Ed è anche il caso del Consiglio federale austriaco, che – per espressa previsione dell'art. 34 della Costituzione – è composto da rappresentanti dei *Länder*[8].

Quanto appena detto consente di specificare anche il sesto elemento, cioè la **presenza di un Parlamento bicamerale**, dove la Camera «alta» sia rappresentativa degli Stati membri della Federazione (v. *infra* cap. 6). Vi sono due modelli principali: quello del Consiglio e quello del Senato. Nel primo esempio (proprio del Bundesrat tedesco) la Camera alta è composta da delegati degli esecutivi dei singoli Stati federali (i *Länder*, appunto), che sono nominati e non eletti e che – tendenzialmente – sono vincolati a esprimere le posizioni espresse dai governi di provenienza. Il secondo esempio, invece, prevede (come per il Senato americano) che la Camera alta sia composta dai rappresentanti dei popoli degli Stati membri, scelti con elezione. Il Senato americano, inoltre, come già detto, ha la specificità di contare due senatori per ogni Stato, senza alcun criterio di proporzione con la popolazione o con l'estensione geografica. Tale previsione, frutto del c.d. *Connecticut Compromise* del 1787, fu introdotta per convincere gli Stati meno popolosi ad aderire alla Federazione, senza temere di venire schiacciati nelle decisioni parlamentari dagli Stati più importanti.

Il settimo elemento caratterizzante prevede che **i potenziali conflitti tra i diversi livelli di governo siano risolti da un organo dello Stato federale**. Tale organo può essere, a seconda dei diversi ordinamenti, o un organo di vertice della magistratura (per esempio, la Corte suprema o il Tribunale costituzionale), oppure un organo istituito appositamente per svolgere tale funzione (come la *Cour d'arbitrage* in Belgio). La Legge fondamentale tedesca, per esempio, dispone all'art. 93 che i conflitti siano risolti dal Tribunale costituzionale federale[9].

15 membri. 2. Eccettuato eventualmente il primo ministro, il Consiglio dei ministri conta in egual numero ministri di lingua francese e di lingua neerlandese».

[8] Art. 34 della Legge costituzionale federale austriaca: «1. Nel Consiglio federale i *Länder* sono rappresentati in rapporto alla rispettiva popolazione secondo le disposizioni seguenti. 2. Il *Land* con il maggior numero di abitanti invia 12 rappresentanti, ogni altro *Land* ne invia un numero corrispondente al rapporto fra la sua popolazione e quella del suddetto *Land*, ove i resti superiori alla metà valgono come intero. A ogni *Land* spetta in ogni caso una rappresentanza di almeno 3 membri. Per ogni membro viene designato un supplente. 3. Il numero dei membri inviati da ciascun *Land* viene determinato dal presidente federale dopo ogni censimento generale della popolazione».

[9] Art. 93 della Legge fondamentale tedesca: «(1) Il Tribunale Costituzionale Federale decide: 1. sull'interpretazione della presente Legge fondamentale in seguito a controversie sulla portata dei diritti e dei doveri di un organo supremo federale o di altri interessati, ai quali siano stati concessi propri diritti dalla presente Legge fondamentale o dal regolamento interno di un organo supremo federale; 2. nei casi di divergenza di opinioni o di dubbi sulla compatibilità formale e sostanziale del diritto federale o del diritto dei *Länder* con la

Secondo alcuni autori, **lo Stato federale è una declinazione dello Stato liberale**. Questo è senz'altro vero per l'esperienza statunitense che, come si è visto, costituisce il naturale riferimento storico di questa forma di Stato. Si sono avuti, tuttavia, alcuni Stati federali non liberali (dall'Unione Sovietica del 1922, alla Tanzania, alla Cecoslovacchia). In queste ipotesi, la qualificazione «federale» dell'ordinamento avrebbe solo carattere formale, poiché mancano alcuni fondamentali elementi di garanzia, quali il pluralismo politico, i diritti dell'opposizione e, più in generale, la tutela dei diritti fondamentali.
Tale ricostruzione è senz'altro condivisibile qualora si ponga l'accento sull'origine storica e ideologica dello Stato federale, nato – come si è visto – anche per dare una declinazione verticale al principio liberale di separazione dei poteri. È tuttavia vero che, sotto il profilo organizzativo, possono ben darsi esperienze di riparto del potere sul territorio anche non assistite dalle garanzie proprie dello Stato liberale.
Le diverse esperienze storiche di Stato federale, in particolare quella nordamericana, hanno posto in luce, nelle concrete dinamiche dei rapporti tra centro e periferia, due principali modelli di riferimento. Un primo modello vede una rigida separazione tra le competenze centrali e le competenze degli Stati membri. Si tratta del c.d. **federalismo duale** o «federalismo competitivo». In questa prospettiva ciascun livello ha competenze distinte, che esercita dalla legislazione fino all'esecuzione.
Il secondo modello, invece, è incentrato sull'integrazione delle competenze centrali e locali, con strumenti di raccordo tra i diversi livelli di governo sia sotto il profilo legislativo, sia sotto quello esecutivo: si tratta del c.d. **federalismo cooperativo**, sviluppatosi negli Stati Uniti a partire dal 1933, con l'elezione alla presidenza di Franklin Delano Roosevelt. Il suo *New Deal*, infatti, porta a una forte espansione dell'attività federale e a un importante aumento della spesa pubblica, basata su una più ampia interpretazione della *commerce clause*, cioè di quella clausola costituzionale che consente al livello centrale di regolare tutto quanto attiene ai commerci interstatali; e, di fatto, allo Stato centrale di ingerirsi nelle politiche degli Stati membri, anche in forza

presente Legge fondamentale o sulla compatibilità del diritto dei *Länder* con altro diritto federale, su domanda del governo federale, di un governo di un *Land* o di un terzo dei membri del Bundestag; 2a. nei casi di divergenza di opinioni se una legge sia conforme alle previsioni dell'art. 72, comma 2, su domanda del Bundesrat, di un Governo di un *Land* o della rappresentanza popolare di un *Land*. 3. nei casi di divergenze di opinioni sui diritti e doveri della Federazione e dei *Länder*, in particolare relative all'esecuzione del diritto federale da parte dei *Länder* e all'esercizio del controllo federale; 4. in altre controversie di diritto pubblico tra la Federazione e i *Länder*, tra diversi *Länder*, o all'interno di un medesimo *Land*, qualora non si possa adire altra autorità giudiziaria; 4a. sui ricorsi di costituzionalità che possono essere promossi da chiunque ritenga di essere stato leso dalla pubblica autorità in uno dei suoi diritti fondamentali o in uno dei diritti previsti dagli artt. 20, comma 4, 33, 38, 101, 103 e 104; 4b. sui ricorsi di costituzionalità di comuni e consorzi di comuni per lesione del diritto di autoamministrarsi, garantito dall'art. 28, operata per mezzo di una legge; trattandosi di una legge di un *Land*, solo se non possa essere sollevato ricorso dinanzi al Tribunale costituzionale del *Land* medesimo; 5. negli altri casi previsti dalla presente Legge fondamentale. (2) Il Tribunale costituzionale federale si occuperà, inoltre, degli altri casi che siano a esso assegnati da una legge federale».

del potere di spesa federale e dei *grants-in-aid* concessi dalla Federazione. Come usa dire la dottrina americana, si è così passati da un modello di *layer cake*, a un modello di *marble cake*.
Un aspetto che merita di essere sottolineato, e che in parte deriva da quanto appena detto, riguarda il sistema tributario che, al crescere del livello di autonomia, vede un aumento della titolarità locale dei tributi e della relativa gestione. Il c.d. **federalismo fiscale** è un tema assai complesso, che non può essere ridotto a schemi precisi, e che riguarda sia i sistemi federali veri e propri, sia quelli regionali. Quasi tutti gli Stati dotati di autonomia territoriale adottano un sistema tributario misto, che mira a un difficile equilibrio tra la dimensione centrale e quella locale. Vi sono, così, tributi propri dei livelli decentrati, tributi locali c.d. «derivati» (cioè istituiti con legge dello Stato centrale), compartecipazione al gettito dei tributi statali, fondi perequativi fra territori con diverse capacità fiscali, nonché, in certi casi, risorse speciali. Lo studio del federalismo fiscale, che normalmente viene approfondito all'interno della c.d. «scienza delle finanze», mira a valutare quali risorse finanziarie debbano spettare al livello centrale e quali ai livelli decentrati. È di tutta evidenza che un elevato grado di autonomia normativa porta con sé l'esigenza di disporre di risorse per finanziare tale autonomia. Se, per esempio, una Regione ha la possibilità di legiferare in materia di infrastrutture, dovrà anche avere le finanze per realizzare le opere, altrimenti la sua potestà normativa rimarrà inattuata. È questo il motivo per cui tutti gli Stati federali sono ovviamente dotati di sistemi fiscali improntati al federalismo (per esempio, Stati Uniti, Germania, Canada, Svizzera), ma esistono anche ordinamenti regionali con enti territoriali caratterizzati da una forte autonomia fiscale.

11. LO STATO REGIONALE E I CARATTERI DIFFERENZIALI

Si è detto che la classificazione delle forme di Stato in senso sincronico mira a individuare il diverso grado di riparto del potere sovrano sul territorio. Spesso i modelli teorici trovano scarso riscontro nelle realtà storiche, poiché i diversi ordinamenti presentano caratteri dell'una o dell'altra forma di Stato, oppure appaiono in transizione dall'una all'altra forma. **La distinzione più delicata e rischiosa è quella tra «Stato federale» e «Stato regionale»**, come si vedrà nel seguito.
Le recenti dinamiche di ripartizione del potere vedono, tanto negli ordinamenti federali, quanto in quelli regionali, l'affermarsi di due principi – spesso riconosciuti nei testi costituzionali – che rendono difficile individuare con certezza i diversi modelli teorici. Si tratta del principio di sussidiarietà e del principio di leale collaborazione.
Il **principio di sussidiarietà** si può declinare in chiave verticale e in chiave orizzontale. **Sussidiarietà verticale** significa che le funzioni (amministrative, ma anche legislative) devono essere allocate al livello di governo più idoneo,

partendo da quello più vicino ai cittadini. L'idea, dunque, è quella di partire dal basso, cioè dai livelli locali, salendo di livello in livello, fino ad arrivare a quello statale, solo qualora i livelli inferiori non si dimostrino idonei a gestire la funzione. **Sussidiarietà orizzontale**, invece, significa che i poteri pubblici devono svolgere solo le funzioni che non possono essere adeguatamente svolte dalla libera organizzazione dei soggetti privati. Questa impostazione porta a una tendenziale contrazione dell'intervento pubblico, per lasciare spazio alla libera iniziativa privata, anche aggregata in forme organizzative come, per esempio, il c.d. «Terzo settore».

Il **principio di leale collaborazione**, invece, impone ai diversi livelli di governo un costante dialogo, che vada oltre la formale ripartizione delle competenze. Al di là delle indicazioni formali, infatti, i diversi livelli di governo devono agire con spirito collaborativo e solidale. E ciò, ovviamente, rende più fluida la distinzione di ruoli e di competenze tra livello centrale e livelli decentrati.

Lo Stato regionale è caratterizzato dall'esistenza di enti territoriali dotati di **autonomia politica** riconosciuta a livello costituzionale, ma privi di potere sovrano. L'autonomia delle Regioni si manifesta soprattutto nelle competenze legislative, anch'esse espressamente tutelate dalla Costituzione. L'esempio storico di riferimento è quello della Repubblica spagnola del 1931, che peraltro ha avuto vita breve, poiché l'esperienza repubblicana è presto sfociata nella guerra civile e nella successiva dittatura franchista. L'esperienza di maggior successo, dunque, è quella italiana, dove le Regioni sono disciplinate dalla Costituzione del 1948. Il modello italiano è poi stato preso a riferimento dalla Costituzione spagnola del 1978 e da quella portoghese del 1976.

Non può, invece, qualificarsi come «Stato regionale» in senso proprio la Francia, che pure dal 1982 è organizzata in diciassette Regioni (dopo l'accorpamento realizzato nel 2014), alle quali è stata conferita ulteriore autonomia con la riforma costituzionale del 2003. In tale sistema, infatti, la potestà legislativa, che è l'espressione più immediata dell'autonomia politica, è riservata al livello centrale, senza che siano riconosciuti poteri normativi alle Regioni. È del resto da ricordare che la Francia ha una tradizione di Stato fortemente accentrato, fin dai tempi dell'*ancien régime*. La distribuzione di competenze alle collettività territoriali è dunque un processo recente e, probabilmente, ancora *in fieri*.

Gli Stati regionali sono caratterizzati dalla possibilità di disporre una regionalizzazione totale o parziale del proprio territorio e, inoltre, dalla possibilità di dotare alcune aree di competenze maggiori e altre di competenze minori. Con riferimento al primo aspetto, si pensi all'Italia, che ha istituito le Regioni a Statuto speciale fin dall'inizio della fase repubblicana, mentre le Regioni a Statuto ordinario solo nel 1970.

Ancora più significativo è il caso della Spagna che, nella Costituzione del 1978, ha previsto una regionalizzazione «facoltativa», rimessa alla libera determinazione delle comunità locali, che potevano scegliere se costituirsi in Comunità autonome (come, ormai, tutte hanno fatto) oppure no.

Tornando agli Stati regionali, questi spesso si caratterizzano per la possibilità di attribuire forme di autonomia diversa ai vari livelli di governo. La c.d. «autonomia differenziata» può essere espressamente disciplinata dalla Costituzione (è il caso italiano delle Regioni a Statuto speciale), oppure essere prevista in astratto, ma essere poi realizzata in concreto tramite atti attuativi (è il caso delle Comunità autonome spagnole).
Recentemente sta assumendo rilievo il c.d. **regionalismo a più velocità**, che consente alle diverse aree territoriali del Paese di chiedere e ottenere dal livello centrale l'attribuzione di competenze differenziate, in base alle diverse specificità dei territori e al «merito» mostrato dalle diverse Regioni nella gestione delle proprie competenze. L'idea, cioè, è quella che si possa sviluppare un regionalismo «virtuoso», dove le Regioni più meritevoli ottengano maggiori competenze (e, di conseguenza, maggiori fondi da spendere), mentre lo Stato gestisce le competenze per le Regioni che hanno dato prova di cattiva gestione. Questa ipotesi è contemplata anche dalla Costituzione italiana (art. 116, comma 3) che, dopo la riforma del 2001, consente alle Regioni a Statuto ordinario di chiedere allo Stato centrale maggiore autonomia in numerose materie.
È opportuno anche un cenno alla c.d. **devolution**, che ha caratterizzato l'ordinamento del Regno Unito, ma che spesso viene (impropriamente) invocata anche in Italia quale ambizione autonomistica. In verità la *devolution* rappresenta un processo dall'alto verso il basso (*top-down*, come si dice), mediante il quale il livello centrale concede, con propri atti normativi, maggiori autonomie ai livelli decentrati. È quanto si è verificato con lo *Scotland Act* del 1998 e con le altre leggi del Parlamento di Londra che hanno attribuito alle comunità territoriali poteri legislativi ed esecutivi.
La descrizione dello Stato regionale, tuttavia, appare più fruttuosa se si cerca di individuare gli **elementi di differenziazione** dallo Stato federale.
Innanzitutto, è utile notare come spesso diverga il **procedimento storico di formazione** dello Stato federale e di quello regionale. Nelle più importanti esperienze storiche, infatti, gli Stati federali sono nati come aggregazione di entità precedentemente distinte. L'esempio degli Stati Uniti, già richiamato, è di assoluta chiarezza: l'organizzazione federale nasce «to form a more perfect union», cioè per superare i limiti dell'organizzazione confederale. Vi sono alcune eccezioni, la più importante delle quali è rappresentata dal Belgio: ordinamento unitario nel 1831 è diventato Stato federale con la riforma del 1993 (peraltro con una strutturazione del tutto particolare, fondata sulle Regioni e sulle Comunità, come sancito dall'art. 1 della Costituzione[10], per dare piena rappresentanza a fiamminghi e valloni).
Lo Stato regionale, al contrario di quanto appena detto, nasce spesso per concedere autonomia ad aree territoriali di ordinamenti accentrati. Il regionalismo, cioè, è un processo che mira a distribuire sul territorio il potere pubblico in precedenza concentrato a livello centrale.

[10] Art. 1 della Costituzione belga: «1. Il Belgio è uno Stato federale composto da comunità e da regioni».

Un ulteriore elemento di differenziazione riguarda la modalità di distribuzione delle competenze tra livello centrale e livelli decentrati. Si tratta, cioè, della c.d. **clausola enumerativa delle competenze**. Come si è detto, le competenze dei livelli decentrati hanno garanzia costituzionale tanto negli ordinamenti federali, quanto in quelli regionali. Ciò significa che le Costituzioni di entrambi gli Stati contengono articoli dedicati a individuare le competenze dell'uno e degli altri livelli di governo.

Gli ordinamenti federali, come si è detto, tendono a valorizzare al massimo l'autonomia dei livelli di governo inferiori. Per questo motivo, il riparto delle competenze prevede – di norma – che siano riservate allo Stato specifiche competenze in un elenco di materie, lasciando ogni altra competenza agli Stati membri. La «clausola enumerativa» delle competenze, cioè l'elenco espresso, è dunque volto a individuare le materie federali. È il caso, per esempio, della Costituzione degli Stati Uniti del 1787, della Legge fondamentale austriaca del 1920 e della Costituzione russa del 1993. Se, da un lato, l'elencazione rappresenta una garanzia di tali competenze, dall'altro lato rappresenta un limite, poiché tutto quello che non rientra nello specifico elenco delle competenze centrali è rimesso agli Stati membri.

Al contrario, le Costituzioni degli ordinamenti regionali contengono – di norma – una clausola enumerativa volta a individuare le materie di competenza regionale. Vi è, cioè, un elenco di materie individuate sulle quali possono intervenire le Regioni, mentre su tutte le altre materie la competenza rimane allo Stato centrale. Questa impostazione, come è evidente, è propria di un modello che riconosce le autonomie, ma non in modo così intenso come nel caso dello Stato federale.

Le Costituzioni degli uni e degli altri Stati contengono di solito elementi di complicazione, come ulteriori elenchi di materie concorrenti (è il caso della Legge fondamentale tedesca del 1949), piuttosto che competenze trasversali o clausole di supremazia. È il caso della Costituzione spagnola, che agli artt. 148 e 149 contiene una doppia elencazione di materie, e anche della Costituzione italiana, ai commi 2 e 3 dell'art. 117. Vi sono, poi, ordinamenti che contengono l'elenco delle competenze sia del livello centrale, sia di quelli decentrati (così il *British North America Act* del 1867, che è la Legge fondamentale del Canada), oppure ordinamenti regionali che attribuiscono le competenze residue alle Regioni (è il caso dell'art. 228 della Costituzione portoghese del 1976, oppure dell'art. 117, comma 4 della Costituzione italiana, dopo la riforma del 2001).

Proseguendo nell'analisi dei caratteri differenziali, solo gli Stati membri di uno Stato federale possono autonomamente **dotarsi di una Costituzione**. Le Regioni, al contrario, adottano Statuti o altri atti organizzativi diversamente denominati.

È chiaro che questo profilo richiama da vicino il discorso fatto più sopra in tema di titolarità della sovranità. A rigore, infatti, solo un ente sovrano può dotarsi di una Costituzione. Le Costituzioni degli Stati membri, al contrario, trovano la propria legittimazione in quella federale, così come i propri limiti e vincoli procedurali. Le Costituzioni statali, dunque, non sono del tutto libere

nei fini e negli obiettivi che si pongono. Ne è chiaro esempio l'art. 28 della Legge fondamentale tedesca, secondo il quale «l'ordinamento costituzionale dei *Länder* deve corrispondere ai principi dello Stato di diritto repubblicano, democratico e sociale ai sensi della presente Legge fondamentale»[11].
Come si è detto, tuttavia, le Costituzioni – stando alla definizione dell'art. 16 della Dichiarazione dei diritti dell'uomo e del cittadino – sono caratterizzate dalla disciplina della separazione dei poteri e dalla disciplina dei diritti fondamentali. Ed entrambi questi aspetti si riscontrano nelle Costituzioni degli Stati membri. In particolare, oltre ai profili organizzativi interni dello Stato (appunto: la separazione dei poteri), esse disciplinano il godimento e le forme di tutela di alcuni diritti delle diverse categorie. Si pensi, per esempio, al caso della pena di morte negli Stati Uniti, che è prevista in alcuni Stati e in altri no. Proprio questo è l'aspetto che differenzia le Costituzioni degli Stati membri dagli Statuti regionali. I secondi, infatti, rivestono prevalentemente carattere organizzativo e, dunque, disciplinano l'organizzazione e il funzionamento degli organi e degli uffici regionali, senza però incidere direttamente sui diritti fondamentali dei cittadini. Questi ultimi, infatti, sono normalmente riservati alla disciplina dello Stato.
A questo elemento differenziale si collega anche quello relativo alla **funzione giurisdizionale**. Mentre negli Stati federali essa è condivisa tra il livello centrale e quelli decentrati (salvo alcune eccezioni, come la Germania, dove la funzione giurisdizionale è solo federale), negli Stati regionali vige il principio di unitarietà della giurisdizione, che – appunto – spetta solo al livello centrale. Negli ordinamenti federali, dunque, si riscontra un'articolazione in diverse giurisdizioni, alcune statali e alcune federali, con conseguenti diversificazioni anche in merito agli aspetti processuali: si pensi al diverso uso della giuria che si ha negli Stati membri degli USA. Negli ordinamenti regionali, invece, tutti i giudici sono nazionali, anche se – ovviamente – operano dislocati sul territorio. Ciò consegue a quanto si è detto sopra in merito alle competenze in tema di diritti. Se, infatti, la disciplina dei diritti è condivisa tra i diversi livelli di governo, è ovvio che anche le giurisdizioni chiamate a far rispettare tali diritti siano sia federali sia statali. Al contrario, se la disciplina dei diritti è

[11] Art. 28 della Legge fondamentale tedesca: «(1) L'ordinamento costituzionale dei *Länder* deve essere conforme ai principi dello Stato di diritto repubblicano, democratico e sociale ai sensi della presente Legge fondamentale. Nei *Länder*, nei distretti e nei comuni il popolo deve avere una rappresentanza che emerga da elezioni generali, dirette, libere, uguali e segrete. Nei comuni, l'assemblea dei cittadini del comune può sostituire l'organo elettivo. Per le elezioni nei distretti e nei comuni hanno diritto di voto e sono eleggibili, secondo le modalità del diritto della Comunità europea, anche persone in possesso della cittadinanza di uno degli Stati membri della Comunità europea. (2) Ai comuni deve essere garantito il diritto di regolare, sotto la propria responsabilità, tutti gli affari della comunità locale nell'ambito delle leggi. Anche i consorzi di comuni hanno, nei limiti dei loro compiti fissati dalle leggi, il diritto di autonomia amministrativa nei limiti delle competenze loro attribuite dalle leggi. La garanzia dell'autonomia amministrativa si estende anche ai fondamenti dell'autonomia finanziaria; questi fondamenti comprendono una risorsa fiscale basata sul potenziale economico, di cui i comuni beneficiari fissano l'aliquota impositiva. (3) La Federazione garantisce la conformità dell'ordinamento costituzionale dei *Länder* ai diritti fondamentali e alle disposizioni di cui ai commi 1 e 2».

rimessa esclusivamente al livello di governo centrale, anche il relativo giudizio sarà espresso da magistrati appartenenti a tale livello.
Un altro elemento che distingue le due forme di Stato riguarda la **partecipazione al procedimento di revisione costituzionale**. Negli Stati federali, infatti, è sempre previsto un coinvolgimento degli Stati membri in caso di attivazione della procedure di modifica costituzionale. È il caso, per esempio, degli **Stati Uniti d'America**, dove, in base all'art. V della Costituzione, gli Stati membri hanno un ruolo di primo piano nelle revisioni costituzionali, che non sono valide se non sono ratificate da tre quarti di essi[12]. È anche il caso del **Canada**, dove le revisioni costituzionali sono approvate solo con il voto favorevole di almeno i due terzi delle province, purché rappresentino almeno il 50 per cento della popolazione federale. Discorso apparentemente diverso vale per la **Germania**, dove il *Grundgesetz* può essere modificato con la maggioranza dei due terzi del Parlamento. Il mancato coinvolgimento dei *Länder*, tuttavia, è giustificato dal fatto che i componenti della Camera alta, il Bundesrat, sono delegati dagli esecutivi locali. E ciò, evidentemente, garantisce ugualmente la partecipazione territoriale alla revisione costituzionale. Si può infine richiamare il caso della **Svizzera**, dove le riforme della Costituzione devono essere approvate da referendum cantonali.
Negli Stati regionali, al contrario, di norma non è previsto un coinvolgimento diretto delle Regioni nella procedura di revisione.
L'ultimo elemento differenziale, che peraltro riveste grande importanza, è dato dal **ruolo della seconda Camera del Parlamento**. Negli ordinamenti federali (che sono quasi sempre dotati di Parlamenti bicamerali), infatti, la Camera bassa rappresenta la popolazione della Federazione, mentre la Camera alta rappresenta gli Stati membri.
Negli ordinamenti regionali, al contrario, la seconda Camera (se esistente), ha di norma la medesima base rappresentativa della prima. I senatori, cioè, rappresentano l'intera collettività e non solo i cittadini del territorio nel quale sono stati eletti. Anche questo principio tollera alcune eccezioni: l'art. 69 della Costituzione spagnola, per esempio, afferma che il Senato è «la Camera di rappresentanza territoriale» (v. *amplius* e *infra* cap. 6).

[12] Art. V della Costituzione degli Stati Uniti: «Il Congresso, quando i due terzi di ciascuna Camera lo ritengano necessario, potrà proporre emendamenti a questa Costituzione o, su richiesta dei Legislativi dei due terzi dei vari Stati, potrà convocare una Convenzione per proporre emendamenti, che, in entrambi i casi, saranno validi a ogni intento e proposito come parte di questa Costituzione quando ratificati dai Legislativi dei tre quarti dei diversi Stati, o da apposite Convenzioni nei tre quarti di essi, a seconda che l'uno o l'altro modo di ratifica sia proposto dal Congresso; con l'eccezione che nessun emendamento che sia fatto prima dell'anno 1808 potrà in qualsiasi modo incidere sulle e sulla clausole 1 e 4 della sez. 9 dell'art. I; e che nessuno Stato potrà, senza il suo consenso, esser privato della sua parità di suffragio nel Senato».

CAPITOLO 5

Le forme di governo e i sistemi elettorali

OBIETTIVI DI APPRENDIMENTO

- **Comprendere l'importanza delle forme di governo e il loro funzionamento**
- **Classificare le forme di governo con metodo comparato**
- **Valorizzare il legame tra gli avvenimenti storici con l'effettività delle forme di governo**
- **Capire come funzionano i sistemi elettorali e la loro diffusione nelle democrazie stabilizzate**
- **Collocare i sistemi elettorali nell'ambito delle forme di governo**

1. DEFINIRE LA FORMA DI GOVERNO

Bisogna partire dalla definizione di «forma di governo», che è un concetto ritenuto fondamentale nella grammatica del costituzional-comparatista. Si tratta di un concetto elaborato dalla dottrina e usato per **definire i rapporti che si vengono a instaurare tra gli organi costituzionali**: principalmente, ma non solo, tra il Parlamento e il governo. Si può, altrimenti, fare ricorso a una definizione più articolata: allora la «forma di governo» è il complesso degli strumenti che vengono congegnati per conseguire le finalità statali e, quindi, quegli elementi che riguardano la titolarità e le modalità di esercizio delle funzioni attribuite agli organi costituzionali. In questa prospettiva ogni forma di governo si inquadra in una più ampia forma di Stato, da cui viene condizionata. Quindi, il tema delle «forme di governo» non può essere considerato in maniera del tutto staccata da quello delle «forme di Stato», perché rappresentano i due aspetti di un unico fondamentale problema: quello che attiene al modo di essere del rapporto tra Stato-autorità e Stato-società. Al-

Questo capitolo è di Tommaso Edoardo Frosini.

lora, **la scelta sulla forma di governo incide sulla stessa forma di Stato**: anche perché attraverso il criterio della titolarità del potere e di quello delle modalità d'uso dello stesso si qualifica il regime realmente operante in un ordinamento. Innanzitutto, «forma», al pari di quella riferita allo Stato, va intesa come «essenza», quindi **si studia l'essenza del governo e cioè tutte le dinamiche di funzionamento del sistema attraverso le quali governare un dato Paese**. Certo, il termine «forma» rende assai poco e può confondere; peraltro, dà un'idea di «staticità», che non c'è e non ci può essere, specialmente nel funzionamento delle forme di governo. Che invece sono dinamiche, perché subiscono influenze e condizionamenti dal sistema politico e soprattutto partitico, dal sistema elettorale e del concreto atteggiarsi, in punto di effettività, dei soggetti istituzionali. Le norme costituzionali che regolano i rapporti fra gli organi costituzionali e, quindi, determinano il funzionamento della forma di governo sono «a fattispecie aperta», ovvero suscettibili di essere integrate dalla prassi, dalle convenzioni e consuetudini costituzionali.

2. CLASSIFICARE LE FORME DI GOVERNO

Nell'ambito delle forme di Stato di democrazia liberale, altrimenti qui definite «stabilizzate», si è inizialmente provveduto a classificare le forme di governo secondo tre tipi: **presidenziale**, **parlamentare** e **direttoriale**; a queste si è aggiunta, in forma definitiva a partire dalla seconda metà del XX secolo, quella **semipresidenziale**.
Nello svolgere questa classificazione si è tenuto conto, in modo prevalente, degli organi costituzionali di direzione politica e dei loro rapporti; e, in base alla misurazione di tali rapporti, si è provveduto a fissare una serie di criteri giuridici. Il primo e il più significativo di questi è quello basato sul principio della **divisione dei poteri**. Tale principio deve essere distinto a seconda che lo si utilizzi secondo l'aspetto strutturale oppure funzionale: si tratta, nel suo aspetto strutturale, di un principio fondamentale, che nasce con lo Stato liberale di diritto e che mantiene a tutt'oggi la sua importanza nelle forme di Stato contemporanee: i poteri devono essere divisi, al fine di impedire che vi sia una concentrazione del potere che possa degenerare in un regime autoritario e oppressivo; solo attraverso una divisione dei poteri, e conseguentemente un'auto-organizzazione degli stessi con delle specifiche funzioni, il potere può arrestare il potere (v. *supra* cap. 2). Come afferma Montesquieu: «pour qu'on ne puisse abuser du pouvoir, il faut que, par la disposition des choses, le pouvoir arrête le pouvoir». Infatti, nel suo aspetto funzionale, e quindi con stretto riferimento alla forma di governo, il criterio della divisione dei poteri ha finito con il privilegiare essenzialmente soltanto l'analisi del grado di separazione esistente fra il potere legislativo e quello esecutivo, che può manifestarsi in forma rigida oppure flessibile. Adottando questo schema si è così ricavata la principale distinzione tra la «forma di governo presidenziale»,

che sarebbe fondata sulla separazione «rigida» tra i due poteri, e la «forma di governo parlamentare», che invece prevedrebbe una separazione «flessibile» tra l'esecutivo e il legislativo. L'oscillazione del grado di separazione, che si può venire a determinare nell'ambito dei rapporti fra questi due poteri, è alla base anche di altri criteri giuridici, che vengono comunemente utilizzati al fine di classificare le forme di governo; i quali criteri, però, hanno finito anch'essi con il concentrarsi in modo fin troppo esclusivo soltanto sui rapporti che possono intercorrere fra il potere esecutivo e quello legislativo, evitando così di prendere in considerazione altri elementi, i quali concorrono, in maniera effettiva, alla dinamica dello svolgimento della forma di governo (primo fra tutti il ruolo del corpo elettorale): è il caso del criterio **monistico** o **dualistico**, che si fonda sulla supremazia o sull'equilibrio di un potere rispetto all'altro; oppure è il caso del criterio riferito al **rapporto fiduciario**, che deve esserci o non esserci fra i due poteri; così pure del criterio che individua nella **titolarità dell'indirizzo politico** la maggior capacità di decisione politica di un potere rispetto all'altro. Va altresì menzionato il criterio dell'**opposizione garantita** e, quindi, della presenza (e tutela) di quella minoranza politicamente qualificata, che si è opposta all'investitura di un determinato governo, ovvero che disapprova, attraverso il voto contrario, le scelte parlamentari che vengono compiute a sostegno della politica generale governativa. Al fine di potere esercitare il suo diritto a controllare e puntellare l'azione del governo e della sua maggioranza, nonché a manifestare il suo diritto a proporsi quale forza politica alternativa per la gestione del potere.
Il limite dei criteri sopra ricordati è quello della loro staticità, non tenendo conto che le forme di governo sono come degli «oggetti viventi» in continua trasformazione: pertanto, chi volesse «fotografare» le forme di governo non ci riuscirebbe perché il soggetto è sempre in movimento. Vi sono quindi delle difficoltà a descrivere in concreto l'effettiva dinamica del funzionamento di una forma di governo: per esempio, non si può trascurare il ruolo che esercita il corpo elettorale quale «fonte» da cui nascono i due poteri (legislativo ed esecutivo), né il ruolo che esso assume nella forma di governo, con il concorso dei partiti politici e del sistema elettorale, i quali rendono possibile l'espressione, seppure in forme diverse, della volontà del corpo elettorale. Si deve, allora, considerare il problema della forma di governo avendo come riferimento i rapporti che si vengono a stabilire tra corpo elettorale, Assemblea rappresentativa ed esecutivo. Di questo daremo conto nel paragrafo 4. Prima però occorre, in sintesi, presentare le varie forme di governo contemporanee.

3. LE FORME DI GOVERNO NELLE DEMOCRAZIE STABILIZZATE

Conviene iniziare dalla **forma di governo presidenziale**, che ha conosciuto la sua esperienza più nota negli Stati Uniti d'America (v. *infra* cap. 7). Sebbene

soggetta a diversi tentativi di emulazione (specialmente in America Latina) non è stata però mai veramente riprodotta, in quanto non riproducibile, anche per via soprattutto della combinazione dei **checks and balances**, che connotano il sistema statunitense. Il presidenzialismo si caratterizza per il fatto di avere il capo dello Stato (presidente): *a*) eletto direttamente dal corpo elettorale; *b*) anche capo del governo, che presiede, dirige e nomina; *c*) che non può essere sfiduciato da un voto parlamentare e con una durata del mandato prestabilita.
Il sistema presidenziale statunitense è sorretto dal principio della separazione dei poteri e, quindi, l'esecutivo – presieduto dal capo dello Stato – non ha alcun rapporto con il legislativo – formato dal Congresso, ovvero la Camera dei rappresentanti e il Senato – salvo il caso, estremo, di essere messo in stato di accusa (*impeachment*) dal Congresso e, poi, giudicato dalla Corte suprema, per tradimento, corruzione e altri gravi crimini e misfatti.
Il presidente non è una sorta di «monarca repubblicano» eletto direttamente dagli elettori (sebbene con una complessa procedura)[1]: egli esercita il suo potere soprattutto in politica estera, meno nell'attività di politica interna, specie se non può godere di una maggioranza nel Congresso politicamente a lui legata. In questo caso, infatti, si parla di «governo diviso», in quanto i provvedimenti legislativi emanati dal Congresso possono non corrispondere alle scelte di indirizzo politico del governo. E l'unica arma che può usare il presidente è quella del veto legislativo, ovvero può opporre un veto (totale o parziale) alla legge e rinviarla alle Camere sia per ragioni di legittimità sia di merito politico. È l'assetto costituzionale dei poteri, che risulta diviso anche sulla base di un'organizzazione federale, che di fatto impedisce al presidente di esercitare un forte potere nella gestione interna del Paese. Certo, dipende anche e soprattutto dalle condizioni storiche, politiche ed economiche dello Stato: è chiaro che nelle situazioni di crisi e di emergenza può accrescersi la capacità decisionale del presidente, anche attraverso l'adozione di atti aventi forza di legge. Così come vi possono essere momenti in cui si determinano istituzioni separate che competono per un potere condiviso.
L'unico caso di presidenzialismo in Europa, poco conosciuto a dire il vero, è quello di Cipro. Si tratta dell'isola posta nella parte orientale del Mediterraneo, la quale ha una Costituzione che prescrive l'elezione a suffragio universale, ogni 5 anni, del presidente della Repubblica, che è anche capo del governo.
La **forma di governo semipresidenziale** può farsi risalire, senza che fosse conosciuta la nozione, addirittura all'esperienza della Repubblica di Weimar del 1919, ma ha trovato sua piena esplicitazione, anche nell'individuazione del termine che ha generato una sua ampia circolazione, nella **Costituzione**

[1] Art. II, sez. 1 della Costituzione degli Stati Uniti: «Del potere esecutivo sarà investito un presidente degli Stati Uniti d'America. Egli terrà il suo ufficio per un periodo di 4 anni e, insieme al vicepresidente, eletto per lo stesso periodo, sarà eletto come segue. Ciascuno Stato nominerà, nel modo che sarà prescritto dal Legislativo locale, un numero di elettori pari al totale dei senatori e dei rappresentanti ai quali lo Stato abbia titolo nel Congresso: ma nessun senatore o rappresentante o persona che abbia un ufficio fiduciario o retribuito dagli Stati Uniti può essere nominato come elettore». Si veda altresì il XII Emendamento del 1804, che specifica in maniera analitica la modalità elettorale.

francese della V Repubblica del 1958, accentuata con le novelle costituzionali del 1962 (v. *infra* cap. 7). Il semipresidenzialismo si caratterizza per: *a*) l'elezione diretta a suffragio universale del capo dello Stato; *b*) la presenza di un primo ministro, quale capo del governo, nominato dal capo dello Stato ma che deve avere la fiducia della maggioranza parlamentare; *c*) l'eventuale voto di sfiducia del Parlamento nei confronti del governo, che determina la crisi di governo. Nell'esperienza costituzionale della Francia della V Repubblica il sistema si presenta sorretto da una struttura di potere di governo bicefala: il capo dello Stato (presidente della Repubblica) e il primo ministro. È vero che solo quest'ultimo dirige l'indirizzo politico, forte della maggioranza parlamentare che lo sostiene, ma è altrettanto vero che laddove il presidente è dello stesso schieramento politico del primo ministro, ovvero della maggioranza parlamentare, finisce con l'essere lui – sia pure di fatto e non di diritto – il vero capo del governo: in caso contrario si ha la c.d. **coabitazione** fra i due soggetti, capo dello Stato e capo del governo, più volte sperimentata con discreto successo. Tra i poteri costituzionali in capo al presidente si segnala: *a*) quello dello scioglimento anticipato dell'Assemblea nazionale senza controfirma ministeriale[2], e quindi la piena assunzione di responsabilità nella decisione; *b*) la nomina del primo ministro[3]; *c*) la sottoposizione a referendum di ogni progetto di legge concernente l'organizzazione dei pubblici poteri[4]. Inoltre, il presidente della Repubblica presiede il Consiglio dei ministri ed esercita una competenza esclusiva in materia di politica estera, che si manifesta in misura più espansa nei casi della coabitazione, laddove il primo ministro si occupa della politica interna mentre il presidente della Repubblica della politica estera. Vi sono altre funzioni presidenziali codificate in Costituzione (v. *infra* cap. 7), ovvero frutto della prassi e comunque derivate dalla legittimazione popolare di cui è investito il presidente della Repubblica.
La forma di governo semipresidenziale della Francia della V Repubblica, ha avuto diversi motivi di emulazione in giro per l'Europa. Al punto da qualificarla come un modello adattabile ad altri ordinamenti costituzionali di democrazie stabilizzate: l'**Austria**, la **Finlandia**, il **Portogallo**, l'**Irlanda** e l'**Islanda**. Vi sono però forme differenziate di attuazione del modello semipresidenziale, specie se si assume come prototipo il sistema francese. Come

[2] Art. 12 della Costituzione francese: «1. Il presidente della Repubblica, sentito il primo ministro e i presidenti di Assemblea, può sciogliere l'Assemblea nazionale». Che va letto unitamente con l'art. 19: «Gli atti del presidente della Repubblica diversi da quelli previsti dagli artt. 8 (comma 1), 11, 12, 16, 18, 54, 56, 61 sono controfirmati dal primo ministro e, se del caso, dai ministri responsabili».
[3] Art. 8 della Costituzione francese: «1. Il presidente della Repubblica nomina il primo ministro. Egli pone fine alle sue funzioni all'atto della presentazione delle sue dimissioni».
[4] Art. 11 della Costituzione francese: «1. Il presidente della Repubblica, su proposta del governo durante le sessioni o su proposta congiunta delle due Assemblee, pubblicata sul Journal Officiel, può sottoporre a referendum ogni disegno di legge concernente l'organizzazione dei pubblici poteri, le riforme relative alla politica economica, sociale o ambientale della Nazione e ai servizi pubblici che vi concorrono, o tendente ad autorizzare la ratifica di un trattato che, senza essere contrario alla Costituzione, potrebbe comunque incidere sul funzionamento delle istituzioni».

nel caso di Austria, Irlanda e Islanda, dove il presidente della Repubblica, sebbene eletto a suffragio universale, svolge un ruolo simbolico e formale, mentre il primo ministro risulta essere il vero leader della maggioranza. In questi Paesi, pertanto, si può definire il semipresidenzialismo come «a preminenza del primo ministro». In Finlandia e Portogallo, fatte ovviamente le debite differenze costituzionali, il semipresidenzialismo risulta essere tendenzialmente «a esecutivo diarchico», e cioè valorizza il ruolo del primo ministro e del governo nei periodi di normale funzionamento del sistema politico, mentre esalta il ruolo del presidente nei casi di assenza di una maggioranza parlamentare, perché finisce con lo svolgere un ruolo politicamente attivo e significativo prodromico anche di governi presidenziali. È pur vero che dopo la riforma della Costituzione portoghese del 1982 e l'entrata in vigore della nuova Costituzione finlandese del 2000, i poteri presidenziali si sono ridotti, sebbene possano essere esercitati di fatto, cioè attraverso forme di interventismo presidenziale. **La forma di governo semipresidenziale «a preminenza del presidente» risulta pertanto essere solamente quella francese**, a condizione però che abbia la maggioranza parlamentare del suo stesso orientamento politico, altrimenti il sistema funziona come «semiparlamentare», in quanto l'attuazione dell'indirizzo politico passa attraverso il rapporto fra il governo e la sua maggioranza parlamentare, ridimensionando così l'influenza e il condizionamento politico e istituzionale del presidente della Repubblica.

La **forma di governo parlamentare** è quella che ha trovato base in Gran Bretagna, quanto meno a far data del 1782 in occasione delle dimissioni del primo ministro Lord North, e ha iniziato a circolare in Europa a partire dalla seconda metà del Novecento, sia pure con delle rilevanti differenziazioni, di cui si darà conto più avanti. Comunque, e a prescindere dalle differenziazioni, la forma di governo parlamentare si caratterizza: *a*) per il rapporto di fiducia che deve intercorrere fra governo e Parlamento; *b*) per la possibilità in capo al Parlamento di sfiduciare, per il tramite di un voto parlamentare, il governo; *c*) per la presenza del capo dello Stato, che è organo neutrale e garante della Costituzione. **La forma di governo parlamentare è quindi basata sul rapporto fiduciario, ovvero sulla leale collaborazione fra governo e Parlamento, che viene esplicitata per il tramite della fiducia che deve intercorrere fra i due organi**. Il governo costituisce emanazione permanente del Parlamento, il quale può costringerlo alle dimissioni votandogli la sfiducia. Certo, si può parlare di «rapporto fiduciario» laddove vi è una qualche forma di responsabilità del governo verso il Parlamento, anche nella modalità in cui il Parlamento abbia la possibilità di rimuovere il governo in seguito a un voto di sfiducia. Anzi, per certi versi è più il voto di sfiducia che quello di fiducia a caratterizzare, oggi, il governo parlamentare. Infatti, in molti ordinamenti parlamentari ormai la fiducia si dà per presunta; non c'è bisogno cioè di un voto iniziale con il quale la maggioranza parlamentare dà l'investitura al governo. La tendenza è quella di considerare l'entrata in carica del governo come la specificazione più dettagliata, in sede parlamentare, degli orientamenti approvati dalla maggioranza del corpo elettorale, che ha scelto una maggioranza e il suo leader. Si

può allora teorizzare che questo modo di atteggiarsi della forma di governo parlamentare è come se fosse fondato su una doppia relazione fiduciaria: la prima è quella che si instaura fra il governo, nella persona del leader quale candidato primo ministro, e il corpo elettorale; la seconda è quella fra governo e Parlamento. Entrambi i rapporti di fiducia hanno alla loro base lo stesso atto di indirizzo politico, che è il programma di governo.
Certo, queste dinamiche di funzionamento della forma di governo parlamentare, poc'anzi descritte, non sono codificate né tanto meno codificabili costituzionalmente. Diciamo piuttosto, che in presenza del principio di sovranità popolare, sul quale si fondano le democrazie stabilizzate, sarebbe cosa buona e giusta consentire all'elettorato di scegliere e non di eleggere il potere esecutivo, mentre di vera e propria elezione si tratta per quello legislativo. In tal modo si sono atteggiate diverse democrazie stabilizzate: la prima è il **Regno Unito**, complice vuoi una società omogenea vuoi un sistema elettorale maggioritario a turno unico. Si è venuto a produrre un sistema bipartitico (con qualche eccezione nel corso della storia, anche più recente), che ha di fatto creato una competizione elettorale su due soli fronti politici, conservatori *vs* laburisti, con uno dei due destinato a essere maggioranza nella sola House of Commons, quale Camera eletta a suffragio universale, e l'altro a svolgere, quale minoranza, l'«opposizione di Sua Maestà» (v. *infra* cap. 6). Il sistema di governo che ne deriva è quello del c.d. **premierato** (*premiership*), dove il leader del partito che ha vinto le elezioni diventa, senza se e senza ma, il primo ministro. E verrà sostituito solo quando il partito deciderà di cambiare il proprio leader, a conferma della stretta correlazione fra leader del partito di maggioranza e premier del governo espressione del partito di maggioranza.
Prerogativa del primo ministro è quella di sciogliere anticipatamente la Camera dei comuni, nel momento che ritiene più opportuno e strategico per la sua maggioranza. Quindi, è il primo ministro che chiede e ottiene dal monarca lo scioglimento anticipato, quando ritiene che il consenso a favore del proprio partito sia in crescita nel Paese, così da guadagnare ulteriori seggi parlamentari, al fine soprattutto di rafforzare la propria maggioranza e avere così a disposizione altri quattro anni di governo.
Il governo parlamentare della **Germania** è razionalizzato, grazie a una serie di meccanismi di controllo costituzionale, e viene definito del **cancellierato** (*Kanzlerdemokratie*), in quanto è a preminenza del cancelliere quale capo del governo, vero *primus super pares*. Infatti, è lui (o lei, come da diversi anni accade) che viene a essere eletto dal Bundestag su proposta del presidente federale, sulla base di una procedura che può essere complessa come si evince dalla lettura dell'articolo costituzionale dedicato; è lui che propone la nomina e la revoca dei singoli ministri; è lui che stabilisce l'indirizzo politico e se ne assume la responsabilità[5]. È lui che viene a essere sfiduciato sulla base di una

[5] Art. 63 della Legge fondamentale tedesca: «(1) Il cancelliere federale è eletto senza dibattito dal Bundestag su proposta del presidente federale. (2) È eletto chi ottiene i voti della maggioranza dei componenti del Bundestag. L'eletto deve essere nominato dal presidente federale (3) e se il cancelliere proposto non è eletto, il Bundestag può, con più

mozione di sfiducia costruttiva, che comporta la sostituzione con un nuovo cancelliere, voluto dalla maggioranza assoluta del Bundestag, al fine di rafforzare la stabilità del governo ed evitare sia «vuoti di potere» sia il ricorso allo scioglimento anticipato del Bundestag[6]. Un altro elemento riferibile ai meccanismi di razionalizzazione del governo parlamentare tedesco è quello della «questione di fiducia», che viene posta dal cancelliere e deve ottenere l'approvazione della maggioranza assoluta del Bundestag, altrimenti, se respinta, il presidente federale può sciogliere il Bundestag, qualora questo non sia in grado di eleggere un successore entro 21 giorni[7].

Il complesso e complicato sistema normativo, in punto di formazione e decadenza del governo ovvero del suo cancelliere, è stato pensato e codificato al fine di provare a mantenere la stabilità dell'esecutivo, quale baluardo contro le rischiose ipotesi di crisi governative al buio, che potrebbero favorire l'avvento di personalità politiche (come è accaduto nel passato) poco gradite e poco conformi alla logica del funzionamento dell'ordinamento liberal-democratico tedesco. La cui tutela è garantita anche dall'esclusione di partiti politici anticostituzionali per obiettivi, finalità e comportamenti degli aderenti[8].

Il sistema parlamentare tedesco ha subito una significativa emulazione da parte di quello della **Spagna**, grazie al contributo e al supporto di studiosi tedeschi in sede di consulenza costituente (così come anche di diversi giuristi italiani). Pertanto, **la forma di governo parlamentare spagnola ha nel presidente del gobierno l'equivalente del cancelliere tedesco**, sia in termini di elezione da parte del Congresso dei deputati sia in termini di sfiducia costruttiva, che deve prevedere la successione alla guida del governo del candidato incluso tra i firmatari della mozione di censura[9]. La forma di governo spagnola risulta quindi

della metà dei suoi componenti ed entro 14 giorni dallo scrutinio, eleggere un cancelliere federale. (4) Se l'elezione non ha luogo entro questo termine, si procede immediatamente a un nuovo scrutinio nel quale risulta eletto chi ottiene il maggior numero di voti. Se l'eletto ottiene i voti della maggioranza dei componenti del Bundestag, il presidente federale deve nominarlo entro 7 giorni dall'elezione. Se l'eletto non raggiunge questa maggioranza, il presidente federale, entro 7 giorni, deve nominarlo oppure sciogliere il Bundestag».

[6] Art. 67 della Legge fondamentale tedesca: «(1) Il Bundestag può esprimere la sfiducia al cancelliere federale solo eleggendo, con la maggioranza dei propri componenti, un suo successore e chiedendo al presidente federale di revocare il cancelliere federale. Il presidente federale deve accogliere la mozione e nominare la persona eletta. (2) Tra la mozione e la votazione devono intercorrere 48 ore».

[7] Art. 68 della Legge fondamentale tedesca: «(1) Se la richiesta di fiducia posta dal cancelliere federale non viene approvata dalla maggioranza dei componenti del Bundestag, il presidente federale, su proposta del cancelliere federale, può sciogliere il Bundestag entro 21 giorni. Il potere di scioglimento si estingue non appena il Bundestag, a maggioranza dei suoi componenti, elegge un nuovo cancelliere federale. (2) Tra la mozione e la votazione devono intercorrere 48 ore».

[8] Art. 21 della Legge fondamentale tedesca: «(2) I partiti che per i propri obiettivi o per il comportamento dei propri aderenti mirano a pregiudicare o a sovvertire l'ordinamento liberal-democratico, o a mettere in pericolo la stabilità della Repubblica federale di Germania sono incostituzionali. Sull'incostituzionalità decide il Tribunale costituzionale federale».

[9] Art. 114 della Costituzione spagnola: «1. Se il Congresso nega la sua fiducia al governo, questi presenterà le sue dimissioni al re, procedendosi immediatamente alla designazione del presidente del governo, conformemente all'art. 99. 2. Se il Congresso approva una mozione di censura, il governo presenterà le sue dimissioni al re e il candidato incluso in

essere del parlamentarismo razionalizzato sulla scia di quella tedesca, fatte salve diverse difformità: a cominciare dal capo dello Stato che è un monarca, nella persona del re, in luogo di un presidente della Repubblica. La forma di Stato spagnola non prevede però la sovranità in capo al monarca perché, come recita l'art. 1, comma 2 della Costituzione: «La sovranità nazionale risiede nel popolo spagnolo da cui emanano i poteri dello Stato».

Nella geografia delle forme di governo spicca, per la sua unicità, la **forma di governo direttoriale** presente solo nell'esperienza costituzionale della **Svizzera**. Poco conosciuta e quindi mai emulata, risente della particolarità del sistema confederale svizzero composto, come noto, dalla diversità dei Cantoni ognuno dei quali caratterizzati financo da una propria lingua. La forma di governo direttoriale prevede che siano l'Assemblea federale (il Parlamento), composta da Consiglio nazionale e Consiglio degli Stati, e il Consiglio federale (il governo) a determinare l'indirizzo politico[10]. Anche se è poi il governo, ovvero il Consiglio federale, a svolgere maggiormente l'azione politica assumendo i caratteri del potere governante[11]. Il Consiglio federale è composto da 7 membri eletti, per 4 anni, dall'Assemblea federale. Uno dei componenti il Consiglio federale è eletto dall'Assemblea federale, per un anno, è presidente della Confederazione e presiede il Consiglio federale. Il cui stato maggiore è la cancelleria federale, che è diretta dal cancelliere della Confederazione (come dispone l'art. 179 della Costituzione svizzera). Insomma, un sistema di governo complesso e anche complicato ma funzionale alla Confederazione Svizzera, alla sua particolarità e unicità nel panorama della forme di governo delle democrazia stabilizzate. Si aggiunga, inoltre, un vario e articolato sistema referendario, che consente un intervento popolare su diverse questioni che attengono all'organizzazione della società svizzera.

4. RAGIONANDO SULLE FORME DI GOVERNO

Dopo l'esposizione delle forme di governo, può risultare utile e stimolante un'interpretazione delle stesse. È quanto ci si accinge a fare per consentire al lettore di ragionare sulla trasformazione dei sistemi di governo, pur consapevoli che qualsiasi ragionamento incontra il limite della porosità, ovvero del fatto che l'atteggiarsi delle forme di governo è soggetto a continui cambiamenti

quella mozione si intenderà investito della fiducia della Camera agli effetti previsti nell'art. 99. Il re lo nominerà presidente del governo».

[10] Art. 148 della Costituzione svizzera: «1. L'Assemblea federale esercita il potere supremo nella Confederazione, fatti salvi i diritti del popolo e dei Cantoni. 2. L'Assemblea federale consta di due Camere, il Consiglio nazionale e il Consiglio degli Stati: le due Camere sono dotate delle stesse competenze». Art. 178 della Costituzione svizzera: «1. Il Consiglio federale è la suprema autorità direttiva ed esecutiva della Confederazione».

[11] Art. 180 della Costituzione svizzera: «1. Il Consiglio federale definisce i fini e i mezzi della propria politica di governo. Pianifica e coordina le attività dello Stato. 2. Informa tempestivamente e compiutamente l'opinione pubblica sulla sua attività, sempre che non vi si oppongano interessi pubblici o privati preponderanti».

sulla base della prassi e dell'effettività politico-costituzionale. Ci si può limitare a fare solo l'esempio del Regno Unito, da più di un secolo sorretta da un sistema di governo del c.d. «premierato», stabile e forte che si basa (anche) sul bipartitismo, che ha conosciuto di recente una crisi del modello a seguito dello *hung Parliament* («Parlamento appeso» o «Parlamento impiccato») con il conseguente *minority government* guidato dai Tory e appoggiato esternamente dagli unionisti nordirlandesi del **Democratic Unionist Party** (DUP), con un primo ministro debole e costantemente in bilico. Quindi, un modo di essere e un metodo di agire della forma di governo britannica – il celebrato «modello Westminster» – difficilmente immaginabile fino a pochi anni fa.

Comunque, proviamo a ragionare: c'è da dire che la «tradizionale» classificazione delle forme di governo ha finito con il perdere molti dei suoi specifici tratti caratterizzanti, e che pertanto necessita di una nuova e diversa formulazione, che tenga conto, in particolare, del corpo elettorale e del ruolo che quest'ultimo svolge nella dinamica delle forme di governo. Infatti, diciamo subito che negli Stati di democrazia stabilizzata – in relazione sia all'affermarsi del principio della sovranità popolare come principio di legittimità, sia alla realizzazione di un'effettiva e, per certi versi, concreta partecipazione popolare alla determinazione dell'indirizzo politico dello Stato – si può adesso ragionare secondo una divisione a carattere generale tra le **forme di governo a legittimazione diretta** e le **forme di governo a legittimazione indiretta**; salvo poi specificare gli elementi istituzionali che agiscono sull'una o sull'altra. In questo disegno «binario» emerge soprattutto il ruolo che è chiamato a esercitare il corpo elettorale ai fini della scelta del governo: in un simile contesto, allora, ci sono forme di governo che valorizzano in maniera più ampia il principio della sovranità popolare, altre invece che lo ridimensionano limitandolo al solo voto elettorale per le Assemblee rappresentative. Certo, la rappresentanza politica rimane comunque la base attraverso cui si esprimono le moderne democrazie; ma ormai da tempo si è avvertito sempre più l'esigenza di stabilire una sorta di «bilanciamento» tra il sistema della rappresentanza e quello della governabilità; passando, pertanto, dalla fase della democrazia governata a quella della democrazia governante, nella quale è soprattutto il popolo ad assumersi le responsabilità del proprio destino. Pertanto, il popolo – nella sua componente «attiva» di corpo elettorale – non può limitarsi a eleggere soltanto i suoi rappresentanti politici, ma piuttosto deve poter contribuire a eleggere, attraverso la designazione, anche il governo; e questo può avvenire attraverso meccanismi elettorali che consentono di esprimere contemporaneamente una maggioranza parlamentare e un governo.

Quest'ultimo, in particolare e per il tramite della funzione di indirizzo politico da esso esercitata, ha finito con il perdere il suo significato specifico di «eseguire» (i comandi altrui) per assumere, piuttosto, l'aspetto di un nuovo potere che comanda, ovvero ha assunto il significato di **potere governante**, come una dottrina lo ha definito. Tale potere diventa il vertice del sistema costituzionale, a cui spetta il compito di assumere le grandi decisioni di indirizzo in sostanziale e responsabile autonomia; sia chiaro, però, che non si tratta mai di decisioni prese in isolamento. Alle sue spalle vi è il partito o vi sono i partiti sul cui appoggio esso deve contare per il raccordo necessario con il legislativo e vi sono le organizzazioni degli interessi particolari, da cui spesso dipende il consenso della società civile. **Le forme di governo strutturate sulla base del potere governante sarebbero: il Regno Unito, la Francia, la Germania e gli Stati Uniti d'America**. In questi Paesi il potere governante si presenta sotto vesti diverse: presidente nelle forme presidenziali, primo ministro e cancelliere nelle forme parlamentari; come combinazione di presidente e primo ministro in certe fasi delle forme semipresidenziali. Certo, è pur vero che questa nuova teorizzazione della divisione dei poteri si muove comunque nell'ambito della «tradizionale» classificazione delle forme di governo – presidenziale, parlamentare, semipresidenziale – ma anziché accentuare le differenze che tra queste sussisterebbero (come si è in prevalenza fatto finora: separazione rigida o flessibile; rapporto fiduciario oppure no, ecc.), viene messo in evidenza, piuttosto, il comune denominatore che vi è tra esse; ovvero, la stessa funzione che esercita il potere governante nell'ambito di regimi che hanno sì caratteristiche tra loro differenti, ma che risultano essere apparentate dal modo in cui viene esercitata la funzione di indirizzo politico attraverso quel medesimo potere governante. A questo si può aggiungere che in queste forme di governo vi è, peraltro, una stessa «fonte» da cui trae legittimazione il potere governante: il corpo elettorale.

In base alla legittimazione del potere governante, si possono distinguere – così come accennato sopra – **le forme di governo tra quelle «a legittimazione diretta» e «a legittimazione indiretta»**: dove, cioè, il potere governante è in pratica designato dal corpo elettorale e dove, invece, questo circuito di fiducia diretta non esiste, perché la designazione del potere governante spetta al potere legislativo. Sia chiaro però che un simile schema deve essere completato attraverso un ragionamento che tenga conto di altri fattori istituzionali, che concorrono a far sì che vi possa essere legittimazione diretta anche in un regime parlamentare, le cui caratteristiche rimangono comunque distinte da quello presidenziale. Infatti, può apparire approssimativo dividere nettamente in due le forme di governo sulla base della sola legittimazione del potere governante: questa, piuttosto, può rappresentare il primo criterio generale dal quale bisogna partire, anche perché valorizza il ruolo del corpo elettorale quale soggetto attivo nell'ambito dei mutevoli rapporti, che vengono a stabilirsi tra i supremi organi costituzionali in relazione alla funzione di indirizzo politico.

5. SVILUPPI E PROSPETTIVE

Riassumendo: *a*) le classificazioni delle forme di governo necessitano di essere riformulate sulla base delle esperienze politico-istituzionali degli Stati contemporanei di democrazia stabilizzata; *b*) i «tradizionali» criteri giuridici utilizzati al fine di classificare le forme di governo tra loro, e in particolare la divisione dei poteri, devono essere ampliati tenendo conto di altri determinanti fattori istituzionali, che di fatto concorrono nella dinamica delle forme di governo: primo fra tutti il ruolo del corpo elettorale; *c*) nelle democrazie stabilizzate della seconda metà del XX secolo i poteri dello Stato non sono più soltanto i tre «tradizionali», dal momento che altri poteri si sono venuti a imporre in forma autonoma e indipendente, creando così un articolato sistema di *checks and balances*, che offre una maggiore tenuta per il funzionamento degli ordinamenti e, soprattutto, una maggiore garanzia al cittadino; *d*) nell'ambito di questa nuova divisione dei poteri quello esecutivo si è trasformato in un potere governante titolare dell'indirizzo politico e, pertanto, «vero motore dell'ordinamento»; *e*) tale potere (governante) si è potuto concretizzare anche per via del mandato popolare di cui gode; *f*) la legittimazione diretta del potere governante ha di fatto avvicinato le forme di governo tra loro, secondo uno schema interpretativo, che non poggia più in prevalenza sulle differenziazioni, ma piuttosto sulle similitudini; *g*) bisogna però tener conto che comunque si deve continuare a ragionare in termini di regime parlamentare e di regime presidenziale, con il crescente sviluppo di forme di governo che prevedono elementi riferibili all'uno e all'altro (il semipresidenzialismo); *h*) nel caso dei regimi parlamentari, la legittimazione diretta dei governi è anche frutto di alcuni fattori istituzionali, che risultano indispensabili per individuare l'evoluzione che è avvenuta verso un sistema di legittimazione diretta del governo. L'esperienza del sistema presidenziale americano e, soprattutto, lo sviluppo «in senso presidenziale» del sistema parlamentare inglese hanno chiaramente dimostrato che **nelle democrazie liberali moderne è diffusa l'esigenza di leadership visibili e personali direttamente legittimate dagli elettori, per controbilanciare l'influenza dei gruppi organizzati sulla politica pubblica**. Pertanto, le democrazie, anche per evitare che si degradino in mere tecnocrazie, non possono più sfuggire alla necessità di accentuare forme di valorizzazione del popolo-corpo elettorale – che non può essere più marginalizzato alla sola funzione di esprimere con il voto le Assemblee rappresentative – nonché di abbandonare quella sfiducia pregiudiziale verso il governo al punto da renderlo strutturalmente debole, che ha significativamente caratterizzato alcune tra le principali democrazie europee dell'immediato dopoguerra. Due «paure» hanno accompagnato la nascita dei regimi parlamentari della seconda metà del secolo: la «paura» del popolo-corpo elettorale e quella del governo. Per allontanare la «paura» si è voluto mettere al centro del sistema politico-istituzionale il Parlamento e tramite esso i partiti politici: il popolo-corpo elettorale vota per i partiti e così elegge il Parlamento, al quale spetta scegliere il governo, il cui mandato si regge esclusivamente sulla fiducia parlamentare. Pertanto, il ruolo dell'elettorato si esaurisce con il solo voto per i rappresentanti parlamentari, mentre il governo può decadere solo a causa di un voto (di sfiducia) espresso dal Parlamento, ma determinato dalle forze politiche. La c.d. «centralità del Parlamento» – che va intesa essenzialmente come «centralità delle forze politiche» – consiste anche in questo: che esso diventa l'organo di mediazione fra corpo elettorale e governo, laddove i due soggetti istituzionali

non si incontrano mai e le loro funzioni vengono assorbite all'interno delle Assemblee parlamentari, che diventano, contemporaneamente, interpreti della sovranità popolare e titolari dell'indirizzo politico (v. *infra* cap. 6).
Valorizzare l'intervento popolare in uno Stato di democrazia liberale viene pertanto avvertito come il tentativo di ristabilire il circuito di fiducia fra il popolo e il potere; di rendere concreta la partecipazione popolare alla determinazione dell'indirizzo politico dello Stato ponendo fine alla democrazia senza il popolo; di frenare le oligarchie proprie dei partiti politici; di garantire una stabilità governativa in grado di realizzare un proprio indirizzo politico. Il principio della sovranità popolare nelle democrazie liberali richiede opportunamente l'applicazione di un sistema di governo fondato sulla legittimazione diretta: dove gli stessi elettori vengono chiamati a pronunciarsi, al momento del voto, su programmi, schieramenti e governi alternativi; dove cioè gli elettori siano messi in condizione di partecipare veramente alla formazione di un governo, che li dovrà rappresentare nonché guidare attraverso le scelte politiche che gli competono e sulle quali avrà avuto il consenso maggioritario dell'elettorato. L'esercizio della sovranità popolare, costituzionalmente garantito, comporta la possibilità di esprimere una legittimazione diretta del governo, seppure mantenendosi nell'alveo della forma di governo parlamentare. Per svolgere un'analisi sulla forma di governo parlamentare a legittimazione diretta riteniamo che sia necessario assumere come parametro di riferimento il principio maggioritario. Che merita, pertanto, un approfondimento.

6. SUL PRINCIPIO MAGGIORITARIO

Il principio maggioritario assume un duplice significato: come **principio di rappresentazione** e come **principio funzionale**. Sono due cose diverse: come principio di rappresentanza ci dice infatti chi ha da esserci intorno al tavolo dove si decide, come principio funzionale ci dice chi, a quel tavolo, è essenziale che concorra alla decisione perché questa si ritenga formata. A una simile distinzione se ne può aggiungere un'altra più ampia ma più significativa, che parte (anche questa) da una doppia definizione del principio maggioritario: come **regola per eleggere** e come **regola per governare**. Nel primo caso il criterio guida è un sistema d'elezione maggioritario che premia (e quindi elegge) quel soggetto che, all'interno di un collegio eligente, ottiene il maggior numero di voti rispetto a quelli di altri candidati-concorrenti; nel secondo caso, ovvero come «regola per governare», si riferisce alle modalità di distribuzione e di impiego del potere politico, sul come si organizza il governo collettivo, su come viene a incidere sui rapporti fra corpo elettorale, rappresentanza ed esecutivo, cioè sul funzionamento della forma di governo. In particolare, quella forma di governo in cui è riscontrabile un alto grado di applicazione del principio maggioritario è stata definita di «democrazia maggioritaria» in contrapposizione a quella di «democrazia consensuale», fondata, invece, su un forte restringimento della regola maggioritaria privilegiando, piuttosto, la regola proporzionalistica per il sistema della rappresentanza e la regola della coalizione per il sistema di governo.

Va altresì detto che la storia del principio maggioritario ha origini lontane: infatti, presso i greci e i romani, almeno nei tempi maturi di cui abbiamo precisa conoscenza, il principio maggioritario domina incontrastato in tutte le deliberazioni assembleari. Comunque, e a prescindere da un'enunciazione delle tappe che hanno segnato il lungo e tormentato percorso storico del principio maggioritario, si può affermare che questo principio appare **intimamente collegato a un certo tipo di società: quella tendenzialmente omogenea**, dove cioè non ci sono forti contrapposizioni e divisioni politiche, religiose, linguistiche ed etniche. Possiamo, perciò, fissare un primo paletto sul tracciato del maggioritario: la regola della maggioranza, secondo la quale la decisione dei più prevale su quella dei meno, si applica meglio e più «naturalmente» nelle società (tendenzialmente) omogenee, dove i cittadini non si riconoscono come troppo diseguali l'uno dall'altro; dove l'ordinamento sociale deve essere in accordo con quanti più soggetti sia possibile, e in disaccordo con quanti meno sia possibile. Infatti, l'applicazione del sistema maggioritario ha per presupposto uno dei principi più giusti ma meno naturali: quello che tutti gli uomini siano eguali tra loro; o, altrimenti, potremmo aggiungere, che non siano troppo diversi tra loro e che, pertanto, le fratture ideologiche, culturali, etniche, all'interno della società, siano il più possibile flessibili ovvero non traumatiche. Altrimenti, è difficile che i meno accettino la ragione dei più.

Il principio maggioritario ha congegni molto delicati, che si basano sull'accordo unanime di delegare alla maggioranza un certo numero di decisioni pubbliche, che diventano vincolanti per tutti; esso ha in sé una forte carica riduttiva della complessità e impone che si decida su alternative secche, sia che si debbano eleggere persone a cariche pubbliche, sia che si debbano prendere decisioni collettive; ma deve comunque agire secondo un atteggiamento di tolleranza verso chi dissente, verso le minoranze in generale, al fine di non sfociare in una sorta di «tirannia della maggioranza». Pertanto, nei regimi di democrazia liberale condizione necessaria è che la minoranza, la quale deve sottostare ai voleri della maggioranza, possa liberamente sostenere e propagandare le proprie tesi, le quali, se appoggiate in seguito dal suffragio popolare, potranno divenire a loro volta maggioranza. Ecco **un punto essenziale per decifrare il senso del principio maggioritario: occorre proteggere la minoranza dall'abuso di potere della maggioranza, ma occorre altresì salvaguardare una procedura di libertà per la formazione della maggioranza**, porla al riparo dal pericolo di sopraffazione da parte di una minoranza ben organizzata ai fini di scardinare il sistema.

Il principio maggioritario, inteso soprattutto come «regola per governare», si propone come principio organizzativo e operativo funzionale alla piena esplicazione del principio democratico nella sua versione contemporanea identificantesi nella sovranità popolare. In virtù di un'estensione del principio maggioritario nell'ambito della forma di governo, riscontrabile sia su base empirica sia sulla base di norme giuridiche, si è provveduto a fornire una sistemazione teorica mettendo in rilievo il grado di accentuazione o, piuttosto, di riduzione del principio maggioritario e operando così una distinzione fra due modelli di democrazia: quelle «maggioritarie» e quelle «consensuali», con stretto riferimento alla formula di governo. L'essenza della democrazia maggioritaria consiste nel fatto che la maggioranza relativa degli elettori è messa in condizione di decidere direttamente la formazione sia della maggioranza parlamentare sia del governo, sulla base di un indirizzo politico e di un programma elettorale discussi in un contesto competitivo in cui gli elettori hanno la possibilità di scegliere tra due (o, tutt'al più, tre) alternative di governo. L'obiettivo da raggiungere è quello di assicurare un governo stabile, efficace, che duri per l'intero corso della legislatura e che risponda del suo operato presso il corpo elettorale. I meccanismi elettorali e la natura del sistema partitico, strutturato in senso bipolare, hanno di fatto creato le condizioni istituzionali e politiche per consentire agli elettori di orientarsi e di comportarsi come se potessero davvero eleggere direttamente governo e capo del governo; con il risultato di rafforzare il principio di responsabilità politica da parte di chi governa. Pertanto, **l'applicazione del principio maggioritario, come «regola per governare», valorizza il principio di responsabilità politica** e con esso il ruolo che il corpo elettorale assume ai fini della scelta del governo. Infatti, laddove c'è la possibilità per il corpo elettorale di votare (formalmente o anche solo sostanzialmente) per il governo, questo si dovrà ritenere responsabile davanti all'intero popolo-corpo elettorale, con la conseguenza che dovrà tenere una condotta che possa essere percepita dall'intero Paese come corrispondente all'interesse di tutti e non di singoli gruppi.

Il principio maggioritario come «regola per eleggere» attiene alle modalità di funzionamento della formula elettorale maggioritaria. Infatti, con il sistema maggioritario i seggi vengono assegnati ai candidati che nei rispettivi collegi uninominali abbiano ottenuto la prescritta maggioranza relativa, assoluta o qualificata; pertanto, il maggioritario è quel sistema in base al quale chi prende più voti conquista il seggio in palio.

7. I SISTEMI ELETTORALI

Si definisce «sistema elettorale» quel meccanismo che consente di trasformare in seggi i voti che il corpo elettorale esprime. Certo, dietro questa fredda definizione c'è qualche cosa in più. C'è che **i sistemi elettorali sono (anche) dei sistemi istituzionali che organizzano l'esercizio della sovranità popolare**, perché la qualità di quest'ultima dipende (anche) dalle modalità istituzionali attraverso la quale essa può manifestarsi; ed è attraverso il sistema elettorale che si costituiscono delle regole e delle procedure che ordinano la scelta dei titolari di cariche pubbliche da parte dei membri di una comunità. C'è poi che i sistemi elettorali **sono (anche) condizionanti la forma di governo**, ovvero i rapporti che si vengono a stabilire tra i supremi organi costituzionali (corpo elettorale, potere legislativo e potere esecutivo) in relazione alla funzione di indirizzo politico; dal momento che, a seconda del sistema elettorale adottato, si fa mutevole l'assetto politico istituzionale della forma di governo. C'è inoltre che i sistemi elettorali **incidono sul numero (e sul ruolo) dei partiti politici** che gareggiano alle elezioni; infatti, a seconda del sistema elettorale adottato si può venire a determinare il formarsi di un bipartitismo oppure di un multipartitismo temperato o esasperato.

I sistemi elettorali servono per eleggere un organo monocratico oppure un organo collegiale. Nel primo caso – l'organo monocratico – la procedura è semplice, visto che a dover essere eletta è una sola persona (come il presidente della Repubblica in Francia e negli Stati Uniti). Si può stabilire che risulterà eletto quel candidato che avrà ottenuto il maggior numero di voti. Come dicono gli inglesi: *first past the post*. In alternativa, si può stabilire che verrà eletto soltanto quel candidato che avrà ottenuto la maggioranza assoluta dei voti, e cioè almeno il 50,1%. Se ciò non dovesse accadere si può allora stabilire un secondo turno di votazione (da tenersi dopo una quindicina di giorni) nel quale si sfideranno soltanto i due candidati che avranno ottenuto il miglior risultato elettorale nel primo turno: in tal modo si avrà un **ballottaggio** (come nel caso dell'elezione popolare del presidente della Repubblica in Francia). Oppure si potrà stabilire che al secondo turno si presentino un numero minimo di partecipanti, che potrà essere determinato sulla base dei risultati ottenuti nella prima votazione, e quindi i primi tre o i primi quattro, oppure sulla base di una percentuale di voti minimi ottenuti, e quindi tutti coloro che avranno conseguito almeno il 10 o il 15% dei voti. Comunque sia, al secondo turno verrà poi eletto quel candidato che avrà ottenuto il maggior numero di voti rispetto agli altri competitori.

Più complessi sono invece i sistemi elettorali per eleggere un organo collegiale. Qui la divisione si fonda su **due grandi «famiglie»: quella del maggioritario e quella del proporzionale**, all'interno delle quali ci sono poi vari figli e figliastri, ovvero varie formule.

8. LE FORMULE ELETTORALI TRA PROPORZIONALE E MAGGIORITARIO

Per iniziare, la questione da risolvere è: come si assegnano i seggi, a seconda della famiglia? Con il sistema maggioritario i seggi vengono assegnati ai candidati che nei rispettivi collegi uninominali abbiano ottenuto la prescritta maggioranza relativa, assoluta o qualificata; allora, **il maggioritario è quel sistema in base al quale chi prende più voti conquista il seggio in palio**. Con il sistema proporzionale, invece, i seggi attribuiti a un collegio plurinominale vengono ripartiti tra le liste di candidati dei partiti concorrenti in proporzione alla percentuale di voti ottenuti; quindi, **il proporzionale è quel sistema con**

il quale si ripartiscono i seggi in rapporto percentuale rispetto ai voti dati dagli elettori a ciascun partito (per esempio, se i voti sono 10 milioni e i seggi da assegnare 100, il partito che ottiene 2 milioni di voti avrà assegnati 20 seggi). Si può altresì affermare – sia pure con qualche azzardo – che il sistema elettorale proporzionale postula un «voto sincero», perché consente all'elettore di esprimere liberamente la sua preferenza, mentre il sistema elettorale maggioritario richiede un «voto strategico», perché suggerisce all'elettore di concentrare i voti sui vincitori probabili.

E veniamo alle famiglie elettorali e alle varie formule che esse esprimono. Per quanto riguarda la famiglia del maggioritario ci sono le formule maggioritarie a maggioranza relativa (*plurality*), che sono quelle in cui **vince il seggio il candidato che ha ottenuto il maggior numero di voti nell'ambito di un collegio uninominale, come avviene nel Regno Unito per l'elezione della Camera dei comuni oppure negli Stati Uniti per l'elezione della Camera dei rappresentanti**. Ci sono poi le formule a maggioranza assoluta (*majority*), che sono quelle in cui **vince il posto il candidato che ha ottenuto la metà più uno dei voti espressi**. Queste ultime formule prevedono ovviamente, qualora nessun candidato ottenga la prescritta maggioranza, soluzioni alternative per l'assegnazione del seggio. Una prima soluzione è quella di procedere a un secondo turno di votazione tra i due candidati più votati in prima istanza. Una seconda soluzione è quella – **prevista in Francia per l'elezione dei deputati dell'Assemblea nazionale – in cui accedono a un secondo turno soltanto quei candidati che hanno ottenuto una percentuale di voti minima (in Francia fissata al 12,5% degli elettori e non dei votanti)**. Una terza possibile soluzione – adottata per esempio in **Australia** – è quella del **voto alternativo, sulla base del quale ogni elettore deve indicare l'ordine di preferenza dei vari candidati in lizza**. Se nessuno ottiene la maggioranza assoluta con le sue prime preferenze, si computano anche le preferenze alternative ai candidati meno votati a partire dall'ultimo, fino a quando uno dei concorrenti rimasti in gioco raggiunga la maggioranza prescritta. Ci sono, infine, le formule a maggioranza qualificata, che sono però scarsamente applicate per le elezioni di rappresentanti politici, e sono più frequenti per l'assegnazione di alcune alte cariche, come – nell'ordinamento italiano – quella di presidente della Repubblica o di giudice costituzionale da parte del Parlamento in seduta comune. Anche in queste ipotesi deve essere previsto un meccanismo alternativo di elezione per il caso del mancato raggiungimento della maggioranza richiesta. In genere, si prescrivono delle successive votazioni a maggioranze più basse (per esempio, dopo la terza votazione, da quella dei due terzi dell'Assemblea a quella assoluta per l'elezione del capo dello Stato).

I sistemi elettorali proporzionali si possono distinguere, invece, a seconda del metodo di calcolo usato per la distribuzione dei seggi, e tenendo altresì in considerazione la grandezza della circoscrizione elettorale. Si usa differenziare i metodi basati sul comun divisore da quelli basati sul quoziente. I primi operano la divisione della cifra elettorale di lista (il totale dei voti ottenuti da un partito nella circoscrizione elettorale) per un determinato divisore via

via crescente (per esempio per 1, 2, 3, ecc. fino alla concorrenza del numero dei posti da attribuire: metodo d'Hondt) e attribuiscono i seggi alle liste che abbiano ottenuto i prodotti più alti. I secondi, cioè quelli basati sul quoziente, invece, dopo aver diviso la cifra elettorale circoscrizionale per il numero dei posti da ricoprire (eventualmente maggiorato; per esempio, +2: metodo Imperiali), e ottenuto in tal modo il quoziente elettorale (naturale o corretto), assegnano i seggi alle liste in ragione di quante volte il quoziente entra nelle rispettive cifre elettorali e dei più alti resti.

Tuttavia, spesso i sistemi elettorali si presentano misti, perché succede che le due famiglie – maggioritario e proporzionale – si accoppiano fra loro cercando così di combinare i vantaggi dell'uno con quelli dell'altro. E allora ci sono sistemi elettorali maggioritari con correttivo proporzionale, che consentono l'elezione di candidati in buona parte con metodo maggioritario e in parte ridotta con metodo proporzionale. Così come ci sono sistemi elettorali proporzionali con correttivo maggioritario, che consentono l'elezione di candidati sulla base dello scrutinio di lista di quei partiti che abbiano superato una soglia elettorale, la c.d. **clausola di sbarramento, come in Germania, dove è fissata al 5%** per le elezioni del Bundestag; oppure attraverso la previsione di un premio di maggioranza che aiuta il partito o la coalizione di partiti a ottenere la maggioranza di seggi.

Si è soliti fare un ragionamento di fondo riguardo l'incidenza dei sistemi elettorali sull'assetto politico. Si può dire, cioè, che i sistemi maggioritari tendono a evitare l'eccessivo frazionamento del sistema partitico – perché inducono i partiti a coalizzarsi tra loro – e rendono più facile la formazione di stabili maggioranze di governo, ovvero mirano alla governabilità; mentre i sistemi proporzionali, assicurando la massima rappresentatività delle Assemblee elettive, evitano la sottorappresentazione dei partiti minori e rispecchiano con più fedeltà la scelta ideologica degli elettori, ovvero mirano alla rappresentatività. I sistemi misti, infine, cercano di compensare, in modo più o meno efficace, i vantaggi e gli svantaggi delle diverse formule, cercando, in tal modo, di perseguire al tempo stesso capacità rappresentativa e governabilità.

Più specificatamente, nell'ambito dei rapporti fra sistemi elettorali e sistema dei partiti, e di come l'uno condiziona e influenza l'altro, è ancora in atto, una discussione, tutta politologica, originata dalle c.d. «leggi» elaborate dallo studioso francese Maurice Duverger. La prima «legge» afferma che «il sistema maggioritario a un turno tende al dualismo dei partiti»; la seconda, invece, che «il sistema maggioritario a doppio turno e la rappresentanza proporzionale tendono al multipartitismo». I differenti effetti dei sistemi elettorali sono spiegati in termini di fattori «meccanici» – cioè che tutti i partiti, eccetto i due più forti, sono sottorappresentati perché penalizzati in ogni collegio – e di fattori «psicologici» – perché gli elettori si rendono conto di sprecare il loro voto dandolo al terzo partito e quindi finiscono con il votare uno dei due grandi partiti. Alle leggi di Duverger sono state mosse, negli anni, diverse critiche e obiezioni. Certo, più che criticare si può riconsiderare il rapporto tra sistemi elettorali e sistemi partitici, provando a distinguere tre importanti

aspetti di questa tendenza: *a*) tutti i sistemi elettorali tendono a produrre risultati non perfettamente proporzionali; *b*) tutti i sistemi elettorali tendono a ridurre il numero effettivo dei partiti rappresentati in Parlamento rispetto a quelli presenti nelle competizioni elettorali; *c*) tutti i sistemi elettorali possono assegnare una maggioranza parlamentare a partiti che nella realtà non hanno ricevuto la maggioranza dei voti da parte degli elettori.
Valga però questa regola anglosassone: **il sistema elettorale serve a fare una maggioranza e un governo e non a rappresentare i sentimenti di una collettività**.

CAPITOLO 6

I Parlamenti

Obiettivi di apprendimento

- **Conoscere l'origine dei Parlamenti**
- **Capire la struttura e l'organizzazione interna dei Parlamenti**
- **Organizzare una riflessione comparata sul ruolo dei Parlamenti nelle democrazie contemporanee**
- **Comprendere le funzioni principali dei Parlamenti**
- **Conoscere l'organizzazione interna dei Parlamenti**

1. L'ORIGINE DEI PARLAMENTI

La parola «parlamento» contiene in sé l'atto del parlare, del conversare, derivando proprio dal verbo «parlare»; non a caso nella letteratura classica con l'espressione «venire a parlamento» si intendeva «venire a colloquio» oppure «avviare un ragionamento», mentre nella terminologia popolare «fare un parlamento» significava «discutere a vuoto, senza una finalità specifica, inutilmente.

Tali significati di «parlamento» sono rimasti anche nei comuni dizionari di lingua italiana dove, tuttavia, si precisa che per «parlamento» deve intendersi, quanto meno a partire dal Medioevo, una pubblica adunanza che tratta di affari pubblici, politici e amministrativi.

Alla parola «Parlamento», con la P maiuscola, lo studioso e l'operatore del diritto deve dare, invece, un significato diverso, più tecnico e puntuale. I Parlamenti, oggi, per chiamarsi ed essere tali, devono avere caratteristiche ben precise e non limitarsi a riunire porzioni di cittadini e a essere luogo della discussione collettiva.

Questo capitolo è di Pier Luigi Petrillo.

Nella storia dell'umanità le prime adunanze pubbliche, chiamate «Areopago» poi «Bulè» quindi «Ecclesia», risalgono alla c.d. «democrazia ateniese»: esse consentivano a fasce ristrette e selezionate della popolazione titolare di diritti di cittadinanza di discutere questioni di rilevanza generale, talvolta con potere decisorio, altre volte con funzioni consultive verso l'autorità di governo.
Dopo l'esperienza ateniese numerose furono le assemblee popolari: dall'Althing islandese del 930 d.C. alla Curia generale che si riunisce in Sicilia sotto gli Svevi intorno al 1190 d.C. Si trattava di luoghi fisici in cui taluni potevano esprimere opinioni e assumere limitate decisioni, senza tuttavia alcuna garanzia di funzionamento né rappresentando una limitazione ai poteri dell'autorità. In tal senso queste assemblee nulla hanno a che vedere con i Parlamenti odierni.
Il «Parlamento», infatti, per essere tale deve rappresentare un contropotere rispetto agli organi di governo; deve essere dotato di una struttura e di forme precise di autonomia organizzativa, finanziaria, strumentale; deve poter svolgere funzioni che non possono essere modificate contro il proprio volere.
Per trovare primi «veri» Parlamenti dobbiamo attendere il XIII secolo quando in Italia, nella città di Foggia, Federico II di Svevia costituisce una pubblica Assemblea dotandola di poteri normativi, funzionante, con qualche forma di garanzia, dal 1232 al 1240. Nel medesimo periodo, ma successivamente all'esperienza foggiana, si riunisce anche il *magnum Parliamentum* di Westminster, a Londra, composto da abati, conti e baroni per respingere la richiesta di ulteriori sussidi e contributi (diremo oggi: di nuove tasse) avanzata dal sovrano Enrico III. Per soddisfare le proprie richieste, Enrico III dovrà accettare, nel 1258, approvando uno specifico atto normativo chiamato *Provisions of Oxford*, di istituire un'Assemblea rappresentativa del reame, composta anche da delegati delle città e dei borghi, da convocare almeno tre volte l'anno a cui sottoporre le decisioni di spesa più rilevanti. Dopo circa trent'anni di funzionamento di questa Assemblea, il successore di Enrico III, Edoardo I, riconosce l'indispensabilità del Parlamento di Londra, ne formalizza ulteriormente il funzionamento, allargando la rappresentanza anche a vescovi e arcivescovi. Risale a questo periodo, al 1295, l'istituzionalizzazione dell'odierno Parlamento britannico, Westminster, appunto dal nome del palazzo che lo ospita.
Dopo queste significative esperienze, la parola «Parlamento» ha assunto un diverso significato indicando, al contempo, **un luogo fisico e una funzione**: il luogo in cui si riuniscono, con una tempistica certa e garantita, rappresentanti di porzioni più o meno ampie di cittadini, godendo di una serie di prerogative e diritti; la funzione riconosciuta dalla legge fondamentale dello Stato di poter assumere decisioni di portata generale, anche al fine di limitare l'autorità costituita.
Il Parlamento è, infatti, **il frutto di una conquista dei cittadini verso il sovrano**; è la rappresentazione plastica di un nuovo potere che limita il potere costituito. **Rivendicare l'istituzione di un Parlamento significa rivendicare uno spazio di libertà**, traduce la volontà di rifondare lo Stato secondo un modello del tutto

diverso da quello assolutistico. **La conquista del Parlamento è la conquista dei diritti politici**, del principio secondo cui non è possibile imporre imposte sui cittadini senza che il luogo di rappresentanza dei cittadini lo voglia (*no taxation without representation*), della separazione tra i poteri pubblici.
Oggi, in un'epoca caratterizzata dal disincanto verso le funzioni svolte dal Parlamento o, peggio, dal declino dei Parlamenti come luoghi della rappresentanza di un popolo, può sembrare strano che il Parlamento abbia svolto in precedenza un ruolo così significativo. Dando per scontato la sua esistenza, abbiamo perso la consapevolezza della sua funzione, abbiamo smesso di percepirlo e di utilizzarlo come sede dei nostri interessi, come strumento di controllo e di indirizzo della volontà politica, come destinatario delle nostre speranze. Eppure **il Parlamento è, per sua natura, l'unica istituzione aperta verso la società**; esso, è stato tradizionalmente osservato, è come un «porticato tra lo Stato e la società civile».

2. LE FONTI DEL PARLAMENTO E LO *STATUS* DEL PARLAMENTARE

Le fonti del diritto parlamentare possono distinguersi in «fonti scritte» e «fonti non scritte». Alla prima categoria appartengono la Costituzione, i regolamenti parlamentari, le leggi ordinarie; alla seconda le consuetudini e le prassi, che costituiscono precedenti significativi nei lavori parlamentari (v. *supra* cap. 3).
Norma fondante il Parlamento nei sistemi democratici è, ovviamente, la Costituzione.
Le Costituzioni delle democrazie stabilizzate, infatti, nell'istituire il Parlamento ne definiscono le attribuzioni essenziali, quale potere e organo dello Stato chiamato ad assolvere precise funzioni distinte da quelle riconosciute agli altri due poteri tradizionali dello Stato (esecutivo e giudiziario).
In particolare, **le Costituzioni definiscono il raggio di azione dei Parlamenti**, fissandone, in genere, la struttura, lo *status* dei suoi componenti, le funzioni (artt. 24, 39, 49 e 50 della Costituzione francese; artt. 51 ss. della Legge fondamentale tedesca; artt. 66. ss. della Costituzione spagnola).
Le medesime Costituzioni rinviano a una fonte propria del Parlamento la disciplina concreta dell'esercizio delle funzioni costituzionali. Tale fonte, chiamata in genere «regolamento parlamentare» o *standing orders* nel mondo anglosassone, rappresenta il principale atto giuridico del Parlamento.
Le Costituzioni e i regolamenti parlamentari attribuiscono specifiche garanzie al membro del Parlamento al fine di assicurare la sua libertà di espressione politica. Pilastro del parlamentarismo è infatti il principio dell'insindacabilità delle opinioni espresse dai parlamentari nell'esercizio delle loro funzioni. Frutto della lotta per il Parlamento originata in Gran Bretagna nel XIII secolo, tale principio trova la sua prima formalizzazione nell'art. 9 dell'*Act Declaring the Rights and Liberties of the Subject and Settling the Succession of the Crown*

ovvero il *Bill of Rights* approvato da Guglielmo III d'Orange re d'Inghilterra nel 1689, secondo cui la libertà di parola in Parlamento non può essere ostacolata né contestata, in alcuna sede, neanche quella giudiziaria.
Un secolo dopo il *Bill of Rights* trova formalizzazione un altro principio cardine del parlamentarismo, quello dell'inviolabilità del parlamentare: gli artt. 7 e 8 della Costituzione francese del 1791 sanciscono il divieto di perseguire, arrestare o detenere un membro del Parlamento senza la preventiva autorizzazione della Camera di appartenenza.
I principi dell'insindacabilità e dell'inviolabilità del parlamentare rappresentano ancora oggi il fondamento di ogni Parlamento democratico e sono indicatori essenziali anche per verificare la natura democratica o meno del sistema politico.
Un parlamentare perseguibile, infatti, per l'espressione di un voto o di una dichiarazione è un parlamentare non libero di esercitare il proprio mandato, potenzialmente ricattabile: affermare quindi tali principi significa affermare il potere legislativo quale potere autonomo rispetto al potere esecutivo e al giudiziario, interconnesso ma non sottoposto a questi secondo le forme che la Costituzione delinea.
La libertà del mandato del parlamentare è un'altra caratteristica del suo *status*. Diverse Costituzioni fissano, infatti, **il principio del divieto di mandato imperativo**: il parlamentare è libero nell'esercizio delle sue funzioni e non può essere vincolato da istruzioni ricevute dal suo partito, dagli elettori o da chi ha finanziato la sua campagna elettorale. Su questo divieto si fonda il concetto stesso di **rappresentanza politica**.
La parola «rappresentanza» è parola ambigua: essa traduce concetti differenti a seconda del contesto in cui si cala: nel diritto privato, per esempio, la rappresentanza riconduce a un rapporto vincolante tra un mandante e un mandatario. Quella particolare forma di rappresentanza che si definisce «rappresentanza politica» non può, però, essere interpretata secondo gli schemi del diritto privato. Al contrario, la rappresentanza politica genera da un'entità plurale, dall'atto di una volontà collettiva (il voto), laddove la rappresentanza di diritto privato implica un rapporto i cui termini sono singoli. La cifra di tale differenza è data appunto dalla natura che si instaura tra il rappresentante e il rappresentato: nel diritto privato sussiste un vincolo, mentre nel contesto politico tale vincolo sarebbe vietato.
Si afferma, perciò, nel politico, quella **libertà di mandato** i cui fondamenti si ritrovano nel celebre discorso agli elettori di Bristol di Edmund Burke del 1774: «Certamente, signori, deve tornare a felicità e gloria di un rappresentante il fatto di vivere nell'unione più stretta, nella più totale corrispondenza e nella più limpida comunicazione con i propri elettori. Egli deve tenere in gran conto i loro desideri, in gran rispetto le loro opinioni, e deve prestare incessante attenzione ai loro affari. È suo dovere sacrificare il proprio riposo, i propri piaceri, le proprie soddisfazioni alle loro; soprattutto, sempre e in ogni caso, preferire i loro interessi ai propri. Tuttavia, egli non deve sacrificare a voi la sua opinione imparziale, il suo maturo giudizio, la sua illuminata coscienza.

Né a voi, né a nessun uomo o gruppo di uomini». E questo perché «il Parlamento non è un congresso di ambasciatori di interessi diversi e ostili», ma «un'Assemblea deliberativa di una Nazione, con un solo interesse».
È in Francia che il divieto di mandato imperativo trova la formulazione tuttora vigente grazie al sovrano Luigi XVI che, tre giorni dopo il giuramento della Pallacorda, il 23 giugno 1789, lo introdusse con una propria ordinanza.
Nelle democrazie stabilizzate tale principio trova, tuttavia, una **deroga** negli ordinamenti federali laddove la seconda Camera, come si vedrà, è chiamata a rappresentare gli interessi dei territori: in questi contesti (è il caso specialmente della Germania) i rappresentanti dei singoli Stati, i *Länder*, ricevono precise istruzioni di voto dalle Assemblee statali tanto da essere considerati non dei veri e propri parlamentari ma dei meri delegati statali presso il Parlamento federale tanto che possono essere revocati dall'organo che li ha designati qualora si esprimano in difformità dalle indicazioni ricevute. Il medesimo istituto c.d. **«recall», ovvero la revoca del mandato parlamentare** effettuata mediante un voto popolare, si ritrova in alcuni Stati degli Stati Uniti d'America, dove gli elettori possono, anche successivamente alle elezioni politiche generali, determinare la decadenza del deputato o senatore eletto nel proprio collegio sostituendolo con un altro.
Insindacabilità, inviolabilità, divieto di mandato imperativo rappresentano, dunque, **tre elementi propri dello *status* del parlamentare**. Tali caratteristiche sono garantite dalla previsione, esplicitata in alcune Costituzioni, del riconoscimento di un'indennità per la funzione parlamentare.
La previsione di un'indennità per l'esercizio delle funzioni di parlamentare costituisce, infatti, la base dell'intero sistema democratico in quanto, senza tale previsione, la funzione dovrebbe essere svolta gratuitamente così limitandone l'esercizio e restringendo a pochi soggetti la possibilità di accedervi.
Nella storia dei Parlamenti, non a caso, l'introduzione di tale indennità coincide con la modifica dei sistemi elettorali e la previsione di un maggior numero di aventi diritto al voto. L'estensione del suffragio elettorale e, soprattutto, l'allargamento dell'elettorato passivo avevano imposto, infatti, l'introduzione di una misura economica che consentisse anche ai ceti meno abbienti di poter esercitare la funzione politica.
«Indennità» e «libertà» del mandato parlamentare sono concetti strettamente connessi tra loro. L'assenza di un'indennità o la rinuncia alla stessa renderebbe il parlamentare succube di gruppi di pressione non meglio definiti ovvero verrebbe utilizzata come strumento di propaganda elettorale da parte dei parlamentari più ricchi a danno dei parlamentari che, per motivi personali legati alle proprie condizioni lavorative, non possono rinunciarvi. Da qui discendono i numerosi dubbi circa la legittimità degli obblighi – imposti dagli Statuti di numerosi partiti e gruppi parlamentari – di versare una quota della propria indennità per il bilancio del gruppo o partito di appartenenza, trattandosi, nei fatti, di un vero e proprio «tributo partitico» che discrimina i parlamentari.
La tematica della retribuzione dell'attività prestata dai membri delle Camere è al centro di ricorrenti dibattiti sui «costi della politica» e ha spinto diversi

partiti e movimenti politici, in tutto il mondo, a impegnarsi pubblicamente a sopprimere, o quanto meno a ridurre, le indennità parlamentari.
Anche in Italia, a partire dagli anni '90 del Novecento, all'indomani dell'emergere dello scandalo denominato «Mani pulite», è emersa nell'opinione pubblica la convinzione che eliminare l'indennità parlamentare avrebbe moralizzato una politica che appariva fagocitata da comportamenti illeciti. Per qualche strano fenomeno della comunicazione pubblica, a quanti chiedevano misure di contrasto alla corruzione, diversi partiti rispondevano proponendo di rendere gratuito l'impegno dei parlamentari, senza pensare che ciò li avrebbe resi ancora più facilmente corruttibili.
Avverso tali proposte, giova ricordare come la *ratio* dell'indennità parlamentare sia quella di garantire, da un lato, l'indipendenza del parlamentare, sia esso deputato o senatore, in quanto libero nel suo mandato, e, dall'altro, la parità di accesso alla carica politica in modo da non restringere il campo dei partecipanti alla competizione elettorale ai soli appartenenti ai ceti più abbienti della popolazione.
All'opposto, la previsione della gratuità del mandato parlamentare sembra porsi in palese contrasto proprio con quelle disposizioni costituzionali prima richiamate che sono alla base di ogni ordinamento democratico. Sicché resta il dubbio che quanti chiedono la soppressione dell'indennità vogliano sacrificare, sull'altare dell'opinione pubblica, un principio cardine del sistema democratico, quello della libertà del parlamentare (sia esso deputato o senatore) da ogni influenza estranea al bene comune.

3. LA STRUTTURA DEI PARLAMENTI

I Parlamenti possono essere composti da una o più Assemblee. I due terzi dei Parlamenti presenti nel mondo sono, come si dice, «monocamerali», ovvero composti da una sola Assemblea; tuttavia, i Parlamenti di tutte le democrazie stabilizzate esaminate in questo manuale sono bicamerali, ovvero composti da due Assemblee, chiamate talvolta «Camera alta» e «Camera bassa» o in altri casi «Camera» e «Senato».
I Parlamenti bicamerali si classificano, a loro volta, a seconda della tipologia di funzioni riconosciute a ciascuna Camera e della modalità di elezione o nomina dei suoi componenti. Si è soliti così distinguere tra **sistemi bicamerali perfetti** – detti anche «simmetrici» o «ridondanti» – e **sistemi bicamerali imperfetti** (o «asimmetrici» o «deboli»). Nel primo caso entrambe le Camere svolgono le medesime funzioni e hanno una base rappresentativa sostanzialmente identica; nel secondo caso le Camere assolvono a ruoli e funzioni differenziati e i loro componenti sono selezionati con modalità divergenti dovendo svolgere una disomogenea funzione rappresentativa. Vi sono, in realtà, anche **sistemi bicamerali misti** caratterizzati dalla presenza di due Assemblee chiamate a

esercitare funzioni sostanzialmente omogenee ma con una diversa modalità di composizione e base rappresentativa.

Il primo caso è quello tipico italiano, dove il Parlamento si compone di due Assemblee (la Camera dei deputati e il Senato della Repubblica) che svolgono, allo stesso modo e in ordine paritario, le identiche funzioni, pur essendoci una lieve differenza nella base rappresentativa atteso che l'elettorato attivo e quello passivo muta per i due rami del Parlamento.

Il secondo caso caratterizza numerose democrazie stabilizzate tra cui la Spagna, la Francia e la Germania. Quest'ultimo ordinamento merita una speciale attenzione, rappresentando un modello virtuoso di Stato federale. In Germania, infatti, il Parlamento si suddivide in una «Camera alta» (*Bundestrat*) composta da 69 membri eletti in modo da rappresentare i singoli Stati di cui la Germania si compone e una «Camera bassa» (*Bundestag*) composta da 601 deputati eletti a suffragio universale e diretto. Nel Bundestrat tedesco il numero dei delegati di ciascun Stato (*Länder*) varia da un minimo di 3 a un massimo di 6 a seconda della densità demografica.

La terza ipotesi, di bicameralismo misto, è da rintracciare negli Stati Uniti d'America, nel Regno Unito e in Canada.

Negli Stati Uniti d'America il Congresso si compone della Camera dei rappresentanti (435 deputati eletti a suffragio universale e diretto ogni 4 anni) e il Senato, di cui fanno parte 2 senatori per ciascun Stato membro per un totale di 100 senatori eletti ogni 6 anni.

Altro esempio è quello britannico. Le due Camere del Parlamento di Londra rappresentano l'evoluzione del parlamentarismo e, più in genere, del costituzionalismo: da una parte la Camera dei comuni, composta da 659 membri eletti a suffragio universale e diretto ogni 4 anni dai cittadini maggiori di età, con un sistema elettorale maggioritario a turno unico, che esprime, anche se implicitamente, la fiducia al governo; dall'altra la Camera dei lord, che ha assolto storicamente il ruolo di Assemblea rappresentativa dei «pari d'Inghilterra» ovvero della classe nobiliare e che oggi, dopo numerose riforme, consta di un numero variabile (al 2018 sono 780 i *lords*) di «senatori» nominati a vita dalla Corona su proposta del governo, per diritto ereditario (in quanto titolari del titolo nobiliare), ovvero in quanto titolari di una carica ecclesiastica (i c.d. *law spirituals*). In questo originale sistema, che rispecchia appunto l'evoluzione della forma di governo britannica, la Camera dei lord ha storicamente svolto un ruolo «conservativo» rispetto alle politiche di riforma proposte dalla Camera dei comuni, apparendo il più delle volte come un'Assemblea contemplativa titolare del diritto a discutere le proposte della Camera politica ma non a bloccarle, ben potendo la Camera dei comuni deliberare, come si vedrà, anche contro l'orientamento espresso dalla Camera dei lord.

Sulla falsariga del modellino britannico vi è il sistema parlamentare canadese, composto dalla Camera dei comuni, che assolve a funzioni politiche, e dal Senato. Dopo la riforma introdotta nel dicembre del 2011 con il *Fair Representation Act*, la Camera consta di 338 deputati, eletti a suffragio universale e diretto ogni 4 anni, a livello provinciale sulla base della popolazione registrata;

l'assegnazione dei seggi nelle circoscrizioni territoriali è svolta in modo da garantire un'equa ripartizione tra le Province e nel rispetto della Costituzione (art. 40), con la garanzia – per i tre Territori e per la Provincia di Prince Edward Island – di essere rappresentati da almeno, rispettivamente, 1 e 4 deputati. Il Senato, invece, consta di 105 membri nominati dal governatore generale su indicazione del primo ministro *ex* artt. 21 ss. della Costituzione. Dei 105 senatori, 24 devono essere scelti tra cittadini (maggiori di 30 anni di età e con un reddito superiore ai 4 mila dollari canadesi annui) delle Province marittime (10 Nova Scotia, 10 New Brunswick, 4 Prince Edward Island), 24 dal Québec, 24 dall'Ontario, 24 dalle Province dell'Ovest (6 ciascuna), 6 dalle Province del Newfoundland e Labrador, 1 dai Territori dello Yukon e 1 dai Territori del Nord-Ovest e del Nunavut. Il loro mandato cessa comunque al raggiungimento del settantacinquesimo anno di età. Il fatto che i senatori siano nominati dall'esecutivo, anziché eletti o cooptati in quanto rappresentanti delle entità provinciali, ha di fatto reso questa Camera politicamente priva di legittimazione, rendendola, di fatto, una Camera «tecnica» che elabora la maggior parte delle iniziative legislative per la cui definizione è necessario un elevato grado di specializzazione.

4. L'ORGANIZZAZIONE INTERNA DEI PARLAMENTI

I Parlamenti hanno un'organizzazione interna funzionale all'esercizio dei compiti attribuiti dall'ordinamento giuridico.
Semplificando possiamo evidenziare **come l'attività del Parlamento si svolga in due luoghi distinti ma funzionalmente connessi: l'Assemblea e le commissioni**.
L'Assemblea riunisce tutti i parlamentari: a presiedere l'Assemblea c'è un presidente che, come vedremo, svolge funzioni significative nella gestione dell'Aula. Le commissioni sono organi collegiali prevalentemente dedicati alla trattazione di temi specifici, composte da un numero ridotto di parlamentari in proporzione alla consistenza delle componenti politiche presenti in Assemblea. In aggiunta alle commissioni operano, talvolta, dei comitati o delle giunte, i cui componenti sono di regola eletti dall'Assemblea o designati dal presidente dell'Assemblea su proposta dei vari gruppi parlamentari. Questi ultimi, come si vedrà nei paragrafi successivi, rappresentano il motore dell'azione parlamentare, essendo la rappresentazione in Parlamento dei partiti politici che hanno concorso alle elezioni.
In tutte le democrazie stabilizzate il **presidente dell'Assemblea** rappresenta il vertice dell'amministrazione parlamentare: egli è di regola eletto dalla maggioranza parlamentare ma riveste comunque un ruolo di garanzia per tutti i parlamentari, opposizioni e minoranze comprese.
Negli ordinamenti considerati, seppur con sfumature diverse, spetta al presidente dell'Assemblea il potere di convocare la seduta; di presiedere la

Conferenza dei presidenti dei gruppi parlamentari al fine di programmare i lavori delle Camere potendo, in taluni casi, programmarli anche direttamente; di assegnare i disegni di legge alle commissioni competenti per materia; di dichiarare l'ammissibilità o meno degli emendamenti proposti in Aula a un disegno di legge; di determinare talune modalità di votazione dei provvedimenti; di dare o togliere la parola ai parlamentari.

Nell'esaminare tale figura deve, tuttavia, **distinguersi tra due diverse ipotesi**: tra il **presidente quale organo di garanzia** dell'intero Parlamento, a prescindere dalla sua provenienza politica, e il **presidente non garante** di tutti **ma esecutore** in Parlamento **della volontà del governo**.

Per la **prima ipotesi** si pensi ai presidenti delle Assemblee parlamentari di alcuni ordinamenti, come quelli di Italia, Spagna, Francia, Germania, Austria, Regno Unito, laddove il presidente dell'Assemblea, a prescindere dalla modalità di elezione (generalmente a maggioranza assoluta), è tenuto ad assicurare il rispetto delle forze politiche non appartenenti alla maggioranza, dovendo riconoscere a queste ultime, per esempio, un tempo minimo nel dibattito parlamentare.

Tale funzione di garanzia in alcuni casi è assicurata dalle norme dei regolamenti parlamentari, in altri da una serie di consuetudini costituzionali.

In Germania rileva il ruolo del presidente del Bundestag, al quale il regolamento parlamentare attribuisce mere funzioni di ordine e organizzazione dei lavori, senza assegnargli compiti rivolti a velocizzare l'iter dei provvedimenti di iniziativa governativa o a determinare l'indirizzo del voto parlamentare. Ugualmente è in Francia, dove il presidente dell'Assemblea nazionale non sembra rivestire un ruolo politico di primo piano ed è tendenzialmente estraneo al dibattito politico.

Sulla stessa linea lo *speaker* (ovvero il presidente) della Camera dei comuni, eletto sulla base di un accordo politico tra maggioranza e opposizione, il quale svolge prevalentemente le funzioni di arbitro del dibattito, tanto è vero che, in caso di elezioni, nel seggio in cui lo *speaker* è candidato nessun partito politico presenta propri candidati così da evitare di costringere lo *speaker* ad affrontare una campagna elettorale e a determinare una contrapposizione politica.

La **seconda ipotesi** è esemplificata dai presidenti della Camera dei rappresentanti e del Senato statunitense. Il presidente della Camera è, generalmente, il leader più significativo del partito di maggioranza ed è chiamato ad assicurare l'attuazione dell'indirizzo politico del presidente federale alla Camera. Il presidente del Senato, invece, coincide con il vicepresidente federale (il vicepresidente degli Stati Uniti d'America): tale previsione costituzionale non deriva dalla volontà di affidare alla maggioranza politica del momento la gestione dei lavori senatoriali, bensì dall'esigenza di non porre in posizione di preminenza senatori che rappresentano singoli Stati della Federazione. In tal senso il presidente del Senato assume una funzione di garanzia e di imparzialità rispetto alle esigenze dei singoli Stati rappresentati in Senato.

Ciascun parlamentare, dopo essere eletto e proclamato tale, deve dichiarare l'appartenenza a un **gruppo parlamentare** che, tendenzialmente, rispecchia il partito politico di appartenenza. **La modalità di composizione dei gruppi varia da ordinamento a ordinamento**.

In **Francia** per poter costituire un gruppo nell'Assemblea nazionale è necessario essere almeno in 20 deputati, che devono sottoscrivere una dichiarazione di identità e omogeneità politica da pubblicarsi sulla Gazzetta Ufficiale. Il regolamento parlamentare (art. 23), nel disciplinare la formazione del gruppo, vieta espressamente che possano costituirsi gruppi con interessi particolaristici, locali o professionali o che introducano una qualche forma di mandato imperativo per i membri. Situazione simile nel contesto spagnolo, dove è espressamente prevista la corrispondenza tra gruppo parlamentare e partito politico attivo nel momento elettorale e dove si prevede che il deputato che non aderisce ad alcun gruppo confluisca nel gruppo misto, esattamente come in Italia.

In **Germania**, nel Bundestag, la disciplina dei gruppi parlamentari (chiamati «frazioni») è estremamente articolata tanto da trovare fondamento nella Costituzione (meglio, nella Legge fondamentale), in una legge ordinaria, nel regolamento parlamentare.

L'art. 21 della Legge fondamentale tedesca riconosce ai partiti politici un ruolo di attori istituzionali essenziali per determinare la volontà politica della Nazione a condizione che siano organizzati al proprio interno rispettando i principi democratici fondamentali, imponendo le medesime regole di trasparenza e di democraticità alle loro proiezioni nel Bundestag. La legge sullo *status* giuridico dei membri del Bundestag (in tedesco *Abgeordnetengesetz*-AbgG), entrata in vigore il 1° gennaio 1977, disciplina, nello specifico, le modalità di composizione e funzionamento delle «frazioni», sottoponendo, per esempio, il bilancio delle «frazioni» al vaglio della Corte dei conti e definendo tali raggruppamenti organi dello Stato. In ultimo, l'art. 10 del regolamento interno del Bundestag definisce le «frazioni» come un'unione di parlamentari accomunati da una medesima finalità politica, composta da almeno il 5% dei membri del Bundestag eletti nello stesso partito o in partiti diversi purché non in competizione tra loro a livello di singoli Stati (*Länder*). I parlamentari che non appartengono ad alcuna «frazione» possono costituire «gruppi» che, tuttavia, nonostante una pronuncia del Tribunale costituzionale tedesco del 1991, non godono dei medesimi diritti e delle medesime garanzie procedurali riconosciute alle prime. Giova evidenziare che, a livello di Bundestrat, la regolamentazione delle «frazioni» è totalmente diversa in quanto è previsto che i rappresentanti di ciascun *Land*, a prescindere dalla loro origine politica, formino un gruppo autonomo: l'art. 51 della Legge fondamentale, al riguardo, precisa che i rappresentanti dei *Länder* votano globalmente, ovvero come gruppo, non avendo i singoli componenti del gruppo diritto di voto.

L'elemento dell'omogeneità politica, quindi, con quest'ultima eccezione, appare essere elemento indefettibile di tutti i gruppi parlamentari negli ordinamenti democratici: ciascuno di tali gruppi si dota di un proprio regolamento interno e di una struttura di funzionamento al cui vertice è posto il presidente del gruppo o il capogruppo, che ha il compito di assicurare la coerenza delle posizioni espresse dentro e fuori il Parlamento dai suoi membri. Nel caso in cui un parlamentare cessi di aderire alla linea politica del gruppo ovvero il gruppo ritenga che un suo componente non sia più allineato con il suo orientamento generale, è possibile uscire o essere espulso dal gruppo medesimo senza che ciò incida sul mandato parlamentare. In altri termini, sia nel caso di uscita volontaria da un gruppo sia nel caso di espulsione il parlamentare, non verrà destituito dal suo incarico elettivo e proseguirà ad esercitare il mandato elettorale anche se al di fuori di quel gruppo.

Il medesimo elemento dell'omogeneità politica caratterizza anche il contesto nordamericano sebbene, in quello statunitense in particolare, abbia declinazioni più sfumate rispetto alle democrazie europee.

Nel **Congresso degli Stati Uniti d'America** i gruppi parlamentari (*caucus* in americano, *caucuses* al plurale) si distinguono tra *congressional caucus* e *party caucus* a seconda che l'appartenenza al gruppo derivi dall'appartenenza a un preciso partito politico o meno. Tali gruppi, tuttavia, anche nel caso in cui siano le proiezioni in Parlamento di un partito politico, sono raggruppamenti di singoli parlamentari del tutto liberi di esprimere una propria posizione politica, anche differente rispetto al presidente del gruppo, non essendovi alcuna disciplina interna. Ciò deriva dalla natura del partito politico statunitense. La posizione costituzionale dei partiti politici negli Stati Uniti d'America è infatti marginale e, negli ultimi anni, si è ulteriormente indebolita mentre si è rafforzato il ruolo dei singoli candidati al Congresso.

I partiti fanno la loro comparsa negli Stati Uniti in occasione della campagna elettorale presidenziale del 1796: da subito apparve evidente la loro natura non ideologizzata, le profonde divisioni interne, l'assenza di una comune piattaforma programmatica tanto da considerare quale unico motivo di unità la campagna elettorale, ovvero l'esigenza di vincere il seggio o di ottenere la candidatura.

L'assetto federalista dell'ordinamento e le diversità sociali giocarono da subito come disincentivi alla formazione di partiti federali omogenei. L'assenza di una dialettica sociale tra operai e borghesi, la natura non conflittuale degli stessi sindacati dei lavoratori (che rivendicavano diritti per la categoria rappresentata ma non si qualificavano in termini ideologici a differenza di quanto avviene in Europa), ha certamente influito sullo sviluppo di un sistema di partito originale. La vastità del territorio statunitense e le profonde differenze culturali ed economiche tra i singoli Stati hanno impedito l'omogeneità dell'organizzazione partitica su scala nazionale.

Il sistema politico americano, di conseguenza, si fonda in Parlamento non tanto sui gruppi parlamentari quanto su coalizioni estemporanee, frutto di compromessi legati all'esigenza di soddisfare specifici interessi prevalentemente locali.

Da tenere distinti rispetto ai gruppi politici costituiti dai parlamentari sono i c.d. *all-party and associate parliamentary groups*, ovvero i c.d. **intergruppi par-**

lamentari, che trovano nel Parlamento britannico (e negli ordinamenti di derivazione britannica come il Canada o l'Australia) la loro massima espressione. L'organizzazione interna del Parlamento britannico ha incentivato, infatti, questi particolari gruppi che vedono protagonisti soprattutto i c.d. *backbenchers*, i parlamentari di «seconda fila», che non hanno incarichi specifici né di governo né nel partito a cui appartengono, i quali, a partire dagli inizi dell'Ottocento, hanno costituito gruppi interpartitici composti da deputati di partiti differenti (i c.d. *all-party parliamentary groups*), ovvero da deputati di partiti differenti unitamente a soggetti estranei alle Camere (i c.d. *associate parliamentary groups*) uniti da un comune obiettivo o da una comune posizione da sostenere (si parla in tal caso di *subjects groups*) o da un comune interesse o passione verso un singolo Paese estero (c.d. *country groups*). Tali intergruppi sono diventati, in pratica, lo strumento principale di rappresentanza degli interessi da parte delle lobby che aggregano in tal modo parlamentari di schieramenti differenti al fine di sostenere il proprio interesse, talvolta anche partecipandovi personalmente.

Il fenomeno degli intergruppi parlamentari ha avuto una prima regolamentazione nel Regno Unito nell'ottobre del 1984 quando la Camera ha approvato una risoluzione con cui si richiedeva all'intergruppo di iscriversi in una lista apposita (*approved list*), indicandone obiettivi e partecipanti. L'iscrizione, tuttavia, non era obbligatoria ma facoltativa, anche se vi era interesse a iscriversi al fine di ottenere alcune facilitazioni, come la possibilità di acquisire spazi propri all'interno della Camera o di utilizzare il personale delle Camere per la convocazione delle riunioni.

Nel dicembre del 1985, tuttavia, anche alla luce dello scarso successo dell'*approved list*, la Camera ha approvato un'altra risoluzione prevedendo l'obbligo per tutti gli intergruppi di iscriversi in un apposito registro, indicando lo scopo del gruppo, i responsabili, i componenti e la loro attività principale, le regole di votazione interna e, soprattutto, ogni assistenza economica o materiale comunque fornita da soggetti estranei al Parlamento, al fine di rendere conoscibile all'esterno l'eventuale supporto fornito, anche sotto forma di personale di segreteria, da gruppi di pressione, società, aziende, movimenti.

Gli intergruppi possono attivarsi per richiedere l'iscrizione all'ordine del giorno di interrogazioni e interpellanze, di *early-day motions*, di questioni da discutere, così portando all'attenzione di tutti i deputati e, soprattutto, dell'opinione pubblica, l'interesse da loro sostenuto e, in qualche misura, incidendo sull'agenda dei lavori anche del governo.

Una medesima organizzazione si ritrova nel Parlamento dell'Unione Europea laddove è possibile costituire gruppi composti da parlamentari di diversi schieramenti politici purché provenienti da Stati membri differenti.

Gli integruppi parlamentari sono, invece, espressamente vietati in Francia, mentre sono tollerati (e non regolamentati) in Italia e Spagna (v. *infra* cap. 11).

Il **lavoro parlamentare** si svolge, prevalentemente, all'interno delle **commissioni**, ovvero di organi collegiali che rappresentano, in genere in proporzione

rispetto alla consistenza dei rispettivi gruppi parlamentari, delle Assemblee a composizione ristretta interne al Parlamento.
I regolamenti parlamentari degli ordinamenti democratici prevedono tre tipologie di commissioni: **permanenti**, **speciali**, **d'inchiesta**.
Le **commissioni permanenti** sono dette tali perché permangono per l'intera durata della legislatura: sono previste espressamente dai regolamenti parlamentari (e pertanto se ne si vuole modificare numero e funzionamento è necessario incidere sui regolamenti) e assolvono a compiti specifici. In Italia, Spagna, e Germania tali commissioni svolgono un ruolo essenziale nel procedimento legislativo, esaminando i disegni di legge anche di iniziativa governativa e potendone modificare il contenuto tramite l'approvazione di emendamenti; in Francia e nel Regno Unito, invece, le commissioni permanenti pur avendo il potere di istruire i disegni di legge non hanno, di regola, quello di emendarli.
Le **commissioni speciali** sono istituite occasionalmente per iniziativa di un singolo parlamentare, del governo o di un gruppo purché ottengano il voto favorevole della maggioranza, e sono volte ad affrontare uno specifico tema o una specifica proposta di legge per un lasso di tempo determinato. In Francia, per esempio, gli artt. 30 e 31 del regolamento dell'Assemblea nazionale prevedono l'istituzione di commissioni speciali su richiesta del governo o dell'Assemblea per esaminare un disegno di legge di iniziativa governativa, cessando le funzioni solo a conclusione dell'attività istruttoria.
Le **commissioni d'inchiesta**, invece, previste in taluni casi dalle Costituzioni e dotate di poteri equivalenti a quelli dell'autorità giudiziaria, vengono istituite, in genere ad ampia maggioranza, al fine di indagare su fatti, eventi, situazioni specifiche che hanno scosso l'opinione pubblica (per esempio, art. 143 dell'Assemblea nazionale francese o art. 54 del Bundestag).
Il Congresso statunitense è ugualmente strutturato in commissioni permanenti specializzate per materia (*standing committees*): alle 19 commissioni della Camera e alle 16 del Senato sono riconosciuti i poteri istruttori e di «supervisione» dell'azione di governo, potendo, a tal fine, citare qualsiasi funzionario pubblico restio a presentarsi spontaneamente. Accanto a queste possono essere istituite commissioni speciali e temporanee (*select committees*), ovvero sottocomitati o *task forces* composte da esperti della materia, anche esterni alle Camere, ai quali sono affidati compiti di studio e analisi di determinate questioni. Qualora vi siano contrasti su una determinata proposta di legge tra Camera e Senato, è costituita la *Committee of Conference*, con il compito di risolvere il contrasto, individuando una soluzione compromissoria, esattamente come avviene in Spagna o Germania.
Funzioni diverse sono invece svolte dalle commissioni d'inchiesta (*investigating committees*) statunitensi dotate di poteri ispettivi di grande rilevanza, assimilabili a quelli dell'autorità giudiziaria, istituite con voto qualificato della Camera o del Senato. Vi sono, inoltre, *independent regulatory commissions*, ovvero commissioni o «agenzie» indipendenti, i cui membri sono di nomina del presidente federale (salvo il parere favorevole del Senato), a cui le singole leggi istitutive riconoscono poteri sia normativi sia giurisdizionali.

Il ruolo delle commissioni parlamentari è determinante nel sistema costituzionale statunitense. Esse, infatti, gestiscono per intero la fase istruttoria di ogni provvedimento e, a tal fine, possono disporre di qualsiasi mezzo. I regolamenti di entrambe le Assemblee, assegnando alle commissioni il compito di predisporre nel modo più organico e compiuto possibile il lavoro d'Aula, formalizzano alcuni strumenti dell'istruttoria e, in particolare, le *public hearings*, ovvero «udienze pubbliche», che danno voce alle istanze e alle aspettative dei più diversi portatori di interessi (sul punto si tornerà a breve).

5. OPPOSIZIONE E MINORANZE IN PARLAMENTO

In alcuni ordinamenti giuridici assume un ruolo rilevante sul piano parlamentare l'opposizione.

Con l'espressione «**opposizione parlamentare**» si intende fare riferimento a quell'«attività finalizzata a controllare l'operato dell'esecutivo prospettando, al contempo, un diverso e alternativo indirizzo politico in vista delle prossime elezioni politiche, a tal fine organizzandosi in modo coerente spesso formando un vero e proprio controgoverno detto «governo ombra»). **L'opposizione parlamentare risulta quindi essere quella forza politica che, contrapposta alla maggioranza nel voto di fiducia iniziale al governo, assume funzioni di controllo sul governo stesso e di presentazione in Parlamento di un programma politico alternativo**. Sono questi gli elementi che differenziano l'opposizione dalle altre minoranze parlamentari, ovvero l'esercizio di una *funzione oppositoria* che, con le parole di Mortati, da un lato «può dirsi negativa, di critica e controllo dell'operato di quella [della maggioranza]» e dall'altro «positiva, di prospettazione di orientamenti politici alternativi offerti alla valutazione dell'elettorato». Conseguentemente, mentre il termine «minoranza» esprime un concetto numerico, il termine «opposizione» traduce un concetto giuridico: l'opposizione è quella particolare (o politicamente qualificata) minoranza che si è opposta all'investitura di un determinato governo.

Il Regno Unito rappresenta l'archetipo delle forme di governo «a opposizione garantita».

Nel **Regno Unito**, infatti, il principale partito tra quelli sconfitti alle elezioni politiche assolve alla funzione di Opposizione ufficiale; la struttura organizzativa di questa Opposizione è tipizzata (e si chiama **shadow government**) e il suo leader è considerato un «impiegato» statale, al pari del primo ministro. Si tratta di un'opposizione *loyal*, perché custode leale dei principi fondanti l'ordinamento costituzionale e, in quanto tale, essa è condizione indefettibile per il corretto funzionamento dell'ordinamento. Tale ruolo costituzionale è stato, nel Regno Unito, formalizzato con il *Minister of the Crown Act* del 1937 che ha appunto differenziato l'«Opposizione con la O maiuscola» – costituita dal gruppo parlamentare che, estraneo alla compagine governativa, conta sul maggior numero di seggi alla Camera dei comuni – dalle altre minoranze parlamentari, attribuendo al leader della prima una serie di prerogative anche economiche.

L'**Opposizione britannica**, **«His Majesty's Opposition»**, non opposizione allo Stato ma ai ministri dello Stato, accetta le regole del gioco parlamentare, non fa uso dell'ostruzionismo perché non vuole bloccare il sistema, si sente responsabile verso gli elettori (*responsiveness*) e perciò il proprio operato è direttamente imputabile solo a essa (*accountability*), elabora un programma alternativo che sia, però, equilibrato, potenzialmente realizzabile, realistico. Di conseguenza, come altrove è stato osservato, il sistema di governo britannico è stato eccezionalmente stabile perché ha saputo combinare un governo forte con una forte opposizione, un'opposizione effettiva, critica, parlamentare e pubblica, lasciando al governo il potere di amministrare e alle Camere di criticare e informare il pubblico.

Nel sistema costituzionale britannico, l'Opposizione, pur non potendo definire il contenuto dei lavori parlamentari, costituisce la componente più significativa del Parlamento poiché, in esso, la maggioranza opera quale comitato esecutivo del governo: l'Opposizione rappresenta, così, l'elemento indispensabile per assicurare l'autonomia e la distinzione del Parlamento rispetto all'esecutivo. È essa che lo rende vivo, sempre attivo, in continuo movimento, essendo titolare di una serie di prerogative e di spazi di intervento garantiti come gli *adjournment debates*, le *private notice questions*, il *prime minister's question time*, gli *opposition days*. Si tratta di strumenti parlamentari che sostanziano la potestà oppositoria, il cui fondamento giuridico è da ritrovarsi sia negli *standing orders* sia nelle *constitutional conventions* (consuetudini e prassi). Questo complesso sistema di norme, scritte e non, delinea da un lato le prerogative dell'Opposizione ufficiale, dall'altro i poteri di intervento delle altre minoranze parlamentari e dei singoli parlamentari nelle procedure assembleari.

Il **«modellino» britannico** della forma di governo «a opposizione garantita» trova in **Canada** una delle sue manifestazioni più efficaci, nonostante abbia avuto una diversa declinazione, data la natura federale dell'ordinamento nordamericano e la frammentazione politica che caratterizza il Canada. A titolo di mero esempio si consideri che, tra i Paesi del Commonwealth, il Canada è stato il primo a riconoscere formalmente la figura del leader dell'Opposizione ufficiale, mediante l'approvazione di una serie di emendamenti, nel 1905, al *Parliament of Canada Act*, con cui gli venne attribuito un compenso mensile identico a quello del primo ministro; e ciò trent'anni prima dell'approvazione da parte di Westminster di una simile disposizione per il leader dell'Opposizione britannica.

Per l'esercizio della funzione oppositoria i regolamenti attribuiscono al leader dell'Opposition lo stesso tempo di parola riconosciuto al primo ministro, specialmente nella fase di replica al *Throne speech* per cui è previsto un dibattito parlamentare di 9 giorni circa. Il leader dell'Opposizione, a differenza dei presidenti degli altri gruppi di minoranza, può presentare

in qualsiasi momento *questions* al governo e ha la priorità nelle *questions period* giornaliere. Inoltre, egli determina l'ordine del giorno di 25 giorni di seduta (gli *opposition days*) per ciascuna sessione parlamentare.
Sul versante organizzativo, esattamente come nel Regno Unito, il leader dell'Opposizione ufficiale ha il diritto di formare lo *shadow government*, ovvero il «governo ombra». Nello *shadow government*, con modalità differenti tra i partiti, il leader dell'Opposizione nomina un numero di ministri ombra pari a quello dei ministri in carica, assegnando loro le medesime deleghe del governo ufficiale. Spetta a loro il compito di confrontarsi, in Parlamento, con i propri *alter ego*, anche avvalendosi dei parlamentari c.d. *backbenchers* coordinati dai *whips* (ovvero capigruppo) con il preciso compito di verificare l'attuazione del programma di governo e seguire, quotidianamente, l'andamento dei lavori parlamentari. Il leader può inoltre costituire, specularmente all'identico potere spettante al primo ministro in carica, un comitato ristretto di gabinetto (è il c.d. *inner shadow cabinet*). A sostegno del governo ombra sono stati istituiti dei comitati di settore, presieduti da un ministro ombra, e operanti come *civil service* a disposizione del suo leader; si tratta, in genere, di comitati interni ai partiti che assumono il nome di *shadow cabinet committees*. I regolamenti parlamentari assegnano al governo ombra spazi, risorse umane ed economiche significativamente maggiori rispetto a quanto assegnato alle minoranze parlamentari.

6. LE FUNZIONI DEI PARLAMENTI

Nella tradizione britannica il Parlamento dovrebbe assolvere a **diverse funzioni**: *a*) eleggere un buon governo, *b*) fare buone leggi, *c*) educare bene la Nazione, *d*) farsi correttamente interprete dei desideri della Nazione, *e*) portare compiutamente i problemi all'attenzione del Paese.
La **prima funzione**, quella c.d. **elettorale**, è propria delle forme di governo parlamentari e semipresidenziali laddove esiste uno stretto e permanente rapporto di fiducia tra Parlamento e governo. Tale funzione consiste nel riconoscere in capo al Parlamento il potere di «eleggere» il governo: compito tradizionale del Parlamento britannico, nel corso dei secoli questa funzione si è mitigata specialmente negli ordinamenti caratterizzati da sistemi elettorali di tipo maggioritario. Nelle forme di governo di tipo presidenziale, invece, la funzione elettorale permane nella misura in cui i membri del Parlamento sono chiamati a eleggere i membri delle corti costituzionali o i titolari di importanti cariche pubbliche (è il caso del sistema statunitense dove il Senato partecipa, in modo determinante, al processo di selezione dei giudici della Corte suprema o di nomina di taluni ambasciatori) al pari di quanto avviene, con sfumature ovviamente diverse, in alcuni sistemi parlamentari (si pensi al caso italiano).

La **seconda funzione**, quella c.d. **legislativa** o «di approvazione delle leggi», rimane la funzione qualificante l'attività del Parlamento e ciò nonostante si assista ormai da diversi anni, ovunque nel mondo democratico, a una sorta di «fuga» dalla «legge del Parlamento»: con tale espressione si intende riferirsi al ricorso a strumenti normativi diversi dalla legge per disciplinare la società e i suoi interessi, come i provvedimenti amministrativi adottati da specifiche *authorities* di settore ovvero i codici di autoregolamentazione adottati da determinate categorie sociali.
La **terza** e la **quarta funzione**, ovvero rispettivamente la funzione **pedagogica**, che attribuisce all'Assemblea il compito di «insegnare» alla Nazione ciò che non sa, e quella **espressiva**, che consiste nell'esprimere l'opinione degli elettori su tutti gli argomenti che le vengono presentati, al pari della **quinta funzione** c.d. **informativa**, attraverso la quale il Parlamento permette all'opinione pubblica di sapere ciò che altrimenti non potremmo mai conoscere, sono probabilmente le meno percepite nell'immaginario collettivo eppure rappresentano l'essenza dei Parlamenti racchiudendo, in sostanza, la funzione loro propria, ovvero quella di rappresentanza della società e delle sue parti e quella di controllo e di indirizzo dell'attività politica del governo.
Tutte queste funzioni sono connesse all'essenza stessa del Parlamento, ovvero l'essere rappresentativo e rappresentante della comunità che l'ha istituito. La **funzione della rappresentanza politica**, propria di ogni Parlamento democratico, traduce un processo politico dinamico tra società e istituzioni che si ricrea continuamente e non vive solo nel momento elettorale. Il circolo elettori-elezioni-eletti, da cui origina la funzione rappresentativa del Parlamento, non è infatti un momento cristallizzato nel tempo e nello spazio (il momento del voto, l'atto del votare) ma una relazione che vive costantemente.
Le funzioni così sommariamente **descritte possono essere oggi ricondotte a quattro tipologie**: *a*) **legislativa**, *b*) **di indirizzo**, *c*) **di controllo**, *d*) **di dialogo** con la società civile organizzata.
Al fine di semplificare la comprensione di tali tipologie, le funzioni di indirizzo e di controllo saranno trattate insieme, sebbene debba essere chiaro come la funzione di indirizzo sia particolarmente significativa nelle forme di governo parlamentari e semipresidenziali laddove il Parlamento è chiamato a indirizzare costantemente l'attività politica del governo, mentre la funzione di controllo riveste un ruolo preminente negli ordinamenti presidenziali dove il principio della separazione dei poteri pone il Parlamento in una posizione di costante vigilanza rispetto all'esecutivo.

7. LA FUNZIONE LEGISLATIVA

Il Parlamento è la sede per eccellenza del potere legislativo. Tale potere emerge fin dagli albori del parlamentarismo quando, rivendicando l'esistenza di questo luogo rappresentativo, le classi borghesi chiedevano di poter limitare

il potere del sovrano tramite la legge approvata, appunto, dal Parlamento in cui tali classi erano rappresentate. Si afferma così il principio della separazione o divisione dei poteri, con il legislativo riconosciuto al Parlamento e l'esecutivo al sovrano o a un suo delegato.
Oggi la funzione legislativa è la caratteristica principale dei Parlamenti a tal punto che potrebbe dirsi che un Parlamento privo di tale potere non può essere chiamato tale. Si tratta di una caratteristica indefettibile ma non certo sufficiente a qualificare il Parlamento.
Il potere legislativo è esercitato secondo un procedimento definito, nelle sue linee essenziali, in Costituzione e disciplinato nello specifico dai regolamenti adottati dalle Camere.
Tendenzialmente possiamo individuare tre fasi del procedimento legislativo: *a*) la fase dell'iniziativa, *b*) la fase dell'istruttoria o dell'esame del provvedimento, *c*) la fase dell'approvazione e della successiva entrata in vigore.
L'**iniziativa legislativa** spetta, innanzitutto, a ciascun membro delle Camere e, salvo l'eccezione dei sistemi presidenziali, al governo. In alcuni casi tale potestà è riconosciuta ad altri organi dello Stato (come il Consiglio nazionale dell'economia e del lavoro in Italia) o a frazioni di elettori (in Spagna, per esempio, sono necessari 500 mila elettori per presentare una proposta di legge *ex* art. 39 Cost. mentre in Austria bastano 100 mila elettori o un sesto degli elettori di almeno tre Stati *ex* art. 41, comma 2 della Costituzione).
In alcuni ordinamenti si sottraggono all'iniziativa legislativa parlamentare i disegni di legge finanziari o di bilancio (è il caso del Regno Unito, dove è strettamente riservata al governo l'iniziativa di proposte di legge che comportino oneri al bilancio); in altri si prevede che siano esaminati solo disegni di legge presentati da un numero minimo di parlamentari, come in **Germania** dove, ai sensi dell'art. 76 del regolamento interno, le proposte di iniziativa legislativa dei deputati devono essere sottoscritte da almeno il 5% dei membri del Bundestag e da una «frazione» per poter essere istruite.
Nel **Regno Unito** e in **Canada** i lavori della Camera sono divisi in sessioni che possono durare da 1 fino a 4 anni; ciascuna sessione si apre con un discorso del governo (il *Queen speech* nel Regno Unito e il *Throne speech* in Canada) formalmente letto dalla Corona nel Regno Unito o dal governatore generale in Canada. Tale discorso non rappresenta un mero manifesto programmatico, ma elenca pedissequamente i provvedimenti che il governo intende far approvare alle Camere durante quella sessione, in genere già allegando i testi dei disegni di legge relativi. L'ordine dei lavori, infatti, salve le prerogative riconosciute all'Opposizione ufficiale di cui si è già detto, è saldamente nelle mani del governo.
In questi ordinamenti, **i disegni di legge si dividono in tre categorie**: *i*) i *public* o *government bills* di iniziativa governativa, elencati nel *Queens* o *Throne speech* all'inizio di ogni sessione; *ii*) i *private member bills* di iniziativa dei singoli parlamentari, e *iii*) i *private bills* di iniziativa di singoli cittadini. Le procedure sono differenti a seconda dell'origine del disegno di legge, poiché i regolamenti parlamentari favoriscono l'esame dei provvedimenti di

iniziativa governativa, mentre rendono estremamente difficile l'esame degli altri provvedimenti, affidando alla sorte, alla fortuna (ovvero all'estrazione del numero del disegno di legge da un'urna posta alla destra dello *speaker*), talvolta alla tenacia dei singoli deputati la possibilità che uno di questi provvedimenti venga discusso.

I *private bills* hanno lo scopo, da un lato, di riconoscere poteri speciali o vantaggi anche economici a una o più persone o a società private e, dall'altro, di escludere taluni soggetti o categorie di soggetti dall'applicazione di norme vigenti (potremmo, pertanto, tradurle come leggi *ad personam*). Tali disegni di legge si riconoscono non solo per il loro contenuto particolaristico, ma anche perché riportano nel titolo stesso del provvedimento il nome del soggetto o dei soggetti o della società che se ne avvantaggiano.

La seconda fase del procedimento legislativo è quella che più diverge da ordinamento a ordinamento.

Nel **Regno Unito** e negli **altri ordinamenti di derivazione anglosassone** come il **Canada** o l'**Australia** la fase istruttoria di un disegno di legge consta di 3 momenti diversi detti «letture». La prima lettura consiste nella presentazione materiale del disegno di legge allo *speaker* e nell'ordine di quest'ultimo di procedere alla «stampa e distribuzione». Con la seconda lettura comincia la vera e propria discussione generale del provvedimento, direttamente in Assemblea. Il deputato proponente o il governo illustrano il contenuto del disegno di legge e ne spiegano i principi essenziali; durante il dibattito conseguente, l'Opposizione può presentare una sua proposta alternativa e nominare una sorta di «relatore di minoranza», in genere coincidente con lo *shadow minister*, il ministro ombra corrispondente al ministro in carica presentatore del disegno di legge.

Terminata la discussione, sono poste in votazione, dapprima, le mozioni di rinvio dell'esame e le proposte di stralcio presentate, quindi, la proposta di passaggio all'esame del testo. In caso di esito favorevole di quest'ultima mozione, il provvedimento è esaminato, articolo per articolo, dalla commissione competente per materia. La commissione licenzia il disegno di legge con o senza emendamenti e, contestualmente, presenta all'Assemblea una relazione di maggioranza a cui può accompagnarsi una relazione di minoranza. Questa fase – che prende il nome di *report stage* – permette ai deputati che non sono membri della commissione che ha esaminato il provvedimento di conoscerne il contenuto e proporre ulteriori emendamenti. Durante il *report stage*, infatti, corrispondente per certi versi alla nostra «discussione generale», il disegno di legge è illustrato in Aula dal relatore nominato dalla commissione.

A conclusione del *report stage*, il disegno di legge è sottoposto alla terza lettura della Camera nel cui corso sono posti in votazione gli emendamenti, gli articoli e il testo nel suo insieme. Nel corso di questa lettura non possono essere presentati nuovi emendamenti né proposte di stralcio o di rinvio della discussione. Dopo il voto favorevole, il provvedimento è inviato all'altra Camera dove si avvia il medesimo iter di esame: il *Parliament Act* del 1911, modificato dal successivo *Parliament Act* del 1949, ha però disposto che, in determinate circostanze, la Camera dei comuni possa approvare in via definitiva un disegno di legge anche con il voto contrario della Camera dei lord o senza che questa si sia espressa in tempo utile. In ogni caso, in materia di tassazione e spesa pubblica, l'approvazione dei progetti di legge è riservata alla sola Camera dei comuni, ovvero alla sola Camera elettiva nel pieno rispetto del principio *no taxation without representation*.

In **Germania**, nel Bundestag, la fase istruttoria è sostanzialmente simile a quella britannica con tre distinte letture svolte in Aula. Il disegno di legge è presentato sommariamente in Aula e se un gruppo parlamentare («frazione») o un'ampia maggioranza ne chiedono l'esame, questo è trasmesso alla commissione competente che lo esamina articolo per articolo. Conclusa la discussione in commissione, il testo è trasmesso all'Aula per la seconda lettura, per approvarlo nella versione licenziata dalla commissione ovvero apportarvi altre modifiche. Dopo la discussione e l'approvazione articolo per articolo del disegno di legge, si avvia la terza lettura che consiste in un nuovo dibattito generale e nella votazione finale nel suo complesso del provvedimento, votazione che può essere sospesa o rinviata su richiesta della maggioranza dei parlamentari ovvero qualora il Bundestrat ritenga che si stia intervenendo in una materia di competenza federale.

In **Spagna**, dove vige un bicameralismo asimmetrico, i disegni di legge devono sempre essere istruiti dal Congresso dei deputati ovvero la Camera eletta a suffragio universale e diretto; i provvedimenti di iniziativa dei senatori sono, infatti, trasmessi alla Camera per l'avvio dell'istruttoria sempre che il Senato ne deliberi la rilevanza a maggioranza assoluta.

Nel corso della fase istruttoria le commissioni che esaminano i disegni di legge possono disporre le già citate *hearings* o «udienze legislative». **Nell'ordinamento statunitense esistono due tipologie di «congressional hearings»**: le *legislative hearings* e le *oversight hearings*. Le prime sono decisamente le più comuni e sono disposte, di regola, nella fase istruttoria di un disegno di legge dalle commissioni competenti per materia (e più spesso da sottocommissioni costituite *ad hoc*). La finalità di queste audizioni è acquisire quante più informazioni possibili sul provvedimento in esame, innanzitutto coinvolgendo nel procedimento quei soggetti potenzialmente destinatari degli effetti delle norme in esame. Le *oversight hearings*, invece, hanno la finalità di discutere gli effetti prodotti da leggi in vigore: esse sono disposte, in genere, quando si ravvisino problemi nella corretta applicazione della norma ovvero la necessità di ripensarne il contenuto. Entrambe, dunque, rappresentano un momento fondamentale nella vita parlamentare statunitense.

Le *hearings* sono disposte di regola per ogni provvedimento che rivesta una certa importanza per l'opinione pubblica, ma di fatto sono attivabili, per consuetudine, anche su richiesta del *caucus* di minoranza. Come disposto, infatti, dall'art. 11, lett. *g* del regolamento della Camera, tali udienze sono pubbliche (salvo che si approvi a maggioranza assoluta una mozione motivata volta a svolgere segretamente alcune audizioni, per esempio, per tutelare la riservatezza delle testimonianze) e sono preannunciate con almeno una settimana di anticipo, con la pubblicazione della convocazione sul *Daily Digest* e l'invio, mediante e-mail, a tutti i soggetti interessati i quali vantano un vero e proprio «diritto» a essere ascoltati dalla commissione. Ciascun interveniente, in ogni caso e salvo proroghe esplicite, può esporre le proprie ragioni al massimo per 5 minuti, dopo di che è sottoposto alle domande dei membri della commissione, con cui si instaura, di fatto, un vero e proprio contraddittorio.

A conclusione delle *hearings*, la commissione (o il sottocomitato incaricato) procede alla c.d. *markup*, ovvero alla modifica o integrazione del *bill* alla luce delle osservazioni dei soggetti auditi: la commissione, nella definizione dell'articolato, motiva le ragioni alla base delle singole opzioni e la relazione così licenziata è inviata agli auditi e trasmessa (insieme al resoconto stenografico delle stesse audizioni) all'Aula, in vista dell'esame del provvedimento.

La terza fase del procedimento legislativo consiste nell'approvazione del disegno di legge che, come si è visto, coincide con le c.d. «terze letture» in Canada, nel Regno Unito, in Germania. In Spagna, invece, quando si conclude la fase di esame o istruttoria del provvedimento in commissione, il presidente del Congresso dei deputati deve informare il presidente del Senato, trasmettendogli il testo approvato. Il Senato, a quel punto, ai sensi dell'art. 90 della Costituzione, può opporre il suo veto a maggioranza assoluta entro 2 mesi dal ricevimento, oppure apportare modifiche al testo entro 2 mesi dalla ricezione. Nel primo caso il Congresso può superare il veto del Senato deliberando nuovamente a favore del provvedimento, dapprima a maggioranza assoluta e, in caso di esito infruttuoso della prima votazione, a maggioranza semplice in nuova votazione che deve avvenire a distanza di almeno 2 mesi. Nel secondo caso, invece, il Congresso può decidere di accettare o respingere, a maggioranza semplice, gli emendamenti approvati. In ogni caso spetta al solo Congresso dei deputati il compito di approvare in via definitiva il disegno di legge.

Successivamente all'approvazione definitiva di un disegno di legge, il testo è trasmesso a un terzo organo dello Stato, il presidente o il sovrano, che ha il compito di «sanzionare» definitivamente il provvedimento con la «promulgazione» (come nel caso italiano) o con l'autorizzazione all'entrata in vigore; in Germania, Austria, Italia, Francia tale autorità può disporre un rinvio alle Camere ma, generalmente, nel caso in cui le Camere confermino il voto favorevole è costretto alla definitiva promulgazione. Emblematico, al riguardo, il veto che può porre il presidente degli Stati Uniti d'America rispetto a un disegno di legge approvato dal Congresso: il veto implica un rinvio del provvedimento alle Camere ed è superabile con la riapprovazione del testo a maggioranza qualificata; in tal caso, il presidente è costretto a disporre l'entrata in vigore della legge.

8. LA FUNZIONE DI CONTROLLO E INDIRIZZO

La funzione di controllo parlamentare rappresenta, nelle democrazie contemporanee, una seconda funzione indefettibile dei Parlamenti.
Nell'ordinamento italiano, non a caso, tale attività di controllo trova il proprio fondamento nell'art. 1 della Costituzione laddove si attribuisce la sovranità al popolo che la esercita nelle forme previste dalla medesima Carta fondamentale: una delle sue forme di esercizio sta nell'elezione dei propri rappresentanti in Parlamento e nella consegna, a questi, di un mandato a verificare l'operato di chi detiene il potere di governo del Paese.
La nozione di «controllo parlamentare» traduce, dunque, in quest'ottica, il principio di sovranità, attribuendo ai membri del Parlamento il potere di operare una disamina dell'operato del governo e dell'apparato pubblico in generale per farne valere la responsabilità, al fine di adottare le misure ritenute necessarie. Infatti, è proprio attraverso tale attività che il Parlamento dà rilevanza giuridica e garantisce visibilità all'indirizzo politico del governo, facendone valere la sua c.d. «responsabilità politica diffusa»; in questo senso, l'esercizio di tale funzione è elemento vitale della democrazia e condizione basilare della governabilità.
La «funzione di controllo parlamentare» è da tenere distinta dalla «funzione di garanzia costituzionale» pure svolta dalle Camere, anche se, trovando entrambe la propria radice nei primi articoli delle Carte costituzionali di tutti gli ordinamenti democratici, esse operano «a specchio», l'una sostenendo l'altra. Ma a differenza della seconda, la funzione di controllo si inserisce, nelle forme di governo parlamentari e semipresidenziali, nel rapporto fiduciario tra governo e Parlamento. Controllo parlamentare e forma di governo, infatti, sono espressioni strettamente connesse, a tal punto che la modalità concreta di esercizio del primo è funzionale a definire la seconda e, ugualmente, al mutamento di forma di governo corrisponde un mutamento nell'atteggiarsi della funzione di controllo.
Le concrete modalità di esercizio della funzione di controllo sono individuate dai regolamenti interni alle Camere che prevedono, da un lato, strumenti parlamentari tipici e, dall'altro, procedimenti che si risolvono nell'attività di controllo dell'esecutivo.
Per quanto riguarda gli strumenti tipici del controllo, rilevano, innanzitutto, le **interrogazioni**, le **interpellanze**, le **indagini conoscitive**, le **inchieste parlamentari**, che possono risolversi attraverso la presentazione di mozione e/o risoluzioni e che ritroviamo in tutte le democrazie.
Le interrogazioni parlamentari, in particolare, consistono, in genere, in una semplice domanda, se un fatto sia vero, se alcuna informazione sia giunta al governo, o sia esatta, se il governo intenda comunicare al Parlamento documenti o notizie o abbia preso o stia per prendere alcun provvedimento su un oggetto determinato.

A tale strumento si è affiancato in quasi tutte le democrazie stabilizzate una particolare specie di interrogazione definita, con terminologia anglosassone, *question time*.
Il *question time* è una tipologia di interrogazione orale a risposta immediata e diretta. **Il Regno Unito è la patria del «question time»**, svolto ogni giorno, dal lunedì al giovedì, per un'ora. L'Opposizione ufficiale, in questa occasione, rivolge, secondo modalità privilegiate rispetto alle altre minoranze, domande specifiche al governo. La procedura prevede che lo *speaker* chiami il nome del deputato presentatore della domanda. Questa non è letta in aula, essendo stata già consegnata al ministro competente per iscritto, ma ne è semplicemente richiamato il numero. Il ministro al quale è diretta, legge, a sua volta, una risposta già scritta. A questo punto il deputato può dirsi soddisfatto o meno dalla risposta data. Se non è soddisfatto, può rivolgere altre domande – non previste nell'interrogazione scritta – al ministro, il quale è tenuto a rispondere. Appare evidente come il ministro chiamato a rispondere debba conoscere l'oggetto della domanda perfettamente, ed essere in grado di rispondere non solo alla domanda posta, ma a tutte le possibili ulteriori interrogazioni sul tema. Dovrà allora essere completamente informato sulla materia se non vuole trovarsi in imbarazzo dinanzi all'intero Parlamento. È così accentuato, oltre al fine informativo dell'interrogazione orale, peraltro presente anche in quelle scritte, il fine volutamente critico verso l'operato del governo, valorizzato dalla possibilità di domande supplementari non previste né precedentemente concordate.
Sempre nel Regno Unito, ogni mercoledì pomeriggio, è chiamato a rispondere alle domande il primo ministro in persona: in questa occasione si parla di *prime minister's question time*. È in tale momento che l'Opposizione mostra tutte le sue potenzialità, obbligando il primo ministro in persona ad assumersi le responsabilità del proprio operato. Si ha, infatti, un incontro-scontro tra primo ministro e leader del governo ombra. A lui, e solo a lui, è concessa la possibilità di svolgere fino a 5 domande supplementari non previste così da trasformare il *prime minister's question time* nel momento privilegiato della controinformazione di opposizione, il più efficace strumento di visibilità, idoneo ad accertare le criticità del governo e le spaccature nella maggioranza.
Questa tipologia di interrogazione, pur riprodotta con sfumature diverse in altri ordinamenti a partire da quello italiano, non ha avuto il medesimo utilizzo né il medesimo effetto prodotto nel Regno Unito: ciò probabilmente per l'impossibilità di riprodurre in contesti diversi da quello anglosassone la medesima cultura politica basata, come si è detto, su una contrapposizione netta ma leale tra due forze politiche opposte ma unite sui principi e valori fondanti l'ordinamento.
Negli ordinamenti democratici, con quest'ultima precisazione, **i parlamentari utilizzano interrogazioni e interpellanze con estrema frequenza**: si tratta, infatti, di uno dei pochi strumenti il cui esercizio è prerogativa del singolo deputato, a prescindere dall'appartenenza ai gruppi di maggioranza e di opposizione. Il loro esercizio è tale che interrogazioni e interpellanze sembrano

diventate lo **sfogo dell'attività dei parlamentari**, la rara occasione in cui questi possono manifestare (specialmente al collegio elettorale di riferimento) di essere parte attiva del Parlamento non in quanto componenti della maggioranza o dell'opposizione, ma in quanto tali.
Ulteriore strumento di controllo dell'operato del governo, come pure si è accennato, sono le **indagini conoscitive** disposte dalle commissioni permanenti o le più penetranti commissioni d'inchiesta, che sono tuttavia attivabili solo dalla maggioranza.
In **Spagna**, **Germania** e **Francia** le commissioni, nelle materie di propria competenza, possono procedere a indagini conoscitive dirette ad acquisire notizie, informazioni e documenti utili alle attività delle Camere. Lo «strumento» dell'indagine, quindi, si traduce nell'avvio di un subprocedimento nell'ambito del procedimento istruttorio della commissione e si pone anche come il momento ideale per raccogliere quelle informazioni necessarie ai fini dell'esercizio del controllo. L'indagine, sotto forma di audizione o *hearings*, è spesso utilizzata nel corso di un procedimento legislativo per sentire le posizioni degli interessi diffusi, come si è già accennato.
A differenza dell'indagine, l'inchiesta parlamentare, una volta attivata, porta all'istituzione di una commissione speciale, *ad hoc*, a cui l'Aula delega il compito di indagare con gli stessi poteri e le stesse limitazioni dell'autorità giudiziaria.
L'inchiesta rappresenta, così, un forte momento di confronto tra il Parlamento e il governo inteso come «pubblica amministrazione» ma anche tra il Parlamento e i soggetti privati i cui comportamenti ben potrebbero essere causa scatenante l'inchiesta. Tale strumento, infatti, non è diretto all'esclusivo esercizio del controllo nei confronti del governo, ma assolve a quella funzione informativa «generale» secondo la quale il Parlamento britannico è il luogo in cui qualsiasi notizia, opinione, sentimento o problema debba trovare voce e interesse.
Accanto agli strumenti di controllo parlamentare richiamati, vanno ricordati alcuni procedimenti previsti dai regolamenti parlamentari delle democrazie qui considerate ovvero da leggi ordinarie che, per loro natura, sono da ricondursi, a nostro avviso, nell'ambito della funzione di controllo parlamentare. Ci si riferisce a quei procedimenti in cui la decisione del Parlamento giunge al termine di una filiera istituzionale di controlli: si pensi, per esempio, all'approvazione del rendiconto consuntivo presentato dal governo nel corso della sessione di bilancio, o all'approvazione dei disegni di legge di conversione dei decreti legge in Italia o degli omologhi strumenti in altri ordinamenti, o all'autorizzazione alla ratifica dei trattati internazionali o all'analisi degli schemi di decreti legislativi o dei regolamenti di iniziativa governativa.
In ognuno di questi casi, il Parlamento è chiamato a verificare la sussistenza di precise condizioni e a valutare *politicamente* la situazione: dovrà, così, confrontare il consuntivo dell'anno in corso con il bilancio preventivo dell'anno precedente e comprendere le ragioni di eventuali variazioni, chiedendo adeguate spiegazioni al governo; ovvero accertarsi che il decreto legge di

cui è chiesta la conversione sia stato emanato per reali motivi di urgenza e necessità; o ancora verificare che lo schema di decreto legislativo proposto dal governo sia coerente con i principi e le linee guida approvati dal Parlamento nella legge delega.
Si tratta, in sostanza, di procedimenti che, per gli obiettivi che si vogliono raggiungere, traducono concretamente l'azione di controllo del Parlamento e, al tempo stesso, quella di reindirizzo del governo.
È evidente che quest'ultima funzione assume una particolare rilevanza nelle forme di governo parlamentari e semipresidenziali dove il Parlamento è chiamato a indirizzare l'azione politica dell'esecutivo.
In questi sistemi, infatti, il Parlamento, dapprima mediante la mozione di fiducia al governo finalizzata a consentirne la formazione (fiducia che è implicita nel Regno Unito ma non negli altri ordinamenti) e, successivamente, mediante l'approvazione di mozioni e risoluzioni su specifici temi, svolge una costante funzione di reindirizzo o, potremmo dire, «di aggiornamento» della politica governativa.
Nelle forme di governo parlamentari e semipresidenziali, infatti, l'azione del Parlamento è paragonabile – se si consente il paragone ardito – a quella di un macchinista di treno. Quando un treno lascia la stazione di partenza, sa bene dove deve arrivare; peraltro, il percorso è definito dai binari e il capotreno non può mutare la rotta. Tuttavia, possono esserci interruzioni della linea, smottamenti, o nevicate improvvise, o può accadere che qualcuno abbia attivato uno scambio sbagliato così da spingere il treno in direzione errata. Ecco, in questi casi, interviene il macchinista a correggere la rotta, a riportare il treno a destinazione, magari anche deviando il percorso o allungando i tempi di percorrenza, aiutando, così, il capotreno, che ben potremmo equiparare al governo. Tale funzione di reindirizzo si alimenta, dunque, dei risultati dell'attività di controllo che il Parlamento svolge: se, per esempio, attraverso il controllo l'Assemblea verifica l'inattuazione di una certa scelta politica o l'inefficacia di una certa deliberazione, ecco che deve attivarsi per mutare l'indirizzo o precisarlo.
Rientra, per certi versi, nella funzione di controllo ma è, al tempo stesso, **una funzione di indirizzo** quella **riconosciuta al Senato degli Stati Uniti d'America di «parere e consenso» ovvero «advice and consent»**. Secondo la Costituzione statunitense, infatti, il Senato convalida a maggioranza assoluta le nomine effettuate dal presidente degli Stati Uniti (ivi comprese quelle dei giudici della Corte suprema) e approva, a maggioranza dei due terzi, i trattati internazionali ratificati dal presidente.

9. LA FUNZIONE DIALOGANTE

Vi è poi una **terza funzione** dei Parlamenti contemporanei che emerge in modo preponderante negli ultimi anni ma che è ancora poco esaminata dalla dottrina.

È una funzione che potremmo chiamare **dialogante**, ovvero di costruzione di un **permanente e costante dialogo aperto e trasparente con le espressioni della società civile e degli interessi organizzati** finalizzato a intraprendere un continuo confronto con i destinatari dell'azione del Parlamento così da assicurare la qualità dei processi decisionali e l'efficacia degli atti adottati.
La funzione dialogante del Parlamento è strumentale all'esercizio delle altre funzioni: se infatti è compito primario di ogni Assemblea rappresentativa «fare buone leggi, educare bene la Nazione, essere correttamente interprete dei desideri della Nazione, portare compiutamente i problemi all'attenzione del Paese» allora diventa necessario, per poter assolvere a tali gravosi compiti, non rinchiudersi all'interno dell'Aula per la durata del mandato elettivo ma piuttosto aprirsi continuamente verso l'esterno del Palazzo così da poter ascoltare gli interessi che maturano nel Paese e compiere scelte che possano raggiungere il bene comune o l'interesse generale.
In dottrina tali momenti di dialogo tra istituzioni e società sono stati distinti a seconda del soggetto attivo e del ricettore dell'iniziativa. È stato individuato, così, **un processo ascendente dalla società civile al Parlamento, e uno discendente dal Parlamento alla società civile**. Il primo processo trova diretto fondamento in alcuni strumenti partecipativi previsti nelle Costituzioni democratiche; il secondo in talune prerogative riconosciute nei regolamenti parlamentari.
Con riferimento al primo profilo, possono essere lette quelle disposizioni costituzionali che riconoscono il ruolo delle formazioni sociali e garantiscono il diritto di associarsi liberamente, il diritto alla partecipazione, il diritto a presentare proposte di legge popolare il diritto di presentare alle Camere petizioni. La **petizione**, in alcuni Paesi come il Regno Unito e il Canada, non solo è lo strumento giuridico attraverso cui, come si è detto, si introduce un *private bill*, ma è anche il mezzo attraverso cui il parlamentare, su proposta di un suo elettore, presenta una formale richiesta al governo. Generalmente, infatti, può dirsi che una petizione è una richiesta formale a un'autorità per la riparazione di un torto. Le petizioni pubbliche, indirizzate alla Camera dei comuni o presentate alla Camera dai suoi membri, costituiscono una delle vie di comunicazione più dirette tra il Parlamento e i cittadini. Oggi le petizioni possono essere descritte come uno strumento per influenzare il processo di decisione politica e, giudicando dal loro utilizzo, un valido metodo per portare all'attenzione del Parlamento questioni che interessano l'opinione pubblica.
Le petizioni, al pari delle altre prerogative riconosciute a livello costituzionale, sono nel dettaglio disciplinate dai regolamenti parlamentari che hanno individuato ulteriori formule di «ascolto» diretto delle componenti della società. Si pensi, per esempio, alla possibilità già ampiamente esaminata di svolgere inchieste parlamentari, o indagini conoscitive, o *hearings* o udienze legislative.
È da ricondurre a tali ipotesi anche la **previsione di regole volte a disciplinare la partecipazione dei portatori di interessi particolari (i c.d. «lobbisti»)** nel processo decisionale del Parlamento.

Negli **Stati Uniti d'America** esiste un vero e proprio diritto costituzionale di tali soggetti a influenzare il processo decisionale: il I Emendamento della Costituzione, infatti, entrato in vigore il 15 dicembre 1791, statuisce il *rights to petition to the government*. Tale previsione costituzionale non fonda il semplice diritto a presentare petizioni bensì individua un diritto ben più ampio a esercitare la propria influenza sui decisori pubblici. La parola *petition* infatti deve essere tradotta con il termine *lobby*, che significa, appunto, «influenzare»; d'altronde, quando la Costituzione statunitense venne scritta, la parola *lobbying* non era ancora utilizzata per indicare l'azione di pressione da parte di soggetti privati nei confronti dell'autorità politica decisionale.
La conseguenza immediata di tale principio è stata, da un lato, la previsione nei regolamenti del Congresso del coinvolgimento dei gruppi di pressione fin dalla fase istruttoria dei provvedimenti, mediante specifiche *hearings* (come si è ampiamente detto), e, dall'altro, l'istituzione, con una legge del 1946, di un registro pubblico dei lobbisti con i quali il Parlamento è tenuto a confrontarsi quando esamina un qualsiasi provvedimento.
Il medesimo percorso volto a includere gli interessi organizzati nel processo decisionale in Parlamento secondo regole trasparenti e uguali per tutti si ritrova in altri ordinamenti democratici.
Al riguardo si può citare quanto previsto nel **Regno Unito** dal *Transparency of Lobbying, Non-party Campaigning and Trade Union Administration Act* del 2014, approvato dal Parlamento britannico il 28 gennaio 2014 ed entrato in vigore il 1° marzo 2014. L'art. 1 della legge espressamente dispone che i *consultant lobbyists*, ovvero coloro che fanno *lobbying* per conto terzi, devono iscriversi in un registro pubblico, indicando i propri riferimenti e quelli del proprio cliente, nonché i pagamenti ricevuti (artt. 4, 5, 6 e allegato 1 della legge). Il registro, che deve essere aggiornato ogni 3 mesi da parte del lobbista, è tenuto presso un'autorità indipendente appositamente costituita, il *Registrar of Consultant Lobbyists* che, oltre a vigilare sulla correttezza delle informazioni, può comminare sanzioni (pecuniarie e amministrative) nel caso in cui siano violati gli obblighi di legge.
In realtà, nel Regno Unito, ben prima della legge del 2014, lo *UK Public Affairs Council* (UKPAC), un organismo che riunisce le tre principali organizzazioni rappresentative del settore lobbistico, aveva già introdotto un elenco pubblico a iscrizione volontaria, in cui sostanzialmente si erano registrate tutte le lobby al fine di evitare una perdita di credibilità.
Identico meccanismo lo ritroviamo, da diversi anni, in **Israele**, in **Australia** e in **Canada** dove, fin dal 1989, con il *Lobbyists Registration Act* (LRA), vi è l'obbligo per i lobbisti di iscriversi in un albo pubblico indicando tutti i propri dati, la finalità della propria azione, le fonti di finanziamento e di redigere una relazione annuale sull'attività svolta.
In **Francia** tale strumento giuridico è stato introdotto a partire dal 2009 quando l'Assemblea nazionale dapprima, e il Senato poi, istituirono un registro pubblico al quale sono tenuti a iscriversi «coloro che fanno *lobbying*»

(«Assemblée nationale, Arrêté du 2 juillet 2009 modifiant l'article 26; Sénat, Arrêté du 7 octobre 2009 et Arrêté de Questure n. 2010-1258 1er decembre 2010»). In realtà, l'iscrizione non è obbligatoria ma i soggetti che si iscrivono hanno diritto di accedere e di circolare nelle sedi delle due Camere e possono visionare in anteprima la documentazione parlamentare (e in special modo il fascicolo degli emendamenti). Al tempo stesso, è fatto loro divieto di cedere la documentazione a titolo oneroso, di ottenere informazioni con mezzi fraudolenti, di fornire informazioni parziali, erronee o inesatte, di svolgere all'interno del Parlamento attività commerciale o pubblicitaria.

In altri ordinamenti, come la **Spagna**, la **Grecia**, il **Portogallo**, l'Italia, e nel contesto latinoamericano, invece, il rapporto tra lobbisti e parlamentari è avvolto da una quasi totale oscurità per una serie di motivi riconducibili, sinteticamente, al ruolo pressoché monopolistico dei partiti politici nell'intermediazione tra società e Stato, alla natura del tessuto economico-sociale caratterizzato da piccole e medie imprese, al basso livello di cittadinanza attiva e, certamente, al «mito» dell'interesse pubblico di derivazione francese che solo negli ultimi vent'anni sembra in via di superamento. A lungo, infatti, si è ritenuto nel nostro Paese che il decisore pubblico – *in primis* il membro del Parlamento – non dovesse essere «inficiato» da nessun contatto con l'esterno nel corso del processo decisionale, dovendo rappresentare l'interesse generale come fosse frutto di una valutazione autonoma, isolata, indipendente da fattori sociali, economici, culturali. Tale visione per così dire «giacobina» del processo decisionale fondata sull'idea che il decisore, in quanto tale, sappia – ancora prima di decidere – che cosa sia l'interesse generale e possa, di conseguenza, decidere senza alcun confronto con i destinatari della decisione, non appare più sostenibile nel tempo presente quando ormai è assodato il fatto che chiunque sia chiamato ad assumere una qualche decisione di rilevanza pubblica debba necessariamente, da un lato, acquisire informazioni – specialmente quelle di natura tecnica – da chi opera nel settore oggetto di regolazione e, dall'altro, verificare preventivamente l'impatto della decisione sui suoi destinatari naturali così da evitarne effetti non voluti.

Quest'ultimo approccio, che caratterizza gli ordinamenti anglosassoni, sembra ormai assodato negli ordinamenti culturalmente meno convinti della necessità di aprirsi all'esterno e di assicurare forme di legislazione condivisa e partecipata. D'altronde la democrazia rappresentativa, per essere tale, necessita di un dialogo continuo e costante, aperto e trasparente, tra decisore politico e interessi organizzati di pressione, ed è naturale e auspicabile che tale rapporto non si esaurisca in occasione del finanziamento da parte dei privati delle campagne elettorali.

Negli ordinamenti democratici, come si è accennato, **le Carte fondamentali o i regolamenti parlamentari definiscono limiti e garanzie affinché la decisione politica sia assunta in Parlamento secondo regole di trasparenza e nel rispetto di principi etici che assicurino l'indipendenza del decisore e il divieto di ogni vincolo esterno al suo mandato parlamentare**.

È infatti proprio in Parlamento che tali gruppi dovrebbero trovare un qualche ruolo: il Parlamento è, per sua natura, l'unica istituzione aperta verso la società; è luogo trasparente perché i suoi atti sono pubblici e facilmente acquisibili; è luogo di inclusione, è di tutti e da tutti osservabile.
Come evidenzia l'analisi comparata, e come è stato efficacemente osservato da Manzella, «all'incontro tra la filiera verticale della rappresentanza generale e la filiera orizzontale delle rappresentanze organiche» c'è il Parlamento che, dimostrando di saper conciliare la rappresentanza della volontà generale con il pluralismo sociale, «può ritrovare un ruolo centrale di prestazione di garanzia e di integrazione dell'ordinamento». È anche su questa sfida che si gioca il futuro dei Parlamenti, culla della democrazia.

CAPITOLO 7

Il capo dello Stato

Obiettivi di apprendimento

- **Conoscere e identificare i criteri distintivi delle principali tipologie di capo dello Stato, tra monarchie e repubbliche**
- **Ricostruire la genesi, le tappe evolutive e individuare le caratteristiche di questa figura nel costituzionalismo**
- **Individuare i modi e le forme che determinano la sua derivazione e la sua durata in carica**
- **Analizzare i singoli poteri che lo qualificano**
- **Delineare le prospettive e le tendenze evolutive**

1. LA FIGURA DEL CAPO DELLO STATO

Monarca o presidente della Repubblica, a seconda della forma di Stato, **la figura del capo dello Stato è un organo ormai formalmente presente pressoché in tutti gli ordinamenti costituzionali**[1].
Generalmente di tipo monocratico, il capo dello Stato **svolge da sempre una pluralità di funzioni**, a partire da quella principale di rappresentare la comunità statale nell'ambito dell'ordinamento internazionale.

Questo capitolo è di Francesco Clementi.

[1] Le uniche note eccezioni riguardano, infatti, la Costituzione giacobina francese del 24 giugno 1793 che non lo prevedeva, così come alcuni ordinamenti socialisti nei quali, invece, questa figura veniva sussunta in una concezione oltremodo radicale della sovranità popolare, sebbene – per esser chiari – lo spazio politico e le funzioni tipicamente svolte da questa figura venissero a essere ricoperte in concreto dal segretario del Partito comunista, che non di rado era pure il presidente dell'organo supremo di direzione politica.

Dotato in ragione di ciò di immunità sul piano del diritto internazionale, il capo dello Stato nei suoi poteri e funzioni concorre a determinare e a qualificare la forma di Stato e la forma di governo, sia quando è elettivo ed è investito del compito di dirigere – in tutto o in parte – l'attività di governo (come accade, per esempio, negli Stati Uniti o in Francia), sia quando viene eletto dal Parlamento, monocamerale o bicamerale che sia, in piena separazione di poteri e di funzioni rispetto all'istituzione governo (come in Germania o in Grecia). D'altronde, a seconda del contesto giuridico-costituzionale in cui agisce, possiamo riscontrare che **alla figura del capo dello Stato vengono attribuite molte e diverse funzioni** che, nel prosieguo, appunto, vedremo analiticamente: da quella di rappresentare l'unità nazionale a quella di garantire l'indipendenza nazionale e il regolare funzionamento delle istituzioni democratiche; dal potere di scioglimento delle Assemblee legislative alla nomina del vertice del governo; dal comando – reale o simbolico – delle Forze armate, alla nomina degli alti vertici dell'amministrazione; dall'indizione dei referendum di ogni genere e tipo, a partire da quelli costituzionali, alla presidenza delle istituzioni di garanzia della magistratura. Per arrivare, infine, alla piena e puntuale sovrapponibilità tra il capo dello Stato e il vertice del potere esecutivo, tipica delle forme di governo presidenziali.
Non a caso, dunque, proprio questa varia e ampia differenziazione del suo ruolo e dei suoi poteri, **fa sì che le trasformazioni del ruolo e della funzione che svolge la figura del capo dello Stato abbiano sempre accompagnato le forme di Stato e quelle di governo**, divenendo i modi e le forme di derivazione di quest'organo uno dei due principali parametri pure per la definizione e classificazione delle forme di Stato (v. *supra* capp. 4 e 5).
Tuttavia, se, in questo senso, ogni figura di capo dello Stato fa storia a sé, dovendo essere valutata ogni esperienza attraverso le scelte fatte tanto riguardo al rispetto formale del contenuto di quanto previsto dal suo testo costituzionale di riferimento, quanto, del pari, riguardo alle dinamiche informali che hanno prodotto le condizioni di contesto nelle quali quel capo dello Stato è stato costretto a operare (oltre che quelle che, a sua volta, egli stesso ha contribuito a determinare), si può comunque ben dire che, pur tra similitudini e differenze, grazie al metodo della comparazione è possibile ricostruire una corretta identificazione del ruolo e della posizione della figura «capo dello Stato», innanzitutto nell'esperienza delle democrazie stabilizzate qui prese in considerazione; evidenziando i principali elementi comuni riguardo al ruolo, alle modalità di elezione, alla durata in carica, alle responsabilità, ai poteri e alle attribuzioni che qualificano questo organo.

2. NATURA E RUOLO

La figura del capo dello Stato nasce alle origini dell'età moderna, trovando le sue ragioni nella tradizione storica che connota quest'organo, derivante innanzitutto da quella del monarca assoluto *superiorem non recognoscens*.

Caratterizzato dunque dall'essere in posizione di preminenza rispetto a tutti gli altri soggetti dell'ordinamento, l'istituzione «capo dello Stato» viene a emergere infatti solo quando si viene progressivamente a sterilizzare il potere assoluto del monarca, in ragione, innanzitutto, delle tre grandi rivoluzioni – quella inglese, quella statunitense e quella francese – intervenute tra la fine del Seicento e la fine del Settecento.
In tal senso, la nascita, lo sviluppo e l'affermazione del costituzionalismo come processo storico e politico, da un lato, provoca la crescente riduzione del potere assoluto del monarca, sostituito via via dai principi e dai criteri propri dello Stato di diritto e, dall'altro, grazie all'affermazione di quelli caratterizzanti la separazione dei poteri (v. *supra* cap. 2), consente di far emergere definitivamente, in un sistema di pesi e contrappesi, la figura del capo dello Stato, modernamente intesa.
Tradizionalmente gli ordinamenti si distinguono in «monarchie» e «repubbliche», proprio secondo la natura del capo di Stato.
Così, dentro la dialettica tra monarchia e repubblica che, a partire dalla fine del Settecento, caratterizza le maggiori esperienze ordinamentali, due teorie sono state delineate per definire la natura di quest'organo.
Per i teorici dello stato moderno, infatti, anche in ragione del tipo di struttura del sistema in cui l'organo «capo dello Stato» viene a essere inserito, vi possono essere due modi distinti di interpretare la natura e il carattere della sua superiorità, venendosi a definire, sostanzialmente, intorno a due criteri: **o come preminenza in posizione o come preminenza in funzione**.
Si tratta di due distinti modi di essere e di vivere la natura del capo dello Stato che evidenziano, al fondo, le concezioni dei due principi che li animano, ossia quello di tipo monarchico o quello di tipo repubblicano.
In particolare, nella definizione della natura del capo dello Stato alla luce del principio monarchico emerge l'elemento di quella preminenza in posizione che è espressione di un ordinamento costituzionale strutturalmente immaginato e basato su una configurazione giuridico-formale in qualche modo di tipo gerarchico, nella quale il ruolo del capo dello Stato viene a essere qualificato in sé, appunto, come quella di un organo superiore.
Questa scelta normalmente deriva dalle caratteristiche e dai fattori che qualificano ciascun ordinamento, facendo sì che il capo dello Stato si venga a presentare come organo preminente in quanto espressione o di una legittimazione di tipo teocratico-religiosa, che rende tale figura come l'impersonificazione della volontà divina, oppure di una legittimazione che si fonda su una tradizione di tipo dinastico-ereditaria, che rende chi possiede il trono, cioè il monarca, legittimato a vantare per ragioni storiche diritti e prerogative su di esso.
In ogni caso, la figura del capo dello Stato come espressione di una preminenza in posizione rende la natura di quest'organo sempre coincidente con quella di una figura monarchica, cioè di un vero e proprio sovrano, anche laddove, come negli ordinamenti odierni propriamente democratici (dal Regno Unito alla Spagna, dal Belgio ai Paesi Bassi), alla preminenza in posizione ormai non

corrisponde più – come invece taluni potrebbero ancora immaginare – una preminenza in funzione.
Al contrario, per quegli ordinamenti che vengono a definire la natura del capo dello Stato come espressione del principio repubblicano, tale figura viene a essere conformata intorno a una preminenza in funzione.
Questa, in particolare, è stata nel tempo progressivamente delineata e modellata dall'evoluzione del costituzionalismo, di modo che il capo dello Stato è venuto a essere identificato sempre più come un organo rappresentativo, al pari degli altri, della sovranità popolare e dei fini che, in ciascun ordinamento, essa racchiude e incorpora.
In questo senso, la natura del capo dello Stato secondo il criterio della preminenza in funzione, propria degli ordinamenti di tipo repubblicano, fa emergere una sua centralità in quanto questa concezione del capo dello Stato rappresenta essa stessa la sintesi di quel processo di trasformazione storico-politica che ha reso la sovranità popolare affermarsi via via nelle comunità statali; per cui gli ordinamenti democratici, a partire da quelli di democrazia stabilizzata, considerano quindi l'organo capo dello Stato un'istituzione indefettibile non soltanto in ragione di una tradizione storica (o della necessità che vi sia comunque, in ogni comunità, un soggetto unico rappresentativo dell'intero assetto della comunità sociale), ma anche in quanto sintesi finale dell'affermazione del principio della sovranità popolare, tipica delle democrazie rappresentative. E proprio in base a questa ragione anche lo stesso capo dello Stato è sottoposto, al pari di tutti gli altri organi costituzionali, alla Costituzione, posto che questa è la «legge superiore» entro le cui modalità, forme e limiti, ogni soggetto – capo dello Stato compreso – è tenuto a conformarsi.
Per cui, al di là delle singole interpretazioni del ruolo e delle funzioni che, come vedremo a breve, sono attribuite all'organo capo dello Stato, gli ordinamenti che si qualificano per considerare la natura di questa istituzione intorno a una sua preminenza in funzione, danno inevitabilmente una lettura di essa come derivazione e conseguenza della piena stabilizzazione dei principi del costituzionalismo moderno, a partire da quello della separazione dei poteri e della garanzia dei diritti, espresso dall'art. 16 della Dichiarazione dei diritti dell'uomo e del cittadino del 1789.
In ragione di ciò, **nel passaggio da re a presidenti**, ossia da una preminenza in posizione a una preminenza in funzione, **varie teorie sono state delineate per interpretare la complessità del ruolo** e **delle funzioni da attribuire alla figura del capo dello Stato**.
Una *prima concezione* vede il capo dello Stato come soggetto espressivo di un vero e proprio potere esecutivo.
In questo senso, il suo ruolo viene a essere plasmato e definito proprio intorno a una concezione che trasfigura, come è stato detto, il principio monarchico del *superiorem non recognoscens* in quello repubblicano, oggi seppur moderato e limitato tanto dal principio della sovranità popolare quanto dal testo

costituzionale di cui è espressione, al quale anche quest'organo – come detto – deve sottostare.

Naturalmente, negli ordinamenti tutto ciò si traduce in quelle forme di governo, di tipo dualista, che vedono il vertice dell'esecutivo eletto direttamente dal corpo elettorale, configurandosi così o come forme di governo di tipo presidenziale (per quanto ci riguarda, a partire innanzitutto dagli Stati Uniti), o come di tipo semipresidenziale (Francia, Portogallo e Austria), sebbene, laddove vi sia la presenza di forme di coabitazione politica tra presidente e maggioranza parlamentare di opposto colore all'esito di un momento elettorale, la figura del capo dello Stato – pur legittimata direttamente dal corpo elettorale – in questo caso sia recessiva nei confronti della maggioranza politica e del primo ministro che, nel legame diretto con il Parlamento e la sua maggioranza appunto, ne è, non a caso, espressione e guida (v. *supra* cap. 5).

Per altri, invece, il capo dello Stato, lo si deve intendere come il «supremo reggitore e garante dell'unità statale» soprattutto di fronte a potenziali stati di crisi.

Questa seconda concezione che vede, in particolare, il capo dello Stato come una figura **garante della legittimità e della continuità statuale**, trova fondamento innanzitutto in quella visione che lo intende, non a caso, come il motore *attivo* nell'ordinamento, se questo, per diverse ragioni, entra in crisi.

Da questo punto di vista, infatti, il capo dello Stato è figura legittimata a intervenire direttamente nelle dinamiche politiche ordinamentali facendo ciò che è in suo potere, come legittimamente previsto dal testo costituzionale, per operare con misure che consentano all'ordinamento sia di mantenersi in vita sia di sanare le situazioni di grave crisi e di stallo, anche di tipo politico-partitico, che possano compromettere l'ordinamento, la sua funzionalità e la sua continuità statuale. Insomma, in un vero e proprio «custode della Costituzione» – non semplicemente un garante della Costituzione –, nel combinarsi di *auctoritas* e di *potestas*, risiede la vera forza di un organo chiamato a ristabilire, di fronte alle crisi, l'ordinamento (e il suo ordine).

In questo senso, **l'esperienza del testo costituzionale della V Repubblica francese relativamente al suo art. 16**[2] o, del pari, di quella – ormai storica –

[2] L'art. 16 della Costituzione francese prevede: «1. Quando le istituzioni della Repubblica, l'indipendenza della Nazione, l'integrità del territorio o l'esecuzione degli impegni internazionali sono minacciati in maniera grave e immediata e il regolare funzionamento dei poteri pubblici costituzionali è interrotto, il presidente della Repubblica adotta le misure richieste dalle circostanze dopo aver ufficialmente consultato il primo ministro, i presidenti delle Assemblee e il presidente del Consiglio costituzionale. 2. Egli ne informa la Nazione con un messaggio. 3. Tali misure devono essere ispirate dalla volontà di assicurare ai poteri pubblici costituzionali, nel minor tempo possibile, i mezzi necessari per provvedere ai loro compiti. Il Consiglio costituzionale è consultato al riguardo. 4. Il Parlamento si riunisce di pieno diritto. 5. L'Assemblea nazionale non può essere sciolta durante l'esercizio dei poteri eccezionali. 6. Passati 30 giorni di esercizio dei poteri eccezionali, il Consiglio costituzionale può essere incaricato dal presidente dell'Assemblea

prevista dall'**art. 48 della Costituzione della Repubblica di Weimar**[3], sono gli esempi più chiari di una concezione attiva del capo dello Stato, declinata nell'ottica del mantenimento dello Stato, della sua integrità, del suo assetto e dell'ordinamento giuridico repubblicano *tout court*.
In merito a quella che appare come una vera e propria emergenza in senso tecnico a cui, appunto, si fa fronte con una concentrazione provvisoria dei poteri nelle mani del capo dello Stato, più di recente, la dottrina ha iniziato a sottolineare – di fronte alla crisi generalizzata della rappresentanza politica e dunque di sistemi politico-partitici sempre più deboli e sfarinati – anche un'emergenza in senso politico, che impone al capo dello Stato un intervento incisivo e penetrante per riattivare le dinamiche politico-istituzionali andate in stallo. Questo intervento nasce dalla considerazione che una sua assenza potrebbe comunque rischiare di consentire la produzione di danni alla tenuta dell'ordinamento di fronte a situazioni di blocco politico; in questo senso, così sembrano mostrarsi, infatti, in non pochi casi, gli interventi dei capi di Stato delle forme di governo parlamentari per favorire la formazione di c.d. «governi tecnici»; in uno schema che, secondo alcuni studiosi, potrebbe essere in qualche modo assimilabile anche a quanto previsto dall'**art. 81 dell'attuale Legge fondamentale tedesca**, laddove si sottolinea la possibilità che il capo dello Stato, in specifiche circostanze di crisi politica, possa far ricorso al c.d. **stato di emergenza legislativo** (*Gesetzgebungsnotstand*)[4].

nazionale, il presidente del Senato, 60 deputati o 60 senatori, di verificare se le condizioni di cui al comma 1 sussistano. Il Consiglio si pronuncia nel più breve tempo possibile tramite un parere pubblico. Procede di pieno diritto a tale esame e si pronuncia alle stesse condizioni allo scadere dei 60 giorni di esercizio dei poteri eccezionali e in ogni altro momento oltre tale durata».

[3] L'art. 48 della Costituzione della Repubblica di Weimar prevedeva: «Se un *Land* non adempie gli obblighi impostigli dalla Costituzione o da una legge del Reich, il presidente può costringervelo con l'aiuto della forza armata. Il presidente può prendere le misure necessarie al ristabilimento dell'ordine e della sicurezza pubblica, quando essi siano turbati o minacciati in modo rilevante e, se necessario, intervenire con la forza armata. A tale scopo può sospendere in tutto o in parte l'efficacia dei diritti fondamentali stabiliti dagli artt. 114, 115, 117, 118, 123, 124 e 153. Di tutte le misure prese ai sensi dei precedenti commi il presidente deve senza indugio dare notizia al Reichstag. Le misure stesse devono essere revocate se il Reichstag lo richieda. Nel caso di urgente necessità, il governo di un *Land* può adottare pel proprio territorio le misure provvisorie indicate nel comma 2. Esse vanno revocate se lo richiedono il presidente del Reich o il Reichstag. Norme più particolari saranno date con legge del Reich».

[4] L'art. 81 della Legge fondamentale tedesca prevede: «(1) Se nel caso dell'art. 68 il Bundestag non viene sciolto, il presidente federale, su richiesta del governo federale e con l'approvazione del Bundesrat, può dichiarare lo stato di emergenza legislativa per un progetto di legge qualora il Bundestag abbia respinto tale progetto di legge nonostante il governo federale ne avesse dichiarato l'urgenza. Ciò vale altresì nel caso in cui un progetto di legge sia stato respinto nonostante il cancelliere federale lo avesse collegato alla richiesta di cui all'art. 68. (2) Se dopo la dichiarazione dello stato di emergenza legislativa il Bundestag respinge nuovamente il progetto di legge o lo approva in una versione che il governo federale considera inaccettabile, la legge si considera perfetta se viene approvata dal Bundesrat. Ciò vale altresì nel caso in cui il progetto di legge non sia stato approvato dal Bundestag entro 4 settimane dalla sua nuova presentazione. (3) Durante il mandato di un cancelliere federale, anche ogni altro progetto di legge respinto dal Bundestag può essere adottato ai sensi dei commi 1 e 2 entro un termine di 6 mesi dalla prima dichiarazione dello stato di emergenza legislativa. Decorso tale termine, non è ammessa una

Vi è, infine, una terza interpretazione del ruolo del capo dello Stato.
La terza concezione è quella che, caratterizzando la maggior parte degli ordinamenti, vede il **capo dello Stato come un «potere neutro»**, al di sopra delle fazioni politiche secondo le tesi delineate allora da Benjamin Constant; una figura capace di rappresentare **l'istanza simbolica, la tutela e la garanzia del rispetto costituzionale e delle regole del gioco democratico** contro tutti i potenziali pericoli che si possono venire a realizzare nella dinamica politico-istituzionale statale, interna o esterna.
Posto dunque al di sopra della dinamica politica in senso stretto, soggetto moderatore dei rapporti e dei conflitti politico-istituzionali, nel tempo questa visione di «neutralità» della figura del capo dello Stato ha dato vita a diverse ulteriori e specifiche declinazioni.
Per alcuni questa neutralità va intesa come se il capo dello Stato rappresenti una **figura meramente simbolica**, dotata di poteri esclusivamente formali, interprete silenzioso del ruolo antico di rappresentare l'unità del Paese, idoneo solo a dichiarare la volontà popolare dopo averne preso atto, magari attraverso quel «consigliare, incoraggiare e ammonire» che Walter Bagehot oltre un secolo fa ebbe a sottolineare per questa figura, considerandolo al pari di quella di una «magistratura di influenza», capace di esercitare fino in fondo un potere discreto e riservato, innanzitutto di *moral suasion*. Nelle democrazie stabilizzate, peraltro, esperienze costituzionali in tal senso non mancano: tanto da quelle perfettamente corrispondenti a questa concezione – come, per esempio, prevede l'attuale testo della Costituzione del Regno di Spagna, proprio nel primo articolo del Titolo II riservato alla Corona, dedicato a definire, appunto, il ruolo e la posizione del re e della Corona nell'ordinamento spagnolo[5] – quanto da altre democrazie stabilizzate che delineano quest'organo nei loro testi costituzionali in modo comunque assimilabile a questa lettura della figura presidenziale[6].
Sempre all'interno della logica di un capo dello Stato di tipo neutrale, per altri vi è una differente visione, quella che vede questa figura come il **garante del rispetto del testo costituzionale**, delle sue norme, anche quelle semplicemente di tipo procedurale, che regolano e determinano i rapporti politici che intercorrono tra i soggetti dell'ordinamento. Quest'ottica vede dunque nel capo dello Stato il soggetto capace di far mantenere – nel mediare, dentro un «sopire e troncare», le asperità della politica – il regolare rispetto innanzitutto delle norme costituzionali.

ulteriore dichiarazione dello stato di emergenza legislativa nel periodo di permanenza in carica dello stesso cancelliere federale. (4) La Legge fondamentale non può essere modificata né può, in tutto o in parte, essere abrogata o resa non applicabile mediante una legge perfezionata ai sensi del comma 2».

[5] L'art. 56, comma 1 della Costituzione spagnola prevede: «Il re è capo dello Stato, simbolo della sua unità e continuità, arbitra e modera il funzionamento regolare delle istituzioni, assume la più alta rappresentanza dello Stato spagnolo nelle relazioni internazionali, specialmente con le Nazioni della sua comunità storica, ed esercita le funzioni espressamente conferitegli dalla Costituzione e dalle leggi».

[6] V., in particolare, la Costituzione dell'Impero del Giappone che, al suo art. 1, prevede che «L'Imperatore è il simbolo dello Stato e dell'unità del popolo; egli deriva le sue funzioni dalla volontà del popolo, nel quale risiede il potere sovrano».

Vi è, infine, una terza lettura dentro la medesima logica di tipo neutrale: quella di un capo dello Stato che, riconoscendo l'evoluzione e il progresso costituzionale, sia **un soggetto capace di mediare e intermediare** il divenire sociale con i valori delineati nei testi costituzionali; di modo che il suo operare possa consentire di meglio integrare, fra testo e contesto, lo sviluppo dell'ordinamento, accompagnando i cambiamenti che le forze vive della comunità politica via via realizzano con quello che è stato stigmatizzato nel testo costituzionale e che, inevitabilmente, la figura del capo dello Stato sussume e, unitariamente, appunto, rappresenta.

3. DERIVAZIONE E DURATA IN CARICA

Sono tre le fonti di legittimazione che identificano e delineano le modalità attraverso le quali si diviene capo dello Stato negli ordinamenti moderni delle democrazie stabilizzate. E queste tre forme di derivazione, che qualificano e determinano appunto la figura del capo dello Stato, attengono innanzitutto alla natura del sistema ordinamentale che, sul piano delle forme di Stato e delle forme di governo, qualifica ciascun ordinamento.
In questo senso, **la prima fonte di legittimazione dalla quale deriva il capo dello Stato è quella relativa alla successione ereditaria** che qualifica, naturalmente, tutti gli ordinamenti costituzionali di tipo monarchico, come il **Regno Unito**. Infatti, in quegli ordinamenti l'ascesa al trono avviene, normalmente, secondo la via ereditaria, rispettando dentro quel percorso – anzi, proprio in ragione di quel percorso – oltre le norme costituzionali scritte, pure tutte quelle norme che, storicamente, per via consuetudinaria sono via via venute a disciplinare e a regolamentare il passaggio dinastico.
Tuttavia, laddove non vi sia un erede secondo quelle antiche regole, poi per lo più costituzionalizzate, sono gli stessi testi costituzionali a prevedere comunque una disciplina per regolare la dinamica della successione dinastica che, normalmente, viene quindi affidata al Parlamento. In particolare, per alcune realtà delle democrazie stabilizzate come in **Belgio**, si prevede che sia il Parlamento a dover esprimere comunque il suo consenso al designato dal re ai sensi degli artt. 85 e 86[7]; in altre realtà, per esempio in **Danimarca**[8],

[7] Gli artt. 85 e 86, sez. I della Costituzione belga, prevedono, infatti, che: «Articolo 85. - I poteri costituzionali del re sono ereditari nella discendenza diretta, naturale e legittima di S.M. Leopoldo-Giorgio-Cristiano-Federico di Sassonia-Coburgo, per ordine di primogenitura. Decadrà dai suoi diritti alla Corona il discendente di cui al comma 1 che contrarrà matrimonio senza il consenso del Re o di coloro che, in sua mancanza, esercitano i suoi poteri nei casi previsti dalla Costituzione. Tuttavia, egli potrà essere esentato da questa decadenza dal re o da coloro che, in sua mancanza, esercitano i suoi poteri nei casi previsti dalla Costituzione, e previa approvazione delle due Camere». «Articolo 86. - In mancanza di discendenza di S.M. Leopoldo-Giorgio-Cristiano-Federico di Sassonia-Coburgo, il re potrà nominare il suo successore, con il consenso delle Camere, espresso con le modalità prescritte nell'art. 87. Nel caso in cui nessuna nomina dovesse essere fatta secondo le modalità seguenti, il trono sarà considerato vacante».

[8] In Danimarca, la revisione degli artt. 2-6 della Legge di successione al trono, realizzata con il referendum del 7 giugno 2009 e promulgata il 12 giugno successivo, oltre ad aver

Norvegia[9], **Paesi Bassi**[10], **Spagna**[11] e **Svezia**[12], l'intervento parlamentare, invece, mira direttamente alla nomina di un nuovo monarca. Talvolta, soprattutto in alcuni ordinamenti anglosassoni di Stati già sotto l'Impero britannico (Australia, Canada, Nuova Zelanda), si segue un procedimento simile per la nomina del governatore generale, sebbene nonostante la nomina del monarca britannico e il parere vincolante dello stesso governo britannico, ormai la designazione del prescelto sia in capo comunque al governo del Paese in questione.

La seconda fonte di legittimazione dalla quale può derivare il capo dello Stato è l'elezione da parte del corpo elettorale, tanto laddove sia in forma diretta, tipica dei regimi propriamente presidenziali o semipresidenziali, quanto dove sia avvenuta tramite un'elezione di secondo grado, come nella Francia della V Repubblica tra il 1958 e il 1962, in Finlandia fino al 1986, o negli Stati Uniti; in quest'ultimo caso, tuttavia, è noto che la formale elezione di secondo grado che qualifica l'elezione del capo dello Stato nell'ordinamento costituzionale statunitense ormai da tempo si manifesta, sostanzialmente, come un'elezione diretta, nella quale il vincolo dei grandi elettori a mantenersi fedeli nel loro votare al candidato per il quale sono stati eletti o scelti è pressoché certo[13].

disciplinato, appunto, la successione al trono, ha introdotto per la prima volta pure un regime di parità tra uomini e donne nella discendenza regale.

[9] La Costituzione del Regno di Norvegia, infatti, prevede all'art. 48 che «Se la linea di successione reale è estinta e nessun successore al trono è stato designato, allora una nuova regina o re viene scelto dal Parlamento. Nel frattempo il potere esecutivo è esercitato in conformità all'art. 40».

[10] Nella Legge fondamentale per il Regno dei Paesi Bassi, infatti, si prevede all'art. 30 che «Se prevedibilmente manca un successore al trono, egli può essere nominato dalla legge del Parlamento. Il disegno di legge deve essere presentato da o per conto del re. Dopo la presentazione del disegno di legge le Camere devono sciogliersi. Le nuove Camere si convocano e decideranno in tema in una seduta comune. Possono approvare la proposta solo con almeno due terzi dei voti dati. 2. Se manca un successore in caso di decesso del re o di rinuncia alla dignità di re, le Camere sono sciolte. Le nuove Camere si riuniscono entro 4 mesi dal decesso o dalla rinuncia in seduta comune per deliberare la nomina di un re. Possono nominare un successore solo con almeno due terzi dei voti dati».

[11] La Costituzione spagnola, infatti, prevede all'art. 57, comma 3, che «Estinte tutte le linee chiamate alla successione per diritto, le Cortes generali provvederanno alla successione alla Corona nella forma che più convenga agli interessi della Spagna».

[12] La Costituzione svedese, infatti, prevede all'art. 4, Cap. V, «Il capo dello Stato», che «In caso di estinzione della Famiglia reale, il Riksdag nomina un reggente che assuma le funzioni di capo dello Stato fino a nuovo avviso. Il Riksdag nomina allo stesso tempo un supplente del reggente. Le stesse disposizioni si applicano in caso di morte o di abdicazione del re se l'erede al trono non ha ancora raggiunto l'età di 25 anni».

[13] La Costituzione americana, infatti, prevede all'art. II, sez. 1, che «Del potere esecutivo sarà investito un presidente degli Stati Uniti d'America. Egli terrà il suo ufficio per un periodo di 4 anni [disposizione modificata con il XXII Emendamento] e, insieme con il vicepresidente, eletto per lo stesso periodo, sarà eletto come segue. Ciascuno Stato nominerà, nel modo che sarà prescritto dal Legislativo locale, un numero di elettori pari al totale dei senatori e dei rappresentanti ai quali lo Stato abbia titolo nel Congresso: ma nessun senatore o rappresentante o persona che abbia un ufficio fiduciario o retribuito dagli Stati Uniti potrà esser nominato come elettore [comma abrogato con il XII Emendamento]. Gli elettori si riuniranno nei rispettivi Stati e voteranno a scrutinio segreto per due persone, di cui almeno una non deve essere un abitante del loro stesso Stato. Essi faranno una lista di tutte le persone che abbiano ottenuto voti, e del numero di voti otte-

Vi sono, in tal senso, naturalmente diversi tipi di sistemi elettorali che qualificano queste elezioni, per lo più disciplinati da leggi ordinarie, sebbene tanto nel caso della **Francia della V Repubblica**, al suo art. 7[14], quanto nel

nuto da ciascuno; la quale lista essi dovranno firmare, certificare e trasmettere sotto sigillo alla sede del governo degli Stati Uniti, indirizzata al presidente del Senato. Il presidente del Senato, in presenza del Senato e della Camera dei rappresentanti, aprirà tutte queste certificazioni e i voti saranno contati. La persona che avrà il maggior numero di voti sarà il presidente, se tale numero rappresenta la maggioranza del totale degli elettori nominati; e se c'è più di uno che ha questa maggioranza, e hanno un egual numero di voti, allora la Camera dei rappresentanti deve immediatamente scegliere a scrutinio segreto uno di loro come presidente; mentre se nessuno ha tale maggioranza, allora tra i primi cinque della lista la stessa Camera in modo analogo dovrà scegliere il presidente. Però nello scegliere il presidente i voti saranno dati per Stati, e la rappresentanza di ciascuno Stato disporrà di un voto. E a tal fine il quorum [inteso come «numero legale per la validità della votazione»] sarà costituito dalle rappresentanze, composte da una o più persone, dei due terzi degli Stati, e la maggioranza degli Stati sarà necessaria per la scelta. In ogni caso, dopo la scelta del presidente, la persona che ha il maggior numero di voti degli elettori sarà il vicepresidente. Ma se restano due o più che abbiano un egual numero di voti, il Senato sceglierà tra loro il vicepresidente a scrutinio segreto. Il Congresso determina il tempo per la scelta degli elettori [fissato con una legge nel 1792 al martedì che segue il primo lunedì di novembre, ogni 4 anni] e il giorno in cui essi voteranno [fissato con una legge nel 1934 al lunedì che segue il secondo mercoledì di dicembre]; il quale giorno deve essere lo stesso in tutti gli Stati Uniti [v. anche il XX Emendamento]».

[14] In Francia, la procedura di elezione del capo dello Stato è prevista in Costituzione all'art. 7 il quale prevede che «1. Il presidente della Repubblica è eletto a maggioranza assoluta dei voti espressi. Se tale maggioranza non viene conseguita al primo scrutinio, si procede a una nuova votazione il quattordicesimo giorno successivo. Possono presentarsi soltanto i due candidati che, qualora si siano ritirati i candidati più favoriti, abbiano raccolto il maggior numero di voti al primo scrutinio. 2. Lo scrutinio è convocato dal governo. 3. L'elezione del nuovo presidente ha luogo non meno di 20 giorni e non più di 35 giorni prima della scadenza dei poteri del presidente in carica. 4. Nel caso di vacanza della presidenza della Repubblica, dovuta a qualsiasi causa, o di impedimento constatato dal Consiglio costituzionale su incarico del governo e deliberante a maggioranza assoluta dei suoi membri, le funzioni del presidente della Repubblica, a eccezione di quelle previste dai successivi artt. 11 e 12, sono provvisoriamente esercitate dal presidente del Senato e, laddove quest'ultimo sia a sua volta impedito dall'esercitare tali funzioni, dal governo. 5. Nel caso di vacanza o quando l'impedimento è dichiarato definitivo dal Consiglio costituzionale, lo scrutinio per l'elezione del nuovo presidente ha luogo, tranne in caso di forza maggiore riconosciuto dal Consiglio costituzionale, non meno di 20 giorni e non più di 35 giorni dall'inizio della vacanza o della dichiarazione del carattere definitivo dell'impedimento. 6. Se, nei 7 giorni che precedono il limite ultimo del deposito delle presentazioni delle candidature, una delle persone che, meno di 30 giorni prima di quella data, ha annunciato pubblicamente la sua decisione di essere candidata decede o si trova impedita, il Consiglio costituzionale può decidere di rinviare l'elezione. 7. Se, prima del primo turno, uno dei candidati decede o ha qualche impedimento, il Consiglio costituzionale decide il rinvio dell'elezione. 8. In caso di decesso o di impedimento di uno dei due candidati più favoriti al primo turno prima di eventuali ritiri, il Consiglio costituzionale dichiara la necessità di dover procedere nuovamente al complesso delle operazioni elettorali; lo stesso avviene in caso di decesso o di impedimento di uno dei due candidati rimasti in lizza per il secondo turno. 9. In ogni caso, il Consiglio costituzionale è chiamato in causa alle condizioni previste al comma 2 dell'art. 61 cui di seguito o a quelle stabilite per la presentazione di un candidato dalla legge organica prevista all'art. 6 di cui sopra. 10. Il Consiglio costituzionale può prorogare i termini massimi previsti dai commi 3 e 5 senza che lo scrutinio possa aver luogo più di 35 giorni dopo la data della decisione del Consiglio costituzionale. Se l'applicazione delle disposizioni del presente comma ha come effetto quello di rinviare l'elezione a una data posteriore alla scadenza dei poteri del presidente in carica, questi continua a esercitare le proprie funzioni fino alla proclamazione del suo successore. 11. Gli artt. 49 e 50 e l'art. 89 della Costituzione non sono applicabili durante la vacanza della presidenza della Repubblica né durante il periodo che decorre fra

caso degli **Stati Uniti**, all'art. II, sez. 1, alinea 2-4, la disciplina dell'elezione presidenziale sia prevista nello stesso testo costituzionale[15].
Riguardo ai requisiti per essere eletti, di regola, si prevede che l'eletto abbia la cittadinanza del Paese di elezione, apponendo anche un limite di età per essere eletto. Così, al netto del fatto che l'età prescritta è, in ogni ordinamento, la più alta prevista rispetto alle altre cariche elettive, si dispone che abbia almeno 40 anni, per esempio, in Germania e Grecia, mentre negli Stati Uniti, al contrario, non è eleggibile «a tale ufficio chi non abbia compiuto l'età di 35 anni e non sia residente da 14 anni negli Stati Uniti»[16].
Rimanendo nell'alveo delle democrazie stabilizzate qui analizzate, la maggior parte degli ordinamenti adotta come sistema elettorale per l'elezione popolare del capo dello Stato (tramite appunto leggi ordinarie) generalmente un sistema maggioritario a doppio turno nel quale, in assenza del raggiungimento di una maggioranza assoluta da parte di uno dei candidati al primo turno, si procede a un secondo turno di voto – propriamente di ballottaggio – fra i due candidati che hanno ricevuto più voti.
L'elezione da parte del Parlamento è la terza fonte di legittimazione dalla quale può derivare la figura del capo dello Stato.

la dichiarazione del carattere definitivo dell'impedimento del presidente della Repubblica e l'elezione del suo successore».

[15] La Costituzione degli Stati Uniti prevede, infatti, all'art. II, sez. 1, alinea 2-4, che «Ciascuno Stato nominerà, nel modo che sarà prescritto dal Legislativo locale, un numero di elettori pari al totale dei senatori e dei rappresentanti ai quali lo Stato abbia titolo nel Congresso: ma nessun senatore o rappresentante o persona che abbia un ufficio fiduciario o retribuito dagli Stati Uniti potrà esser nominato come elettore. [comma abrogato con il XII Emendamento]. Gli elettori si riuniranno nei rispettivi Stati e voteranno a scrutinio segreto per due persone, di cui almeno una non deve essere un abitante del loro stesso Stato. Essi faranno una lista di tutte le persone che abbiano ottenuto voti, e del numero di voti ottenuto da ciascuno; la quale lista essi dovranno firmare, certificare e trasmettere sotto sigillo alla sede del governo degli Stati Uniti, indirizzata al presidente del Senato. Il presidente del Senato, in presenza del Senato e della Camera dei rappresentanti, aprirà tutte queste certificazioni e i voti saranno contati. La persona che avrà il maggior numero di voti sarà il presidente, se tale numero rappresenta la maggioranza del totale degli elettori nominati; e se c'è più di uno che ha questa maggioranza, e hanno un egual numero di voti, allora la Camera dei rappresentanti deve immediatamente scegliere a scrutinio segreto uno di loro come presidente; mentre se nessuno ha tale maggioranza, allora tra i primi cinque della lista la stessa Camera in modo analogo dovrà scegliere il presidente. Però nello scegliere il presidente i voti saranno dati per Stati, e la rappresentanza di ciascuno Stato disporrà di un voto. E a tal fine il quorum [inteso come «numero legale per la validità della votazione»] sarà costituito dalle rappresentanze, composte da una o più persone, dei due terzi degli Stati, e la maggioranza degli Stati sarà necessaria per la scelta. In ogni caso, dopo la scelta del presidente, la persona che ha il maggior numero di voti degli elettori sarà il vicepresidente. Ma se restano due o più che abbiano un egual numero di voti, il Senato sceglierà tra loro il vicepresidente a scrutinio segreto. Il Congresso determina il tempo per la scelta degli elettori [fissato con una legge nel 1792 al martedì che segue il primo lunedì di novembre, ogni 4 anni] e il giorno in cui essi voteranno [fissato con una legge nel 1934 al lunedì che segue il secondo mercoledì di dicembre]; il quale giorno deve essere lo stesso in tutti gli Stati Uniti [v. anche il XX Emendamento]».

[16] Ai sensi dell'art. II, sez. 1, alinea 5 della Costituzione degli Stati Uniti, «Nessuno che non sia cittadino per nascita, o cittadino degli Stati Uniti all'epoca in cui questa Costituzione è adottata, è eleggibile all'ufficio di presidente; né è eleggibile a tale ufficio chi non abbia compiuto l'età di 35 anni e non sia residente da 14 anni negli Stati Uniti».

Questa modalità, in particolare, caratterizza le forme di governo repubblicane di tipo parlamentare, quelle nelle quali l'elezione si viene a realizzare in due modi: o per il tramite di un'elezione da parte dello stesso Parlamento oppure mediante un'elezione derivante dal voto di un'apposita Assemblea convocata *ad hoc*, che costituisce un collegio di elezione presidenziale specifico in sé (riunito in modo congiunto – nella c.d. «seduta comune» – se si è in presenza di un sistema bicamerale), composto e integrato dai parlamentari e dai rappresentanti delle autonomie territoriali.
In particolare, per quanto riguarda le democrazie parlamentari stabilizzate di tipo repubblicano qui prese in considerazione, in **Germania**, la disciplina dell'elezione del presidente federale, ai sensi dell'art. 54, prevede il voto di un'Assemblea federale composta dai componenti del Bundestag e di un egual numero di membri eletti dai Parlamenti dei *Länder* e, se dopo due scrutini non si ottiene la maggioranza assoluta su nessun candidato, viene eletto chi raccoglie il maggior numero di voti dal terzo scrutinio in poi[17].
In **Grecia**, invece, ai sensi dell'art. 32 della Costituzione, è eletto dal Parlamento chi supera la maggioranza qualificata dei due terzi necessari per diventare capo dello Stato e, laddove ciò non avvenisse nel terzo scrutinio – che ha luogo dopo altri 5 giorni – viene eletto presidente colui che ottiene la maggioranza dei tre quinti del numero totale dei deputati[18].

[17] L'art. 54, Cap. V, «Il presidente federale», della Legge fondamentale tedesca prevede infatti che «(1) Il presidente federale è eletto senza dibattito dall'Assemblea federale. Può essere eletto ogni tedesco che abbia diritto di voto per il Bundestag e abbia compiuto il quarantesimo anno di età. (2) La carica di presidente federale dura 5 anni. La rielezione immediata è ammessa una sola volta. (3) L'Assemblea federale si compone dei membri del Bundestag e di un egual numero di membri eletti dagli organi rappresentativi del popolo dei *Länder* secondo i principi del sistema elettorale proporzionale. (4) L'Assemblea federale si riunisce al più tardi 30 giorni prima della scadenza del mandato del presidente federale in carica e, in caso di cessazione anticipata, non oltre 30 giorni dopo la data di quest'ultima. Essa è convocata dal presidente del Bundestag. (5) Dopo la fine della legislatura, il termine di cui al comma 1, periodo primo, comincia a decorrere dalla prima riunione del Bundestag. (6) È eletto chi ottiene i voti della maggioranza dei membri dell'Assemblea federale. Se tale maggioranza non è raggiunta da alcun candidato dopo due scrutini, è eletto chi raccoglie il maggior numero di voti in un successivo scrutinio. (7) I particolari sono disciplinati con legge federale».
[18] La Costituzione della Grecia prevede all'art. 32 che «1) Il presidente della Repubblica è eletto a scrutinio segreto, nel corso di una seduta speciale della Camera dei deputati, convocata a tale scopo dal suo presidente, un mese prima della scadenza del mandato del presidente della Repubblica in carica, secondo le disposizioni del Regolamento della Camera. Nel caso di impedimento permanente del presidente della Repubblica ad adempiere le sue funzioni, secondo le disposizioni del par. 2 dell'art. 34, come pure nel caso di dimissioni, di morte o di destituzione del medesimo, conformemente alle prescrizioni della Costituzione, la Camera dei deputati si riunisce per eleggere il nuovo presidente della Repubblica entro non più di 10 giorni dalla data della fine anticipata del mandato del presidente precedente. 2) Il presidente della Repubblica è, in tutti i casi, eletto per l'intero mandato. 3) È eletto presidente della Repubblica colui che ottiene la maggioranza dei due terzi del numero complessivo dei deputati. Nel caso in cui tale maggioranza non sia stata ottenuta, si procede a un secondo scrutinio che ha luogo dopo 5 giorni. Se la maggioranza richiesta non è ottenuta nemmeno in tale secondo scrutinio, un terzo scrutinio ha luogo dopo altri 5 giorni; e in tale ultimo scrutinio viene eletto presidente colui che ottiene la maggioranza dei tre quinti del numero totale dei deputati. 4) Se la maggioranza qualificata summenzionata non è raggiunta nemmeno al terzo scrutinio, la Camera dei deputati è sciolta nei 10 giorni che seguono e sono indette le elezioni di una nuova Ca-

In questo quadro, naturalmente, vi è anche l'esperienza italiana che costituisce un'ulteriore variante in seduta comune di un'elezione di tipo parlamentare[19]. Invece, **il capo dello Stato in Svizzera costituisce un'eccezione in quanto questa non è una figura monocratica ma collegiale**; dunque, in base a questo carattere, il presidente della Confederazione Svizzera viene designato, ai sensi degli artt. 174 ss. della Costituzione, dal Consiglio federale tra i suoi componenti per un solo anno e a rotazione, limitandosi sostanzialmente a presiedere il Consiglio federale. Ne consegue quindi che in Svizzera i sette componenti del Consiglio federale esercitano in modo collegiale appunto le funzioni di capo dello Stato[20].

La durata in carica dei capi dello Stato è di due tipologie.

mera. Il decreto relativo allo scioglimento della Camera è firmato dal solo presidente della Repubblica in carica, e, in caso di impedimento di questi, dal presidente della Camera che lo sostituisce. La nuova Camera, subito dopo la sua costituzione, procede all'elezione del presidente della Repubblica a scrutinio segreto e alla maggioranza dei tre quinti del numero complessivo dei deputati. Se la maggioranza indicata non è ottenuta, ha luogo un secondo scrutinio entro i 5 giorni che seguono il primo; e viene eletto presidente della Repubblica colui che ottiene la maggioranza assoluta del numero totale dei deputati. Se, poi, tale maggioranza non è ottenuta, si procede allora dopo 5 giorni a un ultimo scrutinio tra i due candidati che si trovano ad aver raccolto il maggior numero dei suffragi espressi e il candidato che avrà ottenuto più voti dell'altro sarà proclamato presidente della Repubblica. 5) Nei periodi di chiusura della sessione la Camera dei deputati è convocata in sessione straordinaria per l'elezione del presidente della Repubblica, conformemente alle prescrizioni del par. 4. Se la Camera è sciolta per qualsiasi causa, l'elezione del presidente della Repubblica è sospesa fino a quando la nuova Camera non si riunisce in corpo costituito; e l'elezione ha luogo al più tardi entro i 20 giorni che seguono l'anzidetta riunione, conformemente alle disposizioni dei precedenti parr. 3 e 4 e in considerazione delle prescrizioni del par. 1 dell'art. 34. 6) Se la procedura iniziata per l'elezione di un nuovo presidente della Repubblica, secondo le modalità indicate nei paragrafi precedenti, non giunge a conclusione in tempo utile, i poteri del presidente della Repubblica in carica sono prorogati fino all'elezione del nuovo presidente. Clausola interpretativa: Il presidente della Repubblica che dà le dimissioni prima dello spirare del suo mandato non può presentarsi come candidato all'elezione presidenziale successiva alle sue dimissioni».

[19] Ai sensi dell'art. 83 della Costituzione italiana, il collegio elettorale presidenziale prevede, innanzitutto, che il Parlamento sia composto in seduta comune dei suoi membri, ossia che veda presenti insieme, contestualmente e simultaneamente, tutti i componenti di ciascuna Camera nella stessa Aula (che per prassi è quella della Camera dei deputati). Oltre ai parlamentari, come detto, partecipano all'elezione tre delegati per ogni Regione, eletti da ciascun Consiglio regionale in modo che sia assicurata la rappresentanza delle minoranze, con l'unica eccezione della Valle d'Aosta, che esprime un solo delegato. Il numero dei votanti nel collegio è pari al numero complessivo dei deputati (630) e dei senatori (315, oltre quelli a vita e gli ex presidenti della Repubblica), cui si aggiungono 58 delegati regionali: 1.003 elettori che sono chiamati a esprimere, per ogni votazione, il loro voto a scrutinio segreto. Fatta salva la facoltà del collegio presidenziale di dotarsi di un regolamento *ad hoc*, di regola il Parlamento in seduta comune è presieduto dal presidente della Camera, e si applica il regolamento della Camera dei deputati (art. 35 reg. Cam.; artt. 64 e 65 reg. Sen.). Il procedimento per l'elezione presidenziale si caratterizza per la segretezza del voto, che peraltro è una delle più rilevanti caratteristiche che accomuna tutte le forme di governo parlamentari europee a regime repubblicano.

[20] Ai sensi dell'art. 176 della Costituzione svizzera, in particolare, si prevede che «1. Il presidente della Confederazione presiede il Consiglio federale. 2. Il presidente della Confederazione e il vicepresidente del Consiglio federale sono eletti per un anno dall'Assemblea federale fra i membri del Consiglio federale. 3. La rielezione degli uscenti è esclusa. È parimenti esclusa l'elezione del presidente uscente alla carica di vicepresidente».

Se si è **in una forma di tipo monarchica, la durata in carica è vitalizia** (o fino a quando il monarca non decide di abdicare), mentre se si è **in una forma di tipo repubblicano la durata dei capi dello Stato**, in questo caso, **è predeterminata dai testi costituzionali**, in ragione, innanzitutto, della salvaguardia del principio della separazione e dell'equilibrio dei poteri.

In questo senso, nelle democrazie stabilizzate, **in presenza di forme di governo di tipo presidenziale o semipresidenziale, la durata in carica in generale coincide con la durata della legislatura parlamentare**, per cui il presidente della Repubblica dura 4 anni negli Stati Uniti, 5 anni in Germania, in Grecia e dal 2000 – ratificato pure da un referendum popolare – anche in Francia, dopo esser stato – come in Italia – fino a 7 anni. L'obiettivo dei riformatori francesi è stato, infatti, quello di ridurre l'asimmetria temporale tra la durata delle due istituzioni – quella presidenziale e quella parlamentare – in modo tale da innescare, con la contestuale inversione del calendario elettorale, un effetto politico tale da evitare i rischi di una coabitazione politica tra un presidente eletto direttamente e una maggioranza politica in Parlamento di colore politico opposto, dunque capace di esprimere nel primo ministro e nel suo governo tutta la forza di un indirizzo politico alternativo a quello presidenziale. Il tutto, naturalmente, con chiari effetti destabilizzanti.

Nelle forme di governo parlamentari delle democrazie di tipo repubblicano, invece, la durata in carica del capo dello Stato è generalmente asimmetrica rispetto alla durata dell'Assemblea parlamentare (come è, per esempio, nel settennato tipico del caso italiano) proprio per favorire quella preminenza e quell'indipendenza della figura presidenziale della quale si è già detto.

I limiti alla rieleggibilità del capo dello Stato esistono esclusivamente per le forme repubblicane, considerata, appunto, l'ereditarietà delle forme monarchiche. E **tali limiti sono espressi nei testi costituzionali che, di regola, puntualmente, disciplinano anche questa fattispecie**[21].

In termini generali, si può dire che la rielezione a capo dello Stato è costituzionalmente prevista una sola volta e per il solo mandato immediatamente successivo in Germania e Grecia, mentre, proprio tenendo in conto le democrazie stabilizzate, il caso più rilevante riguarda gli Stati Uniti quando, in seguito al lungo mandato presidenziale di Franklin Delano Roosevelt, il trentaduesimo presidente degli Stati Uniti d'America eletto per ben quattro volte a quella carica (1932, 1936, 1940 e 1944), venne introdotto in Costituzione, grazie al XXII Emendamento, il limite di permanenza in carica per due soli mandati[22].

[21] Fa eccezione in argomento, come noto, il caso italiano che non prevede nulla in tema di rieleggibilità del presidente della Repubblica, ritenendo questa fattispecie un mero caso di scuola. Essa invece si è prodotta, di recente, nel 2013, con la rielezione a presidente della Repubblica del presidente Giorgio Napolitano.

[22] Il XXII Emendamento (1951) alla Costituzione degli Stati Uniti, infatti, prevede: «Sez. 1. Nessuno potrà essere eletto alla carica di presidente più di due volte, e nessuno che abbia tenuto la carica di presidente, o abbia agito come presidente, per più di 2 anni di un termine per il quale qualche altra persona era stata eletta come presidente, potrà essere eletto alla carica di presidente più di una sola volta. Ma questo articolo non si applicherà a chiunque abbia tenuto la carica di presidente quando questo articolo è stato proposto

Tuttavia, in alcune democrazie stabilizzate come l'Austria o la Francia, il divieto di terzo mandato non viene a essere inteso in termini assoluti posto che è possibile essere rieletti alla presidenza della Repubblica esclusivamente se ciò si realizzi in modo non immediatamente successivo e consequenziale al doppio mandato già espletato. In tal senso, per esempio, nell'ambito delle democrazie stabilizzate, la consecutività delineata dall'art. 6 della Costituzione francese rappresenta l'esempio più chiaro di una scelta del costituente di quell'ordinamento per il mantenimento in tema di un *favor* più flessibile rispetto all'esperienza statunitense[23].

Uno schema simile riguarda l'esperienza portoghese e quella greca nella quale, a seguito di dimissioni prima della scadenza del mandato, viene impedita la rielezione del presidente della Repubblica, onde evitare, evidentemente, un uso attento e sapiente del proprio ruolo per favorire una rielezione più favorevole[24]; così come, sempre nell'esperienza portoghese, viene sterilizzata ogni forma di elezione, non soltanto quella presidenziale, di un presidente della Repubblica eletto per due mandati.

Nelle monarchie, la cessazione dalla carica può avvenire, sostanzialmente, in due modi: o per la morte del monarca o per la sua abdicazione in favore di un erede, sebbene si possano verificare anche altre cause, più eventuali. In particolare, si fa riferimento ai casi nei quali, per esempio, l'erede chiamato al trono sia un minorenne (e in questo caso la Corona viene affidata a un reggente, come per esempio avviene in Belgio[25]), oppure si è in vacanza del trono (Belgio[26], Paesi Bassi e Svezia), oppure per cause diverse al monarca è

dal Congresso; e a chiunque abbia tenuto la carica di presidente o avrà agito come presidente nel corso del mandato durante il quale questo articolo diventerà operativo, esso non impedirà di tenere la carica di presidente o di agire come presidente nella parte restante di tale mandato. Sez. 2. Questo articolo sarà inoperante finché non sarà stato ratificato come emendamento alla Costituzione da parte degli organi legislativi dei tre quarti dei diversi Stati entro 7 anni dalla data in cui sarà stato sottoposto agli Stati dal Congresso».

[23] L'alinea 2 dell'art. 6 della Costituzione francese, infatti, prevede che «Il presidente non può esercitare più di due mandati consecutivi».

[24] In particolare, la Costituzione portoghese prevede, all'art. 123 che «(Rieleggibilità) 1. Non è ammessa la rielezione per un terzo mandato consecutivo, né durante il quinquennio immediatamente successivo al termine del secondo mandato consecutivo. 2. Se rinuncia all'incarico, il presidente della Repubblica non potrà candidarsi nelle elezioni immediatamente posteriori, né in quelle che si svolgeranno nel quinquennio immediatamente successivo alla rinuncia». Invece, la Costituzione greca prevede all'art. 33 una clausola interpretativa *ad hoc* nella quale si afferma che «Il presidente della Repubblica che dà le dimissioni prima dello spirare del suo mandato non può presentarsi come candidato all'elezione presidenziale successiva alle sue dimissioni».

[25] L'art. 92 della Costituzione belga prevede che «Se, alla morte del re, il suo successore è minorenne, le due Camere si riuniscono in un'unica Assemblea per provvedere alla reggenza e alla tutela». E poi all'art. 94 si prevede che «La reggenza non può essere conferita che a una sola persona. Il reggente assume le sue funzioni solo dopo aver prestato il giuramento prescritto dall'art. 91».

[26] In particolare, l'art. 95 della Costituzione belga prevede che «In caso di vacanza del trono, le Camere, deliberando in comune, provvedono provvisoriamente alla reggenza, fino alla riunione delle Camere integralmente rinnovate; tale riunione ha luogo al più tardi entro 2 mesi. Le Camere nuove, deliberando in comune, provvedono definitivamente alla vacanza».

impedito o risulta incapace di regnare (Belgio e Spagna[27]), o vi è addirittura la possibilità di una rinuncia temporanea al trono (Paesi Bassi).
In tal senso, la normativa prevista nelle monarchie delle democrazie stabilizzate prevede per lo più una disciplina intorno alla figura del reggente – una figura tanto di tipo monocratico quanto collegiale, come in Spagna[28] – che, dopo che il Parlamento ha verificato l'esistenza dell'impedimento come nei Paesi Bassi o in Spagna o, del pari, il governo come in Belgio, viene a sua volta eletto o dal Parlamento (in Belgio e nei Paesi Bassi) o, seguendo alcuni casi ben determinati, può salire al trono di diritto, così come è previsto nei Paesi Bassi e in Spagna.
Invece, **nelle forme di governo repubblicane la cessazione dalla carica del capo dello Stato nella sua veste di presidente della Repubblica generalmente coincide, senza «vacatio», con l'entrata in carica del suo successore**.
Peraltro, mentre alcuni ordinamenti di democrazie stabilizzate prevedono, qualora la procedura di elezione del sostituto vada oltre il termine di cessazione della carica del capo dello Stato, che siano prorogati i poteri del presidente in carica, come avviene, per esempio, in Grecia[29], altri ordinamenti, invece, prevedono espressamente un riferimento cronologico molto preciso, come quello degli Stati Uniti, che, delineato ai sensi del XX Emendamento della Costituzione, fissa esattamente nella data del 20 gennaio dell'anno successivo all'elezione presidenziale, cioè all'incirca due mesi dopo, l'ingresso del nuovo presidente della Repubblica alla Casa Bianca[30].

[27] La Costituzione spagnola prevede, agli artt. 59 e 60, che «Articolo 59. 1. Qualora il re fosse minore di età, il padre o la madre del re o, in loro assenza, il parente maggiore di età più prossimo nella successione alla Corona, secondo l'ordine stabilito nella Costituzione, eserciterà immediatamente la reggenza e la continuerà durante il tempo della minore età del re. 2. Se il re fosse inabile all'esercizio della sua autorità e l'impossibilità fosse riconosciuta dalle Cortes generali, eserciterà immediatamente la reggenza il principe ereditario della Corona, se di maggiore età. Se non lo fosse, si procederà nella maniera prevista nel comma precedente, fino a che il principe ereditario arrivi alla maggiore età. 3. Se non ci fosse nessuna persona cui spetti la reggenza, questa sarà nominata dalle Cortes generali e sarà composta di una, tre o cinque persone. 4. Per esercitare la reggenza bisogna essere spagnoli e di maggiore età. 5. La reggenza si eserciterà per mandato costituzionale e sempre in nome del re». «Articolo 60. 1. Sarà tutore del re nella minore età la persona che il defunto re abbia nominato nel suo testamento, sempre che sia di maggiore età e spagnolo di nascita; ove non l'abbia nominato, il tutore sarà il padre o la madre, finché permanga lo stato di vedovanza. In loro mancanza, le Cortes generali lo nomineranno, però non potranno cumularsi le cariche di reggente e di tutore se non nel padre, madre o ascendenti diretti del re. 2. L'esercizio della tutela è anche incompatibile con qualsiasi incarico o rappresentanza politica».
[28] La Costituzione spagnola prevede, all'art. 59, comma 3, che «Se non ci fosse nessuna persona a cui spetti la reggenza, questa sarà nominata dalle Cortes generali e sarà composta di una, tre o cinque persone».
[29] L'art. 32, comma 6 della Costituzione greca prevede, infatti, che «Se la procedura iniziata per l'elezione di un nuovo presidente della Repubblica, secondo le modalità indicate nei paragrafi precedenti, non giunge a conclusione in tempo utile, i poteri del presidente della Repubblica in carica sono prorogati fino all'elezione del nuovo presidente».
[30] Il XX Emendamento (1933) della Costituzione degli Stati Uniti prevede, infatti, che «Sez. 1. Il mandato del presidente e del vicepresidente avrà termine a mezzogiorno del ventesimo giorno di gennaio, e i mandati dei senatori e dei rappresentanti a mezzogiorno del terzo giorno di gennaio, degli anni in cui tali mandati avrebbero avuto termine se questo articolo non fosse stato ratificato; e i mandati dei loro successori avranno inizio in

In ogni modo, la cessazione dalla carica può verificarsi anche prima della scadenza naturale del mandato in ragione di cause specifiche sopravvenute che vanno a interrompere, appunto, il mandato presidenziale.
Di regola, si tratta di quattro cause specifiche, ben determinate, ossia, la **morte**, le **dimissioni**, la **destituzione** e l'**impedimento permanente**.
Se la *morte*, naturalmente, determina l'automatico avvio di una nuova procedura di elezione del presidente della Repubblica, le **dimissioni** sono invece un'ipotesi sempre a disposizione del capo dello Stato, il quale, peraltro, non soltanto di regola non deve motivarle ma anche la stessa comunicazione, nei testi costituzionali delle democrazie stabilizzate, non è formalmente prevista, eccezion fatta per il Portogallo laddove la rinuncia al mandato tramite dimissioni da parte del capo dello Stato, comporta invece che questi ne dia comunicazione formale all'Assemblea della Repubblica, tramite un messaggio ad essa rivolto[31].
La **destituzione** del capo dello Stato, invece, è fondata su basi previste dal testo costituzionale, in particolare di fronte ai casi di messa in stato di accusa da parte del Parlamento, di condanna (come avviene, per esempio, in Francia[32],

quel momento. Sez. 2. Il Congresso si riunirà in Assemblea almeno una volta ogni anno, e tale riunione inizierà a mezzogiorno del terzo giorno di gennaio, a meno che esso non abbia stabilito per legge un giorno diverso. Sez. 3. Se, nel momento fissato per l'inizio del mandato del presidente, il presidente eletto sarà deceduto, il vicepresidente eletto diventerà presidente. Se non sarà stato scelto un presidente prima del momento fissato per l'inizio del mandato, o se il presidente eletto mancherà di avere le qualifiche abilitanti, allora il vicepresidente eletto agirà come presidente finché un presidente non avrà tali qualifiche; e il Congresso potrà con legge provvedere per il caso in cui né un presidente eletto né un vicepresidente eletto risulteranno in possesso delle qualifiche abilitanti, indicando chi in tal caso agirà come presidente, o il modo con cui dovrà scegliersi chi dovrà agire come tale, e questa persona opererà in conformità finché un presidente o vicepresidente avrà tali qualifiche. Sez. 4. Il Congresso può con legge provvedere per l'ipotesi della morte di alcuna delle persone tra le quali la Camera dei rappresentanti può scegliere un presidente nei casi in cui il diritto di scelta è a essa devoluto, e per l'ipotesi della morte di alcuna delle persone tra le quali il Senato può scegliere un vicepresidente nei casi in cui il diritto di scelta è a esso devoluto. Sez. 5. La sez. 1 e la sez. 2 avranno efficacia dal 15 ottobre successivo alla ratifica di questo articolo. Sez. 6. Questo articolo sarà inoperante finché non sarà stato ratificato come emendamento alla Costituzione da parte degli organi legislativi dei tre quarti dei diversi Stati entro 7 anni dalla data in cui sarà stato loro sottoposto».

[31] La Costituzione portoghese prevede, all'art. 131, che «1. Il presidente della Repubblica può rinunciare al mandato con messaggio rivolto all'Assemblea della Repubblica. 2. La rinuncia ha effetto dal momento in cui l'Assemblea della Repubblica prende conoscenza del messaggio, salva la sua ulteriore pubblicazione nel Diário da República».

[32] La Costituzione francese prevede, all'art. 68, che «1. Il presidente della Repubblica può essere destituito solo in caso di mancanza ai propri doveri manifestamente incompatibile con l'esercizio del proprio mandato. La destituzione viene pronunciata dal Parlamento riunito in Alta corte di giustizia. 2. La proposta di riunire l'Alta corte approvata da una delle Assemblee del Parlamento viene immediatamente trasmessa all'altra che si pronuncia entro 15 giorni. 3. L'Alta corte è presieduta dal presidente dell'Assemblea nazionale. Essa delibera entro un mese, con voto a scheda segreta, sull'eventuale destituzione. La sua decisione ha effetto immediato. 4. Le decisioni prese in applicazione del presente articolo richiedono una maggioranza dei due terzi dei rappresentanti che compongono l'Assemblea interessata o l'Alta corte di giustizia. È vietata la delega del voto. Sono scrutinati unicamente i voti favorevoli alla proposta di riunione dell'Alta corte di giustizia o alla destituzione. 5. Una legge organica stabilisce le condizioni di modifica del presente articolo».

in Portogallo[33], negli Stati Uniti[34]) oppure in ragione di una votazione esplicita, a maggioranza qualificata, da parte del Parlamento che, così facendo, obbliga tuttavia poi il corpo elettorale a esprimersi.
La causa più comune di cessazione anticipata dalla carica di capo dello Stato è quella relativa all'**impedimento** del presidente della Repubblica. Essa è infatti prevista dalla maggioranza delle democrazie stabilizzate (e non solo) tanto nella sua interpretazione semplice, ossia senza alcuna specificazione, come avviene per esempio in Austria o in Portogallo, quanto nella sua variante di esplicita impossibilità o incapacità di adempiere ai propri doveri, come per esempio viene specificato negli Stati Uniti.
L'impedimento, peraltro, **può venire a configurarsi secondo due tipologie: temporaneo o permanente**.
La valutazione in merito al tipo di impedimento viene dichiarata generalmente dal testo costituzionale e, in tal senso, la disciplina degli Stati Uniti è particolarmente dettagliata[35], mentre, invece, in altri ordinamenti di democrazia stabilizzata può essere il Parlamento a maggioranza qualificata, come per esempio accade in Grecia[36], oppure la Corte costituzionale, come per esempio accade in Francia, a dichiarare ciò.
L'istituto della **cessazione per vacanza dalla carica prima della scadenza del mandato** trova, in realtà, due casi specifici nelle democrazie stabilizzate: quello proprio degli Stati Uniti, nei quali l'elezione a ticket del presidente con il vicepresidente rende la soluzione di una sostituzione per vacanza della

[33] La Costituzione portoghese prevede, all'art. 130, comma 3, che «La condanna implica la destituzione dalla carica e l'impossibilità di rielezione».
[34] La sez. IV dell'art. II della Costituzione degli Stati Uniti prevede che «Il presidente, il vicepresidente e tutti i funzionari civili degli Stati Uniti potranno essere rimossi dai loro uffici su accusa e verdetto di colpevolezza di tradimento, corruzione o altri gravi crimini e misfatti».
[35] La sez. I, alinea 6, dell'art. II della Costituzione degli Stati Uniti prevede che «In caso di rimozione del presidente dall'ufficio o di sua morte, dimissioni o incapacità a esercitare i poteri e i doveri del detto ufficio, questo passerà al vicepresidente, e il Congresso dovrà con legge provvedere per i casi di rimozione, morte, dimissioni o incapacità sia del presidente sia del vicepresidente, dichiarando quale funzionario agirà in tal caso come presidente, e tale funzionario agirà di conseguenza finché tale incapacità venga a cessare o sia eletto un presidente».
[36] In particolare, la Costituzione greca prevede, all'art. 34, che «1) In caso di assenza dovuta a soggiorno all'estero protraentesi per più di 10 giorni, di decesso, di dimissioni, di destituzione o di un impedimento qualsiasi da parte del presidente della Repubblica, le sue funzioni sono provvisoriamente esercitate dal presidente della Camera dei deputati e, in assenza di questi, dal presidente della Camera precedente; se questi rifiuta o è assente, l'interim delle funzioni del presidente della Repubblica è assicurato collettivamente dal governo. Durante l'interim della funzione presidenziale, l'applicazione delle disposizioni relative allo scioglimento della Camera è sospesa, salvo il caso previsto nell'art. 32, par. 4; è ugualmente sospesa l'applicazione delle disposizioni sulla revoca del governo e di quelle relative ai ricorsi al referendum secondo le disposizioni dell'art. 37, par. 4 e dell'art. 44, par. 2. 2) Se l'impedimento del presidente della Repubblica all'assolvimento dei propri compiti si prolunga oltre i 30 giorni, la Camera dei deputati è obbligatoriamente convocata, anche se essa era stata sciolta, allo scopo di pronunciarsi a maggioranza di tre quinti del numero totale dei suoi membri sulla necessità dell'elezione di un nuovo presidente. L'elezione del nuovo presidente della Repubblica non deve, in alcun caso, essere ritardata per più di 6 mesi a partire dall'inizio dell'interim per causa di impedimento».

carica una soluzione automatica (basti pensare al caso di Lindon Johnson con il presidente John Kennedy, in seguito all'attentato subito a Dallas il 22 novembre 1963, facendo così partire automaticamente la procedura di giuramento e poi di nuova elezione).
Una seconda ipotesi, ossia la sostituzione tramite un'elezione entro breve termine di un nuovo presidente, determina invece, nelle more della nuova elezione, la questione della **supplenza** della carica.
In merito, se negli ordinamenti caratterizzati da una forma di governo presidenziale questo ruolo, come detto, viene svolto dal vicepresidente, negli ordinamenti di tipo parlamentare, generalmente, il ruolo della supplenza viene svolto o dal presidente del Parlamento se di tipo monocamerale, come per esempio in Grecia o in Portogallo, o, laddove ci si trovasse in un ordinamento di tipo bicamerale, viene svolto dal presidente della Camera alta, come in Francia, Germania e anche Italia. Talvolta, alcuni ordinamenti lo affidano anche al primo ministro o a un apposito organo collegiale, ma, appunto, è assai raro.
I poteri di chi esercita la supplenza, di regola, sono assai limitati e circoscritti: così in Francia o in Grecia non può né procedere allo scioglimento del Parlamento, né indire un referendum, né porre la fiducia sugli atti del governo, mentre in Portogallo non può nominare il primo ministro.

4. POTERI

Nelle democrazie stabilizzate i poteri del capo dello Stato non sono pochi. Anzi, dai testi costituzionali si evince con chiarezza, a maggior ragione per le forma di governo presidenziale degli Stati Uniti o quella semipresidenziale francese, che questa figura è dotata di penetranti e incisivi poteri (v. *infra* cap. 5). D'altronde non è un caso che, proprio nel novero delle democrazie stabilizzate, soltanto il Giappone[37] e la Svezia, dove il monarca ha trasferito al governo e al presidente del Parlamento molti dei suoi poteri, vedano forme meno intense di potere intorno a questa figura.
In ogni modo, vi sono un insieme di attribuzioni principali che legano, di base, tutte le esperienze di forme di governo a regime repubblicano.
Infatti, al netto delle singole peculiarità ordinamentali, nei testi costituzionali delle democrazie stabilizzate, la figura del capo dello Stato ha almeno le seguenti attribuzioni: *a*) rappresenta l'unità nazionale; *b*) promulga le leggi, gli atti aventi forza di legge e ratifica i trattati internazionali; *c*) può inviare messaggi all'Assemblea legislativa; *d*) dichiara lo stato di guerra; *e*) nomina il vertice del potere esecutivo; *f*) dichiara lo scioglimento dell'Assemblea legislativa; *g*) indice le elezioni e i referendum; *h*) nomina i giudici dell'organo

[37] La Costituzione del Giappone, infatti, prevede che i poteri dell'imperatore siano delineati, ai sensi dell'art. 7, in modo tale che egli possa operare esclusivamente dopo aver «udito il parere e ottenuta l'approvazione del gabinetto».

supremo di giustizia costituzionale; *i*) nomina gli alti funzionari dello Stato; *j*) ha potere di grazia e di commutazione della pena; *k*) ha il comando supremo delle Forze armate; *l*) in via generale, è irresponsabile per gli atti compiuti nell'esercizio delle sue funzioni, salvo che per alto tradimento.

Tenuto conto di ciò, per quanto qui ci riguarda, conviene partire dalla forma di governo di tipo presidenziale degli Stati Uniti.

Il presidente degli Stati Uniti incarna in sé l'intero potere esecutivo, pertanto è titolare di tutti i poteri che ciò prevede per favorire al meglio la definizione del suo indirizzo politico, tanto sul versante della politica interna quanto su quello della politica estera del Paese.

Pur non dotato direttamente di iniziativa legislativa in ragione della separazione dei poteri (che surroga attraverso parlamentari a lui vicini; v. *supra* cap. 6), il presidente, ai sensi dell'art. 2, sez. II, è titolare di tutti i classici poteri di un capo dello Stato, da quello relativo alla rappresentanza dello Stato nelle relazioni internazionali, al comando delle Forze armate, al potere di nomina di funzionari e di titolari di organi di garanzia come, per esempio, i giudici della Corte suprema[38].

In questo quadro, il **presidente della Repubblica francese**, anche dopo la riforma che riduce il mandato presidenziale a 5 anni, conserva notevoli poteri che lo rendono – **quando** abbia la maggioranza dell'Assemblea nazionale, cioè **non vi sia coabitazione** con un primo ministro di colore politico opposto – **una figura, per certi aspetti, più potente del presidente degli Stati Uniti**, essendo dotato anche della possibilità di ricorrere al c.d. «stato di eccezione» ai sensi dell'art. 16 della Costituzione[39], così come può chiamare a sé il popolo per

[38] Ai sensi dell'art. II, sez. 2, della Costituzione degli Stati Uniti, infatti «Il presidente sarà comandante in capo dell'Esercito e della Marina degli Stati Uniti, e della Milizia dei diversi Stati quando chiamata al servizio attivo degli Stati Uniti; egli può chiedere l'opinione scritta del principale funzionario in ciascuno dei dipartimenti dell'esecutivo su qualsiasi oggetto che attenga ai doveri dei rispettivi uffici, e avrà il potere di concedere commutazioni di pene e grazie per offese contro gli Stati Uniti, salvi i casi di *impeachement*. Egli avrà il potere, con il parere e il consenso del Senato, di stipulare trattati, purché vi concorrano i due terzi dei senatori presenti; e con il parere e il consenso del Senato nominerà gli ambasciatori, gli altri rappresentanti pubblici e i consoli, i giudici della Corte suprema e tutti gli altri funzionari degli Stati Uniti la cui nomina non sia qui altrimenti disciplinata, e che sarà stabilita con legge: ma il Congresso può con legge attribuire la nomina di questi funzionari inferiori, come riterrà conveniente, al solo presidente o alle corti giudiziarie o ai capi dei dipartimenti [disposizione modificata con l'XI Emendamento]. Il presidente avrà il potere di coprire i posti che si rendessero vacanti durante gli aggiornamenti del Senato, concedendo incarichi provvisori che dureranno fino alla fine della sessione successiva».

[39] La Costituzione francese, all'art. 16, prevede che: «1. Quando le istituzioni della Repubblica, l'indipendenza della Nazione, l'integrità del territorio o l'esecuzione degli impegni internazionali sono minacciati in maniera grave ed immediata e il regolare funzionamento dei poteri pubblici costituzionali è interrotto, il presidente della Repubblica adotta le misure richieste dalle circostanze dopo aver ufficialmente consultato il primo ministro, i presidenti delle Assemblee e il presidente del Consiglio costituzionale. 2. Egli ne informa la Nazione con un messaggio. 3. Tali misure devono essere ispirate dalla volontà di assicurare ai poteri pubblici costituzionali, nel minor tempo possibile, i mezzi necessari per provvedere ai loro compiti. Il Consiglio costituzionale è consultato al riguardo. 4. Il Parlamento si riunisce di pieno diritto. 5. L'Assemblea nazionale non può essere sciolta durante l'esercizio dei poteri eccezionali. 6. Passati 30 giorni di esercizio dei poteri eccezionali, il Consiglio costituzionale può essere incaricato dal presidente dell'Assemblea nazionale,

il tramite del referendum[40], nonché ultimo ma davvero non ultimo, possa sciogliere l'Assemblea nazionale ai sensi dell'art. 12[41].

Nelle democrazie stabilizzate, il capo dello Stato è titolare dei poteri di rappresentanza dello Stato e dell'unità nazionale, di garanzia del rispetto della Costituzione, di iniziativa e di controllo nei confronti degli altri organi costituzionali, sebbene, come nel caso francese, egli sia chiamato – tramite i poteri di emergenza prima citati – anche ad assicurare «il regolare funzionamento dei poteri pubblici e la continuità dello Stato».

In questo senso, come le esperienze presidenziali e semipresidenziali evidenziano, **i poteri che vengono attribuiti a un capo dello Stato dipendono, innanzitutto, dal ruolo e dalla posizione che questi esercita nell'ordinamento**, facendo sì dunque che anche gli stessi atti che vengano assunti abbiamo natura meramente formale o propriamente sostanziale, cioè espressivi di un potere che manifesta palesemente la volontà presidenziale.

Pertanto, tenendo conto in particolare delle sole democrazie stabilizzate prese in considerazione in questo volume, laddove si è in presenza di forme di governo parlamentari nelle quali il capo dello Stato rappresenta, per lo più, una

il presidente del Senato, 60 deputati o 60 senatori, di verificare se le condizioni di cui al comma 1 sussistano. Il Consiglio si pronuncia nel più breve tempo possibile tramite un parere pubblico. Procede di pieno diritto a tale esame e si pronuncia alle stesse condizioni allo scadere dei 60 giorni di esercizio dei poteri eccezionali e in ogni altro momento oltre tale durata».

40 Ai sensi dell'art. 11 della Costituzione francese, infatti: «1. Il presidente della Repubblica, su proposta del governo durante le sessioni o su proposta congiunta delle due Assemblee, pubblicata sul Journal Officiel, può sottoporre a referendum ogni disegno di legge concernente l'organizzazione dei pubblici poteri, le riforme relative alla politica economica, sociale o ambientale della Nazione e ai servizi pubblici che vi concorrono, o tendente ad autorizzare la ratifica di un trattato che, senza essere contrario alla Costituzione, potrebbe comunque incidere sul funzionamento delle istituzioni. 2. Quando il referendum è indetto su proposta del governo, questi fa, davanti a ciascuna Assemblea, una dichiarazione che è seguita da dibattito. 3. Un referendum che verta su un argomento tra quelli indicati al comma 1 può essere organizzato su iniziativa di un quinto dei membri del Parlamento, sostenuto da un decimo degli elettori iscritti alle liste elettorali. Tale iniziativa prende la forma di una proposta di legge e non può avere a oggetto l'abrogazione di una disposizione legislativa promulgata da meno di un anno. 4. Le condizioni della presentazione e quelle alle quali il Consiglio costituzionale controlla il rispetto delle disposizioni del comma precedente vengono determinate con legge organica. 5. Se la proposta di legge non è stata esaminata dalle due Assemblee entro il termine stabilito dalla legge organica, il presidente della Repubblica la sottopone al referendum. 6. Qualora la proposta di legge non è adottata dal popolo francese, nessuna nuova proposta di referendum che verta sullo stesso argomento può essere presentata prima che siano trascorsi 2 anni dalla data della consultazione elettorale. 7. Qualora il risultato del referendum conduca all'adozione del disegno o della proposta di legge, il presidente della Repubblica promulga la legge nei 15 giorni successivi la proclamazione dei risultati della consultazione».

41 La Costituzione francese, infatti, ai sensi dell'art. 12 prevede che: «1. Il presidente della Repubblica, sentito il primo ministro e i presidenti delle Assemblee, può sciogliere l'Assemblea nazionale. 2. Le elezioni politiche hanno luogo almeno 20 giorni e al massimo 40 giorni dopo l'avvenuto scioglimento. 3. L'Assemblea nazionale è convocata di pieno diritto il secondo giovedì successivo alle elezioni. Se la convocazione cade in periodo diverso da quello previsto per la sessione ordinaria, una sessione della durata di 15 giorni ha luogo di diritto. 4. Non si può procedere a un nuovo scioglimento durante l'anno che segue dette elezioni».

figura di tipo onorifico, simbolico e non rappresentativo, come **nelle forme di governo parlamentari di tipo monarchico (Belgio, Paesi Bassi, Regno Unito, Spagna), questi capi dello Stato sono titolari di poteri meramente formali**, facendo sì che i loro atti assumano rilievo soltanto laddove ciò sia espressamente previsto dal testo costituzionale; non da ultimo in quanto l'**istituto della controfirma ministeriale** nei confronti degli atti del capo dello Stato – cioè quell'istituto che sgrava dalla responsabilità giuridica il capo dello Stato tendenzialmente per ogni suo atto posto in essere – proprio nell'esperienza monarchica trova il suo principale e storico fondamento (per quanto qui concerne, Belgio, Paesi Bassi, Regno Unito, Spagna; v. *supra* cap. 5).

Così, se l'irresponsabilità regia è garantita per ogni atto del monarca grazie alla controfirma ministeriale, nelle forme di governo parlamentari di tipo repubblicano, invece, la controfirma è prevista per tutti gli atti del presidente della Repubblica, sebbene qualche ordinamento ritenga che ciò non sia necessario per quelli, come le dimissioni, considerati atti strettamente personali (Austria, Germania, Italia) o che, per alcuni atti di particolare rilevanza, essa sia subordinata, come in Germania o in Grecia, a particolari vincoli e condizioni[42].

Invece, **la controfirma ministeriale, soprattutto nell'esperienza francese[43] e portoghese[44], emerge solo per gli atti politicamente meno rilevanti del presidente**, di modo che questi, sostanzialmente, viene a confermarsi come il principale soggetto istituzionale dotato di poteri veri e propri.

In questo quadro, **due principali poteri emergono: la nomina del governo e lo scioglimento anticipato del Parlamento**.

[42] È interessante il caso greco in quanto la responsabilità presidenziale è definita entro una serie di vincoli. In merito, infatti, l'art. 35 della Costituzione greca prevede che «1) Nessun atto del presidente della Repubblica è valido ed esecutivo senza la controfirma del ministro competente, che solo con la sua firma ne assume la responsabilità, e senza che esso venga prima pubblicato nella Gazzetta Ufficiale. Se il governo è stato revocato e il primo ministro non ha controfirmato il decreto relativo a tale revoca, esso è controfirmato dal nuovo primo ministro. 2) In via d'eccezione, sono dispensati dalla controfirma ministeriale soltanto gli atti seguenti: *a*) la nomina del primo ministro; *b*) la convocazione del Consiglio dei ministri sotto la presidenza del presidente della Repubblica conformemente alle disposizioni dell'art. 38, par. 3; *c*) la convocazione del Consiglio della Repubblica; *d*) il rinvio di un progetto o di una proposta di legge votata dalla Camera dei deputati, conformemente all'art. 42, par. 3; *e*) i provvedimenti presi nel quadro delle competenze determinate negli artt. 32, par. 4, 37, par. 3, 41, parr. 1 e 4 e 44, par. 2; *f*) i messaggi rivolti alla Nazione in circostanze del tutto eccezionali, conformemente al par. 3 dell'art. 44; *g*) la nomina del personale dei servizi della presidenza della Repubblica».

[43] All'art. 19 della Costituzione francese, infatti, si prevede che: «1) Gli atti del presidente della Repubblica diversi da quelli previsti dagli artt. 8 (comma 1), 11, 12, 16, 18, 54, 56 e 61 sono controfirmati dal primo ministro e, se del caso, dai ministri responsabili».

[44] Ai sensi dell'art. 140 della Costituzione portoghese, infatti, si prevede che: «1. Necessitano di controfirma del governo gli atti del presidente della Repubblica adottati a norma delle lettere *h*), *j*), *l*), *m*) e *p*) dell'art. 133, delle lettere *b*), *d*) e *f*) dell'art. 134 e delle lettere *a*), *b*) e *c*) dell'art. 135. 2. La mancanza di controfirma determina l'inesistenza giuridica dell'atto».

Nelle forme di governo presidenziali, naturalmente, non vi è alcun problema riguardo alla nomina del governo in quanto questo corrisponde alla figura del capo dello Stato eletto direttamente.
Invece, **nelle forme di governo semipresidenziali e parlamentari di tipo repubblicano**, posto che in quelle di tipo monarchico la nomina del governo ha soltanto carattere formale, **il capo dello Stato ha un ruolo importante**.
Nelle forme di governo semipresidenziali, e in particolare per quanto qui ci concerne relativamente all'esperienza francese e portoghese, la nomina del governo è appannaggio del capo dello Stato.
In Francia, infatti, è questi a nominare e a chiedere le dimissioni del – cioè *de facto* a revocare il – primo ministro e, su proposta di questi, del pari, i ministri[45], tenuto conto, peraltro, che è lo stesso capo dello Stato che, ai sensi dell'art. 9, presiede il Consiglio dei ministri[46]; così come avviene, del pari, in Portogallo ai sensi dell'art. 133 (lettere *f*, *g*, *h*) riguardo alla nomina[47], e, ai sensi dell'art. 133 (lett. *i*) riguardo alla presidenza del Consiglio dei ministri[48].
Invece, **nelle forme di governo parlamentari di tipo repubblicano, cioè per ciò che qui ci concerne la Germania o la Grecia, la nomina del governo vede una residuale presenza del capo dello Stato, chiamato più che altro a prendere atto dell'esito elettorale**. Questi, infatti, come accade, per esempio, in Germania, ha il dovere di proposta al Parlamento ai sensi del comma 1 dell'art. 63 della Costituzione[49] e poi, in seguito a un voto positivo del Bundestag, ha quello di nomina, *ex* comma 2 del medesimo articolo (v. *supra* cap. 5).
Più ricco, invece, appare il potere del capo dello Stato relativamente allo **scioglimento anticipato** dell'organo parlamentare, **istituto tipico delle sole forme di governo parlamentari e semipresidenziali**.
Infatti, in quelle forme di governo, **il capo dello Stato interviene sempre nel processo che porta a uno scioglimento anticipato** rispetto alla scadenza naturale della legislatura parlamentare. Così, se il capo dello Stato francese può – si badi bene, senza controfirma ministeriale – sciogliere l'Assemblea nazionale[50] (così come del pari può fare il presidente della Repubblica por-

45 Ai sensi dell'art. 8 della Costituzione francese, infatti, si prevede che «1. Il presidente della Repubblica nomina il primo ministro. Egli pone fine alle sue funzioni all'atto della presentazione delle dimissioni del governo. 2. Su proposta del primo ministro, nomina gli altri membri del governo e pone fine alle loro funzioni».
46 Ai sensi dell'art. 9 della Costituzione francese, infatti, si prevede che «1. Il presidente della Repubblica presiede il Consiglio dei ministri».
47 La Costituzione portoghese prevede, infatti, all'art. 133, alle lettere *f*, *g* e *h*, che il capo dello Stato sia colui che debba «*f*) Nominare il primo ministro, nei termini stabiliti dal numero 1 dell'art. 187; *g*) Dimettere il governo, nei termini stabiliti dal numero 2 dell'art. 195, ed esonerare il primo ministro, nei termini stabiliti dal numero 4 dell'art. 186; *h*) Nominare ed esonerare i membri del governo su proposta del primo ministro».
48 La Costituzione portoghese prevede, infatti, all'art. 133, lett. *i*, che il capo dello Stato sia colui che debba «*i*) Presiedere il Consiglio dei ministri, quando il primo ministro lo solleciti».
49 Ai sensi dell'art. 63, commi 1 e 2 della Costituzione tedesca, infatti, si prevede che «(1) Il cancelliere federale è eletto senza dibattito dal Bundestag su proposta del presidente federale. (2) È eletto chi ottiene i voti della maggioranza dei componenti del Bundestag. L'eletto deve essere nominato dal presidente federale».
50 La Costituzione francese prevede, infatti, all'art. 12 che «1. Il presidente della Repub-

toghese, pur con qualche vincolo in più[51]), il presidente della Repubblica in Grecia o, specialmente, in Germania è invece dotato di tutta una serie di poteri che rendono lo scioglimento anticipato davvero, in quell'ordinamento, una scelta di *extrema ratio*[52]. Peraltro, laddove ciò dipenda dall'incapacità del Parlamento di formare un governo stabile, dotato cioè di una maggioranza in Parlamento, tanto in Germania quanto in Grecia non è richiesta la controfirma per l'atto del presidente della Repubblica, a differenza dell'obbligo che questa invece vi sia sull'atto presidenziale di scioglimento laddove la richiesta di uno scioglimento anticipato derivi da una proposta del cancelliere o del presidente del Consiglio.

Nella **forma di governo direttoriale della Svizzera**, invece, così come nelle forme di governo presidenziali, **non è previsto lo scioglimento anticipato**.

Più di recente, nonostante lo scioglimento anticipato delle Assemblee elettive rientri, tra forma e sostanza, nel novero delle competenze del capo dello Stato (tranne in Svezia, dove il potere di scioglimento è attribuito direttamente in capo al governo al quale subentra o si affianca, come in Spagna, il presidente della Camera perché è la prima autorità che scaturisce, sia pur indirettamente, dal suffragio universale), alcuni ordinamenti, anche delle democrazie stabiliz-

blica, sentito il primo ministro e i presidenti delle Assemblee, può sciogliere l'Assemblea nazionale. 2. Le elezioni politiche hanno luogo almeno 20 giorni e al massimo 40 giorni dopo l'avvenuto scioglimento. 3. L'Assemblea nazionale è convocata di pieno diritto il secondo giovedì successivo alle elezioni. Se la convocazione cade in periodo diverso da quello previsto per la sessione ordinaria, una sessione della durata di 15 giorni ha luogo di diritto. 4. Non si può procedere a un nuovo scioglimento durante l'anno che segue dette elezioni».

[51] Ai sensi dell'art. 133, lett. *e*, la Costituzione portoghese prevede che il presidente della Repubblica possa «Sciogliere l'Assemblea della Repubblica, in osservanza di quanto disposto nell'art. 172, sentiti i partiti in essa rappresentati e il Consiglio di Stato» tenuto conto, tuttavia di quanto, appunto, indicato dall'art. 172, ossia che «1. L'Assemblea della Repubblica non può essere sciolta nei 6 mesi posteriori alla sua elezione, nell'ultimo semestre del mandato del presidente della Repubblica o durante la vigenza dello stato d'assedio o dello stato di emergenza. 2. L'inosservanza del disposto nel numero precedente determina l'inesistenza giuridica del decreto di scioglimento. 3. Lo scioglimento dell'Assemblea non pregiudica la sussistenza del mandato dei deputati, né la competenza della Commissione permanente, sino alla prima riunione dell'Assemblea dopo le nuove elezioni».

[52] Lo scioglimento anticipato in Germania, infatti, si viene a realizzare quando tutti gli strumenti anticrisi politica, a partire dalla sfiducia costruttiva, non sortiscono effetto. Conseguentemente, agli artt. 63, comma 4, e 68 della Legge fondamentale tedesca, si prevede che «Articolo 63. (1) Il cancelliere federale è eletto senza dibattito dal Bundestag su proposta del presidente federale. (2) È eletto chi ottiene i voti della maggioranza dei componenti del Bundestag. L'eletto deve essere nominato dal presidente federale. (3) Se il candidato proposto non è eletto, il Bundestag può, con più della metà dei suoi componenti ed entro 14 giorni dallo scrutinio, eleggere un cancelliere federale. (4) Se un'elezione non ha luogo entro questo termine, si procede immediatamente a un nuovo scrutinio nel quale risulta eletto chi ottiene il maggior numero di voti. Se l'eletto ottiene i voti della maggioranza dei componenti del Bundestag, il presidente federale deve nominarlo entro 7 giorni dall'elezione. Se l'eletto non raggiunge questa maggioranza, il presidente federale, entro 7 giorni, deve nominarlo oppure sciogliere il Bundestag». E «Articolo 68. (1) Se la richiesta di fiducia posta dal cancelliere federale non viene approvata dalla maggioranza dei componenti del Bundestag, il presidente federale, su proposta del cancelliere federale, può sciogliere il Bundestag entro 21 giorni. Il potere di scioglimento si estingue non appena il Bundestag, a maggioranza dei suoi componenti, elegge un nuovo cancelliere federale. (2) Tra la mozione e la votazione devono intercorrere 48 ore».

zate, hanno introdotto forme di autoscioglimento, cioè di scioglimento deciso dallo stesso Parlamento, per esempio in Austria o, dal 2011, nel Regno Unito in ragione del *Fixed-term Parliaments Act*[53].

Nelle altre **forme di governo parlamentari di democrazia stabilizzata, a partire da quelle monarchiche** (nel Regno Unito, come detto, fino alla razionalizzazione del 2011), **la titolarità dello scioglimento anticipato in genere è in capo al primo ministro** che la fa votare dal governo e, su sua proposta, la sottopone al capo dello Stato per il conseguente scioglimento anticipato. Talvolta, si tratta di un atto di tipo complesso, spesso definito in modo duumvirale, ma non è il caso delle democrazie stabilizzate, eccezion fatta per l'esperienza italiana, qui non presa in considerazione.

In ogni caso, in molti ordinamenti, prima di procedere allo scioglimento anticipato si deve chiedere il parere preventivo, pur non vincolante, di diversi soggetti (dai presidenti delle Assemblee elettive, al primo ministro, agli organi di garanzia, ai partiti politici o ai gruppi parlamentari).

Oltre quanto già evidenziato, **vi possono essere ulteriori vincoli e limitazioni prima di procedere allo scioglimento anticipato dell'Assemblea elettiva.**

Questi sono, di regola, basati o su **limiti legati all'asse del tempo**, come in Portogallo, dove non è possibile sciogliere prima di 6 mesi dall'inizio della legislatura, o come in Svezia, dove invece, non è possibile sciogliere l'Assemblea negli ultimi 3 mesi della legislatura; oppure non si possa procedere a un nuovo scioglimento anticipato se prima non sia trascorso un certo termine – in genere un anno – da quello precedente, così come è previsto, per quanto qui concerne, in Francia, Grecia, Spagna, mentre, invece, sono 3 mesi in Svezia; oppure infine, non si possa procedere a scioglimento anticipato da parte del capo dello Stato nell'ultimo periodo del suo mandato, in genere gli ultimi 6 mesi: una scelta costituzionale propria, in questo caso, per quanto qui ci riguarda, del solo Portogallo.

Un altro **limite allo scioglimento anticipato** delle Assemblee elettive riguarda l'impossibilità di procedere a esso **durante lo stato di guerra o gli stati di**

[53] Provvedimento di grande rilevanza, il *Fixed-term Parliaments Act* (FTPA) del 2011 delinea le sole due ipotesi nelle quali è possibile un'elezione anticipata e dunque uno scioglimento non ordinario del Parlamento. La prima ipotesi si verifica quando la Camera dei comuni approva, a maggioranza dei due terzi, una mozione recante le seguenti parole: «that there shall be an early parliamentary general election», cioè decide di autosciogliersi; mentre la seconda ipotesi è quando la Camera dei comuni approva, a maggioranza semplice, una mozione di sfiducia al governo, recante le seguenti parole: «that this House has no confidence in Her Majesty's Government»; tale mozione è valida solo se, nei successivi 14 giorni, questa non sia seguita da una pari e contraria mozione di fiducia a un nuovo governo, recante il seguente testo: «that this House has confidence in Her Majesty's Government», secondo il classico schema della sfiducia costruttiva, ispirato all'esperienza tedesca. In questo senso, da un lato le elezioni sono vincolate in ragione di un voto a maggioranza qualificata, dall'altro vi sono due eventi che pesano in questa scelta: la sfiducia al governo in carica e l'impossibilità di riuscire a formarne un altro entro le due settimane successive. Al di fuori di queste due ipotesi, insomma, non si può procedere a scioglimento, come indica espressamente lo stesso *Fixed-term Parliaments Act*, posto che appunto «Parliament cannot otherwise be dissolved».

crisi, per esempio, per quanto qui concerne, in Francia[54], Germania[55], Grecia, Portogallo[56], Spagna[57], Svezia.

5. RESPONSABILITÀ

Il tema della responsabilità o dell'irresponsabilità del capo dello Stato nell'esercizio delle sue funzioni, da sempre, caratterizza questo organo, non da ultimo in ragione della tradizione storica, lungo il principio monarchico di irresponsabilità regia, che ha contribuito nel tempo a plasmare, da re a presidenti, questa figura.

In questo senso, non si può non **distinguere tra gli «ordinamenti monarchici» e gli «ordinamenti repubblicani»**.

Infatti, mentre per i **capi dello Stato di tipo monarchico** la predominanza dell'irresponsabilità regia, personale, assoluta e permanente, come portato della tradizione resiste anche come contraltare della loro, sostanziale, irrilevanza nella dinamica del potere, i **capi dello Stato degli ordinamenti democratici di tipo repubblicano** sono invece sottoposti a forme importanti, pur nella diversità propria di ciascun ordinamento, di responsabilità.

La prima responsabilità che emerge è la **responsabilità giuridica del capo dello Stato**. Questa responsabilità – che può essere variamente articolata in civile, penale e amministrativa – viene a realizzarsi laddove essa si esprime in comportamenti giuridici rilevanti, precedentemente definiti dall'ordinamento e comporta, di conseguenza, le previste sanzioni (dal risarcimento del danno, alla pena pecuniaria, alla detenzione, per esempio). In tal senso, nelle democrazie stabilizzate, questo tipo di responsabilità è propria anche del capo dello Stato, durante il suo mandato.

La seconda responsabilità – quella più rilevante – è la **responsabilità di tipo politico dei capi dello Stato**; una forma di responsabilità che viene misurata sull'asse dell'opportunità e dei suoi criteri, che non di rado non possono essere definiti aprioristicamente e in modo oggettivo. In tal senso, è una responsabilità più difficile da dimostrare e la sua sanzione perciò attiene e appartiene all'alveo delle sanzioni di tipo politico, come può essere la rimozione dalla carica.

In quest'ambito, le democrazie stabilizzate definiscono la responsabilità di tipo politico, anche tramite due distinte fattispecie: quella che attiene a una

[54] All'art. 16, comma 5 della Costituzione francese, infatti, si prevede che: «5. L'Assemblea nazionale non può essere sciolta durante l'esercizio dei poteri eccezionali».

[55] All'art. 115, lett. *h*, comma 3 della Costituzione tedesca, si prevede infatti che «Per la durata dello stato di difesa il Bundestag non può essere sciolto».

[56] All'art. 172, comma 1 della Costituzione portoghese si prevede, infatti, che «1. L'Assemblea della Repubblica non può essere sciolta nei 6 mesi posteriori alla sua elezione, nell'ultimo semestre del mandato del presidente della Repubblica o durante la vigenza dello stato d'assedio o dello stato di emergenza».

[57] All'art. 116, comma 5 della Costituzione spagnola si prevede, infatti, che «5. Non potrà procedersi allo scioglimento del Congresso durante la vigenza di alcuno degli stati [stati di eccezione] compresi nel presente articolo, venendo le Camere convocate automaticamente qualora non fossero in periodo di sessione. Il loro funzionamento, come quello degli altri poteri costituzionali dello Stato, non potrà interrompersi durante la vigenza di tali stati».

responsabilità politica del capo dello Stato di tipo politico-istituzionale e quella, al contrario, che può essere qualificata come una **responsabilità di tipo politico-diffusa**.

Così, se in generale, proprio per il ruolo e la posizione pubblica che incarna, il capo dello Stato è sempre sottoposto a una responsabilità politica diffusa, venendo a essere continuamente misurato il suo operato nello spazio pubblico tanto dai cittadini quanto dai media che ne danno conto (oltre che dalle forze politiche che si relazionano con questa figura), ponendo in tema, sostanzialmente, il profilo personale dell'interprete di quel ruolo, il suo onore e dunque, come conseguenza, la dignità della sua carica, **la responsabilità di tipo politico-istituzionale è quella che determina e qualifica l'organo e chi è soggetto alla titolarità di quel potere**.

Nelle democrazie stabilizzate qui prese in considerazione, generalmente, questo tipo di responsabilità vede delle differenze, a seconda del tipo di forma di governo. Infatti, se si è in una forma di governo a elezione diretta, cioè di tipo presidenziale o semipresidenziale, normalmente il fallimento rispetto a una responsabilità di tipo politico-istituzionale porta il titolare a non essere rieletto; mentre nelle forme di governo parlamentari di tipo repubblicano, invece, l'effetto di un fallimento rispetto a una responsabilità di tipo politico-istituzionale non comporta sostanzialmente alcuna conseguenza tranne, se si vuole, del disdoro personale. **Certo è che si può sempre rimuovere un presidente della Repubblica**, tanto se eletto a suffragio universale diretto quanto indiretto laddove – al di là di casi limite come in Austria, o Romania – questi sia messo in stato di accusa per i delitti «di tradimento, di concussione o altri gravi reati», come per esempio segnala la Costituzione americana in caso di **impeachment** del presidente degli Stati Uniti[58]. **Si tratta però** evidentemente **di un giudizio di tipo politico** (e infatti può essere condannato solo da un organo politico come, nel caso degli Stati Uniti, il Senato federale, peraltro a maggioranza dei due terzi dei presenti), ponendo così questa scelta entro una soluzione che porta direttamente alla rimozione del presidente dalla carica[59]. In tal senso, può essere interessante ricordare che negli Stati Uniti sono stati sottoposti a *impeachment*, con un voto finale di assoluzione, i presidenti democratici Andrew Johnson (1868) e Bill Clinton (1999), mentre in qualche modo, nonostante si siano dimessi prima che la procedura venisse formalmente avviata, possono essere assimilabili anche il

[58] La Costituzione degli Stati Uniti, ai sensi dell'art. II, sez. 4, prevede infatti che «Il presidente, il vicepresidente e tutti i funzionari civili degli Stati Uniti potranno essere rimossi dai loro uffici su accusa e verdetto di colpevolezza di tradimento, corruzione o altri gravi crimini e misfatti».

[59] La procedura di *impeachment* negli Stati Uniti viene a configurarsi tramite l'art. I, sez. 3, alinea 5: «Il Senato avrà in via esclusiva il potere di giudicare su tutti i casi di *impeachment*. Quando si riunisce a tal fine, dovrà prestare giuramento o impegno solenne. Se è sotto accusa il presidente degli Stati Uniti, presiederà il giudice in capo della Corte suprema; e nessuno sarà dichiarato colpevole senza il concorso dei voti dei due terzi dei presenti. Le condanne per i casi di *impeachment* non andranno oltre alla rimozione dalla carica e all'interdizione dal tenere e godere qualsiasi carica onorifica, fiduciaria o retribuita alle dipendenze degli Stati Uniti: ma il condannato sarà non di meno responsabile e soggetto a imputazione, processo, giudizio e condanna penale, secondo il diritto comune».

caso di Richard Nixon e del suo vicepresidente Spiro Agnew per lo scandalo del Watergate del 1973.

Nell'esercizio delle funzioni che sono loro proprie, i capi dello Stato di tipo repubblicano, cioè i presidenti, sono sottoposti a un'irresponsabilità giuridica in ragione della carica che ricoprono, a eccezione per quei reati – i c.d. **reati presidenziali** – che sono invece definiti, nelle democrazie stabilizzate, dentro un novero di opzioni puntualmente indicate, come: attentato alla Costituzione o violazione della Costituzione; violazione di leggi; alto tradimento; gravi reati; azioni scorrette; incapacità; condotte illegali o incompatibili con la carica. **Si tratta di reati tipici per i quali**, appunto, **vi è piena responsabilità penale del presidente**. In questo senso, solo per rimanere alle democrazie stabilizzate qui considerate, di tipo repubblicano, ciò è previsto in Francia[60], Germania[61], Grecia[62], Portogallo[63].

[60] La Costituzione francese, all'art. 68, nella parte relativa all'Alta corte di giustizia, prevede che «1. Il presidente della Repubblica può essere destituito solo in caso di mancanza ai propri doveri manifestamente incompatibile con l'esercizio del proprio mandato. La destituzione viene pronunciata dal Parlamento riunito in Alta corte di giustizia. 2. La proposta di riunire l'Alta corte approvata da una delle Assemblee del Parlamento viene immediatamente trasmessa all'altra che si pronuncia entro 15 giorni. 3. L'Alta corte è presieduta dal presidente dell'Assemblea nazionale. Essa delibera entro un mese, con voto a scheda segreta, sull'eventuale destituzione. La sua decisione ha effetto immediato. 4. Le decisioni prese in applicazione del presente articolo richiedono una maggioranza dei due terzi dei rappresentanti che compongono l'Assemblea interessata o l'Alta corte di giustizia. È vietata la delega del voto. Sono scrutinati unicamente i voti favorevoli alla proposta di riunione dell'Alta corte di giustizia o alla destituzione. 5. Una legge organica stabilisce le condizioni di modifica del presente articolo».

[61] La Legge fondamentale tedesca prevede, infatti, all'art. 61, che «(1) Il Bundestag o il Bundesrat possono mettere in stato d'accusa il presidente federale dinanzi al Tribunale costituzionale federale per violazione premeditata della Legge fondamentale o di un'altra legge federale. L'istanza di messa in stato d'accusa deve essere presentata da almeno un quarto dei componenti del Bundestag o un quarto dei voti del Bundesrat. La deliberazione dell'accusa richiede la maggioranza di due terzi dei componenti del Bundestag o di due terzi dei voti del Bundesrat. L'accusa è sostenuta da un incaricato dell'organo che l'ha deliberata. (2) Se il Tribunale costituzionale federale accerta che il presidente federale è colpevole di violazione premeditata della Legge fondamentale o di un'altra legge federale, può dichiararlo decaduto dalla carica. Dopo che è stata sollevata l'accusa, il Tribunale costituzionale federale può disporre con ordinanza provvisoria che al presidente federale sia impedito di esercitare l'ufficio».

[62] La Costituzione greca, all'art. 49, prevede che «1) Il presidente della Repubblica non è in alcun modo responsabile per gli atti compiuti nell'esercizio delle sue funzioni, salvo nel caso di alto tradimento o di violazione intenzionale della Costituzione. Per gli atti che non hanno alcun rapporto con l'esercizio delle funzioni presidenziali, l'incriminazione è sospesa fino alla scadenza del mandato presidenziale. 2) La proposta di porre sotto accusa e di tradurre davanti agli organi giurisdizionali il presidente della Repubblica è sottoposta alla Camera dei deputati con la sottoscrizione di almeno un terzo dei suoi membri; essa è adottata con deliberazione assunta a maggioranza dei due terzi del numero complessivo dei membri della Camera. 3) Se la proposta è accolta, il presidente della Repubblica è rinviato a giudizio davanti alla Corte prevista dall'art. 86, le cui disposizioni sono applicabili all'occorrenza per analogia. 4) A partire dal suo rinvio a giudizio davanti alla Corte, il presidente della Repubblica si astiene dall'esercizio delle sue funzioni e si applicano le norme sulla sua supplenza ai sensi dell'art. 34; egli riprende a esercitare le sue funzioni a partire dalla pubblicazione della sentenza di assoluzione emessa dalla Corte prevista nell'art. 86, a condizione che il suo mandato nel frattempo non sia terminato. 5) Una legge, votata dalla Camera dei deputati in seduta plenaria, regola le modalità di applicazione delle disposizioni del presente articolo».

[63] La Costituzione portoghese prevede, all'art. 163, comma 3, che «Compete all'Assemblea della Repubblica, con riferimento ad altri organi: [...] *c)* Promuovere il processo di accusa

Di regola, l'iniziativa proviene da una minoranza qualificata di parlamentari e, come si può vedere dai singoli articoli, la messa in stato d'accusa viene deliberata a maggioranza assoluta o qualificata da un organo parlamentare, proprio per il suo carattere politico. Il giudizio finale, in ogni modo, viene a essere comunque lasciato a un organo della magistratura ordinaria (Portogallo) o più opportunamente, e più conformemente, a un organo di giustizia costituzionale che, oltre alla sanzione, non di rado di tipo penale, fa seguire pure la destituzione o la rimozione dalla carica.
Nessuna copertura vi è invece per la **responsabilità del capo dello Stato relativamente agli atti c.d. «extrafunzionali»**, cioè quelli posti in essere al di fuori delle sue funzioni; per i quali, in alcuni testi costituzionali, come quello greco o portoghese, viene concesso al massimo un termine di improcedibilità legato alla durata del mandato.
In **Francia**, in tema, la disciplina è particolarmente interessante in quanto, fino al 2007, il tema non era stato neanche costituzionalizzato nonostante le sollecitazioni, nel 1999, del Consiglio costituzionale e, nel 2001, della Corte di cassazione, evidenziando così il fatto che si dovesse attendere la fine del mandato presidenziale per eventualmente dare adito alla procedibilità per gli atti extrafunzionali di tipo illecito commessi dal presidente. Tuttavia, nonostante la revisione costituzionale del 2007, che modifica in tema il Titolo IX della Costituzione, si percepisce molto chiaramente il senso di un giudizio, anche su questi atti, come si è visto in precedenza più di tipo politico che giuridico.

6. TENDENZE E PROSPETTIVE

In conclusione, si può evidenziare che **i capi dello Stato**, nonostante le forti trasformazioni delle forme di governo e nonostante la crisi della rappresentanza politica, **hanno comunque mantenuto la loro natura di organi di riferimento collettivo di comunità statuali che faticano a mantenersi unite**.
Tuttavia, nelle democrazie stabilizzate, possiamo registrare due tendenze: da un lato siamo in presenza di forme di governo parlamentari che vedono rafforzare il ruolo del capo dello Stato sempre più nel suo versante di potere neutro e garante, pronto tuttavia in caso di crisi a trasformarsi in motore attivo; dall'altro, invece, l'esperienza dei capi dello Stato eletti direttamente, propri delle forme di governo presidenziali o di tipo semipresidenziale, mostrano – a eccezione del caso francese che, invece, chiaramente fissa sempre più la tendenza monista dell'esecutivo in capo al presidente della Repubblica – la presenza di leggi elettorali idonee a ridurre la frammentazione e a trasformare, in condizioni specifiche, la minoranza più consistente in maggioranza parlamentare, ed evidenziano capi dello Stato che esprimono sempre più il loro ruolo come secondario, rispetto a quello del governo e del primo ministro.

contro il presidente della Repubblica per reati compiuti nell'esercizio delle sue funzioni e decidere sulla sospensione dei membri del governo nel caso previsto nell'art. 196».

Non a caso, anche l'esperienza statunitense sembra sempre più far emergere la vicenda di presidenti dimidiati durante il loro mandato dall'assenza di una maggioranza univoca in Congresso, già a partire dalle seconde elezioni successive alla loro elezione, quelle di *midterm*.
In ogni caso, rimane confermato il fatto che **quanto più è forte e strutturato il sistema dei partiti, tanto più è debole il capo dello Stato, anche se eletto direttamente** (se non si hanno meccanismi elettorali, come in Francia, dove il voto presidenziale punta a riverberarsi senza dubbio alcuno su quello parlamentare), e che, al massimo, anche di fronte all'esigenza di dover offrire un quadro più stabile a seguito della crisi della rappresentanza di stampo novecentesco, nei regimi parlamentari la soluzione, pur insoddisfacente, continua a rimanere la c.d. «grande coalizione», non la supplenza presidenziale.
Dunque, **la naturale ambiguità della figura del capo dello Stato, tra l'esercitare funzioni di garanzia o funzioni di governo, dipende**, ancora una volta, **dagli assetti politico-istituzionali** più che dai poteri presidenziali in senso stretto, a maggior ragione se si realizza che la crescita dell'Unione Europea come organismo sovranazionale, di fatto, ha favorito un ruolo sempre più centrale dei governi, marginalizzando i presidenti della Repubblica, compresi quelli a elezione diretta.
Per cui, a eccezione da un lato dell'Italia per quelli a elezione indiretta (ma qui il tema non è stato, appunto, volutamente trattato), e dall'altro della Francia per quelli a elezione diretta, **il capo dello Stato rimane un'efficace istituzione di garanzia, difensore di valori costituzionali e interprete di una funzione di unità, ma non titolare definitivo del potere di indirizzo politico e di governo**. Al massimo, ma con molte cautele e attenzioni, può rappresentare in ultima istanza la figura chiave per la risoluzione di gravi crisi politico-istituzionali. Tuttavia, anche in questo caso, più che la regola, che definisce poteri e funzioni, ancora una volta saranno forse i fattori non giuridici a definire il ruolo di questa, affascinante e complessa, figura istituzionale.

CAPITOLO 8

Diritti e libertà fondamentali

OBIETTIVI DI APPRENDIMENTO

- **Conoscere la genesi storica, i profili evolutivi e le prospettive future dei diritti fondamentali**
- **Ricostruire il fondamento naturalistico, giuspositivistico e storico-sociale dei diritti fondamentali**
- **Analizzare il fenomeno di circolazione dei diritti fondamentali**
- **Cogliere la tendenza espansiva dei diritti fondamentali**
- **Classificare diritti e libertà**

1. I DIRITTI FONDAMENTALI: GENESI STORICA, DEFINIZIONE E PROBLEMI

Nel momento storico in cui le guerre di religione del XVI e del XVII secolo mettono definitivamente in crisi la fede nella legittimazione divina del potere politico, sulla scorta dell'insegnamento del filosofo inglese John Locke, si diffonde l'idea di costruire le istituzioni come strumento per la difesa dei diritti: se prima del XVII secolo le organizzazioni statali hanno come scopo quello di realizzare la volontà di Dio e per compiere questa missione possono (o addirittura devono) calpestare le prerogative delle persone soggette alla loro autorità, nella fase storica immediatamente successiva alla fine delle guerre di religione **si inizia ad affermare che il compito fondamentale dello Stato è quello di garantire i diritti**. Secondo la ricostruzione lockiana, l'uomo nasce libero e decide di associarsi e di sottoporsi a un sovrano soltanto per riuscire a garantire a sé stesso un più duraturo ed effettivo godimento di quei

Questo capitolo è di Fausto Vecchio.

diritti di cui, in ragione della sua natura umana, beneficia fin dal momento della sua nascita. In questa visione, l'uomo ha dei diritti originari e innati che prescindono da qualsiasi forma di riconoscimento da parte di altri soggetti e che addirittura preesistono all'istituzionalizzazione del potere e alla stessa organizzazione della società.
Per quanto abbia avuto un'influenza decisiva per l'affermazione delle grandi dichiarazioni dei diritti che concludono le rivoluzioni liberali, la teoria lockiana viene presto messa in discussione. Così, pur non uscendo mai completamente di scena, a partire dagli insegnamenti della corrente del giuspositivismo inglese, **l'idea che all'essere umano spettino dei diritti semplicemente perché uomo inizia a essere criticata**. Per esempio, abbracciando questa prospettiva, diventa inspiegabile il fatto che le singole Costituzioni nazionali abbiano subito parecchie modifiche nel corso del tempo e che i cataloghi di diritti riconosciuti da ciascuna di esse siano spesso molto differenti da quelli affermati in altre Carte dei diritti: se il presupposto per il riconoscimento dei diritti deve essere ricercato in un'univoca idea di natura umana, diventa davvero difficile comprendere come mai non si sia sviluppata un'unica e immodificabile dichiarazione universale e perché, per contro, si siano sviluppate tante Carte nazionali dei diritti. Per la stessa ragione, non si capisce perché queste siano state continuamente messe in discussione e spesso siano state oggetto di radicali modifiche. Inoltre, ci si preoccupi di definire come «naturale» il diritto alla vita, alla proprietà, alla libertà e all'uguaglianza, si osserva che il riferimento alla natura è assai problematico perché, per la sua genericità, il concetto in questione non consente di individuare con chiarezza quali sono i diritti che legittimano l'azione del potere: se la capacità di assicurare il godimento dei diritti è il presupposto per valutare il corretto comportamento delle istituzioni, occorre sapere con certezza quali diritti queste ultime sono chiamate a garantire e la vaghezza dell'idea di «natura umana» non è certo di grande aiuto per la realizzazione di un compito così delicato.
Partendo da queste critiche la corrente di pensiero del giuspositivismo ha elaborato una visione dei diritti radicalmente contrapposta all'impostazione giusnaturalista. In particolare, si afferma che i diritti sono quelle situazioni giuridiche soggettive a cui uno specifico ordinamento fa corrispondere un correlativo obbligo e a cui viene riconosciuta protezione rafforzata per mezzo di un'azione giudiziaria. Sono fondamentali quei diritti che l'ordinamento riconosce come tali. I diritti sono il prodotto di una precisa volontà dell'ordinamento di riconoscerli e in assenza di un loro riconoscimento semplicemente esistono come meri auspici politici o come precetti etici privi di valenza giuridica. Detto altrimenti: **la vita o la proprietà possono essere considerati diritti soltanto in presenza di una norma che li qualifichi come tali** e che riconosca loro protezione in giudizio; in assenza di una disposizione di questo tipo, i beni in questione non possono avere un valore giuridico e potrebbero al limite acquisire valore di regola morale.
Sebbene l'impostazione giuspositivistica abbia costituito un importante riferimento per le Costituzioni dell'Europa continentale del XIX secolo, essa sembra

essere stata superata dagli sviluppi dei sistemi costituzionali sorti successivamente alla Seconda guerra mondiale. In primo luogo, una simile impostazione non riesce a spiegare quella prassi giurisprudenziale consolidata che ha portato al riconoscimento di diritti originariamente non inclusi nelle Costituzioni nazionali: se i diritti esistono in ragione di una volontà normativa che li ha positivizzati (cioè trasposti in una norma positiva), non si riesce proprio a capire come sia possibile che essi vengano riconosciuti dai giudici anche quando non compaiono nei testi delle Costituzioni. In secondo luogo, per quanto ciò possa sembrare paradossale, il giuspositivismo, pur preoccupandosi di valorizzare al massimo il dato testuale delle Costituzioni, finisce con il mortificarlo perché trascura le numerose clausole da cui si evince la volontà dei costituenti di non affidare la definizione dei diritti al diritto positivo: spesso i testi costituzionali, consapevoli della difficoltà di raggiungere un consenso attorno a uno specifico e puntuale catalogo, non hanno definito giuridicamente la questione in maniera completa e hanno piuttosto preferito usare formule sfocate che, oltre a consentire interpretazioni differenti (e a volte addirittura antitetiche), paiono presupporre necessariamente una definizione pregiuridica della nozione di «diritti».
La questione dell'inquadramento e della definizione dei diritti è piena di importantissime implicazioni che finiscono inevitabilmente con l'influire sull'attività degli operatori pratici del diritto. Un esempio potrà essere utile per comprendere meglio questo profilo: se i diritti hanno un fondamento pregiuridico le operazioni ermeneutiche con cui gli interpreti (e *in primis* i giudici) hanno desunto l'esistenza di diritti non formalizzati nei cataloghi nazionali possono essere considerate perfettamente legittime; viceversa, se i diritti hanno un fondamento esclusivamente giuridico la prassi del riconoscimento giudiziario di prerogative individuali non ammesse per via normativa deve essere considerata come una violazione del principio di separazione dei poteri e quindi, in ultima istanza, come una patologia dei sistemi liberali.
Come avviene per tutte le questioni generali prodromiche alla risoluzione delle controversie concrete, può rivelarsi di grande utilità un approccio comparato al problema che non trascuri il confronto con la dimensione della storia costituzionale. Pertanto, **si procederà ad analizzare le Carte dei diritti presenti nei sistemi costituzionali di Regno Unito, Stati Uniti, Francia, Canada, Germania e Spagna**. L'obiettivo finale è quello di riuscire a dimostrare come, superata la fase di adesione al giusnaturalismo e al giuspositivismo, i moderni ordinamenti costituzionali si siano vicendevolmente influenzati e si siano sviluppati secondo direttrici comuni che li hanno portati a valorizzare alcune specifiche caratteristiche e a espandere quanto più possibile la garanzia dei diritti.

2. *RIGHTS* E *FREEDOMS* NEL REGNO UNITO

In tema di diritti, l'ordinamento del Regno Unito vanta una secolare tradizione. Secondo un orientamento abbastanza diffuso, **il punto di partenza inglese in**

materia è rappresentato dalla «Magna Carta Libertatum» sottoscritta dal re Giovanni nel 1215 (v., diffusamente, *supra* cap. 2). Una simile ricostruzione ha certamente il pregio di sottolineare la stupefacente modernità del testo in questione e, soprattutto, l'influenza che nei secoli a venire esso eserciterà sui contenuti materiali dei diritti tutelati nel Regno Unito e nelle democrazie liberali. Dopo che la *Petition of Rights* del 1628 e l'*Habeas Corpus Act* del 1679 hanno ribadito (seppur in una cornice istituzionale ancora assolutistica) la validità delle prerogative riconosciute dalla *Carta*, Locke predispone **un «Bill of Rights» che nel 1689 viene sottoscritto da Guglielmo III**. In linea con le idee giusnaturalistiche del pensatore inglese, il *Bill* segna il definitivo successo di una concezione dei diritti come limiti alle prevaricazioni e come parametro per la legittimazione del potere sovrano.

Nel corso degli anni successivi alla sua approvazione, il successo del *Bill of Rights* finisce con l'influire anche sugli sviluppi di altri ordinamenti. Come meglio si vedrà nei paragrafi successivi, la Carta inglese dei diritti diventerà fonte di ispirazione per i sistemi giuridici che emergono alla fine delle grandi rivoluzioni liberali del XVIII secolo e non è un caso che sia la Rivoluzione americana, sia la Rivoluzione francese si concludano con l'approvazione di una dichiarazione dei diritti di ispirazione giusnaturalistica. Inoltre, dopo una parentesi storica in cui la tradizione inglese viene accantonata e si afferma la visione di un fondamento positivo dei diritti, come si osserverà nel prosieguo della trattazione, gli ordinamenti costituzionali di altri Paesi riprenderanno (seppur in chiave non giusnaturalistica) l'idea di usare i diritti per legittimare il potere e l'idea che le prerogative individuali fungano da limite agli arbitri dell'autorità pubblica.

Con molta probabilità, questo enorme successo del *Bill of Rights* spiega come mai il sistema inglese sia rimasto legato alla tradizione e oggi presenti alcune caratteristiche che tanto sul piano formale, quanto su quello dei contenuti dei diritti tutelati e su quello delle modalità di tutela lo facciano apparire anacronistico e poco funzionale.

Sul piano formale, la scelta di non costituzionalizzare una Carta dei diritti fondamentali e di continuare a tenere in vigore i testi del Seicento rappresenta un'importante singolarità nel quadro degli attuali sistemi costituzionali. Questa caratteristica fondamentale del sistema inglese pone certamente alcuni limiti in ordine alla possibilità di fare ricorso a certi meccanismi di garanzia normativa conosciuti dal costituzionalismo moderno. Strumenti ben noti in altri Paesi come **le clausole di immodificabilità dei diritti, la riserva di legge o la garanzia di un contenuto minimo essenziale sono in quanto tali strutturalmente incompatibili con l'ordinamento inglese**.

Alla stessa maniera, sotto il profilo contenutistico, la scelta di affidare la tutela a documenti tanto datati non è irrilevante. Per un verso, sul piano dei principi generali essa si traduce nella scelta di non positivizzare una norma scritta che, sul modello delle Costituzioni successive all'Illuminismo, codifichi l'aspirazione all'uguaglianza e alla libertà. Per un altro, è facile osservare che l'ordinamento è rimasto ancorato al riconoscimento dei soli diritti conosciuti

all'epoca della rivoluzione secentesca (cioè i diritti politici e civili) e, per il semplice fatto di essere impensabili in quella fase, i c.d. «diritti di seconda, di terza e di quarta generazione» (cioè i diritti sociali, i diritti culturali e i nuovi diritti) sono destinati, almeno in apparenza, a restare sullo sfondo.
A ciò si deve anche aggiungere che, sul piano delle modalità di tutela giurisdizionale, pure la mancata previsione delle forme di controllo giudiziario che oggi caratterizzano i sistemi costituzionali delle democrazie stabilizzate rappresenta un'anomalia da tenere in conto. Da questo punto di vista, pesa in particolare l'assenza di un sindacato di costituzionalità e le difficoltà che le corti inglesi possono incontrare nel garantire certi diritti non tutelati dalle dichiarazioni del Seicento.
A dispetto di una certa ritrosia del sistema inglese a omologarsi alle evoluzioni conosciute da altri Paesi, è bene però precisare che questo forte legame con la tradizione passata non deve erroneamente indurre a pensare a un ordinamento poco attento alle prerogative individuali. Piuttosto, sembra più corretto sostenere che, in linea con la loro tradizione, **gli inglesi hanno scelto vie originali per garantire alti standard di protezione dei diritti** e, sia pure seguendo traiettorie differenti rispetto a quelle percorse da altri Paesi, approdano comunque a risultati analoghi a quelli raggiunti in diversi contesti. Occorre a questo proposito osservare che se correttamente inquadrate le potenziali criticità segnalate non possono essere sopravvalutate.
Infatti, sul piano formale, la mancata costituzionalizzazione di una Carta nazionale dei diritti è certamente sdrammatizzata dall'adesione alla Convenzione europea dei diritti fondamentali. Almeno in relazione alle prerogative individuali coperte dalla Carta europea, l'accettazione dei numerosi vincoli sovranazionali posti ai sistemi nazionali dovrebbe essere utile a garantire che le decisioni assunte non sconfinino in pericolose violazioni e dovrebbe valere a compensare l'assenza di meccanismi costituzionali interni che impediscano gli abusi compiuti da una maggioranza parlamentare a danno dei singoli o delle minoranze.
Inoltre, l'adesione al sistema convenzionale è molto importante anche sotto il profilo dell'arricchimento dei contenuti dei diritti tutelati: per mezzo della legge interna di ratifica, i diritti tutelati dalla Convenzione europea sono stati «incorporati» all'interno dell'ordine giuridico inglese. Quindi, per questa via trovano copertura molte delle istanze personali originariamente non protette dai documenti del XVII secolo. Per di più, nonostante **la «Brexit» abbia recentemente portato ad abolire l'«European Community Act» del 1972** (con cui il sistema inglese accettava la giurisdizione della Corte europea di giustizia e sostanzialmente accettava la primazia del diritto europeo), non si può fare a meno di rilevare che i diritti riconosciuti dall'ordinamento dell'Unione Europea, non potendo più contare sulla solida base giuridica dei trattati, siano stati in qualche maniera «importati» dall'*European Union Withdrawal Act* del 2018 e quindi, per il momento, continuano a contribuire ad arricchire il quadro normativo d'oltremanica. Sempre mantenendo l'attenzione sulle possibili carenze contenutistiche, si deve aggiungere che la dottrina e la giurisprudenza, pur in assenza di norme formalizzate, hanno valorizzato

il dato consuetudinario del *common law* e hanno da lungo tempo precisato che **libertà e uguaglianza sono principi generali fondamentali per il corretto funzionamento del sistema.**

Infine, occorre rilevare che, pur senza smentire i principi fondamentali su cui poggia il suo ordine costituzionale, il Regno Unito ha saputo sviluppare meccanismi di controllo fortemente garantisti. Ancora una volta la partecipazione alla Convenzione europea ha dato un contributo essenziale per sopperire alle originarie lacune di un ordinamento che, in ossequio al dogma della sovranità del Parlamento, non conosce forme di controllo giudiziario sull'attività del legislatore. Più precisamente, **con lo «Human Rights Act» del 1998 è stato disposto che i giudici abbiano l'obbligo di interpretare le norme del diritto inglese in conformità della Convenzione** e che, in caso di assoluta impossibilità di conciliare le previsioni interne con quelle sovranazionali, si attivi un complesso meccanismo che porta le autorità a modificare le regole nazionali contrastanti con i diritti. Accanto al potere giudiziario, il delicato compito di vigilare sul rispetto dei diritti è affidato pure ad alcuni speciali soggetti che sono incaricati di controllare che l'azione amministrativa non si traduca in violazioni e che, seppur con alcune peculiarità, ricordano la figura del difensore civico conosciuta da altri ordinamenti: da un lato, viene in considerazione il Commissario parlamentare per la pubblica amministrazione (*Parliamentary Commissioner for Administration*) che, su sollecitazione di un deputato, può intervenire per cercare soluzioni ai casi in cui un'amministrazione centrale del Regno Unito (e l'amministrazione sanitaria dell'Inghilterra) si discosti dalle previsioni di legge; dall'altro, si può far menzione al difensore civico locale (*Local government Ombudsman*) che interviene per reagire al malfunzionamento delle amministrazioni locali.

Naturalmente, quanto appena affermato in materia di forme di garanzie, non significa che nel Regno Unito tutti i diritti godano di piena effettività. Non diversamente da quanto accade in altri Paesi, anche oltremanica esistono zone d'ombra in cui i diritti, pur essendo affermati, incontrano ostacoli che ne impediscono l'effettivo godimento. Da questo punto di vista, due sembrano i profili problematici di più immediato impatto. Per un verso, la legislazione in materia di sciopero e di contrattazione collettiva pone seri limiti all'esercizio di diritti sociali internazionalmente riconosciuti e negli anni dell'adesione al Trattato di Lisbona ha spinto le autorità inglesi a non riconoscere la Carta dei diritti fondamentali dell'Unione Europea. Per un altro, la recente legislazione antiterrorismo pone più di un quesito in ordine al rispetto del diritto alla privacy e alla protezione dei dati personali tutelati dalla Convenzione europea.

3. IL COSTITUZIONALISMO DEI DIRITTI NEGLI STATI UNITI D'AMERICA

L'idea inglese di iniziare a mettere per iscritto le basilari regole costituzionali trova un terreno fertile nei possedimenti coloniali del continente americano.

Così, mentre in Inghilterra è in pieno corso la battaglia contro l'Assolutismo monarchico, nel territorio di quelli che diventeranno i futuri Stati Uniti d'America si inizia a diffondere la prassi di stipulare *covenants* (letteralmente: «accordi») con cui si pretende di regolare l'esercizio del potere politico e si inizia a prevedere la prima rudimentale forma di riconoscimento di alcune delle istanze fondamentali dei coloni. Punto di riferimento di questi primi testi sono gli *iura et libertate* della *Magna Carta* inglese.
Con lo stesso spirito, le Carte costituzionali degli Stati americani contengono delle articolate dichiarazioni dei diritti che non a caso vengono indicate come **«Bill of Rights» statali** e **che hanno l'obiettivo di mettere in atto i principi politici affermati dalla Rivoluzione americana e di limitare il nascente potere statale**.
Peraltro, nel corso degli anni, l'importanza del tema è destinata a crescere ulteriormente. Infatti, per un verso, è vero che, durante la redazione della Costituzione americana del 1789, i Padri fondatori optano per non includere un catalogo dei diritti e per cercare di prevenire l'insorgere della tirannide attraverso l'innovativa forma di Stato federale e attraverso la rigida regolamentazione della separazione dei poteri. Tuttavia, ciò è avvenuto essenzialmente perché, in omaggio alla concezione giusnaturalistica, si è ritenuto che un'elencazione sia inutile (in quanto i diritti sono attribuzioni naturali che non hanno bisogno di riconoscimenti) o persino dannosa (perché foriera di potenziali divisioni tra i Padri fondatori e/o perché potrebbe ingenerare l'equivoco che siano riconosciuti soltanto i diritti testualmente elencati). Per di più, quando l'argomento dell'assenza di un *Bill of Rights* federale rischia di bloccare il processo di ratifica del testo costituzionale, si annuncia che la Costituzione degli Stati Uniti verrà emendata e si introdurrà un catalogo dei diritti pensato per arginare i possibili abusi compiuti dalle erigende istituzioni federali. La promessa viene mantenuta **nel 1791** e, **per mezzo dei primi dieci emendamenti, si introduce un'elencazione di prerogative individuali** che, assieme ai *Bills of Rights* statali (da non confondere con il *Bill of Rights* federale), compongono un sistema di riconoscimento articolato su due livelli: mentre i diritti contenuti nelle Costituzioni statali limitano i poteri degli Stati membri, quelli contenuti nel testo costituzionale federale limitano l'azione della Federazione americana. Ai fini del ragionamento che si intende sviluppare, è il caso di notare da subito come il IX Emendamento sia un'ulteriore conferma della scelta giusnaturalistica effettuata dai redattori del *Bill of Rights* federale[1], la disposizione in questione positivizza una clausola di apertura dell'ordinamento giuridico e lascia intendere che, poiché i diritti preesistono al loro riconoscimento normativo, sia possibile dare riconoscimento anche ad altre attribuzioni naturali dell'uomo non contenute nell'elencazione.

[1] Ai sensi del IX Emendamento, «Il fatto che la Costituzione enumeri determinati diritti non potrà intendersi nel senso di negare o di deprezzare altri diritti che il popolo si sia riservato».

L'evoluzione del testo costituzionale e l'adesione a schemi più moderni sono state in una certa misura frenate dalla risalente tradizione e dall'orgoglio per un'esperienza costituzionale che è stata presa a modello di riferimento da moltissimi altri Paesi. Certamente il secolo di differenza che separa il *Bill of Rights* inglese da quello americano ha consentito il ricorso a tecniche costituzionali più avanzate, quali la procedura aggravata per l'emendamento del testo o il ricorso alla riserva di legge (si veda, per esempio, il III Emendamento in materia di protezione della casa)[2]. Ciò nonostante, anche negli Stati Uniti, il fatto che il cuore delle previsioni costituzionali in materia di diritti abbia duecentotrent'anni si riflette nella presenza di alcune evidenti lacune e di qualche potenziale criticità.

Innanzitutto, sotto il profilo formale si può rilevare che il testo del 1791 sembra sconoscere la dimensione internazionale del problema dei diritti e, diversamente da quanto generalmente fanno le Costituzioni adottate nel secondo dopoguerra, non offre appigli espliciti per coinvolgere le organizzazioni sovranazionali specializzate e per dare riconoscimento al diritto internazionale umanitario.

Inoltre, sotto il profilo contenutistico, il **catalogo del «Bill of Rights»**, pur essendo straordinariamente moderno per la grande attenzione che riserva al tema delle libertà, contiene alcuni anacronismi evidenti. È indubbiamente vero che, per esempio, nel proteggere la libertà di parola e di stampa, il I Emendamento si mostra estremamente attuale[3]. Tuttavia, in altri passaggi, alcune omissioni e alcune previsioni del *Bill of Rights* tradiscono, con altrettanta evidenza, la risalente genesi del testo. La Costituzione statunitense, per un verso, si limita a riconoscere soltanto i diritti politici e civili tipici dell'epoca in cui fu concepita e non dice nulla riguardo ai c.d. «diritti di seconda, di terza e di quarta generazione». Per un altro, essendo stata concepito in un contesto storico influenzato dalle vicende della Guerra di indipendenza, il testo risente fortemente dei problemi del suo tempo e contiene prescrizioni problematiche come il II Emendamento[4] o poco attuali come il III Emendamento[5].

Anacronismi appaiono anche quando si prenda in considerazione il profilo dei soggetti tutelati: nella sua versione originaria la Costituzione ammette la schiavitù ed esclude dal godimento dei diritti sia la popolazione di colore sia le donne. A ciò si aggiunga anche che, almeno con specifico riferimento a certi diritti di particolare rilevanza, appare disfunzionale l'originaria esclusione

[2] Ai sensi del III Emendamento, «Nessun soldato potrà, in tempo di pace, essere acquartierato in una casa senza il consenso del relativo proprietario, né in tempo di guerra se non nei modi che saranno prescritti dalla legge».

[3] Ai sensi del I Emendamento, «il Congresso non potrà porre in essere leggi per il riconoscimento ufficiale di una religione o per proibirne il libero culto, o per limitare la libertà di parola o di stampa o il diritto dei cittadini di riunirsi in forma pacifica e di inoltrare petizioni al governo per la riparazione di ingiustizie».

[4] Ai sensi del II Emendamento, «Essendo necessaria, per la sicurezza di uno Stato libero, una Milizia ben organizzata, non sarà violato il diritto del popolo di tenere e portare armi».

[5] V. la disposizione riportata alla nota 2 del presente capitolo.

della possibilità che le previsioni del *Bill of Rights* federale si applichino anche alla legislazione statale.

Infine, per quanto più evolute, le tecniche costituzionali di garanzia adoperate sul finire del XIX secolo non possono certo essere equiparate a quelle più sofisticate conosciute dai più moderni ordinamenti attualmente in vigore in altri Paesi: non esistono clausole che disciplinano l'immodificabilità delle norme in materia di diritti, non è specificato alcun procedimento aggravato per la riforma delle disposizioni in materia e il testo costituzionale non individua alcun soggetto istituzionale che vigili sul rispetto dei diritti.

Pure in relazione alla Costituzione americana, il significato delle lacune del testo costituzionale non deve essere sopravvalutato perché le sopravvenute modifiche e la successiva azione del legislatore, dei giudici, della pubblica amministrazione e dei soggetti privati si sono rivelate determinanti per la trasformazione del sistema e oggi **permettono di inquadrare gli Stati Uniti tra i Paesi più all'avanguardia nella tutela dei diritti**. Sotto il profilo formale si può rilevare che, sebbene sugli Stati Uniti pesi il fatto di non aver sottoscritto la Convenzione interamericana dei diritti dell'uomo, la Corte suprema è intervenuta per mitigare l'isolazionismo statunitense in materia di diritti fondamentali: con una storica decisione in materia di applicabilità della pena di morte ai minori[6], i giudici americani hanno ritenuto che le consuetudini internazionali abbiano rilevanza costituzionale all'interno del sistema nazionale e hanno quindi aperto l'ordinamento statunitense al diritto internazionale umanitario. Anche sotto il differente profilo del contenuto materiale dei diritti è essenziale il ruolo del potere giudiziario: al di là dell'appena accennato arricchimento contenutistico determinato dall'apertura all'ordine internazionale umanitario, è opportuno ricordare che, a partire dal momento in cui ha riconosciuto l'esistenza del diritto all'aborto come corollario della privacy, la Corte suprema ha utilizzato il IX Emendamento come base giuridica per il riconoscimento di diritti non inclusi nel testo costituzionale[7].

Invece, **sotto il profilo della soggettività dei diritti, molto importante è l'azione istituzionale portata avanti sul piano delle riforme costituzionali**. Da un lato, negli anni successivi alla conclusione della Guerra civile americana, a corollario del fondamentale principio abolizionista contenuto nel XIII Emendamento[8], il XIV Emendamento attribuisce la cittadinanza a tutte le persone nate sul territorio americano e definisce i diritti connessi a questo *status* giuridico[9]. Nella stessa direzione anche il XV Emendamento con cui

[6] Ci si riferisce al famoso caso *Roper vs Simmons* deciso il 1° marzo 2005 dalla Corte suprema americana.
[7] V. la disposizione riportata alla nota 1 del presente capitolo.
[8] Ai sensi del XIII Emendamento, «Né la schiavitù né il servizio non volontario, eccetto che come punizione per un crimine per cui la parte sarà stata riconosciuta colpevole nelle forme dovute, potranno esistere negli Stati Uniti o in qualsiasi luogo sottoposto alla loro giurisdizione».
[9] Ai sensi del XIV Emendamento, «Tutte le persone nate o naturalizzate negli Stati Uniti e sottoposte alla relativa giurisdizione, sono cittadini degli Stati Uniti e dello Stato in cui risiedono. Nessuno Stato farà o metterà in esecuzione una qualsiasi legge che limiti

si estende il diritto di voto[10]. Dall'altro lato, con il XIX Emendamento si è introdotto il principio del suffragio femminile[11]. Per quanto riguarda invece i soggetti vincolati occorre segnalare che sempre il XIII e il XIV Emendamento hanno prodotto un importante cambiamento: prevedendo espressamente che anche gli Stati membri sono tenuti al rispetto delle disposizioni in esse contenute, le norme in questione hanno posto fine alla rigida separazione tra la protezione offerta dai *Bills of Rights* statali e quella offerta dal *Bill of Rights* federale e sono state interpretate dalla Corta suprema come base giuridica per incorporare (la c.d. «dottrina dell'*incorporation*») negli ordinamenti degli Stati americani alcuni dei diritti previsti dalla Costituzione della federazione statunitense.
Infine, sotto il profilo dell'assenza di istituzioni di garanzia, è essenziale rilevare che, già a partire dal famoso caso *Madison vs Marbury* del 1803 (v. *infra* cap. 10). La Corte suprema ha affermato con chiarezza il suo ruolo di soggetto garante: in quella circostanza, i giudici hanno ritenuto di poter operare un controllo sull'attività legislativa e quindi, anticipando di quasi centocinquant'anni le più importanti forme di garanzie attualmente utilizzate dai Paesi europei, **hanno tolto i diritti dalla disponibilità delle maggioranze politiche contingenti e ne hanno rinforzato la protezione attraverso l'affermazione della rigidità costituzionale del «Bill of Rights» e la conseguente disapplicazione giudiziaria delle norme lesive delle prerogative individuali**. Il quadro delle istituzioni che si attivano per reagire a una violazione deve essere completato facendo menzione delle numerose disposizioni americane relative ai difensori civici: pur in assenza di un'unica autorità amministrativa coinvolta nel processo di garanzia dei diritti, occorre ricordare che più di uno Stato membro della Federazione statunitense, diverse agenzie federali e anche molti soggetti privati come le università o le grandi aziende prevedono una figura di questo tipo. Nemmeno l'assenza di una clausola di immodificabilità per le norme in materia di diritti o la mancata previsione di procedimenti aggravati per la riforma delle disposizioni in questa materia sembra particolarmente problematica alla luce della prassi: se si tiene in considerazione che in quasi duecentotrent'anni di vigenza del testo costituzionale sono stati approvati soltanto 27 emendamenti degli oltre 10 mila proposti, ci si rende immediatamente conto che è più ipotetico che reale il rischio dell'introduzione di norme costituzionali orientate al ridimensionamento dei diritti attualmente previsti. Anche in questo caso occorre tener ben presente che, per quanto importante, affermare la modernità degli strumenti previsti dal sistema costituzionale

i privilegi o le immunità dei cittadini degli Stati Uniti; né potrà qualsiasi Stato privare qualsiasi persona della vita, della libertà o della proprietà senza un processo nelle dovute forme di legge; né negare a qualsiasi persona sotto la sua giurisdizione l'eguale protezione delle leggi».

[10] Ai sensi del XV Emendamento, «Il diritto di voto dei cittadini degli Stati Uniti non potrà essere negato o limitato dagli Stati Uniti o da qualsiasi Stato in ragione della razza, del colore o della precedente condizione di schiavitù».

[11] Ai sensi del XIX Emendamento, «il diritto di voto dei cittadini degli Stati Uniti non potrà essere negato o disconosciuto dagli Stati Uniti o da uno degli Stati a motivo del sesso».

per tutelare i diritti non significa certo che tutti i diritti riconosciuti siano goduti in maniera effettiva. Da questo punto di vista, le principali carenze che vengono denunciate dalle organizzazioni non governative e, nei casi più gravi, pure dai soggetti internazionali riguardano essenzialmente la pratica della pena di morte, il debole livello di protezione dei diritti sociali e le gravi violazioni compiute dalla legislazione antiterrorismo nei confronti dei soggetti sospettati e dei cittadini.

4. *LIBERTÉ, ÉGALITÉ, FRATERNITÉ*: IL SISTEMA FRANCESE

Sul finire del XVIII secolo, anche **in Francia si chiude la stagione politica dell'Assolutismo con l'approvazione della Dichiarazione universale dei diritti dell'uomo e del cittadino**. Esattamente come i suoi omologhi inglese e americano, il testo giuridico che viene approvato poche settimane dopo la Rivoluzione francese del 1789 risente fortemente della cultura del suo tempo e, seppur fortemente influenzato dall'elaborazione concettuale illuministica, riprende in maniera abbastanza fedele l'impostazione tipica del giusnaturalismo e molti dei contenuti sviluppati dalla tradizione costituzionale inglese e dai vari *Bills of Rights* degli Stati americani. L'art. 6 della Dichiarazione francese, rispetto alle altre Carte dei diritti, esalta in maniera particolare il diritto di voto[12]. Inoltre, sul piano dell'impostazione generale, si deve rilevare che, mentre il sistema americano concepisce da subito i diritti come limiti all'attività legislativa attivabili per via giudiziaria, in Francia si determinano le condizioni per un differente rapporto tra i poteri: la sostanziale sfiducia nei confronti dei giudici (considerati legati al vecchio ordine politico) e **la grande fiducia nei confronti dei meccanismi della rappresentanza parlamentare** porta la Dichiarazione a non configurare i diritti come limiti giuridicamente opponibili al legislatore, ma come **principi politici** che da questo devono essere sviluppati nel corso della sua attività e che a questo sono sostanzialmente affidati.

Questa differenza può essere utile a spiegare il diverso destino che la Dichiarazione francese del 1789 ha avuto rispetto agli omologhi documenti anglosassoni: mentre le Carte inglesi e quelle americane hanno beneficiato del sostegno offerto dal potere giudiziario e quindi hanno dato un contributo probabilmente decisivo alla sostanziale continuità costituzionale dei rispettivi ordinamenti, la Dichiarazione francese, priva di efficaci strumenti giudiziari che garantissero il rispetto dei suoi precetti ed eccessivamente fiduciosa nei meccanismi della rappresentanza, non è invece riuscita a prevenire i disordini sociali ed è stata presto superata dall'instabilità politica successiva alla

[12] Secondo l'art. 6 della Dichiarazione dei diritti dell'uomo e del cittadino, «La Legge è l'espressione della volontà generale. Tutti i cittadini hanno diritto di concorrere, personalmente o mediante i loro rappresentanti, alla sua formazione. Essa deve essere uguale per tutti, sia che protegga, sia che punisca. Tutti i cittadini, essendo uguali ai suoi occhi, sono ugualmente ammissibili a tutte le dignità, posti e impieghi pubblici secondo la loro capacità, e senza altra distinzione che quella delle loro virtù e dei loro talenti».

Rivoluzione. Questa considerazione non deve però indurre a sottostimare l'importanza che il documento ha avuto (e ancora oggi ha) negli sviluppi del sistema transalpino. Piuttosto sembra più corretto sostenere che la Carta abbia seguito una traiettoria del tutto peculiare per riuscire a garantire i diritti in essa contenuti. Infatti, essa, pur essendo stata immediatamente superata dalla nuova Dichiarazione contenuta nella Costituzione giacobina del 1793, ha continuato a svolgere nel corso dei secoli successivi **un punto di riferimento ideologico essenziale per i numerosi cataloghi di diritti adottati in Francia** e grazie alla diffusione degli ideali della Rivoluzione è riuscita a influire anche su tutta l'Europa continentale: indipendentemente dalla loro volontà di affermare il fondamento volontaristico (e non più naturalistico) dei diritti o dalla loro aspirazione a mettere in discussione l'ordine liberale ciò che accomuna testi tanto differenti come le Carte del 1793, del 1795, del 1814, del 1830, del 1848 o del 1946 è proprio l'influenza subita dalla Dichiarazione del 1789. Peraltro, l'influenza esercitata dalla Dichiarazione del 1789 non si è esaurita con la Seconda guerra mondiale. Al contrario, **è nel corso dell'esperienza costituzionale della V Repubblica francese che il documento inaspettatamente acquisisce un inedito significato giuridico**.

Si sceglie di abbandonare la tradizione che ha portato la Costituzione del 1946 a specificare alcuni diritti (tra cui quelli sociali, come lo sciopero) e, con la Costituzione del 1958, si opta per un sistema in cui lo spazio per le prerogative individuali è certamente ridimensionato. Addirittura, il testo costituzionale, pur avendo previsto alcune disposizioni puntuali in materia di diritti, non contiene alcun elenco e si limita solo a un laconico richiamo del Preambolo che afferma che «il Popolo francese proclama solennemente la sua fedeltà ai diritti dell'uomo e ai principi della sovranità nazionale definiti dalla Dichiarazione del 1789, confermata e integrata dal Preambolo della Costituzione del 1946». Esistono soltanto alcune puntuali disposizioni da cui è possibile dedurre norme in materia di diritti: per esempio, il principio di uguaglianza è richiamato all'art. 1[13] e il diritto di voto all'art. 3[14]. Per di più, si teme che, attraverso l'art. 16, l'esplicita previsione di poteri eccezionali per far fronte a situazioni di emergenza possa portare a possibili abusi e possa creare potenziali pericoli[15]. A tutto ciò, si deve pure aggiungere che la tutela dei diritti non è

[13] Secondo l'art. 1 della Costituzione francese, «La Francia è una Repubblica indivisibile, laica, democratica e sociale. Essa assicura l'eguaglianza dinanzi alla legge a tutti i cittadini senza distinzione di origine, di razza o di religione. Essa rispetta tutte le convinzioni religiose e filosofiche. La sua organizzazione è decentrata. La legge promuove l'uguaglianza di accesso delle donne e degli uomini ai mandati elettorali e alle funzioni elettive, nonché alle responsabilità professionali e sociali».

[14] Secondo l'art. 3 della Costituzione francese, «La sovranità nazionale appartiene al popolo che la esercita per mezzo dei suoi rappresentanti e mediante referendum. Nessuna frazione del popolo né alcun individuo può attribuirsene l'esercizio. Il suffragio può essere diretto o indiretto nei modi previsti dalla Costituzione. Esso è sempre universale, uguale e segreto. Sono elettori, nelle condizioni stabilite dalla legge, tutti i cittadini francesi maggiorenni di ambo i sessi che godono dei diritti civili e politici».

[15] Secondo l'art. 16 della Costituzione francese, «Quando le istituzioni della Repubblica, l'indipendenza della Nazione, l'integrità del territorio o l'esecuzione degli impegni internazionali sono minacciati in maniera grave e immediata e il regolare funzionamento dei

certamente agevolata dalla scelta di configurare il *Conseil constitutionnel* non come una vera e propria corte costituzionale, ma come un semplice arbitro tra i poteri che deve controllare l'azione del Parlamento e garantire i poteri normativi dell'esecutivo. In assenza di un catalogo costituzionale dei diritti, in origine, l'unica (flebile) garanzia è l'art. 34, con cui si riserva la materia dei diritti fondamentali alla competenza legislativa del Parlamento e la si sottrae alla sfera di azione del governo.

Tuttavia, superata l'emergenza, le istituzioni francesi riusciranno a sfruttare un quadro normativo certamente non propizio per trasformare il sistema di protezione dei diritti e, proprio valorizzando la grande tradizione giuridica del passato, riusciranno ad adeguarlo agli standard costituzionali delle altre democrazie consolidate. **Il punto di partenza per la svolta della Francia è rappresentato dalla decisione con cui nel 1971 il «Conseil», valorizzando il richiamo alla Dichiarazione del 1789 e alla Costituzione del 1946, ha ampliato il numero dei diritti tutelati dall'ordine costituzionale** e ha allo stesso tempo modificato il suo ruolo di garante all'interno del sistema francese. Più precisamente, il *Conseil* afferma il principio secondo cui **i diritti riconosciuti nel 1789 e quelli del 1946, pur non essendo espressamente richiamati, integrano l'ordinamento francese e possono essere utilizzati come parametro di valutazione per il giudizio di costituzionalità**: l'organo di giustizia costituzionale francese, riconoscendo la dimensione costituzionale dei diritti di prima e di seconda generazione, arriva a costituzionalizzare le dichiarazioni dei diritti degli anni passati.

Occorre anche segnalare che l'intervento del *Conseil* è stato determinante anche sotto un ulteriore profilo. In particolare, con alcune pronunce intervenute tra il 1975 e il 1989, l'organo di controllo ha chiamato in causa i giudici ordinari per **garantire la prevalenza del diritto dell'Unione Europea e della Convenzione europea sulle norme interne**. Così facendo, i magistrati sono stati coinvolti nel controllo sul rispetto delle prerogative individuali e, specie dopo l'entrata in vigore della Carta dei diritti fondamentali dell'Unione Europea, il catalogo dei diritti tutelati in Francia è stato ulteriormente arricchito.

Sulla falsariga delle decisioni appena menzionate, sono state poi alcune modifiche della Costituzione ad avvicinare ulteriormente il sistema francese agli standard dello Stato costituzionale. In primo luogo, dopo una modifica con cui nel 1974 si è rafforzata la posizione del *Conseil* e sono quindi stati indirettamente rafforzati gli strumenti per la tutela dei diritti, con la riforma costituzionale del 2008 le forme di controllo sono state enormemente potenziate e, in qualche modo, è stata legittimata la storica decisione del 1971: al di là della pur importante introduzione di un difensore civico che completa il quadro delle istituzioni chiamate a impedire violazioni, con la riforma si è disposto che, per i casi riguardanti la tutela dei diritti, i giudici ordinari pos-

poteri pubblici costituzionali è interrotto, il presidente della Repubblica adotta le misure richieste dalle circostanze dopo aver ufficialmente consultato il primo ministro, i presidenti delle Assemblee e il presidente del Consiglio costituzionale».

sano attivare un controllo incidentale di costituzionalità. In secondo luogo, con la modifica della Costituzione del 2004, **nel Preambolo è stato introdotto un riferimento ai diritti contenuti nella Carta dell'ambiente** che devono in qualche modo ritenersi costituzionalizzati.
L'ordinamento francese ha sfruttato la sua consolidata tradizione in materia di tutela delle prerogative individuali e si è allineato agli standard di protezione delle Costituzioni moderne: avendo cioè configurato un sistema che riconosce un catalogo molto variegato di diritti e avendo progressivamente costruito sistemi normativi e istituzioni di garanzia di alto profilo. Ovviamente, non diversamente da quanto accade in altre esperienze costituzionali, quanto appena affermato non esclude che anche in Francia esistano delle contraddizioni sul piano dell'effettività. Se è vero che in generale esistono standard piuttosto elevati di godimento effettivo, occorre tuttavia ricordare anche che, al di là di alcune ricorrenti lagnanze in materia di tutela delle minoranze e di integrazione dei cittadini extracomunitari legalmente residenti, da più parti si è lamentato come, in seguito agli attentati terroristici degli ultimi anni, si sia fatto un eccessivo ricorso ai poteri di emergenza e come la Francia sia addirittura arrivata a sospendere temporaneamente la Convenzione europea e gli accordi di Schengen.

5. LA *CANADIAN CHARTER OF RIGHTS AND FREEDOMS*

L'idea di una tutela dei diritti in Canada ha fortemente risentito dei vincoli che hanno legato il Paese nordamericano ai colonizzatori inglesi e, non diversamente da quanto accaduto nel Regno Unito, ha faticato non poco per riconoscere alcuni dei moderni strumenti di protezione largamente diffusi in altre esperienze costituzionali. Più precisamente, **la nascita dello Stato del Canada deve essere fatta risalire al momento in cui il Parlamento inglese approva il «British North America Act» del 1867** e occorrerà attendere oltre un secolo perché il Paese raggiunga una piena autonomia e sviluppi forme di tutela effettivamente capaci di impedire le violazioni.
Infatti, come si evince immediatamente dal Preambolo, **il testo normativo del 1867 si preoccupa di federare le comunità di cultura francese e quelle di cultura inglese che vivono a nord degli Stati Uniti** e opta per dare vita a «una Costituzione, in linea di principio, simile a quella del Regno Unito» e caratterizzata dalla dichiarata volontà di mantenere il Paese nell'orbita di influenza dell'Impero britannico e sotto il controllo della corona inglese. Le preoccupazioni fondamentali in questo momento sono quindi quelle di ripartire le competenze tra il livello federale e le province e di assicurare un assetto dei poteri conforme agli interessi inglesi. Pertanto, pur esistendo disposizioni puntuali in materia di diritti fondamentali, in questa finestra storica non esiste ancora un catalogo sul modello del *Bill of Rights* statunitense del 1791 e le uniche disposizioni generali in materia che hanno un certo rilievo sono quelle

che affidano alla Federazione il compito di legiferare per assicurare il buon governo[16] e alle province quello di regolamentare la proprietà e i diritti civili[17] sul territorio di loro competenza.

Sotto lo stimolo del sentimento umanitario che a partire dalla Dichiarazione universale dei diritti dell'uomo del 1948 si diffonde globalmente nel secondo dopoguerra, anche in Canada si inizia a riflettere sull'opportunità di modificare il quadro costituzionale. Più precisamente, si avvia una nuova fase che vede per protagonisti i legislatori provinciali e quello nazionale e che fa registrare due novità degne di menzione.

In primo luogo, in ambito provinciale **si iniziano a diffondere i c.d. «human rights codes»** (letteralmente: «codici dei diritti umani») e i peculiari sistemi paragiurisdizionali di controllo che a questi sono connessi: riprendendo la filosofia sottesa al *Racial Discrimination Act* adottato nel 1944 dall'Ontario, il *Saskatchewan Bill of Rights* del 1947 ha anticipato gli analoghi documenti approvati nel corso degli anni successivi dalle altre nove province e dai tre territori che compongono il Canada.

In secondo luogo, per un verso, **nel 1960 il Parlamento canadese adotta un «Bill of Rights» nazionale** con cui, oltre ad affermare i diritti tipici della tradizione costituzionale inglese e statunitense, riconosce anche alcune delle prerogative individuali tutelate a livello internazionale: accanto all'*habeas corpus*, alla proprietà, alle libertà di coscienza, si statuisce il principio di non discriminazione in ragione della razza, della nazionalità, dell'orientamento religioso e del genere. Per un altro, invece, **nel 1970 si approva un «Canadian Human Rights Act»** che, analogamente a quanto fanno gli *human rights codes* al livello provinciale, vincola le autorità federali (e soltanto esse) al rispetto dei diritti in esso contenuti.

In questa fase si viene dunque a creare un sistema articolatissimo che, almeno sotto certi profili, inizia ad avvicinarsi al modello statunitense: accanto a un livello federale che per mezzo del *Bill of Rights* e del *Canadian Human Rights Act* inizia a sviluppare un quadro organico di protezione delle istanze della persona, prolifera un livello territoriale che, grazie ai tredici «codici» (dieci provinciali e tre territoriali), riconosce ai cittadini altri diritti (specialmente quelli sociali) e sviluppa specifici procedimenti paragiurisdizionali di garanzia. Per quanto articolato su base federale, occorre però rilevare che, diversamente da quanto accade negli Stati Uniti, la necessità di affidare ai legislatori ordinari la protezione delle persone le espone al rischio di abusi da parte di contingenti maggioranze politiche: il rango di legge ordinaria non impedisce ai Parlamenti (federale e provinciali) canadesi di adottare decisioni in contrasto con quanto precedentemente statuito e non evita quindi che un nuovo

[16] Secondo l'art. 91, «la regina, con o senza il parere e l'assenso del Senato e della Camera dei comuni, avrà il diritto legale, per la pace, l'ordine e il buon governo del Canada, di emanare leggi su tutte le questioni che non rientrano nelle classi di argomenti che, in virtù della presente Legge, sono di competenza esclusiva degli organi legislativi delle province».

[17] Secondo l'art. 92, punto 13, «l'organo legislativo di ciascuna provincia ha la facoltà di emanare leggi esclusivamente su questioni riguardanti la proprietà e i diritti civili».

intervento legislativo possa negare i diritti affermati. A questo si aggiunga che, proseguendo nell'atteggiamento deferente verso il potere politico, i giudici canadesi tendono a interpretare legalisticamente le disposizioni contenute e a restringere il (già ristretto) ambito di applicazione dei documenti normativi in questione.

Soltanto nel corso degli anni Ottanta si creano le condizioni politiche affinché, pur senza discostarsi completamente dalla sua tradizionale vicinanza al sistema inglese, **l'ordinamento canadese riesca ad approdare a un sistema di tutele fortemente influenzato dalle grandi dichiarazioni internazionali dei diritti e più vicino all'esperienza delle altre democrazie costituzionali**: se è vero che, in linea con il costituzionalismo britannico, il *Constitution Act* del 1982 conferma il rango costituzionale di altri testi normativi (a partire dal *British North America Act* del 1867) e mantiene in vita una Costituzione articolata in una pluralità di consuetudini costituzionali e di documenti scritti risalenti a epoche storiche differenti, è altrettanto vero che l'**introduzione di una «Canadian Charter of Rights and Freedoms», incorporata all'interno dell'«Act» del 1982** e formalmente posta al di sopra della legge ordinaria, pone le basi per una rottura con il principio della sovranità parlamentare e inaugura una nuova fase segnata dall'idea della rigidità del quadro costituzionale e dalla ferma determinazione a rafforzare la protezione dei diritti. Prima e fondamentale conseguenza di questa nuova impostazione è l'emersione di un sostanzialmente inedito controllo giudiziario che, pur senza sostituire un sistema paragiurisdizionale diventato ormai sofisticatissimo ed estremamente articolato, arricchisce in maniera decisiva il panorama delle garanzie[18].

Sebbene questa volontà di rottura con i vecchi (e inefficaci) metodi di protezione non arrivi ad ammettere clausole di immodificabilità, essa non può essere messa in discussione nemmeno dalla previsione di alcuni meccanismi di compromesso che, nelle intenzioni dei redattori della riforma, dovrebbero servire per contemperare le esigenze di tutela dei diritti con il parlamentarismo e con la struttura federale del Paese. Infatti, non si può certo fare a meno di riferire la disposizione con cui l'art. 33 cerca di conciliare le contrapposte esigenze dei diritti e dell'ambito di manovra che deve essere lasciato al legislatore[19]. La norma costituzionale apre le porte a interventi eccezionali con cui

[18] Secondo l'art. 24, «Tutti coloro i cui diritti o le cui libertà garantiti dalla presente Carta siano stati violati o negati hanno la facoltà di rivolgersi a un tribunale competente per giurisdizione per ottenere i rimedi che il tribunale ritiene appropriati ed equi nelle circostanze specifiche».

[19] Ai sensi dell'art. 33, «Il Parlamento o l'organo legislativo di una provincia hanno la facoltà di dichiarare espressamente in una loro legge, a seconda dei casi, che tale legge o una sua disposizione entrerà in vigore a prescindere da una disposizione contenuta nell'art. 2 o negli artt. da 7 a 15 della presente Carta. Le leggi o le loro disposizioni in relazione alle quali è in vigore una dichiarazione espressa in virtù del presente articolo dovranno applicarsi come si sarebbero applicate, salvo per la disposizione della presente Carta menzionata nella dichiarazione. Le dichiarazioni espresse ai sensi del comma 1 cesseranno di essere in vigore 5 anni dopo la loro entrata in vigore oppure in una data antecedente a tale scadenza specificata nella dichiarazione. Il Parlamento o l'organo legislativo di una

il Parlamento federale e quelli provinciali possono introdurre deroghe quinquennali (e rinnovabili) alle norme della Carta. Allo stesso modo non si può nemmeno trascurare il fatto che l'art. 1 espressamente preveda la possibilità di restringere i diritti per via legislativa[20]. Tuttavia, in riferimento a entrambe le disposizioni richiamate si può tranquillamente osservare che i meccanismi di deroga o di restrizione siano configurati come eccezionali e, in riferimento alla seconda, si può pure aggiungere che le limitazioni devono rispettare il limite della ragionevolezza e della giustificabilità e restano comunque soggette al controllo giudiziario. Detto in termini più semplici, si può tranquillamente affermare che, per quanto espressive della volontà di non comprimere troppo i margini di intervento del potere legislativo, le disposizioni in questione non smentiscono **la portata innovativa della Carta e il ruolo del potere giudiziario di soggetto garante dei diritti**.

La modernità dell'attuale sistema canadese di protezione dei diritti trova ulteriori e importanti conferme. Nella sua opera di precisazione dei soggetti titolari del diritto tutelato, la Carta sembra prediligere il riconoscimento di diritti di natura universale: in via generale, **i diritti sono riconosciuti a ogni persona soggetta alla competenza delle istituzioni canadesi e soltanto il diritto di voto e il diritto alla circolazione sono attribuiti in via esclusiva ai cittadini**. In relazione ai destinatari degli obblighi connessi, l'art. 32 specifica invece che, nei rispettivi campi di competenza, la Carta si applica agli organi federali e a quelli provinciali[21].

Anche l'analisi dei contenuti materiali dei diritti tutelati conferma la modernità dell'impianto costituzionale canadese. Sotto questo profilo non deve trarre in inganno il fatto che molte delle disposizioni della *Charter* riprendano formulazioni risalenti al *Bill of Rights* del 1960 e che, al di là di alcune importanti dichiarazioni di principio in tema di non discriminazione e di rilevanti disposizioni in materia di diritti linguistici, l'idea di «uguaglianza» non sia compiutamente sviluppata dal testo e non esistano riferimenti ai c.d. «nuovi diritti». Occorre rilevare che, in seguito all'approvazione della Carta del 1982, la giurisprudenza ha riconosciuto la funzione materialmente costituzionale delle norme in materia di diritti e che, quindi, pur non essendo incluse all'interno del testo costituzionale le numerose disposizioni provinciali con cui si riconoscono i diritti di terza e quarta generazione sono poste sostanzialmente al riparo dai possibili abusi perpetrati da contingenti maggioranze parlamentari.

provincia hanno la facoltà di riapprovare una dichiarazione espressa ai sensi del comma 1. In relazione alle riapprovazioni espresse ai sensi del comma 4 si applica il comma 3».

[20] Secondo l'art. 1, «La Carta dei diritti e delle libertà del Canada garantisce i diritti e le libertà in oggetto esclusivamente nei limiti ragionevoli prescritti dalla legge, come ostensibilmente giustificati in una società libera e democratica».

[21] Secondo l'art. 32, «la presente Carta si applica: *a*) al Parlamento e al governo del Canada in relazione a tutte le questioni che rientrano sotto l'autorità del Parlamento, comprese tutte le questioni relative al Territorio dello Yukon e ai Territori del Nord-Ovest; e *b*) all'organo legislativo e al governo di ciascuna provincia in relazione a tutte le questioni che rientrano sotto l'autorità delle rispettive Assemblee legislative».

Inoltre, la clausola contenuta all'art. 26[22] sembra orientata ad aprire l'ordine costituzionale al riconoscimento di prerogative non espressamente menzionate nel testo e può quindi essere utilizzata come base giuridica per la tutela di diritti non originariamente inclusi nella Carta. Infine, occorre segnalare che ha contribuito a espandere ulteriormente il riconoscimento dei diritti oltre il catalogo contenuto nella Carta e, mostrando un atteggiamento di apertura alle disposizioni umanitarie esterne all'ordine giuridico nazionale, ha quindi in qualche maniera «importato» delle garanzie dal diritto umanitario internazionale. Sotto il profilo contenutistico è pure **interessante osservare come, nella seconda parte dell'«Act» del 1987, si elabori un catalogo aggiuntivo alla «Charter» che, oltre a prevedere le prerogative riconosciute alle popolazioni native del Canada**, introduce un procedimento aggravato per la modifica di tali diritti poiché è previsto che questi non possano essere modificati senza il consenso delle tribù.
Questa rinnovata attenzione alle modalità di garanzia e all'apertura del sistema ha avuto una funzione decisiva per la realizzazione di un ordinamento costituzionale che, pur avendo tardato nell'allinearsi agli standard di tutela delle democrazie contemporanee, e pur avendo alcune significative zone d'ombra in relazione all'effettività di alcuni specifici diritti degli aborigeni (diritto all'acqua) e ai diritti dei minori stranieri, ha saputo fare tesoro delle migliori esperienze in materia e si è addirittura arrivato a imporre come uno dei più importanti punti di riferimento al momento della redazione della Carta dei diritti fondamentali dell'Unione Europea.

6. I DIRITTI FONDAMENTALI NELL'ESPERIENZA COSTITUZIONALE DELLA GERMANIA

Sin dalle origini, la strada scelta dall'ordinamento tedesco per tutelare i diritti fondamentali si discosta in maniera significativa dalla via intrapresa dalla Francia, dal Regno Unito e dagli Stati Uniti. Infatti, i sovrani dei vari regni che si spartiscono il territorio dell'attuale Germania non tardano a concedere Carte dei diritti. Tuttavia, si tratta di un'abile mossa politica orientata a indebolire le pressioni dei sudditi e finalizzata a una sostanziale conservazione dello *status quo*. Così, per cercare di mantenere quanto più inalterate le prerogative dei sovrani, i diritti riconosciuti sono essenzialmente circoscritti ai diritti civili e ai primi timidi riconoscimenti delle libertà di opinione e delle libertà di riunione. Inoltre, in ragione di questa opzione fondamentale si rigetta l'idea di diritti che, per natura, spettano alla persona in quanto tale: **unico fondamento delle Carte tedesche è il volere dei monarchi che le hanno concesse e unici diritti riconosciuti sono quelli posti all'interno dell'ordinamento (cioè positivizzati)**

[22] L'art. 26 prevede che «la garanzia di determinati diritti e libertà espressa nella presente Carta non dovrà essere interpretata nel senso di negare l'esistenza di qualunque altro diritto o libertà esistente in Canada».

dalla volontà sovrana. Conseguenza non secondaria di un'impostazione che continuerà a connotare per lungo tempo la cultura giuridica tedesca è quella per cui i diritti concessi, essendo legati alla volontà del sovrano e non essendo naturali attribuzioni dei sudditi, possono essere liberamente revocati: diversamente da quanto accade in altre esperienze, i diritti non funzionano come limiti opponibili al potere, ma, per la loro pretesa di vincolare l'azione del soggetto che li concede, rappresentano un impegno con cui i vari monarchi germanici promettono di autolimitarsi nell'esercizio delle loro prerogative e, paradossalmente, si riservano allo stesso tempo la possibilità di revocare tale promessa.

Questa impostazione è destinata a influire in maniera profonda sul costituzionalismo ottocentesco europeo ed essa non viene meno neanche quando, con i moti del 1848, esplode il malcontento per il quadro vigente e vengono poste le premesse per cambiamenti radicali degli assetti istituzionali tedeschi. Nel corso dei lavori che portano all'approvazione della Costituzione della Chiesa di San Paolo del 1849 si pongono le basi per un'epocale modernizzazione dell'impianto costituzionale generale e della concezione dei diritti in particolare: accanto all'affermazione di principi strategici e di meccanismi istituzionali di grande rilievo nella storia costituzionale, è significativo rilevare come il testo del 1849 proceda a un importante ampliamento del catalogo dei diritti riconosciuti e alla previsione di prime forme per il controllo di costituzionalità. Nonostante quanto appena affermato, però, la Costituzione della Chiesa di San Paolo non si discosta dall'esperienza storica immediatamente precedente per abbracciare l'impianto ideologico dei diritti naturali: come si evince dai lavori preparatori dell'Assemblea parlamentare che ha predisposto il testo costituzionale, **la concezione naturalistica è stata ben presto accantonata in favore dell'approccio secondo cui il fondamento dei diritti deve essere positivisticamente individuato nella volontà dell'organo che ha provveduto a operare il riconoscimento**. Questa scelta, in abbinamento all'opzione di non attribuire alle disposizioni costituzionali un rango rafforzato rispetto a quello delle leggi ordinarie, non permette di superare i limiti nella tutela dei diritti e consente la realizzazione di un sistema in cui il rapporto tra diritti e legge è risolto in favore di quest'ultima. Detto altrimenti, senza smentire il paradosso per cui i diritti sono una semplice autolimitazione del potere statale, ciò che in questa fase si aspira a modificare è soltanto il soggetto istituzionale che mantiene il controllo sui diritti: se nella situazione precedente è il monarca che può unilateralmente revocare le concessioni fatte, nel nuovo quadro che viene a prefigurarsi è il potere legislativo che può disporre dei diritti e, per mezzo della legge, può liberamente adottare anche disposizioni apertamente contrastanti con questi. Pertanto, per quanto non trascurabile, l'unica protezione offerta dal riconoscimento dei diritti è nei confronti del potere esecutivo: soltanto gli atti adottati da questa branca del potere sono tenuti al rispetto dei diritti, mentre non esiste alcuno strumento per far valere le posizioni individuali a fronte di una violazione a opera del potere legislativo.

Peraltro, malgrado questo indubitabile profilo di debolezza, il testo costituzionale non entra mai in vigore e la fase storica che segue è contrassegnata da una volontà di restaurazione dell'ordine politico precedente. Così, nel momento in cui il Paese viene finalmente riunificato sotto l'egemonia dello Stato prussiano, la Costituzione tedesca del 1871 non contiene un catalogo di diritti. È importante notare che, diversamente da quanto abbiamo visto accadere in altre esperienze, in Germania questa situazione non è temperata nemmeno dal mantenimento dei cataloghi di diritti che al momento dell'unificazione tedesca vigono all'interno degli ordinamenti preunitari: se è vero che dopo i fermenti rivoluzionari del 1848 molti Stati preunitari seguono il modello della Costituzione della Chiesa di San Paolo e arricchiscono il catalogo dei diritti tutelati, è anche vero che l'unificazione del 1871, pur non privando di valore le disposizioni contenute nelle Carte costituzionali preunitarie, finisce inevitabilmente per comprimere gli spazi a disposizione affinché queste possano effettivamente svolgere la (timida) funzione di difesa per cui erano in origine state pensate.
In una situazione in cui la cultura giuridica non dubita che il legislatore possa disporre della materia dei diritti, nemmeno con il rovinoso fallimento del progetto imperiale si assiste a un cambiamento reale. Seppure è vero che **la Costituzione di Weimar del 1919 passa alla storia per essere il primo testo giuridico contenente una compiuta catalogazione dei c.d. «diritti economici e sociali»**, è altrettanto vero che anche questo testo deve essere inquadrato tra le Costituzioni flessibili e che esso non mette in discussione l'approccio positivistico e la sottesa idea per cui i diritti dipendano dal riconoscimento effettuato dall'ordinamento giuridico. Le debolezze di quell'impianto costituzionale si rivelarono molto importanti per facilitare l'ascesa al potere del Partito nazista e aiutano a comprendere come sia stato possibile che questo, una volta costituito il regime e consolidato il potere, non abbia incontrato significative resistenze da parte delle istituzioni democratiche e abbia potuto perpetrare indisturbato le orribili violazioni dei diritti commesse.
Alla luce delle tragiche esperienze della storia tedesca si capisce facilmente perché, alla fine della Seconda guerra mondiale, la volontà di archiviare definitivamente gli orrori del passato induce il Consiglio parlamentare che nel 1949 approva il *Grundegesetz* (letteralmente: «Legge fondamentale») ad abbracciare una filosofia lontana dal positivismo ottocentesco e a rafforzare la posizione dei diritti all'interno del nuovo sistema costituzionale. In una cornice normativa che ha finalmente accettato l'idea di «rigidità della Costituzione» e il controllo giudiziario sul rispetto delle disposizioni costituzionali, diversi elementi testimoniano il cambio di prospettiva adottato dalla Legge fondamentale. In primo luogo, **è significativo che**, quasi a voler sottolineare la nuova attenzione dedicata al tema, **il testo del 1949 si apra con una dichiarazione dei diritti**. In secondo luogo, il rapporto tra legislazione e diritti viene integralmente riformulato. Più precisamente, se in linea con la tradizione tedesca **si ammette che il legislatore intervenga a disciplinare concretamente la materia, si individuano alcuni limiti che esso non può superare**: per un

verso, l'art. 19 introduce la c.d. «clausola di salvaguardia del contenuto essenziale» dei diritti fondamentali[23]; per un altro, si stabilisce che qualsiasi limitazione ai diritti imposta dal legislatore deve essere proporzionale e cioè, oltre a dover essere finalizzata a realizzare un obiettivo meritevole di tutela, deve essere realizzata con mezzi adeguati e deve limitare al massimo le conseguenze lesive. Infine, occorre osservare come, una volta compreso quanto sia problematico rimettere le questioni relative ai diritti alla determinazione delle maggioranze, il *Grundegesetz* non si limita ad affermare la superiorità dei diritti rispetto alla legge, ma, nel timore che una maggioranza possa arrivare a modificare la Costituzione, introduce una clausola con cui si preoccupa di sancire l'immodificabilità della disciplina relativa ai diritti[24]. Rinviando alle conclusioni di questo capitolo valutazioni di ordine più generale, è appena il caso di sottolineare che la previsione di disposizioni del genere segna un allontanamento molto netto nei confronti della concezione positivistica perché sembra far riferimento a diritti che, pur non essendo configurabili come naturali, in qualche modo preesistono alla loro definizione giuridica e pretendono di essere rispettati a prescindere da qualsivoglia espressione di volontà.
Questa volontà di garantire una forte protezione ai diritti è confermata pure da un'analisi dei contenuti. È certamente vero che l'elencazione dei diritti contenuti nella Legge fondamentale tedesca è limitata ai diritti di prima e di seconda generazione. Tuttavia, anche a non voler considerare la naturale forza espansiva di alcuni principi fondamentali come la dignità umana di cui parla l'art. 1[25] e l'uguaglianza di cui parla l'art. 3[26], bisogna osservare che il sistema tedesco è stato dotato di una serie di valvole di sfogo che, in maniera ancora più significativa di quanto abbiamo visto accadere in altri Paesi, consente l'apertura dell'ordine giuridico ad altri sistemi di protezione e l'incorporazione di altri cataloghi più completi e più aggiornati. In questo senso, occorre innanzitutto rilevare che una prima disposizione di apertura è l'art. 2[27]: secondo un consolidatissimo orientamento giurisprudenziale la norma ha aperto alla possibilità di ritenere implicitamente costituzionalizzati diritti non testualmente previsti. Una seconda disposizione che viene ordina-

[23] Il comma 2 dell'art. 19 prevede che «In nessun caso un diritto fondamentale può essere leso nel suo contenuto sostanziale».
[24] Secondo quanto afferma l'art. 79, «non è consentita alcuna modifica della presente Legge fondamentale che riguardi l'articolazione della Federazione in *Länder*, il principio della partecipazione dei *Länder* alla legislazione o i princìpi enunciati agli artt. 1 e 20».
[25] L'art. 1 dispone che «La dignità dell'uomo è intangibile. È dovere di ogni potere statale rispettarla e proteggerla».
[26] Ai sensi dell'art. 3, «Tutti gli uomini sono uguali di fronte alla legge. Gli uomini e le donne sono equiparati nei loro diritti. Lo Stato promuove l'effettiva attuazione dell'equiparazione di donne e uomini e agisce per l'eliminazione delle situazioni esistenti di svantaggio. Nessuno può essere discriminato o favorito per il suo sesso, per la sua nascita, per la sua razza, per la sua lingua, per la sua nazionalità o provenienza, per la sua fede, per le sue opinioni religiose o politiche. Nessuno può essere discriminato a causa di un suo handicap».
[27] L'art. 2 dispone che «Ognuno ha diritto al libero sviluppo della propria personalità, in quanto non violi i diritti degli altri e non trasgredisca l'ordinamento costituzionale o la legge morale».

riamente utilizzata come base per il riconoscimento di diritti non contenuti nel catalogo costituzionale è l'art. 20[28]: la disposizione è stata utilizzata da dottrina e giurisprudenza per dare protezione a quei diritti sociali che la prudenza aveva originariamente consigliato di non positivizzare. Una terza norma dello stesso genere è l'art. 23, con cui si è consentita la partecipazione della Germania al processo di integrazione europea e si è quindi aperta la strada al controllo giudiziario della Corte di giustizia e alla tutela dei diritti previsti dall'ordinamento europeo[29]. Il quadro di queste clausole di apertura deve essere poi completato facendo riferimento all'art. 142 con cui, in deroga alla clausola di supremazia prevista dall'art. 31[30], si ammette che le Costituzioni regionali possano integrare il catalogo di diritti[31].

La dimensione forte della tutela è confermata anche dall'analisi dei soggetti coinvolti. Sul piano dei beneficiari è facile osservare che, fatte salve alcune eccezioni, i diritti riconosciuti dal *Grundgesetz* sono tendenzialmente universali e quindi possono essere invocati da tutti i soggetti sottoposti al potere delle istituzioni tedesche, a prescindere dalla nazionalità. L'art. 19 espressamente prevede che anche le persone giuridiche possano beneficiare dei diritti riconosciuti[32]. Alla stessa maniera, sul piano dei destinatari occorre rilevare che, dopo alcuni tentennamenti, **la giurisprudenza ha con il tempo riconosciuto che i diritti hanno un'efficacia orizzontale e che quindi, oltre a vincolare le istituzioni pubbliche, possano essere ritenuti vincolanti anche nei confronti dei privati** (c.d. *Drittwirkung*).

A complemento di questo quadro di forte garanzia intervengono anche le disposizioni con cui si regola il funzionamento delle istituzioni chiamate a proteggere i diritti. Così, al di là dei vari strumenti processuali con cui in sede di giudizio di costituzionalità si può far valere l'eventuale violazione di una norma in materia di diritti, è da segnalare che il sistema tedesco ha previsto all'art. 93 un apposito meccanismo: per mezzo del ricorso individuale di costituzionalità per violazione di un diritto fondamentale, qualsiasi soggetto lamenti una lesione di un diritto può, in assenza di altri mezzi per tutelarsi,

[28] Il comma 1 dell'art. 20 dispone che «La Repubblica federale tedesca è uno Stato federale democratico e sociale».

[29] L'art. 30 dispone che «Per la realizzazione di un'Europa unita la Repubblica federale tedesca collabora allo sviluppo dell'Unione Europea che è fedele ai principi federativi, sociali, dello Stato di diritto e democratico nonché al principio di sussidiarietà e che garantisce una tutela dei diritti fondamentali sostanzialmente paragonabile a quella della presente Legge fondamentale. La Federazione può, a questo scopo, mediante legge approvata dal Bundesrat, trasferire diritti di sovranità. Per l'istituzione dell'Unione Europea, per le modifiche delle norme dei trattati e per le regolazioni analoghe, mediante le quali la presente Legge fondamentale viene modificata o integrata nel suo contenuto oppure mediante le quali tali modifiche e integrazioni vengono rese possibili, si applica l'art. 79, commi 2 e 3».

[30] La clausola di supremazia dispone che «Il diritto federale prevale sul diritto del *Land*».

[31] Secondo l'art. 142, «Le norme delle Costituzioni dei *Länder* restano in vigore per quanto garantiscono i diritti fondamentali previsti negli articoli della presente Legge fondamentale che vanno dall'1 al 18».

[32] L'art. 19 dispone che «I diritti fondamentali valgono anche per le persone giuridiche nazionali, nella misura in cui, per la loro natura, siano a esse applicabili».

investire della questione il giudice costituzionale e ottenere la sua protezione[33]. A ciò si aggiunga anche che l'art. 19 espressamente prevede la competenza della giurisdizione ordinaria a intervenire per sanzionare le violazioni dei diritti. Infine, il quadro delle istituzioni di garanzia deve essere completato facendo riferimento all'art. 45B con cui, nel 1956, l'ordinamento tedesco ha introdotto un commissario parlamentare per le Forze armate che, seppur in un ambito specifico, ha il compito di offrire ulteriori strumenti di protezione[34].
Nel corso degli ultimi settant'anni, dunque, l'ordinamento costituzionale tedesco ha sviluppato un sistema di protezione dei diritti che non registra violazioni sistemiche di grande rilievo e, per questa sua capacità di garantire un alto livello di tutela effettiva, negli ultimi anni si è imposto come punto di riferimento obbligato per il processo di integrazione europea e come guida per le nuove democrazie emergenti.

7. DIRITTI E LIBERTÀ NEL SISTEMA GIURIDICO SPAGNOLO

L'esperienza spagnola in materia di diritti fondamentali è emblematica delle difficoltà incontrate dagli ordinamenti continentali nell'affermazione dei principi cardine del costituzionalismo. Infatti, se è vero che **il primo tentativo di introdurre in Spagna un primo nucleo di diritti risale alla Costituzione di Cadice del 1812**, è anche vero che questo primo documento costituzionale diventa subito protagonista di alterne vicende e che occorre attendere il 1845 per assistere all'entrata in vigore di un catalogo di prerogative personali. Inoltre, in un contesto generale segnato da una forte instabilità costituzionale e da marcate tendenze reazionarie, occorre ricordare che i testi di ispirazione liberale e progressista del 1837, del 1869 e del 1873 hanno breve vigenza e che il regime del Franchismo reprime nel sangue il coraggioso esperimento con cui nel 1931 la Seconda Repubblica tenta di introdurre una Costituzione ricognitiva dei diritti sociali.
Questo quadro storico dovrebbe essere sufficiente per comprendere come mai, negli anni in cui si chiude l'esperienza franchista, **il sistema costituzionale spagnolo guardi con particolare interesse all'esperienza della Costituzione tedesca del 1949**. In questa direzione spinge la volontà di creare un ordinamento costituzionale capace di resistere agli impulsi reazionari della società spagnola e caratterizzato da un elevato livello di stabilità e dalla scelta di utilizzare la promozione dei diritti come criterio di legittimazione dell'azione dei pubblici poteri. Così, non deve stupire il fatto che, in maniera

[33] Ai sensi dell'art. 93, «Il Tribunale costituzionale federale decide: sull'interpretazione della presente Legge fondamentale in seguito a controversie sulla portata dei diritti e dei doveri di un organo supremo federale o di altri interessati, ai quali siano stati concessi propri diritti dalla presente Legge fondamentale o dal regolamento interno di un organo supremo federale».
[34] Secondo l'art. 45B, «Per la difesa dei diritti fondamentali e in qualità di organo ausiliario del Bundestag per l'esercizio del controllo parlamentare, è nominato un commissario parlamentare per le Forze armate. I particolari sono stabiliti da una legge federale».

analoga a quanto fatto dal *Grundgesetz*, l'art. 10 individua nel rispetto della persona il perno del sistema dei diritti[35]. Allo stesso modo, anche la tecnica con cui il costituente spagnolo è intervenuto per disciplinare i diritti sociali ricorda molto l'esperienza germanica: temendo di fare promesse difficili da mantenere, il sistema spagnolo ha preferito limitare il riconoscimento testuale ai diritti di prima e seconda generazione e, al di là di un esplicito riconoscimento di alcuni diritti sociali, si è limitato a dedicare una parte (Capo III del Titolo I) ai principi che reggono le politiche economiche e sociali che, per espressa volontà, non godono di protezione specifica. Peraltro, in maniera più evidente rispetto a quanto accaduto in Germania, la genesi tardiva di un **testo costituzionale entrato in vigore soltanto nel 1978** ha facilitato l'utilizzo di tecniche costituzionali sviluppate in altri ordinamenti e ha consentito la recezione di molti degli impulsi del costituzionalismo europeo. Si è quindi fatto un utilizzo molto consapevole delle clausole di apertura agli altri ordini giuridici ed è diventato possibile incorporare all'interno del sistema iberico diritti originariamente non riconosciuti: per un verso, con il comma 2 dell'art. 10 si è aperta la strada alla protezione dei diritti tutelati a livello internazionale e a livello europeo[36]; per un altro, preso atto dell'importanza acquisita dai diritti riconosciuti a livello regionale dagli Statuti delle Comunità autonome, si è consolidata un'interpretazione costituzionale che favorisce la protezione offerta da queste norme e la loro inclusione nell'ordine giuridico spagnolo.

Il grande favore con cui l'ordinamento guarda alla questione e la ricercatezza di tecniche preordinate a garantire il massimo livello di protezione delle prerogative personali emergono con chiarezza anche dalle disposizioni che regolano l'applicazione soggettiva dei diritti. Con un grande rigore sistematico, all'interno del Titolo I, **il testo costituzionale distingue tra una Sezione I del Capo II dedicata ai diritti universalmente riconosciuti e una Sezione II dello stesso Capo II dedicata ai diritti dei cittadini**. A ciò si aggiunga pure che, anche se dal testo costituzionale non si evince immediatamente, la giurisprudenza del Tribunale costituzionale ha puntualizzato che la titolarità dei diritti deve essere riconosciuta anche in favore dei gruppi organizzati.

Pur avendo predisposto almeno una cinquantina di disposizioni in materia di diritti, il costituente spagnolo, in un momento storico in cui c'è ragione di temere che un riconoscimento troppo ampio possa creare aspettative non sostenibili, è stato abbastanza prudente e, sulla falsariga del modello tedesco, si è essenzialmente limitato a proteggere le prerogative personali di prima e di seconda generazione. Pertanto, al fine di garantire una protezione completa si

[35] L'art. 10 statuisce che «La dignità della persona, i diritti inviolabili che le sono connaturati, il libero sviluppo della personalità, il rispetto della legge e dei diritti altrui sono fondamento dell'ordine politico e della pace sociale».

[36] Secondo il comma 2 dell'art. 10, «Le norme relative ai diritti fondamentali e alla libertà, riconosciute dalla Costituzione, si interpreteranno in conformità alla Dichiarazione universale dei diritti dell'uomo e ai trattati e accordi internazionali nelle stesse materie ratificate dalla Spagna».

rivelano essenziali quelle clausole di apertura con cui l'ordinamento spagnolo incorpora i diritti previsti da altri ordini giuridici.
Per contro, invece, particolarmente ricco e articolato è il sistema delle garanzie contenute nel Capo IV del Titolo I. Infatti, sul piano dell'intervento normativo, **per tutti i diritti contenuti nel Capo II l'art. 53 prevede la salvaguardia del contenuto essenziale e la previsione della garanzia della riserva di legge**[37]. Per rafforzare ulteriormente i diritti inclusi nella Sezione I del Capo II, inoltre, l'art. 81 prevede che la relativa disciplina possa essere dettata solo per mezzo di una legge organica[38] e **l'art. 168 dispone che questa specifica parte della Costituzione possa essere modificata solo a seguito di un procedimento di modifica talmente complesso da rendere quasi impossibile l'approvazione di un emendamento**[39]: dopo un'approvazione con maggioranza dei due terzi dei senatori e dei deputati, si sciolgono entrambe le Camere e il Senato e il Congresso dei deputati che emergono dalle nuove elezioni devono confermare (con deliberazioni adottate nuovamente con maggioranze dei due terzi) il testo di riforma provvisoriamente approvato, prima che il corpo elettorale sia chiamato a sugellare definitivamente la riforma pronunciandosi per via referendaria. Anche sul piano degli strumenti giurisdizionali finalizzati alla garanzia dei diritti si introduce un regime differenziato: mentre tutti i diritti riconosciuti nel Capo II non necessitano dell'interposizione del legislatore che li riconosca e sono quindi immediatamente invocabili davanti all'autorità giudiziaria, soltanto in favore dei diritti della Sezione I è prevista l'attivazione di uno speciale procedimento giurisdizionale davanti al giudice ordinario e la possibilità che il cittadino invochi direttamente la protezione sussidiaria del giudice costituzionale (c.d. **recurso de amparo**). Il quadro degli strumenti di garanzia che l'ordinamento spagnolo presta in questa materia è completato dal riferimento ai soggetti deputati a supervisionare il corretto funzionamento dell'azione amministrativa: accanto al **defensor del pueblo** (difensore civico), a cui l'art. 54 affida il compito di vigilare sul rispetto della Costituzione da parte dell'amministrazione e il potere di attivare (tramite il *recurso de amparo*) il controllo del Tribunale costituzionale, le Comunità autonome o le università hanno sviluppato la prassi di dotarsi di difensori civici e si è quindi creata una fitta rete di garanti amministrativi dei diritti[40].

[37] Secondo l'art. 53, «I diritti e libertà riconosciuti nel Capo II del presente Titolo vincolano tutti i pubblici poteri. Soltanto mediante una legge, che in ogni caso dovrà rispettare il loro contenuto essenziale, si potrà regolare l'esercizio di tali diritti e libertà, che saranno tutelati in accordo con quanto previsto nell'art. 161, 1 *a*)».
[38] L'art. 81 prevede che «Sono leggi organiche quelle relative all'attuazione dei diritti fondamentali e delle libertà pubbliche, quelle che approvano gli Statuti di autonomia e il regime elettorale generale e le altre previste dalla Costituzione».
[39] Ai sensi dell'art. 168, «Ove venga proposta la revisione totale della Costituzione o quella parziale riferita al titolo preliminare, al Capo II, Sez. I, del Titolo I o al Titolo II, dovrà procedersi all'approvazione in via di principio con maggioranza dei due terzi di ogni Camera e quindi all'immediato scioglimento delle Cortes. Le Camere elette dovranno approvare quanto deciso e procedere allo studio del nuovo testo costituzionale, che dovrà venire approvato e a maggioranza dei due terzi di ogni Camera. La riforma approvata dalle Cortes generali sarà sottoposta a referendum per ratifica».
[40] Secondo l'art. 54, «Una legge organica regolerà l'istituzione del difensore del popolo

8. DIRITTI E LIBERTÀ FONDAMENTALI NELL'ESPERIENZA DELLO STATO COSTITUZIONALE

L'analisi dei testi costituzionali presi in considerazione mostra come, una volta affermatosi, il tema dei diritti fondamentali abbia saputo conquistare nuovi spazi e si sia consolidato fino a diventare una delle questioni centrali del dibattito costituzionalistico. Naturalmente, ciò non significa affatto che i diritti abbiano mantenuto un valore e una funzione costituzionale costante nel tempo e nello spazio. Al contrario, pare lecito sostenere che in questa materia vi siano state **profonde trasformazioni che, nel corso dei secoli, hanno contribuito a cambiare il significato e l'impatto che i diritti hanno sui singoli sistemi costituzionali**: l'esperienza storica ci mostra come ciascun ordinamento preso in considerazione abbia saputo reinterpretare l'originaria idea secentesca alla luce delle sue tradizioni e come questa si sia evoluta fino ad attribuire ai diritti un senso assai distante da quello che hanno avuto nella fase della rivoluzione liberale inglese. Tuttavia, al netto delle differenze che ancora oggi continuano a caratterizzare ciascun ordinamento nazionale, non pare possibile negare che le reciproche influenze che i sistemi costituzionali hanno esercitato tra loro abbiano favorito l'esistenza di alcune comuni linee di sviluppo: tutti i sistemi presi in considerazione presentano alcuni elementi condivisi che valgono a caratterizzarli e a distinguerli da altre esperienze giuridiche di differente tradizione.

In questo senso, una prima e fondamentale tendenza comune riguarda la concezione generale relativa al problema dei diritti. Se è vero che l'approccio giusnaturalistico è stato definitivamente archiviato, è altrettanto vero che oggi si riscontrano parecchie difficoltà a inquadrare il fenomeno dei diritti fondamentali utilizzando le categorie elaborate dall'opposta filosofia giuspositivista. Infatti, tutti gli ordinamenti sembrano aver rinunciato all'idea di definire la questione dei diritti esclusivamente facendo ricorso ad atti di diritto positivo. Certamente, l'attuale e indiscutibile tendenza ad abbandonare l'approccio consuetudinario tipico del Medioevo e a formalizzare la tutela dei diritti attraverso il ricorso a un testo scritto e sistematicamente organizzato può indurre a pensare a un trionfo del giuspositivismo. Tuttavia, a ben vedere, i cataloghi dei diritti delle Costituzioni odierne, accanto a formule di rinvio all'ordine internazionale, sovranazionale e regionale, contengono numerosi rimandi alla realtà storico-sociale che pretendono disciplinare: in aperto contrasto con la pretesa giuspositivistica di negare qualsiasi valenza alla dimensione pregiuridica, clausole come il IX Emendamento del *Bill of Rights* americano o l'art. 1 del *Grundgesetz* tedesco presuppongono che l'esistenza dei diritti preceda quella dell'ordinamento giuridico e impongono agli interpreti di prendere

[*defensor del pueblo*, difensore civico], come alto commissario delle Cortes generali, designato da queste alla difesa dei diritti compresi in questo Titolo, al cui fine potrà controllare l'attività dell'amministrazione, riferendo quindi alle Cortes generali».

in considerazione tutte quelle istanze sufficientemente consolidate sul piano sociale, ma non ancora positivizzate.
È proprio a partire dalla consapevolezza di questo peculiare rapporto tra regola formalizzata e realtà storico-sociale che gli ordinamenti liberal-democratici si sono evoluti. Più precisamente, a partire dal secondo dopoguerra, i sistemi costituzionali hanno preso atto delle difficoltà a formalizzare ogni singolo profilo attinente alla tutela della persona e, a prescindere dal dato normativo, si sono mossi nella direzione di assicurare la più ampia sfera possibile di protezione. Anche se di recente si registrano alcuni segnali di aperta ostilità alla cultura dei diritti e ai corollari d essa connessi, questo fenomeno di espansione è ancora in corso e si manifesta sotto almeno altri tre diversi profili.
In primo luogo, in relazione ai soggetti coinvolti è possibile segnalare due tendenze differenti, accomunate dal produrre un'espansione della tutela. Per un verso, **si assiste a un importante fenomeno di universalizzazione della tutela: sia attraverso il riconoscimento normativo, sia attraverso un'esegesi creatrice a opera della giurisprudenza**, gli ordinamenti analizzati sono arrivati al risultato di riconoscere in capo a tutti i soggetti sottoposti alla giurisdizione statale, diritti originariamente riconosciuti soltanto in favore dei cittadini. Interessante è anche la scelta dell'art. 19 della Legge fondamentale tedesca e dei giudici costituzionali spagnoli a riconoscere la possibilità di agire in capo alle persone giuridiche. Per un altro, si registra un allargamento della cerchia dei soggetti che sono tenuti a osservare i diritti: emblematiche, in tal senso, sono l'evoluzione dell'ordinamento statunitense (che con il XIV Emendamento ha incluso anche le amministrazioni statali e quelle locali tra i soggetti vincolati) e la giurisprudenza costituzionale tedesca che ha espressamente ammesso l'efficacia orizzontale delle disposizioni di tutela e i vincoli in capo ai soggetti privati.
In secondo luogo, un rafforzamento della tutela si registra anche in relazione ai contenuti dei diritti tutelati. In ragione della loro risalente genesi storica, i testi costituzionali delle liberal-democrazie si sono focalizzati sui diritti del loro tempo e non hanno positivizzato i nuovi diritti. Tuttavia, avendo abbandonato l'orizzonte del giuspositivismo ottocentesco e avendo abbracciato un approccio storicistico, i sistemi costituzionali hanno sfruttato le potenzialità dei testi scritti per riconoscere diritti formalmente non riconosciuti. **La principale strategia seguita in Europa è stata quella di colmare le lacune attraverso l'incorporazione di diritti previsti nell'ordine giuridico dell'Unione e della Convenzione europea e la ricostruzione di un ordinamento strutturato su una pluralità di livelli giuridici** (ordine multilivello). In altri casi, i sistemi hanno invece scelto di fare riferimento a testi appartenenti alla tradizione giuridica nazionale (come hanno fatto i giudici costituzionali in Francia) oppure agli ordinamenti territoriali (come è avvenuto in Canada, in Spagna e in Germania). Si è per questa via arrivati ad arricchire i cataloghi dei diritti con le pretese sociali e con i c.d. «diritti di nuova generazione».
Infine, acquisita consapevolezza dell'impossibilità di assicurare standard elevati di protezione senza strumenti adeguati, gli ordinamenti liberal-democratici

hanno dato vita a meccanismi e a istituzioni appositamente finalizzati alla garanzia. In questo senso, si può segnalare come sul piano normativo siano state sviluppate tecniche differenti: accanto alla clausola di immodificabilità prevista dall'art. 79 del *Grundgesetz* e al procedimento di riforma aggravato disposto dall'art. 168 della Costituzione spagnola, diversi ordinamenti hanno introdotto il **principio di proporzionalità (Germania, Canada)**, la **clausola di salvaguardia del contenuto essenziale (Germania, Spagna)** e il **principio della riserva di legge (Stati Uniti, Francia e Germania)**. Anche sul piano giudiziario sono state elaborate parecchie tecniche: fermo restando che quasi tutti i sistemi analizzati (con l'eccezione del Regno Unito) hanno, a vario titolo, previsto la possibilità di far valere il contrasto di un provvedimento con il testo costituzionale, in alcuni casi è stata prevista la possibilità di procedimenti speciali avanti al giudice ordinario (Spagna) e in altri si è previsto un ricorso sussidiario e diretto al giudice costituzionale per annullare provvedimenti in contrasto con le disposizioni in materia di diritti fondamentali (Spagna, Germania). Inoltre, è significativo che la tutela sia stata sviluppata pure sul piano amministrativo: a fronte di ordinamenti che hanno istituzionalizzato figure analoghe all'*Ombudsman* di tradizione scandinava (Spagna), si deve segnalare che, seppur in misura differente, praticamente tutti i Paesi presi in considerazione sono caratterizzati dall'esistenza di una fitta rete di soggetti specializzati nel ricevere denunce di violazioni e nell'attivarsi per cercare soluzioni.

In conclusione, l'analisi condotta dovrebbe essere di aiuto per comprendere **l'intima connessione che lega la tutela dei diritti fondamentali all'origine e allo sviluppo dello Stato costituzionale di matrice liberal-democratica**: la preoccupazione di dare vita a istituzioni che si legittimano attraverso la loro capacità di proteggere le prerogative personali è un elemento che, pur con una certa diversità di forme, accomuna tutte gli ordinamenti costituzionali presi in considerazione e vale a caratterizzarli rispetto ad altre esperienze in cui non si registra la stessa sensibilità o in cui si prevedono mezzi di tutela soltanto fittizi o nominali. Pare addirittura possibile spingersi fino ad affermare che **non esiste Stato costituzionale senza tutela dei diritti**. Naturalmente, questa affermazione non deve essere intesa come una riaffermazione della dimensione naturale dei diritti. Infatti, contrariamente a quanto si potrebbe ritenere abbracciando ingenue concezioni naturalistiche, è ben possibile che, sul piano della realtà istituzionale, si affermino esperienze concrete di soggetti politici che non legittimano il loro potere attraverso i diritti o che arrivano addirittura ad affermare la necessità di negarli in vista della realizzazione di un bene superiore. In una prospettiva attenta a interpretare correttamente la realtà materiale, situazioni in cui si dovesse effettivamente arrivare ad abbandonare la legittimazione per mezzo dei diritti andrebbero inquadrate come un allontanamento dagli schemi del costituzionalismo liberal-democratico. È in questo contesto che devono essere lette le vicende relative a Paesi come l'Ungheria e la Polonia che, indebolendo il sistema delle garanzie e contestando l'idea stessa di un potere orientato alla realizzazione dei diritti, stanno attualmente mettendo in discussione la loro possibilità di essere incluse tra le democrazie fedeli al costituzionalismo liberale. Per quanto certamente poco rassicuranti, simili evoluzioni istituzionali sono per lo meno utili a farci capire meglio come i diritti, in quanto prodotto storico, non esistano in natura e come, essendo questi il frutto delle lotte e delle conquiste collettive, debbano essere costantemente oggetto di interesse da parte delle società che li rivendicano.

CAPITOLO 9

Il potere giudiziario

Obiettivi di apprendimento

- **Apprendere l'evoluzione storica del potere giudiziario, dalle sue origini alle dinamiche più recenti**
- **Comprendere e riconoscere l'incidenza del principio di separazione dei poteri nel contesto dell'analisi del potere giudiziario**
- **Applicare le nozioni apprese nei capitoli precedenti all'analisi dell'organizzazione del potere giudiziario nei vari sistemi di «common law» e «civil law»**
- **Individuare le conseguenze applicative dell'affermazione del principio di indipendenza del potere giudiziario**
- **Sviluppare conoscenze volte a comprendere le nuove frontiere e le sfide che il potere giudiziario è chiamato ad affrontare**

1. EVOLUZIONE STORICA DEL POTERE GIUDIZIARIO: DALLE ORIGINI ALL'AFFERMAZIONE DEL PRINCIPIO DI SEPARAZIONE DEI POTERI

Il **potere giudiziario** e il concetto di «esercitare la giustizia» possono essere studiati e analizzati a partire dalle forme di civiltà più antiche: la predisposizione di regole porta parallelamente, in qualsivoglia contesto sociale, all'esigenza di creare un sistema in grado di assicurare il **rispetto delle norme giuridiche**, così che tale sistema sia conseguentemente in grado di garantire l'ordine. In questo senso, è possibile affermare che l'**attività giurisdizionale** nasce con il nascere della vita in società. Risulta quindi essenziale avvicinarsi allo studio

Questo capitolo è di Lucia Scaffardi.

del potere giudiziario da una breve ricostruzione storica, che permetta di coglierne l'evoluzione e lo sviluppo, dalle forme embrionali e non strutturate né statalizzate greche o romane, a quelle organizzate e articolate in un vero e proprio sistema, che si riscontrano a partire dagli Stati moderni, per giungere infine a quella definizione di «potere giudiziario» elaborata nel XVII secolo da Montesquieu, sulla base del noto principio della separazione dei poteri.
Mentre nell'antica Grecia ogni *polis* stabiliva in maniera autonoma e differenziata i criteri di selezione e i poteri dei giudici nonché l'organizzazione e il funzionamento della giustizia, non potendosi quindi individuare un sistema unitario, per quanto riguarda l'esperienza romana è invece necessario richiamare alla memoria alcuni importanti concetti di diritto romano. Questo sforzo risulta fondamentale innanzitutto per comprendere quanto l'espressione latina *iuris dictio* sia da intendersi in un senso differente dal significato che il termine «giurisdizione» assume nelle democrazie moderne. Se si analizza infatti il giudizio *per formulas*, si può notare come il magistrato dotato di **iuris dictio** (pretori, urbani o peregrini, edili curuli, governatori delle province o altri magistrati eletti dal popolo o dal Senato, tutti nominati con carica annuale) avesse il compito di impostare in termini giuridici la lite, di approvare o rigettare le formule individuate dai privati e infine di individuare il principio di diritto da applicare al caso concreto che gli veniva sottoposto. Emerge quindi come questo magistrato non fosse dotato del potere di decidere la controversia nel merito, emettendo un giudicato: tale prerogativa spettava al giudice, che era un privato cittadino, scelto dalle parti con il consenso del magistrato. L'attività di *iuris dictio* del magistrato era dunque distinta dalla *iudicatio* del giudice privato. Solo in un secondo momento, a partire dal XII secolo, è possibile riscontrare una convergenza di queste due funzioni in un'unica figura, sempre più «professionalizzata»: sarà questo l'elemento distintivo dei sistemi giudiziari dell'Europa continentale, dove verrà a crearsi una vera e propria «categoria di professionisti del diritto».
Siamo ancora lontani tuttavia da un'organizzazione statale del potere giudiziario, capace di garantirne l'indipendenza dal potere esecutivo. Nel contesto francese, all'epoca dell'*ancien régime*, nonostante l'esercizio della giustizia fosse concesso dal re ai c.d. «giudici signorili» e delegato dal sovrano stesso a un complesso e stratificato sistema giudiziario composto da giurisdizioni inferiori e superiori, il potere giudiziario restava saldamente nelle mani del monarca. Quest'ultimo rimaneva giudice supremo e unico detentore di un potere che, solo su sua volontà, veniva concesso e delegato ad altri soggetti: corrispondeva quindi a verità l'affermazione secondo cui «**toute justice émane du roi**». Fin da questo periodo, tuttavia, non mancarono spinte autonomiste che sfociavano poi in occasioni di scontro tra il sovrano e le varie forme di giustizia feudale e signorile; queste furono gradualmente superate e sostituite dall'apparato dei giudici «delegati», tra cui riscontriamo in particolare i *Parlements* (il più noto era quello con sede a Parigi, ma altri erano sparsi in tutto il territorio nazionale). Questi ultimi, funzionando anche da corti d'appello rispetto alle decisioni dei giudici di rango inferiore, si arrogavano spesso

competenze legislative, in un continuo processo di rafforzamento dei propri poteri e di maggiore autonomia. L'esercizio di queste prerogative di «creazione» del diritto, che dovevano essere appannaggio esclusivo del sovrano, finivano con il creare situazioni di tensione tra giudici e re, che esercitava pertanto nei confronti dei Parlamenti azioni repressive. È proprio in questo contesto che si va a inserire il principio di **separazione dei poteri** enunciato da **Montesquieu** nel suo famoso *De l'esprit des lois*, del 1748 (v. *supra* cap. 2). L'attribuzione di una capacità interpretativa ai giudici avrebbe comportato, secondo la teoria dell'autore francese, un'indebita intrusione nel potere di dettare norme che doveva essere invece prerogativa esclusiva dell'Assemblea, unica rappresentante del popolo; al giudice non restava dunque che limitarsi ad applicare ai casi concreti le leggi emanate dai detentori del potere legislativo. Ne derivava, con un esito quasi paradossale, che quelle spinte autonomistiche proprie dei *Parlements* del periodo assolutista non potessero più trovare spazio né legittimazione nel periodo rivoluzionario e postrivoluzionario. Non a caso i *Parlements*, nonostante – o forse proprio a causa di – quel ruolo crescente di contraltare rispetto al potere regio che sfociava talvolta nell'esercizio del potere legislativo, vennero eliminati a seguito dei moti rivoluzionari. Tali istituzioni, infatti, venivano considerate tanto retaggio del passato quanto ostacolo all'istituzione di una giustizia sottoposta alla primazia del potere legislativo. Diretta conseguenza di queste riflessioni fu dunque il venirsi a creare di un modello di sistema giudiziario caratterizzato da giudici privi di esperienza professionale, di estrazione popolare e in carica solo per un determinato periodo.

Per riassumere, è possibile affermare che la **riduzione dell'ambito di autonomia dei giudici** figuri come tratto comune sia del periodo assolutista sia di quello rivoluzionario e successivamente di quello napoleonico. Tale esito è tuttavia frutto di concezioni estremamente differenti: nel periodo assoluto, la negazione di qualsiasi spinta autonomistica da parte dei giudici era volta a favorire l'affermazione esclusiva e totale del potere del re, mentre nel periodo rivoluzionario la figura del giudice come mera bocca della legge aveva lo scopo di favorire l'affermazione illuministica dell'egemonia dell'Assemblea, rappresentante del popolo e unica detentrice del potere legislativo. In piena coerenza con questo principio, la Costituzione francese del 1791 prevedeva il *référe legislatif* ovvero l'obbligo, da parte dei giudici, di rivolgersi all'Assemblea in caso di dubbi interpretativi aventi a oggetto una legge da applicare al caso concreto: questo strumento, ancora una volta, confermava la volontà di negare poteri interpretativi in capo alla magistratura.

Corollario di questa impostazione strutturale del potere giudiziario è certamente il **principio della sottoposizione del giudice solo ed esclusivamente alla legge**, che ne vincola dunque l'operato: sulla base di questo assunto, egli deve orientarsi non a un'interpretazione soggettiva, che sarebbe carente del requisito di imparzialità, per attenersi invece solo ed esclusivamente al dettato normativo. Questo principio, che ritroviamo tutt'oggi sussistente ed enunciato espressamente anche in molti testi costituzionali, come quello spagnolo[1], si è evoluto con l'avvento dello Stato moderno.

Con la stagione delle nuove Costituzioni adottate nel secondo dopoguerra si assiste a una notevole espansione del potere giudiziario: il processo di **costituzionalizzazione della funzione giudiziaria** e il riconoscimento, nel Testo fondamentale, della sua indipendenza, in un certo senso allenta quella concezione di subordinazione della figura del giudice ai poteri legislativo ed esecutivo. In questo contesto si afferma però una complessa quanto importante questione: quella della **creatività giurisprudenziale**; in altre parole, l'allontanamento dalla concezione del giudice in quanto **semplice bocca della legge**, porta a chiedersi se sia possibile attribuire a questa figura una capacità interpretativa, e quindi in parte «creatrice», e se ciò sia legittimo e compatibile con i principi del costituzionalismo moderno. Tali quesiti aprono una tematica estremamente complessa e tutt'altro che pacificata: la questione vede contrapporsi da un lato una concezione strettamente legata alla separazione dei poteri, che porta a concludere verso la mera applicazione da parte del giudice del diritto creato dal legislatore; dall'altro si trova la teoria giusrealista dell'interpretazione, che ammette un inevitabile margine di potere interpretativo in capo al giudice. Il risultato di questa dicotomia è il crearsi di una contraddizione: il giudice non deve esercitare una funzione creatrice del diritto, ma nonostante ciò, non può fare a meno di crearlo. L'esito che ne scaturisce è quello che porta a individuare la capacità interpretativa – e di conseguenza un certo margine di discrezionalità e di «forza produttiva» del diritto – attribuita ai giudici come rappresentazione di una doverosa ingerenza. Se è innegabile sostenere che la giurisprudenza, nei limiti delle proprie prerogative, assume natura creativa anche nei sistemi di *civil law*, ciò non deve essere ritenuto necessariamente contrario o incompatibile con il sopra citato principio di legalità: la soggezione del giudice alla legge deve intendersi non tanto come espressione di un rapporto di sottomissione del potere giudiziario rispetto a quello legislativo, bensì come soggezione del giudice al diritto, con i due poteri, quindi, posti in posizione paritaria.

Certamente questa visione si discosta da una lettura rigorosa del principio di separazione dei poteri così come concepito da Montesquieu, che identificava

[1] Art. 117 della Costituzione spagnola: «1. La giustizia emana dal popolo ed è amministrata nel nome del re dai giudici e magistrati che fanno parte del potere giudiziario, indipendenti, inamovibili, responsabili e sottomessi unicamente all'imperio della legge. 2. I giudici e i magistrati non potranno essere allontanati sospesi, trasferiti né collocati a riposo, se non per le cause e con le garanzie previste dalla legge. 3. L'esercizio della potestà giurisdizionale in ogni tipo di processo, giudicando e facendo eseguire il giudicato, spetta esclusivamente alle preture e ai tribunali determinati dalle leggi, secondo le norme di competenza e procedimento che le stesse stabiliscono. 4. Le preture e i tribunali non eserciteranno altre funzioni che quelle indicate nel comma precedente e quelle che espressamente vengano loro attribuite dalla legge a garanzia di qualsiasi diritto. 5. Il principio di unità della giurisdizione è la base dell'organizzazione e funzionamento dei tribunali. La legge regolerà l'esercizio della giurisdizione militare nell'ambito esclusivo delle Forze armate e nei casi di stato d'assedio, conformemente ai principi della Costituzione. 6. Si proibiscono i tribunali di eccezione».

nella suddivisione stessa tra prerogative del giudice e prerogative del legislatore un divieto per il primo di produrre diritto. La complessità della questione è piuttosto dovuta all'intrinseca ambiguità dell'opera di Montesquieu, che si è prestata, nel tempo, a interpretazioni più o meno restrittive sul rapporto tra poteri e quindi sui confini e sui limiti tra gli stessi. Limiti che diventano ancor più difficili da individuare quando i giudici sono chiamati a **tutelare nuovi diritti**, non inseriti espressamente nel dettato costituzionale e rispetto ai quali il legislatore tarda a intervenire: il divieto di assumere posizione «creatrice» da parte del potere giudiziario si scontra con l'esigenza di assicurare la giustizia nel caso concreto, pur nel silenzio e nell'inerzia del legislatore.

Tali riflessioni costituiscono premessa necessaria per comprendere le scelte attinenti la garanzia del potere giudiziario e la sua struttura organizzativa, tutelata da principi di rango costituzionale, che vedremo nell'analisi dell'assetto attuale del sistema giudiziario e della magistratura nelle democrazie stabilizzate di *civil* e di *common law*.

Merita a tal proposito sottolineare sin d'ora che se nei Paesi di *civil law* i caratteri di **imparzialità** e di **indipendenza** del potere giudiziario derivano e traggono fondamento essenzialmente dal principio di separazione dei poteri sin qui illustrato, non può tuttavia negarsi che questi stessi principi siano venuti a individuarsi anche nei sistemi a tradizione di *common law*. Anzi, nell'esperienza anglosassone possiamo notare come sia stato proprio il venirsi a formare delle consuetudini e della stratificazione del diritto comune a sottrarre il potere giudiziario dalle competenze spettanti al sovrano (v. *supra* cap. 2).

Nel complesso, quello giudiziario può essere definito come il potere posto tra gli altri due (legislativo ed esecutivo), chiamato a intervenire laddove emerga contraddizione tra stato di fatto e stato di diritto nello specifico singolo caso, individuando così nel **mantenimento della giustizia** il compito fondamentale del potere giudiziario quale espressione di un bisogno supremo di ogni società.

Non va dimenticato che la garanzia della giustizia non è solo quella delle democrazie stabilizzate: basti pensare alla forte **commistione tra legge, giustizia e religione** che può essere individuata ancora oggi in taluni Paesi, nella maggior parte di tradizione islamica e non solo. In queste realtà il processo di secolarizzazione delle fonti del diritto e del sistema giudiziario stesso è stato lento e condizionato dalle dottrine religiose, soprattutto in alcuni ambiti. Troviamo così, in Stati come il Libano, l'Indonesia, la Giordania, il distretto di Zanzibar in Tanzania, la Nigeria, ma anche Israele, un sistema di giurisdizione che si può definire *dualistico*, caratterizzato dalla presenza di tribunali che applicano il diritto «secolare» da un lato, e tribunali religiosi che applicano il diritto della comunità religiosa di appartenenza (islamico, ebraico, ecc.), dall'altro. Queste corti hanno competenza per talune specifiche materie, solitamente legate allo *status* personale (per esempio, matrimonio, eredità, tutela, adozione, affidamento dei figli) e sono riconosciute dallo Stato, quindi rientranti nel sistema giudiziario nazionale.

Diversa invece è la condizione di quei **tribunali religiosi** (meglio definiti *councils*) che si inseriscono, senza alcun riconoscimento, all'interno di uno

Stato dotato di un proprio sistema giudiziario: è il caso dei c.d. *Islamic sharia councils* nel Regno Unito, istituiti dalle comunità islamiche a partire dagli anni Ottanta del Novecento. Questi *councils* hanno il compito di fornire consulenza in materia di diritto islamico e hanno al proprio interno delle corti, composte da *qadi* (giudici) che pronunciano decisioni su matrimoni e divorzi religiosi, applicando la *sharia*. Questi tribunali non sono riconosciuti dal governo britannico e le pronunce adottate non assumono quindi carattere vincolante da un punto di vista civile; nonostante non si possa parlare di una «struttura parallela» di tribunali sciaraitici, è interessante sottolineare come molti musulmani scelgano di rivolgersi primariamente a questi *councils*. Tali recenti evoluzioni, soprattutto in ottica comparata, inducono a riflettere sulla possibile affermazione di quelli che possono essere indicati come metodi alternativi di risoluzione delle cause basati sul diritto religioso, dell'impatto che questi possono avere rispetto al potere giudiziario statale, nonché al rapporto tra sistema giudiziario, giustizia e religione.
In questo contesto, si inserisce anche un ulteriore elemento di complessità, che merita essere quanto meno accennato: la **giustizia ancestrale** (definita anche «giustizia indigena» o «giustizia tradizionale»). Con questa espressione si fa riferimento a forme di esercizio della giustizia proprie di comunità locali preesistenti allo Stato moderno e organizzato. Anche in questo caso, come in quello della religione, si riscontrano problemi legati alla coesistenza di un ordinamento statale, che regola il potere giudiziario, e di una forma di giustizia tradizionale, propria di talune popolazioni.

2. IL SISTEMA GIUDIZIARIO E L'ORGANIZZAZIONE DELLA MAGISTRATURA: UNA PRIMA ANALISI GENERALE

L'evoluzione storica del potere giudiziario in Occidente costituisce base imprescindibile per analizzare le caratteristiche dei sistemi di giustizia che andremo ora a definire, consentendo di comprendere meglio l'analisi dell'assetto attuale e delle prospettive future. Se il potere giudiziario è effettiva garanzia della giustizia, legato all'esigenza di conciliare la creazione di norme da un lato e la loro applicazione ai diversi casi che vengono in essere nella loro concretezza dall'altro, la **funzione giurisdizionale** può essere definita come l'attività svolta da un soggetto pubblico in condizioni di terzietà per risolvere una controversia tra due o più parti.
Sistema giudiziario, di conseguenza, è la fisionomia concreta che il potere giudiziario assume in un determinato contesto statale; in altre parole, è quella struttura cui viene affidato il compito di esercitare la funzione giurisdizionale e che si compone della magistratura e di un apparato burocratico, formato a sua volta da uffici e personale, che coadiuva i giudici nello svolgimento del loro operato. **Ordinamento giudiziario** può essere definito come **quella sezione del**

diritto pubblico che opera con riferimento ai principi e agli istituti necessari a consentire agli organi l'esercizio dell'attività giurisdizionale.
Queste definizioni risultano sostanzialmente applicabili alla realtà delle democrazie stabilizzate insieme ad alcuni principi comuni, quali l'indipendenza e l'imparzialità del potere giudiziario, pur con le distinzioni cui abbiamo accennato nel corso della ricostruzione storica. Va rilevato come importanti differenze possano e debbano essere messe in luce con riferimento all'**organizzazione dei sistemi giudiziari**: questi, per chiarezza e semplicità espositiva, verranno analizzati distinguendo i Paesi di tradizione *common law* da quelli di *civil law*.
Una prima distinzione di massima può essere individuata con riferimento alla distribuzione delle funzioni all'interno del sistema giudiziario: si può quindi rinvenire in taluni ordinamenti una **giurisdizione ordinaria** affiancata da una **giurisdizione speciale**. Mentre la prima viene esercitata da giudici ordinari, le cui attività sono disciplinate dalle norme dell'ordinamento giudiziario, la seconda è di competenza di giudici speciali, la cui previsione è spesso inserita direttamente ed espressamente nel testo costituzionale. L'utilizzo delle espressioni «giudice speciale» e «giudice straordinario» non è indifferente e non è da confondere: «straordinari» sono i giudici postcostituiti, cioè quelli la cui istituzione avviene in un momento successivo rispetto al fatto da giudicare; «speciali» invece sono quei giudici, posti al di fuori dell'ambito di applicazione della legge sull'ordinamento giudiziario, la cui area di competenza viene limitata a una specifica materia (amministrativa, militare, contabile, ecc.).
Per comprendere la nozione di **giudice speciale** bisogna dunque avere ben presente quella di **giudice ordinario**: il primo si distingue da quest'ultimo, pur essendo entrambi predeterminati dalla legge, per il fatto di non essere inserito nel sistema dell'ordinamento giudiziario; se l'«unità della giurisdizione» può essere definita come l'attribuzione al solo giudice ordinario della funzione giurisdizionale, si comprende come la presenza di giudici speciali si ponga in antitesi rispetto all'unità stessa. Attenzione particolare deve essere rivolta a non confondere la giurisdizione speciale con i tribunali o le sezioni di tribunali specializzati: questi ultimi, infatti, rientrano comunque nell'ambito della giurisdizione ordinaria, con la peculiarità di vedersi attribuite controversie attinenti a specifiche materie (lavoro, commerciale, minorenni) e sono comunque composti da giudici ordinari.
Con riferimento alla distinzione tra «giurisdizione ordinaria» e «giurisdizione speciale», avendo come particolare *focus* la **materia amministrativa**, per le controversie che vedono come parte in causa la pubblica amministrazione è possibile individuare un'ulteriore distinzione, secondo una classificazione tradizionale: «modello di tutela monista» o «modello di tutela dualista». Quest'ultimo è caratterizzato dalla presenza, accanto a un giudice ordinario, anche di un giudice speciale, cosicché essi si ripartiscono la giurisdizione sull'amministrazione. Esempio di **modello di tutela dualista**, che formalizza nel testo costituzionale il carattere speciale del giudice amministrativo, espressamente distinto da quello ordinario, è quello francese: esso, anzi, viene ritenuto

patria di origine di tale modello, sin dai tempi dell'*ancien régime*, contrapposto al modello monista di origine anglosassone. I sistemi monisti sono connotati dall'affidamento a un unico giudice di tutti i rapporti giuridici coinvolgenti l'amministrazione. Se la **distinzione tra «modello unitario-monista» e «modello a doppia giurisdizione»** è piuttosto semplice da individuare, bisogna rilevare come, nella realtà istituzionale, gli ordinamenti giudiziari si siano sviluppati in forme non del tutto «pure», bensì ibride sotto alcuni profili: basti pensare al sistema spagnolo che, pur adottando un modello unitario, presenta una suddivisione interna alla giurisdizione ordinaria tra sezioni competenti in materia di contenzioso del lavoro, civile, penale, amministrativo. Il principio di unità della giurisdizione, infatti, implica che – per lo meno di regola – la funzione giurisdizionale debba essere svolta dai giudici ordinari, vietando per esempio l'istituzione di tribunali straordinari o speciali: ciò tuttavia non osta a che possano essere designate sezioni specifiche per materia o comunque una qualche forma di articolazione interna ai tribunali ordinari.
Altri esempi della complessità e varietà di sfumature che connotano la dicotomia modello monista/modello dualista possono essere rinvenuti nella presenza all'interno di sistemi tradizionalmente monisti quali quello anglosassone e statunitense, di forme di «specializzazione» della giurisdizione amministrativa, affidata, nel Regno Unito, ai c.d. *administratives tribunals* o ai *non article III judges* previsti negli Stati Uniti.
Questi esempi sono utili per comprendere quanto il **paradigma monista-dualista** non debba essere assunto come assoluto, ma al contrario consenta di individuare forme di avvicinamento e di «contaminazione» tra i differenti sistemi.
Quella tra giurisdizione ordinaria e speciale o straordinaria, tuttavia, non è l'unica distinzione individuabile preliminarmente allo studio dei singoli modelli di ordinamenti giurisdizionali nei Paesi di *civil* e *common law*. Altra importante classificazione generale è infatti quella che attiene la funzione svolta dai magistrati e che permette di **distinguere tra «organi giudicanti» e «organi requirenti»**. Mentre i primi sono costituiti dai magistrati che esercitano la funzione giudicante, chiamati quindi a esprimere una decisione, gli organi requirenti sono i magistrati del **pubblico ministero** (p.m.), chiamati a svolgere nel contesto del processo penale – anche se non sempre esaurendo le proprie prerogative in questo ambito – una funzione di indagine nella fase preliminare al processo vero e proprio e di pubblica accusa nella fase dibattimentale.
I pubblici ministeri, proprio in relazione alla particolare funzione loro attribuita, occupano una posizione peculiare rispetto agli organi giudicanti: assumono cioè anche il ruolo di parti nel procedimento penale; ne consegue, con evidenza, come a essi non possa essere richiesta quella stessa terzietà e posizione *super partes* che è invece imposta agli organi giudicanti. Premesso questo, se è vero che l'organo requirente del pubblico ministero, variamente denominato, è figura ricorrente nelle democrazie stabilizzate, è altrettanto riscontrabile che i diversi ordinamenti hanno assunto posizioni differenti riguardo alla natura e alle garanzie da attribuirgli. Esso, infatti, **può essere configurato come rappresentante della società, eletto dalla società o nominato**

da rappresentanti del popolo (dal potere politico), quindi in una posizione assolutamente distinta da quella dei giudici e del tutto equiparato, all'interno del processo, a una parte privata. **Può essere invece inteso come funzionario del potere esecutivo**, dipendente pubblico e gerarchicamente sottoposto al Ministero della Giustizia. Può essere infine considerato quale rappresentante della legge, posto al di fuori della dipendenza politica e svincolato dal controllo del potere legislativo ed esecutivo. Alla luce di queste considerazioni ben si comprende come la scelta di propendere per l'unicità o per la separazione delle carriere tra organi giudicanti e requirenti non si rifletta meramente sull'organizzazione interna del potere giudiziario bensì anche sulla **determinazione delle caratteristiche del p.m.** stesso. Optare per una carriera unica, infatti, può comportare la partecipazione dell'organo requirente alla stessa organizzazione giudiziaria di cui fanno parte i giudici esercitanti funzione decisoria; ciò implica, conseguentemente, anche un livello di tutela della funzione stessa (in termini di indipendenza e di garanzie interne) in tutto o in parte parificata a quella dei giudici. Carriere separate, per esempio mediante la previsione di diversi procedimenti di reclutamento e di una non trasferibilità tra una funzione e l'altra, comportano un maggiore avvicinamento del p.m. alla figura delle parti processuali e quindi a una minore garanzia di indipendenza, sia essa dal potere esecutivo o dalla società civile. Le alternative, previsione di una carriera unica da un lato, maggiormente presente nei sistemi dell'Europa continentale, o separata dall'altro, diffusa nei sistemi di derivazione anglosassone, costituiscono le due scelte base; è vero comunque, come già evidenziato con riferimento ai modelli monisti e dualisti, che il panorama costituzionale comparato presenta svariate sfumature e peculiarità.

Indicativo è il caso della **Francia**, in cui, pur nell'asserita **unicità del corpo giudiziario**, sono presenti alcune differenze rilevanti attinenti lo *status* dei giudici e dei p.m.: mentre i *magistrats du siège,* i giudici, godono di indipendenza e inamovibilità (ovvero non possono essere assegnati a un diverso tribunale senza il loro previo consenso), i p.m., *magistrats du parquet*, sono «posti sotto la direzione e il controllo dei loro capi gerarchici e sotto l'autorità del guardasigilli» (art. 5 dell'ordinanza organica del 1958). È evidente quindi come l'influenza del potere esecutivo sulla funzione del pubblico ministero (il ministro della Giustizia ha poteri anche disciplinari) costituisca una peculiarità che crea un allontanamento della disciplina e dell'organizzazione della pubblica accusa rispetto a quelle dei giudici. Come premesso, questa distinzione si inserisce pur sempre in un modello unitario, considerato che la selezione, l'accesso, la formazione e la progressione di carriera sono identici e comuni a entrambi gli organi, requirenti e giudicanti. È inoltre interessante notare come negli ultimi anni il legislatore francese, anche sotto l'influenza di pressioni a livello comunitario, abbia cercato di rendere la funzione requirente sempre più autonoma rispetto al potere esecutivo e al Ministero della Giustizia, per esempio impedendo a quest'ultimo di adottare linee guida per l'attività dei p.m. attinenti a casi specifici, potendo invece individuare solo linee guida generali.

Peculiarità e difformità nell'organizzazione e nelle prerogative attribuite agli organi requirenti sono certamente rinvenibili anche nei sistemi che hanno optato per un **modello a carriere separate**: pur rientrando entrambi in questa classificazione, evidente è la differenza tra la figura del pubblico ministero tedesco e quello statunitense. Preliminarmente, va considerato come alcune somiglianze possano essere individuate nell'accesso, caratterizzato dalla distinzione tra «livello federale» e «livello statale». In **Germania**, difatti, **la funzione requirente viene attribuita a funzionari nominati**, per il piano federale, dal ministro della Giustizia federale e approvati dal Bundesrat (Consiglio federale), mentre, per il piano statale, dal ministro della Giustizia del singolo *Land*. Essendo dipendente dell'esecutivo, di cui deve seguire le direttive, il p.m. possiede uno *status* differente da quello del giudice e non gode delle stesse garanzie di indipendenza, che sono previste in una disciplina legislativa *ad hoc*, di rango comunque non costituzionale. Negli **Stati Uniti**, invece, **i magistrati requirenti** (che, lo ricordiamo, hanno *status* diverso rispetto ai giudici), **vengono eletti o nominati**: a livello federale, la nomina spetta al presidente, con il consenso del Senato, similmente a quanto avviene in Germania, mentre i p.m. statali, a seconda delle norme vigenti, vengono nominati dal governatore o eletti direttamente dai cittadini. Con riferimento a quest'ultima modalità, importante è rilevare come, a seconda degli Stati, anche il sistema elettivo possa cambiare, con un minore o maggiore livello di politicizzazione, in base all'ammissione o meno della partecipazione e supporto da parte dei partiti politici. In caso di elezioni, comunque, i candidati a *public prosecutor* provvederanno a presentare agli elettori dei veri e propri programmi, nei quali indicheranno le politiche che si propongono di attuare e i crimini cui dare maggiore rilievo. La possibilità di modulare le loro azioni e, di conseguenza, di orientare la propria campagna elettorale non sarebbe chiaramente ipotizzabile nel nostro sistema giudiziario, caratterizzato dall'obbligatorietà dell'azione penale. **L'ordinamento statunitense – e non solo – prevede invece la discrezionalità dell'esercizio dell'azione penale da parte del pubblico ministero**, che non ha quindi alcun vincolo di promuovere l'accusa. Per questo negli Stati Uniti la politica criminale proposta dai candidati diventa l'elemento di valutazione degli elettori, davanti ai quali il *public prosecutor* scelto avrà poi responsabilità politica.
I limiti e le criticità legate alla commistione tra politica ed elezioni o nomine della pubblica accusa si sono manifestati in tutta la loro problematicità durante alcuni dei momenti più bui della politica statunitense del Novecento. Si pensi per esempio allo **scandalo Watergate**: in quell'occasione, il presidente Nixon aveva esercitato il proprio potere per revocare il pubblico ministero cui erano state affidate le investigazioni dello scottante caso, cercando dunque di influenzare le indagini e limitare il potere e la funzione della pubblica accusa. Di fronte alle difficoltà di garantire una maggiore indipendenza degli organi requirenti rispetto al mondo politico, in casi delicati e di vitale interesse per il Paese quali quelli coinvolgenti figure di spicco del potere esecutivo, come era avvenuto nel caso *Watergate*, nel 1978 venne prevista, mediante l'*Ethics in Government Act* voluto dal presidente Carter, una nuova figura: lo **special**

prosecutor, nominato dalla Corte d'appello di Washington su richiesta del Dipartimento di Giustizia, con il compito di occuparsi in maniera indipendente delle indagini relative a violazioni degli standard etici – fissati dall'atto del 1978 – compiute da dipendenti dell'esecutivo, finanche dal presidente. Questa figura speciale, che avrebbe dovuto essere portatrice di indipendenza e lontananza dalle influenze e dagli interessi del mondo politico, sottratta al sistema delle nomine politiche o delle elezioni e scelta da un tribunale, si è in realtà dimostrata fallimentare, foriera di strumentalizzazione e politicizzazione, come nel caso delle accuse mosse dall'allora *special prosecutor* Kenneth Starr nel caso *Clinton-Lewinsky*. Per tali motivi si è deciso di lasciar spirare il termine della *sunset clause* del 1999 prevista nella legge istitutiva, venendo così meno la possibilità di istituire tale particolare figura di pubblica accusa. Quest'ultima non va comunque confusa con un ufficio federale, tuttora esistente, l'**Office of Special Counsel**, che ha natura permanente e non istituita all'occasione e al quale sono attribuiti poteri investigativi indipendenti. Questo ufficio ha il compito infatti di tutelare da *prohibited personnel practices (PPP)* i dipendenti pubblici federali, che possono rivolgersi a esso per denunciare, in sicurezza, violazioni della legge, cattiva gestione di fondi, episodi di abuso di potere da parte di altri dipendenti pubblici o uffici.

La **separazione delle carriere** dei magistrati requirenti da quelli giudicanti è prevista anche in Spagna e Portogallo: in **Spagna**, per espressa previsione costituzionale (art. 124)[2], gli uffici del p.m. sono ordinati gerarchicamente, con il procuratore generale dello Stato (*fiscal general del Estado*) a capo. La nomina di quest'ultimo promana dal re, su proposta del governo e udito il Consiglio generale del potere giudiziario: pur essendo garantite autonomia e indipendenza, è evidente la sussistenza di un legame, per quanto non forte come in altri ordinamenti, tra organi requirenti e potere esecutivo.

In **Portogallo**, pur mantenendo il modello di separazione delle carriere come nel vicino sistema spagnolo, a partire dalla riforma della giustizia avvenuta dopo la rivoluzione del 1974, **gli organi requirenti sono caratterizzati da una più marcata distanza rispetto al potere esecutivo**. Il dettato costituzionale portoghese stabilisce infatti all'art. 219 l'autonomia dei p.m., che godono di uno *estatuto proprio*: tali prerogative sono garantite dall'istituzione del *Conselho superior do ministério público*, con funzioni di disciplina e gestione, la cui composizione vede una maggioranza di magistrati eletti accanto a una minoranza di membri laici, nominati da Parlamento e ministro della Giustizia,

[2] Art. 124 della Costituzione spagnola: «Il ministero pubblico, senza pregiudizio per le funzioni conferite ad altri organi, ha per missione di promuovere l'azione della giustizia a difesa della legalità, dei diritti dei cittadini e dell'interesse pubblico tutelato dalla legge, d'ufficio o su istanza degli interessati, così come di vigilare per l'indipendenza dei Tribunali e ottenere di fronte a questi la soddisfazione dell'interesse sociale. Il pubblico ministero esercita le proprie funzioni tramite propri organi conformemente ai principi di unità di azione e di dipendenza gerarchica e con rispetto, in ogni caso, di quelli di legalità e imparzialità. La legge disciplinerà lo statuto organico del pubblico ministero. Il procuratore generale dello Stato sarà nominato dal re su proposta del governo, sentito il Consiglio generale del potere giudiziario».

e presieduto dal *procurador-geral da Repúblic*[3]. Questa scelta organizzativa ha comportato una forte gerarchizzazione che, da un lato, ha portato l'effetto positivo di tutelare l'autonomia dei pubblici ministeri ma, dall'altro, ha legato fortemente l'efficienza della struttura requirente all'attivismo e alla capacità decisionale e di gestione dei vertici e dell'apparato burocratico.

In generale è possibile affermare che **laddove è prevista una separazione di «status» e di carriere, il legame del pubblico ministero con il potere esecutivo è più marcato**, mentre la carriera unica ha l'effetto di garantire maggiore indipendenza agli organi requirenti, pari o simile a quella degli organi giudicanti, ma anche quello di affievolire quella terzietà e differenziazione di funzioni tra giudice e pubblico ministero che dovrebbe assicurare una valutazione imparziale da parte del primo, delle richieste e conclusioni del secondo. Non a caso, il dibattito sul modello da adottare è sempre al centro dell'attenzione da parte di politici, giuristi e magistratura stessa ogni qual volta si parli di riforme dell'ordinamento giudiziario: su un fronte vi è chi ritiene che la separazione delle carriere meglio possa garantire la peculiarità del ruolo del pubblico ministero ed esaltare la sua posizione di parte all'interno del processo penale; sull'altro versante sono invece schierati coloro che sostengono l'unitarietà della carriera come tutela dell'indipendenza degli organi requirenti e quindi idonea a scongiurare il rischio di un'eccessiva influenza del potere esecutivo nella materia penale. In ogni caso merita precisare come anche negli Stati in cui la funzione requirente è maggiormente legata al potere esecutivo, specifiche prerogative e tutele o determinati organi sono stati predisposti al fine di garantire un livello minimo di autonomia e imparzialità.

Utilizzando la lente della comparazione si nota come la realtà ordinamentale appaia estremamente variegata e non polarizzata nelle due posizioni estreme sopra indicate: si può così parlare di «distinzione» – anziché di «separazione» – delle carriere, per indicare una cesura più affievolita che prevede limiti all'interscambiabilità e al passaggio tra funzione giudicante e funzione requirente, mentre forma ancor più attenuata è rappresentata dalla mera distinzione di funzioni, che comporta differenziazioni sussistenti solo sul piano funzionale e non su quello organizzativo.

Merita invece una trattazione separata, vista la peculiarità e la differenziazione rispetto ai modelli sino a ora visti, **l'organizzazione della pubblica accusa nel Regno Unito**: qui non esiste infatti un pubblico ministero nelle forme cono-

[3] Art. 219 della Costituzione portoghese: «Al pubblico ministero compete rappresentare lo Stato e difendere gli interessi determinati dalla legge, così come, nel rispetto di quanto stabilito nel numero successivo e nei termini di legge, partecipare alla realizzazione della politica penale definita dagli organi di sovranità, esercitare l'azione penale orientata al principio di legalità e difendere la legalità democratica. Il pubblico ministero gode di uno statuto proprio e di autonomia, nei termini stabiliti dalla legge. La legge stabilisce forme speciali per l'attività di assistenza presso il pubblico ministero nei casi di delitti strettamente militari. Gli agenti del pubblico ministero sono magistrati responsabili, gerarchicamente subordinati, e non possono essere trasferiti, sospesi, messi a riposo o destituiti se non nei casi previsti dalla legge. La nomina, la destinazione, il trasferimento e la promozione degli agenti del pubblico ministero nonché l'esercizio dell'azione disciplinare competono alla Procura generale della Repubblica».

sciute dall'esperienza continentale, bensì un organo amministrativo, il *Crown Prosecution Service*, che coadiuva e rappresenta, nella fase dibattimentale, la Polizia, da cui dipende, di fatto, l'iniziativa penale. I *prosecutors* vengono selezionati, attraverso un concorso pubblico, tra i *solicitors* e i *barristers*, cioè tra gli avvocati (la distinzione tra queste due categorie viene svolta sulla base delle giurisdizioni innanzi alle quali tali avvocati sono abilitati a svolgere la propria professione: corti inferiori i primi e corti superiori i secondi).
Vi è un ulteriore aspetto della disciplina che regola gli organi requirenti e che incide sensibilmente (o è fortemente influenzata) sulla scelta di un modello a carriere unitarie o separate: **l'obbligatorietà o meno dell'esercizio dell'azione penale**. In taluni Paesi, per esempio in **Germania**, viene prevista l'obbligatorietà dell'azione penale allo scopo di garantire una maggiore indipendenza del pubblico ministero: infatti, eliminando ogni discrezionalità nell'esercizio dell'iniziativa penale, le scelte della pubblica accusa non possono in alcun modo essere influenzate da direttive fornite dal potere esecutivo. In altri ordinamenti invece, è il caso di quello francese o statunitense, non è previsto il principio di obbligatorietà, sostituito dal principio di opportunità. Vero è che anche laddove quest'ultimo sia statuito, almeno nella realtà continentale europea, il livello di discrezionalità del pubblico ministero non è illimitato come potrebbe sembrare: i principi di legalità e di uguaglianza di tutti i cittadini dinanzi alla legge fungono infatti da contraltare alla carenza di obbligatorietà dell'azione penale. La discrezionalità nell'esercizio dell'iniziativa penale del resto tende sempre più a essere confinata a casi di minimo rilievo e anche la possibilità attribuita al Ministero della Giustizia di dettare direttive per l'attività del p.m., come avviene in **Francia**, è limitata a indicazioni di carattere generale.
Dopo aver analizzato il rapporto tra giurisdizione ordinaria e speciale e i diversi modelli con riferimento all'organizzazione degli organi requirenti, passiamo ora alle distinzioni rilevabili all'interno degli organi giudicanti. I **giudici** possono essere **onorari** o **professionali** (c.d. «giudici di carriera» o «giudici togati»), mentre in taluni casi, solitamente nei procedimenti penali e per quanto riguarda reati gravi, si fa ricorso alla **giuria popolare**. I giudici onorari non sono inseriti nell'organico dell'amministrazione della giustizia e svolgono attività circoscritta a una determinata mansione, per la quale percepiscono un compenso o un'indennità, non avendo peraltro necessariamente la stessa formazione giuridica di un giudice professionale; quest'ultimo invece, posto in un rapporto lavorativo di dipendenza con l'amministrazione statale, è parte integrante del sistema giudiziario e ha alle spalle uno specifico percorso formativo, caratterizzato solitamente dalla laurea in giurisprudenza e, in taluni casi, da un corso di specializzazione necessario per poter ottenere l'ammissione al concorso pubblico di accesso alla magistratura (in alternativa alla frequenza di un corso, può essere considerato sufficiente lo svolgimento, per un determinato numero di anni, della professione di avvocato). Merita marginalmente sottolineare come in taluni ordinamenti, quello francese per esempio, ricoprano la funzione di giudici onorari anche soggetti esperti, chia-

mati a coadiuvare i giudici togati in controversie che richiedano specifiche conoscenze in talune materie (commerciale, lavoro).

Diversi ancora dai giudici onorari sono i **giudici popolari**: questi non hanno generalmente alcuna formazione, ma vengono scelti tra i cittadini, inseriti in appositi elenchi. Nei sistemi continentali europei è possibile rinvenire la presenza di giudici popolari affiancati a quelli togati, nelle corti d'assise, a creare un particolare collegio misto, chiamato a decidere tipologie di reati considerati socialmente di particolare gravità; nell'esperienza dei Paesi a tradizione anglosassone, invece, si viene a creare una vera e propria giuria popolare, si pensi al *Gran Jury* statunitense, composta unicamente da «profani» del diritto ovvero normali cittadini. Ne consegue che questa giuria non potrà emanare una vera e propria pronuncia giuridicamente motivata, bensì un mero verdetto, che poi il giudice togato avrà il compito di tradurre in sentenza. In entrambi i casi, comunque, resta evidente che la figura dei giudici popolari o delle giurie è finalizzata a riavvicinare il potere giudiziario e le sue decisioni al comune sentire della società.

Un ultimo elemento da considerare è rappresentato dall'incidenza della forma di Stato, intesa in senso verticale, sull'organizzazione del potere giudiziario: non solo i rapporti orizzontali tra poteri, ma anche l'adozione di specifici modelli di **organizzazione territoriale** ha notevole impatto sul **sistema giudiziario**. Basti pensare, come si è già avuto modo di vedere con riferimento agli organi requirenti, all'incidenza della struttura federale: l'attribuzione di specifiche competenze in materia di giustizia alle singole unità territoriali comporta una diversificazione del sistema giudiziario e una sua diversa gestione, a partire dalla previsione di differenziate modalità di reclutamento dei giudici stessi, a seconda che si tratti di giudici statali o federali, ma anche tra Stato e Stato. Bisogna comunque specificare che in taluni ordinamenti, come quello tedesco, parte della disciplina dei tribunali, sebbene inseriti nella singola organizzazione statale, è dettata da norme di livello federale, in maniera quindi uniforme. Solo determinati aspetti organizzativi, tra cui la richiamata materia relativa al reclutamento e allo *status* dei giudici, sono lasciati nelle mani dei legislatori statali. Emblematico sotto questo profilo è l'esempio della **Svizzera**, dove la ripartizione delle competenze tra Confederazione e Cantoni concerne anche la funzione giurisdizionale. Questa, fino alle riforme avviate dal 2000, era **caratterizzata sia da una forte frammentazione**, mancando una disciplina federale unitaria in materia processuale, **sia da una difficoltà di gestione della giustizia a livello federale**, a causa dell'esistenza di un solo organo giurisdizionale federale, il Tribunale federale. Solo dopo il richiamato intervento riformatore è stata superata la presenza dei numerosi codici processuali statali, diversi l'uno dall'altro, mediante la predisposizione di una disciplina federale unitaria, insieme all'ampliamento della tutela giurisdizionale federale grazie all'istituzione del Tribunale penale e del Tribunale amministrativo federale. A questi ultimi sono attribuiti i compiti di giudici di prima istanza delle controversie penali e amministrative attinenti a materie

federali, mentre il Tribunale federale diventa così giudice di ultima istanza, oltre che giudice costituzionale.
Questa **suddivisione territoriale della gestione della giustizia**, tuttavia, non è rinvenibile solo nelle realtà statuali caratterizzate dalla forma di Stato federale, come la **Germania**, gli **Stati Uniti** o la **Svizzera**, bensì, sebbene con modalità differenti, anche negli Stati nei quali è riscontrabile un forte decentramento, come in **Spagna** o nel **Regno Unito** a seguito del procedimento di *devolution*. Anche in questi sistemi, infatti, talune prerogative attinenti l'amministrazione della giustizia vengono attribuite, con riferimento all'esperienza spagnola, alle Comunità autonome, mentre, pensando all'esperienza anglosassone, a Scozia e Irlanda del Nord, dotate di sistemi giudiziari propri per quanto tutti sottoposti alla *Supreme Court of UK* come giurisdizione di ultima istanza.

3. IL POTERE GIUDIZIARIO NEI PAESI DI *CIVIL LAW*

Attraverso l'analisi storica prima e quella generale dell'organizzazione giudiziaria poi, abbiamo brevemente ricostruito le peculiarità evolutive del processo di affermazione del potere giudiziario nei Paesi di *civil* e di *common law*: le rilevanti differenze emerse inducono a un'opportuna trattazione separata dei due modelli di organizzazione giudiziaria, più appropriata e idonea a far comprendere distanze e somiglianze.
Quanto ai Paesi di «civil law», punto di partenza imprescindibile è l'analisi del sistema giudiziario francese, da cui traggono origine molti dei caratteri tipici degli ordinamenti del continente europeo: la separazione dei poteri, la distinzione tra «giurisdizione ordinaria» e «giurisdizione speciale» e l'istituzione della Corte di cassazione sono solo alcuni degli esempi più evidenti. Andando con ordine, una delle peculiarità, destinate a diffondersi in molti altri ordinamenti, è quella relativa alle modalità di selezione dei giudici. Nel sistema francese e, più in generale, nei Paesi di *civil law*, la procedura di reclutamento avviene mediante concorso pubblico. La determinazione della **modalità di accesso alla funzione giurisdizionale** non è un mero aspetto formale, anzi assume estrema rilevanza essendo strettamente correlato alle garanzie di indipendenza attribuite ai magistrati nonché al rapporto che si viene a creare tra il potere giudiziario e quelli esecutivo e legislativo. È evidente che, mentre i Paesi di tradizione *common law*, come vedremo, sono caratterizzati da modalità di reclutamento basate su un sistema di nomine governative o elezioni dirette, nei **Paesi di «civil law»** i magistrati «funzionari» vengono tendenzialmente individuati mediante **selezione pubblica** e inseriti in un sistema amministrativo apposito, con specifica carriera e organizzazione. Alcune eccezioni possono essere riscontrate con riferimento alle supreme magistrature, per le quali sono previste modalità di reclutamento particolari. Prestando attenzione al sistema francese e tenendo a mente la differenziazione, già analizzata, tra *magistrats du siège* e *magistrats du parquet*, con riferimento ai primi bisogna ricordare quanto

questi godano di forte autonomia rispetto al potere politico-esecutivo, anche mediante la previsione dell'inamovibilità, di cui non fruiscono invece i pubblici ministeri e i giudici amministrativi. Le garanzie di indipendenza sono inoltre completate, nella maggior parte dei Paesi di *civil law*, dalla predisposizione di un organo di amministrazione e disciplina apposito per la magistratura, che può essere definito come organo di autogoverno, ulteriore strumento di tutela dell'autonomia della magistratura. Resta in ogni caso possibile affermare la persistenza di un certo potere di controllo in capo all'esecutivo, individuato in particolare nella persona del ministro della Giustizia, che mantiene alcune prerogative attinenti l'organizzazione e il funzionamento degli uffici: questi poteri sono inevitabile corollario della forte burocratizzazione del sistema giudiziario francese e della concezione del giudice, a partire dalle modalità di reclutamento, come funzionario e parte della pubblica amministrazione, seppur dotato di maggiori garanzie e indipendenza.

Tornando alla forma di reclutamento burocratico-funzionariale, che inizia a svilupparsi come frutto della transizione dalla figura dei giudici non professionali a quelli di carriera, essa permette di garantire l'**indipendenza della magistratura**, selezionata sulla base di criteri di merito e di qualità della preparazione giuridica. I vincitori del concorso pubblico sono chiamati a periodi di formazione nei tribunali stessi, in qualità di uditori, o in scuole specifiche. In Francia, per esempio, è stata istituita sin dal 1958 l'*École nationale de la magistrature*, una struttura pubblica nazionale incaricata dell'organizzazione dei concorsi pubblici di accesso alla magistratura, della formazione iniziale degli uditori nonché della formazione continua dei magistrati stessi.

Da questa modalità di reclutamento e selezione emerge come, diversamente dai sistemi di *common law*, non sia presente nell'ordinamento francese, così come nella maggior parte di quelli dell'Europa continentale, la correlazione tra avvocatura e possibilità di accesso alle funzioni giurisdizionali.

Aspetti interessanti e **peculiari** possono essere rilevati nel **sistema giudiziario spagnolo**, riformato dalla Costituzione del 1978, adottata dopo il periodo franchista. Interessante notare come, accanto all'art. 117, oltre alla sottoposizione al principio di legalità, venga istituito il Consiglio generale del potere giudiziario (*Consejo general del poder judicial*)[4]. A esso sono state trasferite molte funzioni organizzative e disciplinari, precedentemente nelle mani del

[4] Art. 122 della Costituzione spagnola: «1. La legge organica sul potere giudiziario regolerà la costituzione, il funzionamento e l'amministrazione di preture e tribunali, nonché lo statuto giuridico dei giudici e magistrati di carriera, che formeranno un corpo unico, e del personale addetto all'amministrazione della giustizia. 2. Il Consiglio generale del potere giudiziario è l'organo di governo di quest'ultimo. La legge organica stabilirà il suo statuto, il regime di incompatibilità dei suoi membri e le loro funzioni, in particolare per quanto riguarda le nomine, le promozioni, il controllo e la disciplina. 3. Il Consiglio generale del potere giudiziario sarà formato dal presidente del Tribunale supremo, che lo presiederà, e da 20 membri nominati dal re per un periodo di 5 anni. Di questi: 12 saranno scelti fra giudici e magistrati di tutte le categorie, nei termini stabiliti dalla legge organica; 4 su proposta del Congresso e 4 su proposta del Senato, in entrambi i casi a maggioranza dei tre quinti dei loro membri, saranno scelti fra avvocati e altri giuristi, tutti di riconosciuta competenza e che esercitino l'attività professionale da più di 15 anni».

potere esecutivo, a dimostrazione di una maggiore garanzia e autonomia attribuita al potere giudiziario.
Aspetto di grande interesse è il ruolo delle **Comunità autonome**: queste non sono detentrici di un vero e proprio potere giudiziario indipendente, attribuito direttamente dal testo costituzionale. Questo anche perché prerogative, competenze e spazi di autonomia assegnati alle singole Comunità vengono di volta in volta determinati dallo Statuto regionale, che assume natura di legge organica. Solitamente, negli Statuti sono previste talune disposizioni volte ad attribuire competenze giudiziarie alle stesse Comunità autonome: non a caso, spesso troviamo la predisposizione di *tribunales superiores de justicia* posti al vertice dell'organizzazione giurisdizionale del territorio regionale come giudici di ultima istanza; questo organo è dotato di competenza, con l'eccezione delle materie riservate al Tribunale supremo, nelle materie che attengono la legge di autonomia o i conflitti di giurisdizione tra gli organi della Comunità o ancora le questioni di competenza tra organi giudiziari della Comunità stessa.
Simili peculiarità, legate all'organizzazione territoriale e alla forma di Stato intesa in senso verticale, caratterizzano anche **il sistema giudiziario tedesco**, che **risente in modo chiaro dell'organizzazione federale**.
Ai *Länder*, infatti, sono attribuite ampie competenze in termini di organizzazione del sistema giudiziario, soprattutto per quanto attiene il reclutamento dei giudici e la disciplina del loro *status*, della loro carriera e del loro aggiornamento. Dopo aver conseguito la laurea in giurisprudenza, il percorso per diventare magistrato è comune a quello di avvocati e notai: tutti, infatti, sono tenuti a presentarsi a un esame di Stato, organizzato e disciplinato da ogni singolo Stato federato. Solo successivamente al superamento dello stesso si potrà accedere a un periodo biennale di tirocinio retribuito (*Referendariat*) che permette l'ammissione a un ultimo esame di Stato finalizzato a ottenere l'«abilitazione all'ufficio di giudice» e l'inserimento in una graduatoria statale dalla quale i singoli ministeri attingeranno per la nomina dei giudici.
Per quanto attiene questo aspetto è infatti necessario ribadire la distinzione tra **giudici federali** e **giudici dei «Länder»**. La nomina dei primi spetta al ministro federale di concerto con una commissione composta dai ministri dei *Länder* competenti per materia, oltre a un pari numero di membri eletti dal Bundestag (art. 95, comma 2)[5], mentre la nomina dei secondi è lasciata alla disciplina di una legge speciale dei *Länder*. Viene tuttavia prevista la possibilità per questi ultimi di affidare la nomina dei propri giudici al ministro della Giustizia, di

[5] Art. 95 della Costituzione tedesca: «Per gli ambiti della giurisdizione ordinaria, amministrativa, delle finanze, del lavoro e per la giurisdizione sociale, lo Stato federale istituisce quali corti supreme la Corte federale di giustizia, il Tribunale amministrativo federale, la Corte federale delle finanze, il Tribunale federale del lavoro e il Tribunale sociale federale. Sulla nomina dei giudici dei suddetti tribunali decide il ministro federale competente per la rispettiva materia congiuntamente con una commissione per la selezione dei giudici composta dai Ministri dei *Länder* competenti per materia e da un pari numero di membri eletti dal Bundestag. Al fine di garantire l'uniformità della giurisprudenza, deve essere istituito un collegio comune dei tribunali menzionati al comma 1. I particolari sono disciplinati con legge federale».

concerto con la commissione di designazione dei giudici, formata esclusivamente da magistrati (art. 98, comma 4)[6], similmente a quanto avviene per la nomina dei giudici federali.

La divisione tra *Länder* e Stato federale comporta dunque che i tribunali dei primi siano regolati e sottoposti al controllo dei ministri della Giustizia statali e si organizzino garantendo i primi due gradi di giurisdizione; quest'ultima, merita ricordarlo, è suddivisa, su indicazione dalla *Grundgesetz* stessa, in cinque ordini equiordinati: sociale, del lavoro, finanziaria, ordinaria e amministrativa (oltre ovviamente alla giurisdizione costituzionale). A livello federale, invece, sono presenti solo le corti supreme federali, una per ciascuno dei cinque ordini, elencate all'art. 95 della *Grundgesetz* (Corte di cassazione federale, Tribunale amministrativo federale, Tribunale federale del lavoro, Tribunale sociale federale e Corte finanziaria federale).

È importante notare come l'assetto del sistema giudiziario tedesco si presenti fortemente burocratizzato e strutturato in forma gerarchica, pur essendo garantita l'indipendenza dei giudici (art. 97 della *Grundgesetz*)[7]: questi, infatti, dipendono dal loro superiore all'interno dell'ufficio di appartenenza e il responsabile risponde a sua volta alla figura gerarchica posta al di sopra, fino al ministro della Giustizia.

Il forte legame con il potere esecutivo è dovuto all'assenza di un organo di autogoverno della magistratura, non previsto nel testo costituzionale: sarà quindi il superiore gerarchico a dover attivare il procedimento disciplinare a carico dei propri sottoposti e, qualora sussista un'infrazione di grave entità, verrà aperto un procedimento innanzi al *Dienstgericht*, il Tribunale disciplinare dei magistrati, composto da giudici e istituito come sezione speciale presso la Corte di cassazione federale nonché presso i singoli *Land*, laddove previsto dallo Statuto.

[6] Art. 98 della Costituzione tedesca: «Lo stato giuridico dei giudici federali deve essere disciplinato con apposita legge federale. Se un giudice federale, nell'esercizio del proprio ufficio o al di fuori di esso, viola i principi sanciti dalla Legge fondamentale o l'ordinamento costituzionale di un *Land*, allora, su richiesta del Bundestag, il Tribunale costituzionale federale può, con la maggioranza di due terzi, disporre che il giudice sia trasferito ad altro ufficio o collocato a riposo. In caso di violazione premeditata il giudice può essere destituito. Lo stato giuridico dei giudici dei *Länder* è disciplinato da apposite leggi dei *Länder* a meno che l'art. 74, comma 1, n. 27 non disponga altrimenti. I *Länder* possono stabilire che l'assunzione dei giudici nei *Länder* sia decisa dal ministro della Giustizia del *Land* congiuntamente con una commissione per la selezione dei giudici. I *Länder* possono adottare per i giudici dei *Länder* una disciplina analoga a quella prevista dal comma 2. Resta salvo il diritto costituzionale vigente nei singoli *Länder*. La decisione su un'accusa mossa contro un giudice compete al Tribunale costituzionale federale».

[7] Art. 97 della Costituzione tedesca: «I giudici sono indipendenti e soggetti soltanto alla legge. I giudici di carriera e assunti definitivamente in ruolo possono, contro la loro volontà, essere rimossi prima della scadenza della loro carica o sospesi in via definitiva o provvisoria o trasferiti ad altra sede o collocati a riposo, soltanto in forza di una decisione giudiziaria e solo per le ragioni e nelle forme previste dalle leggi. La legislazione può stabilire i limiti di età raggiunti i quali i giudici assunti a vita sono collocati a riposo. In caso di modifica dell'organizzazione dei tribunali o dei loro distretti, i giudici possono essere trasferiti o rimossi dalla carica, solo a condizione che mantengano lo stipendio pieno».

4. IL POTERE GIUDIZIARIO NEI PAESI DI *COMMON LAW*

Se i Paesi di tradizione *civil law* sono caratterizzati da criteri di reclutamento che vengono definiti «burocratici», gli **Stati a tradizione common law** prevedono invece una selezione c.d. «politico-professionale», caratterizzata dalla nomina da parte dell'esecutivo o dall'elezione diretta da parte del popolo. Esempio di quest'ultimo sistema di accesso alla magistratura è quello offerto dall'**ordinamento giudiziario statunitense**. Ciò che immediatamente va rilevato è l'impatto che la forma di Stato federale ha sul sistema giudiziario: bisogna quindi distinguere tra «giudici federali» e «giudici statali». I primi vengono nominati a vita – possono infatti essere rimossi solo mediante la procedura di *impeachment* – dal vertice del potere esecutivo, quindi dal presidente; in questo iter, che risente inevitabilmente di considerazioni di tipo politico oltre che di valutazioni sulla preparazione tecnica, assume un ruolo importante anche il Senato, in perfetta coerenza con quella logica di pesi e contrappesi che caratterizza la forma di governo presidenziale statunitense. A conferma di ciò, il Senato, prima in sede di *judiciary committee* e poi in assemblea plenaria, deve esprimere il proprio *advice and consent* rispetto al nominativo indicato dal presidente, rappresentando così **un contropotere rispetto alle prerogative dell'esecutivo**. Questa modalità di reclutamento può sembrare eccessivamente deregolamentata e discrezionale: in realtà, nella prassi, l'individuazione dei giudici ricade su soggetti (solitamente professori universitari o, più di frequente, avvocati) che abbiano raggiunto un elevato e riconosciuto livello di prestigio, di stima, di influenza nel mondo giuridico, dimostrando di essersi distinti per competenza, affidabilità e professionalità. Ne consegue che di fronte a modalità di reclutamento che possono risultare poco idonee a garantire indipendenza e rispetto del principio di separazione dei poteri, proprio queste caratteristiche riscontrabili nei singoli giudici consentono al sistema di godere, nel complesso, di fiducia e consenso. Va inoltre evidenziato come, nella prassi, possano rinvenirsi due particolarità: innanzitutto, la nomina diretta da parte del presidente è effettuata solo con riferimento ai giudici della Corte suprema, mentre per gli altri giudici federali il presidente tendenzialmente incarica il ministro della Giustizia (*attorney general*) a provvedere in sua vece; per questi ultimi poi, oltre al Senato, altri soggetti intervengono nel procedimento di nomina, per esempio il Dipartimento di Giustizia, che svolge una prima analisi dei nominativi proposti, ma anche la *Bar Association* (l'associazione di categoria rappresentativa dell'avvocatura), chiamata a esprimere un giudizio sui candidati, nonché i senatori dello Stato in cui il giudice federale sarà poi destinato a operare. Queste valutazioni preliminari devono essere tenute in considerazione da parte del Senato al momento della votazione e sono in grado quindi di condizionarne l'esito. Da queste precisazioni emerge con chiarezza, per ciò che attiene alla **nomina dei giudici della Corte suprema**, quanto la scelta del presidente assuma un carattere estremamente rilevante sotto il profilo politico, essendo chiare le implicazioni strategiche che la nomina di anche un solo giudice ha sull'assetto e sull'equilibrio della composizione della Corte stessa e conseguentemente sulle sue decisioni (v. *infra* cap. 10).

Venendo al **reclutamento dei giudici statali** – che restano in carica solitamente per un periodo di tempo determinato – questi, come già sottolineato con riferimento alla carica di pubblico ministero, possono essere nominati dal governatore dello Stato con una modalità simile a quella utilizzata per i giudici federali (ma non bisogna dimenticare che gli Stati possono prevedere anche la nomina da parte dell'organo legislativo statale); tuttavia, **è possibile fare ricorso anche a un sistema di elezione vero e proprio**, nel quale possono peraltro intervenire anche i partiti politici a indicare o supportare un determinato candidato (elezioni *partisan* o *non partisan*). Il sistema elettivo è estremamente diffuso, sin dal 1865, quando quasi tutti gli Stati lo adottarono come rappresentazione di un'importante conquista democratica e di riavvicinamento del potere giudiziario alle esigenze e al sentire della popolazione. Per completezza, tuttavia, non si può non indicare la sussistenza anche di un'ulteriore opzione, oltre alla nomina e all'elezione, che rappresenta una posizione intermedia tra le altre due: il c.d. *Missouri Nonpartisan Court Plan*. Ideato nel 1940 per far fronte a irregolarità e abusi sempre più frequenti nella modalità di reclutamento dei giudici fondata sulle elezioni, questo sistema prevede l'istituzione di una commissione apposita che vaglia i nominativi e invia una lista di possibili candidati al governatore. Quest'ultimo seleziona, tra l'elenco fornitogli, un candidato che svolgerà il compito di giudice per un anno. Scaduto questo periodo, la permanenza in carica del magistrato dipenderà dall'esito delle votazioni popolari, che potranno confermare l'incarico o revocarlo. Il quadro che risulta dalle varie modalità di reclutamento dei giudici statali è dunque estremamente variegato.

Tali giudici assumono grande rilevanza all'interno del sistema giudiziario statunitense, considerato che la maggior parte delle controversie vengono risolte proprio a livello statale; dal punto di vista dell'ordinamento giudiziario, solitamente gli Stati optano per la predisposizione di più gradi di giudizio, tendenzialmente tre, laddove il primo è chiamato a decidere sia sul fatto sia sul diritto, mentre ai giudici dei gradi successivi è assegnata competenza di pronunciarsi solo sul diritto. Le decisioni delle corti supreme statali sono impugnabili in taluni casi anche dinnanzi alla Corte suprema federale. In particolare, è necessario che la controversia da impugnare riguardi questioni attinenti il diritto federale (in tal caso deve inoltre essere provata la rilevanza di quest'ultimo ai fini della risoluzione del caso).

Proseguendo nell'analisi, diversamente da ordinamenti come quello tedesco in cui a livello federale si trovano solo organi giudiziari di vertice (le cinque corti supreme), negli Stati Uniti anche il sistema giudiziario federale conta tre gradi di giudizio: le *District Courts* per il primo grado, le *Courts of Appeal* per il secondo e, al vertice, la *Supreme Court*. Queste corti federali sono competenti per tutte le controversie nelle quali si renda necessaria l'applicazione della legge federale o della Costituzione nonché nei casi in cui parti in causa siano il governo federale, oppure cittadini di due o più Stati diversi o ancora rappresentanti diplomatici stranieri. Nonostante questa suddivisione di massima – delineata dalla Costituzione stessa – possa sembrare a prima vista semplice e lineare, in realtà il rapporto tra giudici statali e giudici federali è tutt'altro che chiaro e definito e comporta tuttora svariate controversie: non è infatti sempre semplice delimitare l'ambito di applicazione della normativa statale e conseguentemente fissare i limiti di tale giurisdizione rispetto a quella federale, tanto più se si considera che per risolvere la controversia il giudice federale potrebbe dover applicare leggi statali.

I giudici federali sono di fatto nominati a vita, secondo il principio del c.d. *during good behaviour*: tale disposizione, che si traduce in una sorta di «garanzia» di indipendenza e di tutela dell'inamovibilità del giudice stesso, può essere superata solo dalla procedura di *impeachment*, che richiede l'intervento sia della Camera bassa del Congresso, chiamata a votare a maggioranza semplice la messa in stato di accusa, sia del Senato, che deve invece votare la rimozione del giudice con una maggioranza dei due terzi. Più articolato, sotto il profilo della rimozione, è invece il panorama a livello dei singoli Stati, in cui, accanto all'*impeachment*, si trovano anche il metodo del c.d. *recall* (è il popolo che, con referendum, può «richiamare» il beneficiario di un'elezione precedentemente effettuata) o quello dell'*address* (in questo caso sono invece le camere statali a votare la richiesta, indirizzata al governatore, di rimuovere un determinato giudice).

L'esperienza del Regno Unito presenta notevoli particolarità rispetto al modello nordamericano, anche se taluni tratti coincidono. A differenza di quanto avviene negli Stati Uniti, nel contesto inglese il carattere «professionale» è stato esaltato, a sfavore dell'ingerenza politica, a partire dal **2005**, con l'**approvazione del «Constitutional Reform Act», una delle più grandi innovazioni che il sistema giudiziario abbia mai visto sin dalle sue origini**. Per comprendere appieno il cambiamento introdotto con questa riforma è necessario conoscere l'assetto precedente: **un ruolo determinante nel reclutamento dei magistrati era svolto dal Lord Chancellor**, al quale era attribuito potere di nomina, seppur formalmente spettante al sovrano. Le critiche che erano state rivolte, con sempre maggiore insistenza, a questo modello di reclutamento erano legate essenzialmente al forte impatto e alla grande influenza che la politica, il potere legislativo e il potere esecutivo esercitavano su quello giudiziario, rendendo così più flebili le garanzie di indipendenza e separazione dei poteri. Il *Lord Chancellor* era infatti al tempo stesso membro del governo, quindi rappresentante dell'esecutivo, componente e *speaker* della Camera dei lord coinvolto ampiamente nei procedimenti legislativi, nonché giudice e capo del potere giudiziario. Innegabile tuttavia era il legame di questa figura con il governo in carica, considerato che la sua nomina era sempre di natura politica, scelto dal primo ministro tra i *barristers* di alta professionalità, schierati o quanto meno simpatizzanti per l'esecutivo. Altrettanto indubitabile era il ruolo decisivo giocato dal *Lord Chancellor* rispetto alla selezione dei giudici delle corti superiori, nominati dalla corona, sentito anche il parere del primo ministro. **Con il «Reform Act» del 2005, il potere discrezionale del «Lord Chancellor» è stato significativamente ridotto, introducendo la «Jucidicial Appointments Commission»**, uno specifico organo indipendente, con il compito di selezionare e predisporre una lista di nominativi entro la quale il *Lord Chancellor* deve attingere. La posizione apicale del sistema giudiziario inoltre è ora attribuita al *Lord Chief Justice* (presidente della *Court of Appeal*) e non più al Lord Cancelliere, che perde anche la carica di *speaker* della Camera dei lord. Certo è che una delle critiche mosse al sistema giudiziario inglese, caratterizzato da componenti scelti all'interno dei ceti maggiormente benestanti, provenienti da università di spicco e grande prestigio e spesso, almeno per le corti superiori, selezionati dalla categoria dei *barristers*, sembra aver resistito anche alla riforma: la magistratura nel Regno Unito viene infatti ancora considerata «**pale, male and stale**», cioè eccessivamente omogenea e ancora poco rappresentativa di una società moderna. Questa caratteristica ha anche portato a una scarsa possibilità di avanzamento di carriera e a una ridotta mobilità, con i giudici delle corti inferiori che riescono ad accedere difficilmente e in pochi casi alle corti superiori.

Nonostante questi aspetti problematici, bisogna sottolineare come la magistratura goda di grande rispetto e popolarità per il prestigio a essa connesso; proprio il carattere elitario e omogeneo, insieme a una lunga tradizione costituzionale di autonomia, sfociata nelle disposizioni del *Settlement Act* e dei *Judicature Acts*, hanno attribuito autorità e affidabilità al potere giudiziario, non inficiandone quindi, sul piano funzionale, l'autonomia. Tale affidabilità è aumentata senza dubbio a seguito della riforma del 2005 mediante la previsione dell'indipendenza del potere giudiziario, in maniera forte e sul piano istituzionale, nonché grazie alla predisposizione di alcune nuove istituzioni quali la richiamata *Judicial Appointments Commission*, ma anche il *Judicial College*, come istituto unitario di formazione, nonché il *Judicial Conduct Investigations Office*, con funzioni disciplinari. Merita solo brevemente accennare a quanto anche il processo di *incorporation* della Convenzione europea per la salvaguardia dei diritti dell'uomo e delle libertà fondamentali (CEDU), che richiede l'indipendenza e l'imparzialità dei giudici (art. 6)[8], nonché alcune

[8] Art. 6 CEDU, «Diritto a un equo processo»: «Ogni persona ha diritto a che la sua causa sia esaminata equamente, pubblicamente ed entro un termine ragionevole da un tribunale indipendente e imparziale, costituito per legge, il quale sia chiamato a pronunciarsi sulle controversie sui suoi diritti e doveri di carattere civile o sulla fondatezza di ogni accusa penale formulata nei suoi confronti. La sentenza deve essere resa pubblicamente, ma l'accesso alla sala d'udienza può essere vietato alla stampa e al pubblico durante tutto o parte del processo nell'interesse della morale, dell'ordine pubblico o della sicurezza nazionale in una società democratica, quando lo esigono gli interessi dei minori o la protezione della vita privata delle parti in causa, o, nella misura giudicata strettamente necessaria dal tribunale, quando in circostanze speciali la pubblicità possa portare pregiudizio agli interessi della giustizia. Ogni persona accusata di un reato è presunta innocente fino a quando la sua colpevolezza non sia stata legalmente accertata. In particolare, ogni accusato ha diritto di: (a) essere informato, nel più breve tempo possibile, in una lingua a lui comprensibile e in modo dettagliato, della natura e dei motivi dell'accusa formulata a suo carico; (b) disporre del tempo e delle facilitazioni necessarie a preparare la sua difesa; (c) difendersi personalmente o avere l'assistenza di un difensore di sua scelta e, se non

pronunce della Corte europea dei diritti dell'uomo (Corte EDU), abbiano contribuito all'adozione di atti normativi, oltre allo specifico *Human Rights Act* del 1998, nella direzione di una maggiore affermazione dell'indipendenza del poter giudiziario.

Tale procedimento è stato rafforzato, successivamente al 2005, con il **«Tribunals, Courts and Enforcement Act» del 2007** e dal **«Crime and Courts Act» del 2013**. Quest'ultimo, oltre a cercare di favorire il pluralismo all'interno della magistratura, ha anche modificato il meccanismo di nomina dei giudici (compresi i giudici della Corte suprema) nel senso di ridurre ulteriormente l'ingerenza del ministro della Giustizia, che, sulla base della riforma del 2005, manteneva il potere di fornire direttive alla Commissione sui criteri di scelta, nonché la possibilità di veto sull'indicazione della Commissione stessa. È quindi stato stabilito un ulteriore ridimensionamento delle prerogative del *Lord Chancellor*: il compito di nominare i giudici delle corti inferiori alla *High Court* viene trasferito in capo al *Lord Chief Justice*, il quale dovrà però sempre e comunque attenersi alle indicazioni fornite dalla *Judicial Appointments Commission*. Anche quest'ultima è stata riformata rispetto all'assetto originario del 2005 e risulta ora composta da un presidente «laico», cioè privo di previa esperienza nel campo giudiziario, e da 15 membri di cui 5 togati e 6 laici (con la disposizione che il numero dei primi non può superare quello dei secondi), 2 avvocati e altrettanti giudici onorari.

Una particolarità del sistema giudiziario britannico consta nel grande utilizzo dei magistrati onorari, chiamati a ricoprire soprattutto la carica di giudice delle *County Courts* (in ambito civile) e *Magistrates' Courts* (in ambito penale e per alcune materie civili e di famiglia), che si occupano della risoluzione di cause di basso valore o reati di minore gravità (simili ai nostri giudici di pace); questi magistrati si distinguono fortemente dai giudici togati per il fatto di essere destinatari di incarichi solo a tempo determinato e pagati mediante indennità.

Non è scontato infine precisare, anche se tale aspetto è stato sottolineato precedentemente, che quanto sino a ora esposto deve riferirsi al sistema giudiziario di Inghilterra e Galles: **sistemi separati** infatti **sono previsti in Scozia e Irlanda del Nord**.

5. UNA PARTICOLARE FORMA DI GARANZIA DELL'INDIPENDENZA DELLA MAGISTRATURA: GLI ORGANI DI AUTOGOVERNO

Come già ricordato, il giudice è una figura chiamata ad assumere funzione terza e imparziale. Accanto all'imparzialità nell'esercizio delle attività giuri-

ha i mezzi per retribuire un difensore, poter essere assistito gratuitamente da un avvocato d'ufficio, quando lo esigono gli interessi della giustizia; (d) esaminare o far esaminare i testimoni a carico e ottenere la convocazione e l'esame dei testimoni a discarico nelle stesse condizioni dei testimoni a carico; (e) farsi assistere gratuitamente da un interprete se non comprende o non parla la lingua usata in udienza».

sdizionali e, per un certo verso, funzionale alla garanzia stessa della terzietà del magistrato, vi è il principio dell'indipendenza: quest'ultima costituisce una forte garanzia ai fini di una concreta applicazione del principio di separazione dei poteri e di quello di legalità.

L'indipendenza del potere giudiziario si manifesta sia sul versante interno sia su quello esterno, sebbene, come sempre, sia da evitare una classificazione e divisione troppo netta: con riferimento al primo aspetto, si fa generalmente riferimento ai rapporti interni alla magistratura e si concretizza nella garanzia dell'autonomia sul piano organizzativo. L'indipendenza interna si rivela dunque nelle scelte attinenti le modalità di reclutamento, il trattamento economico, gli avanzamenti di carriera, la previsione di una mancanza di rapporti gerarchici interni.

Per indipendenza esterna si intende l'autonomia della magistratura rispetto agli altri poteri dello Stato, determinando una «non ingerenza» di questi ultimi rispetto all'organizzazione e gestione della magistratura. Sotto questo profilo, una forma particolarmente rilevante di garanzia di indipendenza esterna è rappresentata dall'istituzione di **organi di autogoverno**: a questi organi, tipici dei Paesi a tradizione *civil law*, viene generalmente assegnata **la funzione di garante e controllore dell'autonomia dei magistrati e del loro assetto organizzativo**, sottraendolo a quella che invece originariamente era prerogativa del potere esecutivo.

La **Francia**, fin dal 1883, ha compreso l'importanza di attribuire a un organo autonomo e separato dall'apparato politico ed esecutivo, la gestione e regolamentazione della vita dei magistrati, in quanto singoli e in quanto categoria: il **Conseil supérieur de la magistrature** (CSM) si è evoluto nel corso del tempo, assumendo, a seguito di varie riforme, una sempre maggiore autonomia e una funzione via via più marcata di organo di autogoverno. Basti pensare che nella Costituzione del 1946 il CSM era presieduto dal presidente della Repubblica e vedeva anche la presenza del ministro della Giustizia nelle vesti di vicepresidente; all'epoca, inoltre, il CSM era garante dell'indipendenza dei soli organi giudicanti, mentre quelli requirenti ne rimanevano esclusi, restando dunque sottoposti al controllo del potere esecutivo. **A seguito delle riforme del 1993 e in ultimo del 2008, il Consiglio ha assunto del tutto le sembianze di un organo di autogoverno indipendente**. Con la prima modifica, anche i *magistrats du parquet* sono stati ricondotti sotto l'alveo di controllo del CSM, che assume così una struttura ramificata in due formazioni: una dedicata agli organi giudicanti e l'altra a quelli requirenti. La differenziazione tra i due rami, tuttavia, non si esaurisce nella distinzione dei destinatari bensì si estende anche al profilo delle competenze: quello dedicato ai *magistrats du siège* «formula proposte per le nomine dei magistrati giudicanti nella Corte di cassazione, di primo presidente della corte d'appello e di presidente del tribunale», mentre tutti gli altri magistrati giudicanti sono nominati su suo parere (art. 65, comma 4 della Costituzione francese); l'altro ramo del CSM si limita invece a dare il proprio parere sulle nomine dei magistrati della procura e, diversamente dal primo, non ha potere disciplinare diretto bensì solo di esprimere il proprio parere sulle sanzioni disciplinari emanate. Per quanto riguarda infine la composizione, dal 2008, sia il presidente della Repubblica sia il ministro della Giustizia sono lasciati fuori dal CSM, in entrambi i suoi rami (art. 65 della Costituzione francese)[9].

Diversa è la composizione del **Consejo general del poder judicial**, previsto dall'art. 122 della **Costituzione spagnola**: al di fuori del presidente, che viene individuato nel presidente del *Tribunal supremo*, i componenti sono infatti nominati dal re, ma eletti dal Parlamento tra magistrati e avvocati o giuristi di lunga esperienza professionale. Particolari dubbi ha sollevato questa modalità di designazione dei giudici, effettuata in via esclusiva dal potere politico.

Particolarmente complessa è la disciplina degli organi di autogoverno del Portogallo, dove troviamo addirittura una suddivisione tripartita: il *Conselho superior da magistratura* (art. 218)[10], il Consiglio superiore dei tribunali amministrativi e fiscali (art. 217, comma 2)[11] e il Consiglio superiore del pubblico ministero (art. 220, comma 2)[12].

[9] Art. 65 della Costituzione francese (commi 1, 2 e 3): «Il Consiglio superiore della magistratura può assumere due composizioni, una competente nei riguardi dei magistrati giudicanti e una competente nei riguardi dei magistrati della procura. La composizione competente nei riguardi dei magistrati giudicanti è presieduta dal primo presidente della Corte di cassazione. Essa comprende, inoltre, cinque magistrati giudicanti e un magistrato della procura, un consigliere di Stato, designato dal Consiglio di Stato, un avvocato e 6 personalità qualificate non appartenenti né al Parlamento né all'ordine giudiziario, né all'ordine amministrativo. Il presidente della Repubblica, il presidente dell'Assemblea nazionale e il presidente del Senato designano, ciascuno, 2 personalità qualificate. La procedura prevista nell'ultimo comma dell'art. 13 è applicabile alle nomine delle personalità qualificate. Le nomine effettuate dal presidente di ciascuna Assemblea sono sottoposte esclusivamente al parere della commissione competente per materia dell'Assemblea interessata. La composizione competente nei riguardi dei magistrati della procura è presieduta dal procuratore generale presso la Corte di cassazione. Essa comprende, inoltre, cinque magistrati della procura e un magistrato giudicante, nonché il consigliere di Stato, l'avvocato e le 6 personalità qualificate citate al comma 2».

[10] Art. 218 della Costituzione portoghese: «1. Il Consiglio superiore della magistratura è presieduto dal presidente del Tribunale supremo di giustizia ed è composto dai seguenti membri: *a)* 2 designati dal presidente della Repubblica; *b)* 7 eletti dall'Assemblea della Repubblica; *c)* 7 giudici eletti dai loro pari, in armonia con il principio della rappresentanza proporzionale. 2. Le regole sulle garanzie dei giudici sono applicabili a tutti i membri del Consiglio superiore della magistratura. 3. La legge potrà prevedere che del Consiglio superiore della magistratura facciano parte funzionari di giustizia, eletti dai loro pari, con diritto di intervento limitato alla discussione e votazione delle materie relative alla valutazione del merito professionale e all'esercizio della funzione disciplinare nei riguardi dei funzionari di giustizia».

[11] Art. 217 della Costituzione portoghese: «1. La nomina, la destinazione, il trasferimento e la promozione dei giudici dei tribunali ordinari e l'esercizio dell'azione disciplinare competono al Consiglio superiore della magistratura, nei termini previsti dalla legge. La nomina, la destinazione, il trasferimento e la promozione dei giudici dei tribunali amministrativi e fiscali, così come l'esercizio dell'azione disciplinare, competono al rispettivo consiglio superiore, nei termini stabiliti dalla legge. La legge definisce le regole e determina la competenza in ordine a destinazione, trasferimento e promozione, così come per l'esercizio dell'azione disciplinare riguardo ai giudici degli altri tribunali, con la salvaguardia delle garanzie previste nella Costituzione».

[12] Art. 220 della Costituzione portoghese: «1. La Procura generale della Repubblica è l'organo superiore del pubblico ministero, con composizione e competenza definite dalla legge. 2. La Procura generale della Repubblica è presieduta dal procuratore generale della Repubblica e comprende il Consiglio superiore del pubblico ministero, che include membri eletti dall'Assemblea della Repubblica e membri eletti dai magistrati del pubblico

Merita infine essere ricordata la particolarità che caratterizza la **Germania**: **non esiste** infatti, come già ricordato, né a livello federale né a livello di *Länder*, **alcun organo specifico di autogoverno**. La disciplina della magistratura è formalmente ripartita sulla base di criteri gerarchici, con una struttura piramidale che vede al proprio vertice il ministro della Giustizia. Sono tuttavia presenti, nonostante l'assenza di un unico soggetto di rilevanza costituzionale, alcuni organi che svolgono ruoli nell'ambito dell'amministrazione e organizzazione del potere giudiziario: i *praesidium* da un lato e i consigli presidenziali e giudiziari dall'altro (*Praesidentraete* e *Richterraete*). Entrambi sono organi rappresentativi composti ed eletti da e tra magistrati: i praesidium sono obbligatoriamente sussistenti in ogni tribunale e si occupano di stabilire la ripartizione delle competenze interne e degli incarichi; i consigli presidenziali e giudiziari hanno invece funzioni di consulenza e indirizzo. Emerge dunque come questi organi non rappresentino soggetti in grado di garantire l'indipendenza dei giudici rispetto agli altri poteri, bensì solo forme di autogoverno «blando», che si concretizzano nella gestione interna dei tribunali. I provvedimenti disciplinari sono presi da apposite corti, denominate *Dienstgerichte des Bundes*, interne ai tribunali e composte da giudici eletti dal praesidium di ciascun tribunale.

6. POLITICIZZAZIONE DELLA MAGISTRATURA E GIUDIZIARIZZAZIONE DELLA POLITICA

Il tema della forte influenza, e spesso sovrapposizione, tra mondo della politica ed esercizio della giustizia, è strettamente connesso a una questione estremamente problematica e dibattuta: quella della creatività e del margine di interpretazione concesso al giudice. Se si ammette una definizione del giudice non come mera «bocca della legge» e si riconosce l'incompletezza e incertezza intrinseca delle leggi e del diritto positivo applicato al caso concreto, si finisce con l'attribuire al giudice un ruolo «creativo», in cui si manifesta l'**incidenza dell'attività giudiziaria rispetto al potere politico**. Questa commistione può concretizzarsi in diverse direzioni: considerando un'accezione di potere politico in senso stretto, si può osservare l'influenza che i giudici possono svolgere nell'ambito delle attività politiche, per esempio mediante lo schieramento e la partecipazione alle attività di un determinato partito politico; considerando invece l'espressione «potere politico» in senso lato, possiamo osservare l'incidenza delle decisioni dei giudici rispetto al potere legislativo nonché alle scelte e alle attività da esso svolte.
Il principio di indipendenza del sistema giudiziario vieta, o quanto meno limita, la diretta appartenenza di un giudice a uno schieramento politico e

ministero al proprio interno. 3. Il mandato del procuratore generale della Repubblica ha la durata di 6 anni, senza pregiudizio di quanto stabilito alla lett. *m* dell'art. 133».

contribuisce a tutelare l'integrità dell'immagine del **giudice come soggetto «super partes»**.

Per quanto concerne la possibile incidenza delle scelte del potere giudiziario rispetto alle decisioni del legislatore, se è più semplice, sotto il profilo quanto meno normativo, delimitare l'attività politica «diretta» di un giudice, restringendo, come abbiamo visto, la portata di alcuni diritti politici, più difficile è invece verificare l'influenza e la portata che determinate decisioni giudiziarie possono avere con riguardo alle decisioni dei Parlamenti.

Alcuni esempi possono aiutare a meglio comprendere queste affermazioni: di fronte all'immobilismo del legislatore su temi complessi o delicati, le corti possono svolgere, mediante la loro interpretazione dei valori costituzionali e dell'assetto normativo esistente, **una funzione di «supplenza giudiziaria» rispetto al legislatore**. Si pensi alle pronunce dei tribunali, sul tema del fine vita, dei diritti delle coppie omosessuali o su tematiche legate all'uso delle nuove tecnologie e applicazioni scientifiche. Il giudice spesso assume un ruolo determinante nel riconoscimento e nell'affermazione di nuovi diritti, che la società reputa meritevoli di tutela, ma che il legislatore tarda a regolamentare per ragioni politiche o perché la scienza avanza con estrema velocità rispetto al diritto. Di grande rilevanza, infine, è il peso che le decisioni giudiziarie delle corti costituzionali hanno sulle scelte dei legislatori, che saranno oggetto di approfondimento nel capitolo relativo alla giustizia costituzionale (v. *infra* cap. 10).

Da questa breve analisi emerge con chiarezza come, sotto diversi fronti, il giudice ben possa essere considerato un protagonista della scena politica, a cui sempre più ci si rivolge per ottenere risposte non solo al singolo caso concreto bensì a questioni di più ampio respiro e impatto, che influiscono sulla società nel suo complesso. In questo senso, si può parlare di **giudiziarizzazione della politica** ovvero di uno **spostamento di competenze decisionali dal potere legislativo ed esecutivo ai tribunali**. Ebbene, di fronte all'affermazione di una visione realista che, accanto al pur intoccabile principio di legalità, ammette una necessaria creatività in capo ai giudici, ci si può domandare quali sono i limiti del potere giudiziario. In altre parole, se non ci si basa sul solo *self-restraint* operato dagli stessi giudici, quali altri strumenti di controllo possono essere adottati riguardo alla possibile espansione del potere giudiziario? Entro quali limiti è consigliabile e accettabile un intervento «sostitutivo» del giudice rispetto a quello del legislatore? Vi è un'ulteriore e ancora più complessa questione che sorge in maniera forte dinnanzi al riconoscimento di un ruolo «politico», nelle accezioni sopra indicate, ai giudici, e che risulta comunque più ampiamente connesso all'intrinseca capacità dei giudici di «fare diritto»: mentre i membri dei Parlamenti o dei governi sono frutto dell'esercizio del diritto di voto dei cittadini e quindi dotati di legittimazione popolare, i giudici, come abbiamo visto soprattutto nei Paesi di *civil law*, sono privi di legittimità democratica. Eppure sono soggetti che, a seguito della giudiziarizzazione della politica, rischiano di esercitare poteri sempre più politici. È altrettanto vero però che una maggiore democraticità del potere giudiziario, mediante

la creazione di un legame più forte tra giudici e volontà popolare, andrebbe a discapito di quel carattere di indipendenza e imparzialità che dovrebbe caratterizzare tale potere.
Parlando di incidenza dell'attività dei giudici sulla politica e del problema di democraticità e legittimazione dei magistrati, non può non emergere il concetto di «responsabilità» di questi ultimi: di cosa e quando la condotta di un giudice possa essere considerata giuridicamente rilevante. Si può distinguere sotto questo profilo tra **responsabilità politica**, che sorge in caso di violazione di principi di rango costituzionale, e **responsabilità civile**, che si riscontra qualora la funzione del giudice sia caratterizzata da dolo o colpa grave e abbia provocato danni a una o più parti. In capo ai giudici può tuttavia riconoscersi anche una forma di responsabilità penale, in caso di condotte riconducibili alla nozione di «reato», da differenziarsi rispetto alla mera violazione di precetti deontologici, che possono sfociare invece in provvedimenti disciplinari.
I profili problematici ora sottolineati non hanno risposte certe o definitive ma sono stati qui presentati in maniera volutamente interlocutoria, mantenendo i quesiti aperti: è infatti importante che uno studente, così come qualsiasi cittadino, acquisisca la capacità non solo di comprendere nozioni, ma anche di interrogarsi criticamente sugli assetti attuali o emergenti.

7. LE NUOVE FRONTIERE E LE SFIDE DEL POTERE GIUDIZIARIO

Il ruolo attuale del giudice, inserito nel dinamico contesto politico, sociale e istituzionale, le sfide che è chiamato ad affrontare, pone grandi interrogativi sul ruolo della magistratura stessa rispetto agli altri poteri, interrogativi che mettono in evidenza le incertezze e le sfide che riguardano lo **sviluppo futuro del potere giudiziario**.
Una di queste è rappresentata dalla **globalizzazione**. Essa, anche se a una prima lettura può non apparire, agisce in realtà anche sul potere giudiziario, favorendo la creazione di diversi livelli di giurisdizione, sia sovranazionale sia internazionale, ponendo in essere le condizioni per l'affermarsi del c.d. *judicial dialogue*, ovvero il dialogo che si viene a creare tra diverse corti e le ripercussioni e l'efficacia che le decisioni di un livello hanno sulle altre. Ne è esempio il dialogo intergiurisdizionale che si snoda tra corti nazionali e Corte di giustizia dell'Unione Europea, in un rapporto tutt'altro che definito e semplice.
La globalizzazione, intesa come «deterritorializzazione», non è tuttavia il solo elemento di quella modernità capace di incidere sul potere giudiziario: altre sfide interessanti sono da rinvenire nell'avanzamento tecnologico da un lato e nella «privatizzazione» della giustizia dall'altro.
Le nuove tecnologie influiscono enormemente sul lavoro del giudice nonché sul funzionamento del processo stesso: proviamo a pensare, solo come esempio tra i tanti, al ruolo giocato dalle **prove scientifiche legate al DNA** e

a tutte quelle perizie svolte con mezzi all'avanguardia che, in un certo senso, spodestano il giudice dalla sua tradizionale posizione di «decisore». Dinnanzi a queste dinamiche **si può ancora parlare del giudice come «peritus peritorum»?** Non è solo l'utilizzo di nuove prove, sempre più scientificamente avanzate, a rappresentare un cambiamento nel ruolo e nell'operato del giudice: il progresso tecnologico ha portato alla creazione di veri e propri software, basati su algoritmi, in grado di calcolare la pena (tenendo conto anche della probabilità di recidiva) o l'ammontare della cauzione, sulla base di alcuni dati relativi all'imputato. Questi strumenti, che possono apparire fantascientifici, sono già realtà: negli Stati Uniti da anni alcuni giudici statali si servono di questi programmi e in molti altri Paesi sono in corso di sperimentazione. Può divenire dunque alta la tentazione di abbandonarsi a una **giustizia 4.0**, **capace di risolvere casi usando meccanismi automatizzati, solo in teoria maggiormente oggettivi e controllabili**. Di fronte a tale scenario non possono essere ignorati i profondi interrogativi e i complessi problemi applicativi che queste innovazioni pongono in essere, portando a mettere in discussione anche concetti e principi di secolare tradizione quale il ruolo stesso del giudice, la sua discrezionalità ed esperienza, il principio del giusto processo e della presunzione di innocenza, quello di accesso agli atti, di responsabilità o di finalità della pena. Questi strumenti tecnologici, che diventerebbero di fatto fonte di decisione e non più solo «mezzo», sono fallibili e non privi di condizionamenti: l'elaborazione di algoritmi necessita di dati e la scelta e l'inserimento degli stessi può inficiare l'obiettività e attendibilità del funzionamento del sistema nel suo complesso, fino ad arrivare a parlare di «algoritmi incostituzionali» o «algoritmi discriminatori», come emerso dal caso statunitense noto come *Compas case* (2013). Non si può poi tralasciare un'ulteriore frontiera, rappresentata dall'avanzamento nel campo delle neuroscienze mediante l'**uso di strumenti di Intelligenza artificiale**, che sta vedendo applicazioni sempre più ampie anche nell'ambito giudiziario: sondare le reali intenzioni di un individuo imputato di reato, la sua capacità di intendere e di volere, comprendere la volontà di un soggetto incapace di esprimersi o in stato comatoso, per esempio, sono tutte possibili applicazioni delle innovazioni neuroscientifiche a sostegno delle attività del giudice. Nuova e grande sfida del diritto, dei suoi studiosi e dei suoi operatori, è dunque quella di determinare i limiti all'utilizzo di tutti questi strumenti, di determinarne i confini, finanche di stabilire regole per la loro creazione, valutandone debolezze e potenzialità.

Venendo al secondo profilo, quello della «privatizzazione» dell'esercizio della giurisdizione, esso va inteso nel senso che aumenta sempre più il ricorso ai c.d. **strumenti di risoluzione alternativa delle controversie** (*Alternative Dispute Resolutions*, ADR), che si pongono quindi in una posizione estranea ed esterna rispetto al procedimento giudiziario. Queste forme alternative del «fare giustizia», che non passa più attraverso la decisione di un giudice, comportano una sottrazione dell'esercizio del potere giudiziario a soggetti pubblici, inseriti nell'ordinamento statale, quali appunto i magistrati, a favore di privati, soggetti terzi, individuati talvolta dalle stesse parti, come nel caso dell'arbitrato.

In taluni casi è addirittura il legislatore a stabilire l'obbligo di procedere in sede stragiudiziale e «alternativa», prima di portare la controversia dinnanzi al giudice con un previo tentativo di mediazione: ecco che questo strumento preventivo assume valore e scopo deflattivo dei procedimenti giudiziari, spesso troppo numerosi e difficilmente gestibili dai tribunali nazionali.
Pertanto, come ben si comprende, le sfide cui il sistema giudiziario e il potere giudiziario inteso in senso lato si trova di fronte sono svariate e complesse e toccano molti ambiti, incidendo su diversi fronti, dal ruolo del giudice, all'unitarietà dell'esercizio della giustizia, ai soggetti coinvolti, ai limiti spaziali. Risulta quindi necessario monitorare con attenzione e interrogarsi a fondo sul modo in cui il potere giudiziario reagirà o potrà reagire di fronte a queste nuove frontiere di sviluppo.

CAPITOLO 10

La giustizia costituzionale

Obiettivi di apprendimento

- **Individuare gli scopi, la genesi e le linee fondamentali di sviluppo della giustizia costituzionale**
- **Esaminare il controllo di costituzionalità, la sua configurazione giurisdizionale, la sua strutturazione accentrata o diffusa**
- **Considerare l'oggetto del controllo di legittimità costituzionale delle leggi e di altri atti**
- **Conoscere i parametri utilizzati nel controllo e infine gli effetti delle decisioni prese dal soggetto deputato al controllo**
- **Riflettere sulle sfide attuali che il controllo di costituzionalità è chiamato a sostenere**

1. LA NASCITA E LA FORTUNA DELLA GIUSTIZIA COSTITUZIONALE: IL «CUSTODE DELLA COSTITUZIONE»

Con l'espressione «giustizia costituzionale» normalmente ci si riferisce agli strumenti di difesa della Costituzione per via giudiziaria. La funzione di tutela della Costituzione rappresenta un argine soprattutto nei confronti di chi esercita i poteri pubblici, in quanto mira a garantire che questi ultimi non fuoriescano dagli spazi loro assegnati dalla Costituzione. In questo senso, la giustizia costituzionale è un classico strumento applicativo della concezione limitata del potere.

Nel tempo, la giustizia costituzionale ha sviluppato una varietà di funzioni e di articolazioni sul piano comparato. Tuttavia, generalmente essa svolge

Questo capitolo è di Andrea Pin.

tre tipi di funzioni: *a*) **controlla la legittimità degli atti** attraverso cui i poteri pubblici esercitano le loro funzioni, e soprattutto gli atti aventi forza di legge; *b*) **dirime i conflitti tra le istituzioni** dell'ordinamento; *c*) **giudica ed eventualmente reprime comportamenti** di soggetti che ricoprono funzioni politiche di alto profilo. Tale tripartizione è tuttavia sommaria e tendenziale, in quanto le soluzioni sono molto divergenti tra un Paese e l'altro e spesso i singoli istituti possono astrattamente ricadere contemporaneamente in più di una funzione tra quelle indicate: per esempio, un conflitto interistituzionale può derivare da un atto legislativo e di conseguenza essere ascritto anche alla funzione di controllo di legittimità. Infine, negli ordinamenti in cui è presente un organo specificamente deputato alla funzione di garantire il rispetto della Costituzione, accade spesso che a tale istituzione vengano attribuiti ulteriori compiti, tramite la Costituzione stessa o da parte del legislatore.

Grazie alle tre funzioni che esercita, **la giustizia costituzionale è senz'altro divenuta uno degli elementi caratterizzanti il costituzionalismo contemporaneo sul piano globale**. Sebbene se ne possano rintracciare alcune forme embrionali persino nell'antichità, è dal secondo Novecento in poi che la tutela della Costituzione, soprattutto per via giudiziaria, è divenuta un fenomeno consolidato, dilatandosi a macchia d'olio, con potenti ricadute sia sul piano della forma di Stato, sia sull'effettivo godimento dei diritti fondamentali da parte dei soggetti dei diversi ordinamenti.

Tale successo della giustizia costituzionale affonda le radici in profondità, nei rivolgimenti dell'epoca moderna e contemporanea. È stato infatti indispensabile che il pensiero giuridico identificasse innanzitutto nella Costituzione uno strumento tendenzialmente scritto, contemporaneamente di legittimazione e limite al potere dello Stato sovrano, affinché si sviluppassero forme compiute di giustizia costituzionale.

Un primo momento critico per la nascita e il consolidamento della giustizia costituzionale prende luogo quasi contemporaneamente in Francia e negli Stati Uniti, all'indomani delle rivoluzioni nei due Paesi.

In **Francia**, nel **1795**, l'abate francese Emmanuel Joseph Sieyès enuclea – per la verità senza persuadere i contemporanei – l'idea di una giurisdizione speciale a tutela della Costituzione. Propone così un **giurì costituzionale**, ossia un'assemblea politico-giudiziaria, con il duplice scopo di tutelare la Costituzione e, se necessario, di svilupparla e perfezionarla.

Poco più tardi, nel 1803, è il turno del neonato costituzionalismo americano, il quale muoverà un passo davvero storico per lo sviluppo della giustizia costituzionale. **John Marshall, a capo dei giudici della Corte suprema degli Stati Uniti, redige, a nome di tutti i membri della Corte, la fondamentale sentenza «Marbury vs Madison»** (v. *supra* cap. 2). La Corte viene qui chiamata a giudicare il caso di un soggetto (Marbury) per il quale non era mai stato completato il procedimento di nomina a giudice di pace. Ciò che è di rilievo per la storia della giustizia costituzionale è la legge in base alla quale la Corte suprema viene coinvolta. Infatti, non è la Costituzione degli Stati Uniti, ma una legge del Congresso ad attribuirle direttamente la competenza a occuparsi di casi come quello di Marbury. Questa legge contraddice la Costituzione federale, che invece non dà alla Corte suprema una tale funzione. In sostanza, in *Marbury*, la Corte suprema viene investita di un giudizio in base a una legge incostituzionale.

Il testo della Costituzione federale pone però un problema particolare alla Corte. Infatti, esso non le attribuisce esplicitamente il potere di dichiarare che una legge è illegittima e disapplicarla: ossia non le attribuisce il c.d. *judicial review of legislation*. Marshall e la sua Corte dunque sono di fronte a un dilemma: applicare la legge del Congresso e dunque disattendere la Costituzione, o porre nel nulla la norma del Congresso, senza che la Costituzione dia loro questo potere.

John Marshall opta per il rispetto della Costituzione, forgiando quella che rimane **la sentenza eponimo della giustizia costituzionale**. Egli effettua a tale scopo due considerazioni fondamentali. In primo luogo, nota che **una Costituzione scritta e sovraordinata esige di essere protetta anche nei confronti delle altre norme dell'ordinamento**, qualora esse la contraddicano. In secondo luogo, afferma che **spetta ai giudici fornire tale protezione**, disapplicando, ove necessario, le leggi contrastanti con la Costituzione[1].

Marbury vs Madison non nasce dal nulla. Alcuni giudici delle colonie britanniche del Nord America, prima della nascita della Federazione, avevano infatti già proceduto a dichiarare alcune norme contrarie alle allora vigenti Costituzioni. Tuttavia, *Marbury* rimane una sentenza importante ben oltre l'ordinamento americano, poiché in quella decisione emerge infatti con forza l'idea che sia **compito dei giudici tutelare la Costituzione, persino nel silenzio del testo costituzionale**. Questa affermazione darà vita a un graduale, ma intenso e diffuso fenomeno di giurisdizionalizzazione dei conflitti di rango costituzionale, che ancora non si è interrotto. Per questo *Marbury vs Madison* rappresenta un modello di riferimento o quanto meno di confronto per qualunque ordinamento che, da allora in poi, introdurrà strumenti di tutela della Costituzione.

Nell'Ottocento l'Europa conosce diffuse forme di sviluppo della giustizia costituzionale. In questo caso tiene banco la necessità di regolare e assicurare i rapporti tra le istituzioni nei contesti federali, nei quali la Costituzione distribuisce i poteri pubblici tra il centro e la periferia. Già la Costituzione

[1] Sostiene Marshall: «I poteri del legislativo sono definiti e limitati; affinché quei limiti non vengano fraintesi o dimenticati, la Costituzione è scritta. A quale scopo sono limitati i poteri, e a quale fine la limitazione è posta per iscritto, se tali limiti possono in qualunque momento essere valicati da coloro che dovevano esserne vincolati? [...] È troppo evidente per essere contestato che la Costituzione si impone su qualunque atto legislativo che la ripugni, o un atto di rango ordinario che la alteri [...]. Questa teoria è strutturalmente connessa a una Costituzione scritta, e dev'essere dunque considerata da questa Corte come uno dei principi fondamentali della nostra società [...]. Pertanto, se le Corti devono osservare la Costituzione, e quest'ultima è superiore a qualunque atto ordinario del legislativo, è la Costituzione, e non tale atto, a dover regolare la fattispecie alla quale entrambi si applicano [...] Il potere giudiziario degli Stati Uniti si estende a tutti i casi relativi alla Costituzione. [...] È evidente che i Costituenti contemplarono la Costituzione come la regola che governa le corti quanto il legislativo» (5 U.S. Cranch 137 [traduzione nostra]).

degli Stati Uniti di fine Settecento prevedeva questa funzione di regolazione delle relazioni tra gli Stati e la Federazione; tuttavia, le forme di tutela giurisdizionale delle competenze centrali e decentrate decollano con i diversi esperimenti maturati nella Germania dell'Ottocento.

Tra il secondo Ottocento e il primo Novecento, soprattutto nei Paesi di lingua tedesca, emergono diversi strumenti di giustizia costituzionale, all'interno di ordinamenti che non sono solo decentrati territorialmente, ma anche stratificati socialmente e particolarmente complessi dal punto di vista istituzionale. Fioriscono dunque delle istituzioni che fungono tanto da arbitro di controversie tra il centro e la periferia, quanto tra i ceti riconosciuti dall'ordinamento e tra i poteri dell'ente centrale.

Una terza fase decisiva per la storia della giustizia costituzionale ha il suo vertice in un confronto intellettuale che si svolge nella prima metà del Novecento in Europa. Tra le due guerre mondiali tiene infatti banco un dibattito fondamentale per il tema, il cui focus immediato è rappresentato dagli ordinamenti nazionali europei, molti dei quali si stanno soltanto affacciando alla giurisdizionalizzazione dei conflitti costituzionali nota negli Stati Uniti ormai da oltre un secolo, ma la cui eredità avrà una portata globale. **Il dissidio contrappone Carl Schmitt ad Hans Kelsen**, due dei massimi teorici della Costituzione novecentesca.

La questione fondamentale attorno alla quale ruota il conflitto tra i due grandi pensatori di lingua tedesca riguarda ancora una volta la garanzia che la Costituzione sia rispettata – nelle parole allora in voga, si discute di chi debba ricoprire il ruolo di «custode della Costituzione» all'interno dell'ordinamento. A quell'epoca si è infatti ormai affermata, almeno nella scienza costituzionalistica, la convinzione che la Costituzione si situi su un piano diverso e superiore rispetto alle altre fonti. La riflessione riguarda piuttosto la necessità di individuare un soggetto che possa tutelare tale posizione sovraordinata. Come visto, negli Stati Uniti già *Marbury vs Madison* aveva risolto questo interrogativo, attribuendo la funzione di tutela della Costituzione al potere giudiziario.

Per Carl Schmitt, la figura di custode della Costituzione non può che essere rivestita dal capo dello Stato, quale istituzione che simbolicamente esprime l'unità dell'ordinamento. Gli si contrappone Hans Kelsen, il quale, al contrario, individua in una corte specializzata l'ambito ottimale per tutelare la Costituzione. Nel corso del tempo sarà Kelsen – in particolare con la sua intuizione di una giurisdizione speciale accentrata – a prevalere nel dibattito sulla giustizia costituzionale.

I due studiosi operano nel contesto di quel laboratorio del costituzionalismo novecentesco che è la Costituzione della Repubblica di Weimar (1919), ed è in quel quadro che si colgono i contorni e la portata della discussione. La Costituzione di Weimar inaugura sostanzialmente una nuova fase del costituzionalismo: essa infatti esprime la consapevolezza che il potere vada regolato e contenuto attraverso una forma di Costituzione lunga e alla base di un corposo stato sociale (v. *supra* cap. 2).

Il testo costituzionale di Weimar prevede che un controllo di costituzionalità di tipo giurisdizionale agisca nelle relazioni tra il *Reich* e i *Länder*. Di lì a poco, forme di giustizia costituzionale più avvolgenti, soprattutto nei confronti dei rapporti tra il centro e la periferia, compaiono con le Costituzioni austriache (1920 e 1929) e con la Costituzione cecoslovacca (1920).

Gli orrori della Seconda guerra mondiale, consumatisi sotto la parvenza di una legalità, imprimono un'accelerazione decisiva al movimento a favore del controllo di costituzionalità. Soprattutto, **emerge con forza la necessità di custodire la Costituzione nei confronti della legge**, che fino ad allora aveva goduto di una larga immunità dal controllo di costituzionalità, anche negli ordinamenti che avevano pure introdotto forme di tutela della Costituzione. Ora, il timore che maggioranze politiche attraverso l'attività legislativa possano disattendere i limiti e le indicazioni poste dalla Costituzione spinge per l'introduzione di strumenti a tutela di quest'ultima, soprattutto in Occidente ma non soltanto. Il fallimento dei Parlamenti nel proteggere sé stessi, le libertà fondamentali e le minoranze nei confronti del Fascismo e del Nazismo in particolare sollecita la cultura giuridica europea ad abbracciare l'ipotesi di **una tutela nei confronti della legge, ancorata nella Costituzione**, svolta da un corpo di giudici e, come si vedrà, spesso accentrata in un solo organo. Nel secondo Novecento sembra dunque definitivamente vinta la lunga «battaglia per il controllo giurisdizionale delle leggi», che aveva avuto inizio già nel primo Novecento.

Nell'Europa contemporanea, le giurisdizioni costituzionali fioriscono a ondate. L'Europa occidentale adotta largamente tali strumenti, ma si attardano i regimi greco, spagnolo e portoghese, soggetti a dittature fino agli anni Settanta del Novecento. Appena se ne liberano, anch'essi introducono forme di tutela della Costituzione di tipo giudiziario. **La Spagna in particolare trae ampia ispirazione da Germania e Italia**. In tempi più recenti, le rivoluzioni costituzionali intervenute nell'Europa orientale introducono forme e strumenti di protezione della Costituzione a seguito della fine della «cortina di ferro» e del crollo del Blocco sovietico. Anche questi Paesi imposteranno la loro giurisdizione costituzionale lungo la dorsale kelseniana di un giudizio di costituzionalità accentrato.

L'opzione di un controllo di costituzionalità di natura politica è declinata in varie parti d'Europa e del mondo, a favore della giurisdizionalizzazione di questa funzione. Tuttavia, il controllo di costituzionalità di tipo politico non è totalmente scomparso dai testi costituzionali e dalla prassi istituzionale, ma piuttosto si è ridotto, qualitativamente e quantitativamente. Residuano infatti tuttora forme di censura o contenimento del potere legislativo, poste in capo a organi d'indirizzo politico: è questo il caso, per esempio, delle forme di veto, rifiuto o di rinvio delle leggi da parte del capo dello Stato al Parlamento, previste in diversi ordinamenti (v. *supra* cap. 7).

Più ampiamente, si rinviene ancora, qua e là, nei testi costituzionali un certo scetticismo nei confronti dell'opportunità di giurisdizionalizzare completamente le controversie di rango costituzionale o quantomeno la preferenza per affidare il controllo del legislativo a meccanismi di natura democratica e partecipativa. È questo il caso della Costituzione della **Svizzera**, che non consente formalmente il vaglio di costituzionalità delle leggi federali, in parte perché tradizionalmente attribuisce al potere legislativo il ruolo di custode della Costituzione federale, in parte perché ammette un ampio ricorso ai referendum popolari, anche quali strumenti di opposizione all'esercizio del potere legislativo.

2. I MODELLI DI GIUSTIZIA COSTITUZIONALE: IL CONTROLLO ACCENTRATO O DIFFUSO

La cultura americana di *Marbury* si è concretata in quello che viene definito il modello di *judicial review of legislation*. La logica di Kelsen ha invece dato vita al *Verfassungsgerichtsbarkeit*. Entrambi gli strumenti concepiscono la giustizia costituzionale come una funzione giurisdizionale, ma solo nel secondo essa viene affidata ad un organo specifico.

Il primo modello, presente negli Stati Uniti almeno sin da *Marbury vs Madison*, giunge in Europa grazie alla Costituzione del **Portogallo** del **1911**: tale Paese tuttora mantiene questo strumento. Si parla di **controllo di costituzionalità diffuso** in quanto esso è distribuito presso l'intero potere giudiziario, il quale normalmente lo esercita *mentre* espleta la normale funzione giurisdizionale. **All'interno di una controversia, un giudice può dunque ritenere un atto contrario alla Costituzione e disapplicarlo**. In quanto parte di una sentenza, la decisione sull'incostituzionalità di un atto sarà appellabile al pari di qualunque altra. Le controversie sulla costituzionalità terminano, normalmente, con l'esaurirsi degli appelli.

Questo sistema ha il pregio di **tutelare la Costituzione immediatamente**, nel corso della controversia. In questo senso, tale modello è particolarmente efficace per i singoli interessati, i quali possono semplicemente attivarsi tramite un procedimento ordinario e, all'interno di esso, lamentare l'incostituzionalità di un atto, senza dover dare impulso a un procedimento ulteriore. D'altro canto, questa soluzione ovviamente patisce di incertezza: il giudice all'interno di un giudizio può rilevare un'incostituzionalità ove un'altra autorità giudiziaria, che decide un'altra controversia ma sul medesimo tema, non ne ravvisa l'esistenza. Il primo giudice disapplicherà l'atto ritenuto incostituzionale, l'altro vi darà corso.

I sistemi di *common law*, tuttavia, hanno nel principio dello *stare decisis* un potente strumento per ridurre drasticamente il rischio di incertezza. Poiché un precedente produce diritto, una volta che una corte superiore abbia disapplicato una norma, i giudici inferiori sono vincolati a quella decisione. L'incertezza è dunque solo temporanea e svanisce con lo stabilirsi di un precedente da parte di una corte apicale (v. *supra* cap. 3).

È questo il congegno di cui dispone l'ordinamento di riferimento per il modello di controllo diffuso, ovvero gli **Stati Uniti**. **La posizione di ultima istanza della Corte suprema federale, unita alla tradizione dello «stare decisis»**, ne ha esaltato il ruolo di custode della Costituzione. La sua posizione di vertice le consente di risolvere conflitti giurisprudenziali tra corti di pari grado, i quali sono molto probabili in quanto il territorio è suddiviso in «circuiti».
In ciascun circuito della Federazione operano autonomamente corti di primo grado e d'appello, giudicando controversie che differiscono solo per il territorio in cui si verificano, non per l'argomento. Tali corti possono sviluppare giurisprudenze divergenti, anche relativamente alla costituzionalità di un atto o all'attribuzione di una certa competenza costituzionale in capo a un'istituzione piuttosto che a un'altra: questo fenomeno di conflitto tra corti di circuiti diversi sulla medesima questione si definisce *split*. La Corte suprema decide i ricorsi in appello contro decisioni prese da corti inferiori. Essa non decide tutte le cause poste alla sua attenzione: ha ampia discrezionalità nello scegliere i casi che ritiene di trattare e quelli nei quali decide di non intervenire, lasciando in tale secondo caso che abbiano corso le decisioni dei tribunali inferiori. La Corte suprema sceglie con prevalenza casi di rilievo costituzionale, rispetto ai quali si è creato uno *split* tra le decisioni di due o più corti dei diversi circuiti. In tal modo esercita proprio la funzione di giurisdizione «di chiusura» dell'ordinamento con riferimento ai casi costituzionali, privilegiandoli rispetto ad altri tipi di controversie.
Una particolarità ulteriore del modello americano è dovuta alla sua struttura federale. La composizione federale infatti determina la compresenza di due tipi di giurisdizione: la Federazione e ogni Stato dell'Unione hanno le proprie corti. Ciascuna di esse partecipa a un controllo diffuso. La natura – statale o federale – della controversia oggetto del giudizio normalmente determina la giurisdizione competente. Ciò significa, per esempio, che **il controllo di costituzionalità delle leggi statali si tiene innanzitutto presso le corti statali, mentre quelle federali sono soggette alle giurisdizioni federali**. In ogni caso, la giurisdizione federale mantiene una funzione di chiusura rispetto all'intero ordinamento, valutando anche la compatibilità delle leggi statali con la Costituzione americana.
Mentre il controllo diffuso pone problemi di incertezza, poiché diverse corti possono opinare differentemente per la costituzionalità di un atto, questo problema non si pone nei modelli di ascendenza kelseniana, normalmente definiti **accentrati**. In questo caso, **la Costituzione consente a un solo organo il giudizio di costituzionalità, normalmente con effetti «erga omnes»**.
Il modello accentrato ha trovato particolare fortuna in Europa per gemmare anche altrove, soprattutto nel secondo Novecento, per via di una certa diffidenza nei confronti dei giudici comuni, ritenuti incapaci di contrastare le sopraffazioni dei regimi totalitari. Il controllo accentrato è parso a molti osservatori, studiosi e ai promotori del costituzionalismo europeo contemporaneo come l'unico adeguato a vigilare sulla Costituzione e soprattutto sul rispetto della dignità umana da parte del potere politico. L'esistenza di un giudice

dedicato, con una preparazione specifica, circondato da particolari garanzie, e pertanto separato dal resto della compagine giudiziaria, è sembrato una forma di tutela particolarmente importante per l'effettività della Costituzione. Il controllo accentrato è stato ritenuto persino necessario in ordinamenti di *civil law* che mancavano di una cultura del precedente: in tali casi un controllo diffuso avrebbe causato insormontabili incertezze sulla costituzionalità di un atto o di un comportamento.

Il giudizio accentrato non ha come sua priorità la soddisfazione dei diritti costituzionali del singolo individuo. A differenza del sistema diffuso, con il quale un soggetto interessato attiva un procedimento giudiziario ordinario e, se sussistono i presupposti, ottiene giustizia costituzionale, quello accentrato esige il coinvolgimento di un'istituzione apposita. La preoccupazione principale sottostante è dunque l'accertamento della legittimità o meno di un atto, al fine di ripristinare la legalità costituzionale in generale. Mentre il giudizio diffuso ha come fulcro l'interesse di chi ricorre a un giudice, quello accentrato ha al centro l'interesse a mantenere l'ordinamento all'interno del quadro costituzionale.

Sistemi diffusi e accentrati si trovano ugualmente in Europa, ove non mancano soluzioni che traggono spunto da entrambi i modelli per forgiarne di nuovi. **Svezia, Finlandia e Danimarca inclinano verso il modello diffuso; Irlanda, Grecia, Cipro, Estonia e Portogallo conoscono un'ibridazione tra i due modelli**.

Vi sono infine ordinamenti che adottano una soluzione sempre accentrata, ma presso organi differenti. È il caso dei sistemi federali come la **Germania**, che possiede sia una giurisdizione costituzionale federale, incaricata di valutare la legittimità degli atti rispetto alla Legge fondamentale federale, quanto corti costituzionali dei *Länder*, che valutano la compatibilità tra la Costituzione del singolo *Länder* e gli atti promananti dagli organi di quell'ente.

Il controllo accentrato di costituzionalità della legge rappresenta una funzione che, fin da Kelsen, ha avuto contorni politici. Egli definì infatti una corte incaricata di tutelare la Costituzione in particolare dallo strapotere del legislativo quale una sorta di **legislatore negativo**. Nell'idea di Kelsen, la Corte non avrebbe deciso della costituzionalità di un atto nella cornice di una controversia puntuale, ma avrebbe **eliminato dall'ordinamento quell'atto, con una decisione a efficacia generale**. Si inseriva dunque nel gioco politico, contrapponendosi alle decisioni legislative sebbene non esprimesse alcun indirizzo politico partigiano.

L'esistenza di strumenti di giustizia costituzionale specializzati, volti sia a controllare il potere legislativo, sia a regolare conflitti tra gli enti e le istituzioni, ha rinforzato culturalmente la posizione speciale della giurisdizione costituzionale nei confronti del resto del potere giudiziario. **Normalmente la giurisdizione costituzionale riceve nei testi costituzionali un trattamento differenziato, separato dal resto della magistratura**.

3. LE FUNZIONI DELLA GIUSTIZIA COSTITUZIONALE

Uno degli elementi distintivi del costituzionalismo nato dal secondo dopoguerra consiste proprio nella capacità di **sottoporre a un controllo giurisdizionale gli atti dei titolari del potere politico, in particolare di quello legislativo**. Nonostante questa funzione sia dunque associata intimamente alla fortuna del costituzionalismo contemporaneo, non si tratta però di un legame inscindibile. Ordinamenti giuridici di chiaro stampo democratico e fortemente legati alle libertà fondamentali non sono dotati di tale funzione.

Il **Regno Unito**, *in primis*, non ne è dotato, se non limitatamente a materie relative al decentramento; non è del resto in solitaria, giacché nel continente europeo vi sono altri Paesi che non ammettono tale strumento oppure lo mitigano fortemente (all'interno dell'Unione Europea, questo è il caso dei Paesi Bassi). Nel caso del Regno Unito, però, si è trattato di una consapevole e deliberata scelta, e non semplicemente di un frutto del portato storico.

L'Inghilterra in realtà è pioniera del controllo di costituzionalità delle leggi, avventurandovisi con largo anticipo su altri ordinamenti. Nel 1610, il grande giurista Edward Coke, presiedendo la corte di *Common Pleas*, redige una storica opinione nel c.d. caso **Bonham**. Egli dichiara nulla una legge del Parlamento inglese perché contraria «al *common law* [prodotto direttamente dalle corti, non dal Parlamento] e alla ragione, ripugnante o impossibile»[2]. Nonostante Coke tenti di moderare la novità della sua decisione facendo riferimento a quanto, secondo lui, era già noto all'ordinamento inglese, la sua tesi di sottoporre al giudizio dei giudici l'attività parlamentare non ha tuttavia fortuna. In un'epoca in cui il consolidamento del potere politico, non il suo controllo, è una priorità, il giudizio di costituzionalità enunciato in *Bonham* viene immediatamente sconfessato dalla giurisprudenza successiva. Da allora il giudice britannico non può giudicare della costituzionalità di una legge, se non in un ambito molto circoscritto, quello della c.d. *devolution*, come si vedrà più avanti.

Attualmente, un'ampia maggioranza di Paesi del mondo – superiore all'80% – è dotata di una qualche forma di controllo di costituzionalità delle leggi e degli atti equiparati. Si tratta dunque di un modello particolarmente fortunato. Questo strumento innerva infatti buona parte dell'attività degli organi deputati al controllo di costituzionalità, ponendo un argine agli eventuali abusi da parte del potere legislativo.

Il controllo di costituzionalità esercitato sulla legge e gli atti equiparati ha normalmente **due scopi**. *a*) In primo luogo, **mira a tutelare i diritti costituzionali**. Qualunque sia l'organo incaricato del controllo di costituzionalità, il suo ruolo è quello di fornire protezione a un diritto individuale o collettivo

[2] Sostiene Coke: «Risulta dai nostri libri che in molti casi il *common law* sindaca le leggi del Parlamento e talvolta le giudica nulle; se un atto del Parlamento è contrario o incompatibile con il diritto o con la ragione o impossibile a eseguirsi, il *common law* può, appunto, sindacarlo e giudicarlo nullo» (*Thomas Bonham vs College of Physicians*, 8 Co.Rep. 107, Court of Common Pleas [traduzione nostra]).

nei confronti dell'esercizio del potere legislativo. *b*) In secondo luogo, il giudizio di costituzionalità **si esprime su leggi che violano la distribuzione delle competenze tra il centro e la periferia o la relazione tra poteri pubblici**. In questo caso, il giudice verifica la costituzionalità di un atto non al fine di tutelare immediatamente il diritto di individui o gruppi sociali, ma di garantire la corretta allocazione delle funzioni tra gli enti e gli organi di diritto pubblico. Talvolta, non sono soltanto le leggi e gli atti equiparati a essere oggetto del controllo di costituzionalità. La giurisdizione si può anche allargare agli atti dell'esecutivo o, persino, del giudiziario. È il caso, come si vedrà più avanti, soprattutto di ordinamenti che controllano la costituzionalità degli atti al fine di garantire i diritti individuali.

Il conflitto fra le istituzioni può infatti essere innescato da un atto legislativo o di altra natura, o da altri tipi di comportamenti, anche omissivi. Sussiste tuttavia una differenza concettuale tra il controllo di costituzionalità esercitato immediatamente su di un atto, e quello che si concentra sull'atto solo mediatamente, come manifestazione dell'esercizio del potere da parte di un'istituzione. **Una specifica funzione della giustizia costituzionale riguarda i conflitti, ossia direttamente la regolazione dei rapporti tra le istituzioni dell'ordinamento**. Da un lato, essa tutela sia le istanze centraliste sia quelle autonomiste in capo ai diversi livelli di governo, garantendo dunque la legittimità costituzionale dei rapporti tra il centro e la periferia. Dall'altro, essa verifica che la distribuzione delle varie competenze all'interno di un medesimo livello istituzionale effettuata dalla Costituzione sia preservata, tutelando in tal modo la struttura della forma di governo e la separazione dei poteri.

Con lo sviluppo dei sistemi federali, che hanno potenziato i poteri legislativi delle autonomie territoriali, e l'espansione del controllo di costituzionalità sulle leggi, in molti ordinamenti il centro dell'attenzione e del contenzioso costituzionale **si è spostato dal conflitto di competenze al giudizio di legittimità costituzionale**. Anziché regolare i rapporti tra le istituzioni e gli enti di un ordinamento, la giustizia costituzionale, anche quando si occupa dei rapporti tra lo Stato (o la Federazione) e le autonomie ha dunque il suo asse principale di attività nei giudizi sulla legge e sugli atti equiparati.

In ogni caso, il riparto di competenze centro-periferia è stato storicamente centrale nel promuovere lo sviluppo della giustizia costituzionale non solo nei Paesi germanofoni dell'Ottocento, ma anche altrove e in tempi molto più recenti. È questo il caso del **Belgio**, il quale nel 1980 introduce nella Costituzione una *Cour d'arbitrage*, al fine specifico di dipanare le controversie relative alle competenze di Stato, Regioni e Comunità. Da allora, tale *Cour* vede ampliare le proprie competenze fino a diventare nel 2007 una Corte a tutto tondo, deputata a giudicare anche dei diritti, prendendo anche il nome di *Cour constitutionnelle*[3].

[3] Art. 142, comma 1 della Costituzione belga: «Vi è, per tutto il Belgio, una Corte costituzionale, la cui composizione, la cui competenza e il cui funzionamento sono stabiliti dalla legge».

In **Germania**, il Tribunale costituzionale affronta controversie sia tra le istituzioni a cui la Legge fondamentale abbia attribuito competenze, sia tra la Federazione e i *Länder*. In questo secondo caso, tutela la relazione collaborativa tra i due livelli nelle fasi di esecuzione del diritto federale a opera dei *Länder* e di controllo da parte della Federazione[4].
In **Spagna**, ai sensi della Costituzione il Tribunale costituzionale decide dei conflitti di competenza tra lo Stato e le Comunità autonome o tra queste ultime[5]. La Legge organica sul Tribunale costituzionale ha poi aggiunto la competenza di tale organo a risolvere i conflitti tra i poteri, su impulso del governo, del Congresso, del Senato e del Consiglio generale del potere giudiziario.
In **Svizzera**, il Tribunale federale giudica delle controversie tra la Confederazione e i Cantoni e quelle tra Cantoni, quanto quelle relative all'autonomia comunale e agli enti di diritto pubblico cui i Cantoni abbiano attribuito garanzie (art. 189)[6].
Negli **Stati Uniti** spetta al potere giudiziario dirimere le controversie tra gli Stati del Paese[7].
La regolazione delle relazioni tra i poteri e il loro esercizio è in ogni caso una funzione multiforme, che si estende ben oltre gli esempi qui riportati e che i testi costituzionali tendono spesso ad affidare al titolare della giurisdizione costituzionale. Per esempio, in **Francia** il *Conseil constitutionnel* vigila anche sulle operazioni referendarie, sull'elezione del presidente della Repubblica e dirime le controversie relative alle elezioni parlamentari[8].
Sicuramente il giudizio sugli atti aventi rango legislativo occupa un posto particolare nel quadro del costituzionalismo contemporaneo. Tuttavia, gli ordinamenti che tradizionalmente non conoscono il giudizio sulla legge hanno nondimeno l'esigenza pressante di regolare la relazione tra i poteri e le istituzioni. Per questa ragione, per esempio, il legislatore britannico ha previsto

[4] Art. 93, comma 1 della Legge fondamentale tedesca: «Il Tribunale costituzionale federale decide [...] su [...] controversie di diritto pubblico tra lo Stato federale e i *Länder*, in particolare per quanto riguarda l'esecuzione del diritto federale a opera dei *Länder* e l'esercizio del controllo federale [...] su altre controversie di diritto pubblico tra lo Stato federale e i *Länder*, tra diversi *Länder* o all'interno di un *Land*, se non è dato ricorso ad altra giurisdizione».
[5] Art. 161 della Costituzione spagnola: «Il Tribunale costituzionale ha giurisdizione in tutto il territorio spagnolo ed è competente a conoscere: [...] *c*) dei conflitti di competenza fra lo Stato e le Comunità autonome o fra le medesime».
[6] Art. 189 della Costituzione svizzera: «1. Il Tribunale federale giudica le controversie per violazione: [...] *e*) dell'autonomia comunale e di altre garanzie che i Cantoni conferiscono ad altri enti di diritto pubblico [...]. 2. Il Tribunale federale giudica [...] le controversie tra la Confederazione e i Cantoni e quelle tra i Cantoni».
[7] Art. III, periodo 1 della Costituzione degli Stati Uniti: «Sez. 2. Il potere giudiziario si estenderà [...] alle controversie nelle quali gli Stati Uniti siano una delle parti; alle controversie tra due o più Stati».
[8] Art. 58, comma 1 della Costituzione francese: «Il Consiglio costituzionale vigila sulla regolarità dell'elezione del presidente della Repubblica». Art. 59: «Il Consiglio costituzionale statuisce, in caso di contestazione, sulla regolarità delle elezioni dei deputati e dei senatori». Art. 60: «Il Consiglio costituzionale vigila sulla regolarità delle operazioni referendarie».

che la Corte suprema del **Regno Unito** possa essere adita sia durante il procedimento legislativo sia a posteriori, nel contesto di una specifica controversia, per verificare se un atto legislativo sia incompatibile con la *devolution*, che ha decentrato significativi poteri dal Parlamento di Westminster alle diverse parti del Paese[9].

Un episodio recente di particolare importanza relativo alla separazione dei poteri è la c.d. sentenza **Miller**, decisa dalla Corte suprema del Regno Unito nel 2017. La sentenza interviene sulla questione della *Brexit*, ossia sulla decisione e il processo di uscita del Regno Unito dall'Unione Europea. Per il 2016 il governo britannico aveva infatti indetto un referendum sulla permanenza del Paese nell'Unione. La maggioranza dei votanti aveva scelto di lasciare l'Unione e il governo si era dunque attivato in tal senso, tra l'altro istituendo, appunto, il c.d. «Ministero per la *Brexit*». Tuttavia, alcuni privati cittadini, tra cui Gina Miller (di qui il nome della sentenza), avevano agito di fronte ai giudici sostenendo che, poiché il referendum non aveva tecnicamente valore legislativo, fosse necessario un intervento del Parlamento per abrogare la legislazione con la quale il Regno aveva aderito ai trattati europei. Una corte inferiore e poi, in grado d'appello, la Corte suprema danno ragione a Miller, ritenendo che, in base al diritto britannico, il governo non possa, senza l'intervento del Parlamento, uscire da trattati europei. Questi, secondo la sentenza, non sono trattati internazionali qualsiasi: sono stati eseguiti con legge, hanno introdotto nell'ordinamento interno il diritto dell'Unione e conferito ai cittadini britannici dei diritti: la fuoriuscita dall'Unione richiede dunque un'approvazione parlamentare[10].

Nella sfera della giustizia costituzionale rientrano le molteplici soluzioni congegnate dai diversi ordinamenti per accertare le responsabilità più gravi dei soggetti che ricoprono ruoli apicali in un ordinamento. L'organo deputato all'accertamento è spesso a composizione mista politico-tecnica, a conferma della natura ibrida di tale funzione.

Analogamente a quanto accaduto con il giudizio di legittimità sulle leggi, anche **gli istituti di giustizia politica nascono in Inghilterra**, grazie a una lunga gestazione che inizia con la fine del Medioevo e che dà loro genericamente il nome di *impeachment*. In realtà, i giudizi sulle leggi e l'*impeachment* avranno un uguale destino, scomparendo entrambi da quell'ordinamento e invece trovando accoglienza altrove.

Attualmente, molte Costituzioni sottraggono al regime ordinario le procedure di indagine e accertamento di responsabilità per specifici atti compiuti da figure istituzionali, per almeno due ordini di ragioni, di importanza differente tra un ordinamento e l'altro. Da un lato, questi atti ledono una tipologia degli

[9] *Constitutional Reform Act* 2005, Cap. 4, art. 41(3).

[10] Sostiene la Corte suprema: «Il Parlamento ha aderito e dato efficacia all'appartenenza del Regno Unito a ciò che ora è l'Unione Europea in base ai Trattati UE, in una maniera che è incompatibile con [...] l'esercizio dei ministri di qualunque prerogativa al fine di uscire da tali trattati (Corte suprema del Regno Unito, *R(Miller) vs Secretary of State for Exiting the European Union*, 2017, UKSC 5 [traduzione nostra]).

interessi affatto particolare, attinenti alla direzione politico-istituzionale di un Paese, e dunque esigono un procedimento capace di coglierne anche le sfumature istituzionali. Dall'altro, sottoporre gli individui coinvolti ai procedimenti ordinari potrebbe pregiudicarne la conduzione di interessi pubblici. Emerge dunque una serie di soluzioni molto diversificate, che spesso coinvolgono nelle fasi di accertamento e repressione organi di indirizzo politico e giurisdizionali, secondo una molteplicità di forme.

In **Belgio** i ministri sono giudicati dalla Corte d'appello[11].

In **Danimarca** l'Alta corte del Regno – una giurisdizione particolare, composta fino a 15 membri da magistrati con maggiore grado di anzianità e ruolo nel Regno di Danimarca e altrettanti membri del Parlamento, eletti con il sistema proporzionale – giudica dei ministri, una volta che essi siano posti in stato d'accusa da parte del re o del Parlamento, per reati pericolosi per lo Stato (art. 60)[12].

In **Francia** il controllo sul presidente della Repubblica è effettuato dall'Alta corte di giustizia, che lo destituisce in caso di mancanza ai propri doveri manifestamente incompatibile con la carica che egli ricopre (art. 68)[13]. Anche in questo caso la valutazione ha un alto tasso di politicità, poiché l'Alta corte non è che il Parlamento riunito appositamente. Per atti ministeriali, i membri del governo sono invece giudicati dalla Corte di giustizia della Repubblica (artt. 68-1 e 68-2)[14], comprendente 12 parlamentari eletti per metà dall'Assemblea nazionale e metà dal Senato e 3 magistrati della Corte di cassazione.

In **Germania** il Bundestag o il Bundesrat possono autonomamente mettere in stato d'accusa il presidente della Repubblica davanti al Tribunale costituzionale federale, per «violazione premeditata della Legge fondamentale o di un'altra legge federale». L'istanza esige che i proponenti siano un quarto dell'Assemblea e che la messa in stato d'accusa sia confermata dai due terzi del consesso (art. 61)[15].

[11] Art. 103, comma 1 della Costituzione belga: «I ministri sono giudicati esclusivamente dalla Corte d'appello per i reati commessi nell'esercizio delle loro funzioni».

[12] «Art. 60 della Costituzione danese: «1) L'Alta corte del Regno eserciterà il giudizio sui ministri posti in stato d'accusa dal re o dal Parlamento».

[13] Art. 68 della Costituzione francese: «Il presidente della Repubblica può essere destituito solo in caso di mancanza ai propri doveri manifestamente incompatibile con l'esercizio del proprio mandato. La destituzione viene pronunciata dal Parlamento riunito in Alta corte di giustizia. [...] L'Alta corte è presieduta dal presidente dell'Assemblea nazionale».

[14] Art. 68-1, commi 1 e 2 della Costituzione francese: «I membri del governo sono penalmente responsabili degli atti compiuti nell'esercizio delle proprie funzioni e qualificati come reati nel momento in cui sono commessi. Essi sono giudicati dalla Corte di giustizia della Repubblica». Art. 68-2: «La Corte di giustizia della Repubblica comprende 15 giudici: 12 parlamentari, eletti nel proprio seno e in numero uguale, dall'Assemblea nazionale e dal Senato [...] e 3 magistrati giudicanti della Corte di cassazione».

[15] Art. 61, comma 1 della Legge fondamentale tedesca: «il Bundestag o il Bundesrat possono mettere in stato d'accusa il presidente federale dinnanzi al Tribunale costituzionale federale per violazione premeditata della Legge fondamentale o di un'altra legge federale. L'istanza di messa in stato d'accusa deve essere presentata da almeno un quarto dei componenti del Bundestag o un quarto dei voti del Bundesrat. [...] La deliberazione dell'accusa richiede la maggioranza di due terzi dei componenti del Bundestag o di due terzi dei voti del Bundesrat».

In **Grecia** il presidente della Repubblica risponde per tradimento o violazione intenzionale della Costituzione[16] a seguito della messa in stato d'accusa da parte di due terzi del Parlamento e viene giudicato da una corte speciale composta da magistrati[17]. Su analoghe basi i membri e gli ex componenti del governo sono messi in stato d'accusa dalla Camera per gravi reati commessi nell'esercizio delle loro funzioni.
Negli **Stati Uniti** il presidente, il vicepresidente e tutti i funzionari civili dell'Unione possono essere rimossi se giudicati colpevoli di tradimento, corruzione o altri gravi crimini, attraverso un procedimento in due fasi. La prima è la messa in stato d'accusa (o *impeachment*), da parte della Camera dei rappresentanti; la seconda è il vero e proprio giudizio, che si svolge nel Senato, presieduto dal presidente della Corte suprema[18].

4. IL GIUDIZIO DI COSTITUZIONALITÀ SUGLI ATTI

Il controllo di costituzionalità di un atto prende varie forme e ha ambiti di applicazione differenti. Largamente diffuso è il controllo sugli atti legislativi o equiparati; non mancano però i controlli sugli atti dell'esecutivo o del giudiziario, o persino di atti posti da privati.
Il tipo di controllo preventivo interviene sugli atti a prescindere dalla loro applicazione in un contesto concreto. Ne sono tratti caratteristici: *a*) la sua diffusione tra i soli ordinamenti a controllo accentrato di costituzionalità: *b*) il numero limitato di soggetti che possono attivare tale controllo; *c*) la ristretta finestra temporale all'interno della quale si può impugnare l'atto: a fini di garantire la certezza tra gli operatori giuridici, l'intervallo temporale per sottoporre l'atto a giudizio è normalmente piuttosto limitato.
Questo tipo di controllo ha un modello di riferimento nel giudizio di costituzionalità proprio della **Francia**, in base al quale il Consiglio costituzionale

[16] Art. 49 della Costituzione greca: «Il presidente della Repubblica non è in alcun modo responsabile per gli atti compiuti nell'esercizio delle sue funzioni, salvo nel caso di alto tradimento o di violazione intenzionale della Costituzione. [...] 2. La proposta di porre sotto accusa e di tradurre davanti agli organi giurisdizionali il presidente della Repubblica è sottoposta alla Camera dei deputati con la sottoscrizione di almeno un terzo dei suoi membri; essa è adottata con deliberazione assunta a maggioranza dei due terzi del numero complessivo dei membri della Camera».
[17] Art. 86 della Costituzione greca: «4. La competenza a giudicare in prima e seconda istanza le questioni relative, in qualità di Corte suprema, è attribuita a una Corte speciale composta per ogni caso da 6 membri del Consiglio di Stato e da 7 componenti della Corte di cassazione».
[18] Art. I, sez. 4, comma 6 della Costituzione degli Stati Uniti: «Il Senato avrà in via esclusiva il potere di giudicare su tutti i casi di *impeachment*. Quando si riunisce a tal fine, dovrà prestare giuramento o impegno solenne. Se è sotto accusa il presidente degli Stati Uniti, presiederà il giudice in capo della Corte suprema; e nessuno sarà dichiarato colpevole senza il concorso dei voti dei due terzi dei presenti». Art. II, sez. 4: «Il presidente, il vicepresidente e tutti i funzionari civili degli Stati Uniti potranno essere rimossi dai loro uffici su accusa e verdetto di colpevolezza di tradimento, corruzione o altri gravi crimini e misfatti».

si attiva preventivamente nei confronti degli atti del Parlamento, prima che un atto esplichi vigore.
La Costituzione francese del 1958 attualmente vigente inizialmente consentiva al suo organo deputato, il *Conseil constitutionnel*, il vaglio di costituzionalità in un numero limitato di casi. Il controllo doveva svolgersi necessariamente nel procedimento di formazione delle leggi organiche (ossia fonti che richiedono un procedimento aggravato particolare) o dei regolamenti parlamentari. Era inoltre previsto che la giurisdizione costituzionale esercitasse il vaglio di costituzionalità prima della promulgazione di una legge, attivandosi su ricorso (*saisine*) di un numero molto limitato di soggetti, tutti in ruoli apicali: **il capo dello Stato, il capo del governo, i presidenti dei due rami del Parlamento. Si sono poi estesi i poteri di attivazione anche alla minoranza parlamentare** (di qui il nome di *saisine parlamentaire*)[19].
Per il fatto di intervenire a procedimento legislativo in corso, il controllo preventivo congegnato nel sistema francese istituisce una sorta di «interlocutore» rispetto alle istituzioni che esprimono un indirizzo politico. È dunque una forma di giustizia costituzionale connotata da caratteristiche politiche: del resto il termine utilizzato nell'ordinamento costituzionale francese è quello di *Conseil* – consiglio – costituzionale, a descrivere la funzione tendenzialmente servente che esso svolge rispetto al processo legislativo. Inoltre, **tale tipo di scrutinio di costituzionalità adotta una logica rigorosamente astratta**. Infatti, situandosi prima dell'entrata in vigore della norma, il giudizio di costituzionalità si concentra sulla compatibilità testuale della disposizione rispetto alla Costituzione, mentre non può affrontarne le problematicità nel contesto di casi concreti.
Si avvicinano a tale tipo di controllo preventivo i vagli di costituzionalità che in altri Paesi consentono ad alcune istituzioni di sottoporre a giudizio di costituzionalità le leggi.
Il **Belgio** ha una *Cour constitutionnelle* che può essere adita al fine di annullare un atto legislativo. È ampio il ventaglio di soggetti legittimati a effettuare l'impugnazione: il Consiglio dei ministri, gli esecutivi regionali e comunitari, il presidente di un'Assemblea legislativa, ogni persona fisica o giuridica che giustifichi il proprio interesse.
In **Germania** il governo federale, un *Land* o un terzo dei membri del Bundestag può sottoporre al vaglio di costituzionalità del Tribunale costituzionale federale disposizioni appartenenti al diritto federale o di un *Land*.
Nel **Regno Unito** la Corte suprema può essere adita per valutare la compatibilità di un atto legislativo con quanto previsto nelle leggi che hanno devoluto

19 Art. 61 della Costituzione francese: «Le leggi organiche, prima della loro promulgazione, le proposte di legge [...] prima di essere sottoposte a referendum, e i regolamenti delle Assemblee parlamentari, prima della loro entrata in vigore, devono essere sottoposti al Consiglio costituzionale [...]. Agli stessi effetti, le leggi possono essere deferite al Consiglio costituzionale, prima della loro promulgazione, dal presidente della Repubblica, dal primo ministro, dal presidente dell'Assemblea nazionale, dal presidente del Senato, da 60 deputati o da 60 senatori».

poteri normativi a Scozia (1998), Irlanda del Nord (1998) e Galles (2006) (c.d. *devolution*).

Il **Portogallo** prevede due forme di controllo astratto. La prima, di natura preventiva, si svolge anteriormente all'entrata in vigore delle norme di rango primario. Il Tribunale costituzionale in questo caso si attiva su impulso del presidente della Repubblica e – nel solo caso di leggi organiche –, di un quinto dei deputati dell'Assemblea della Repubblica e del primo ministro. Possono infine attivare il controllo sui decreti legislativi regionali i rappresentanti della Repubblica presso le Regioni autonome. Nel caso in cui il Tribunale dichiari incostituzionale una legge, l'Assemblea può comunque ottenerne la promulgazione, a fronte di un nuovo voto in cui ottenga la maggioranza qualificata. La seconda forma di controllo astratto nel sistema portoghese interviene successivamente all'entrata in vigore dell'atto. In questo caso, il Tribunale costituzionale si attiva su richiesta del capo dello Stato, del presidente dell'Assemblea, del primo ministro, di figure apicali della magistratura o delle istituzioni regionali.

In **Spagna** il presidente del governo, il difensore del popolo, 50 deputati o altrettanti senatori, le Assemblee e gli esecutivi delle Comunità autonome possono impugnare un atto di rango legislativo, gli Statuti delle Comunità autonome e regolamenti delle Assemblee legislative di fronte al Tribunale costituzionale.

Il controllo successivo, o a posteriori (sono termini ugualmente utilizzati per identificare il medesimo meccanismo di attivazione della giustizia costituzionale), **valuta la compatibilità costituzionale di un atto nella sua vigenza, all'interno di un procedimento giudiziario**.

Il controllo successivo e diffuso per antonomasia, risalenza e autorevolezza è rappresentato dagli Stati Uniti. In questo ordinamento il giudice del caso tratta della questione di costituzionalità di un atto **all'interno di un procedimento giudiziario specifico**, considerando la legittimità costituzionale della norma da applicare come un aspetto preliminare del caso stesso.

L'ordinamento della **Danimarca** ha visto il controllo di costituzionalità delle leggi, non testualmente previsto dalla Costituzione, farsi largo gradualmente, a partire dal 1921, dapprima nella giurisprudenza della Corte suprema, e poi presso le corti inferiori. Anche in questo caso i giudici trattano della costituzionalità di un atto all'interno delle controversie che affrontano. Le pronunce di incostituzionalità sono, come qualunque altra decisione, rivedibili nei gradi successivi d'appello. Le dichiarazioni di illegittimità costituzionale sono state complessivamente molto rare. Il controllo di costituzionalità dei giudici è infatti stato moderato da un lato dall'assenza di un fondamento testuale nella Costituzione, che ha offerto una base incerta per tale attività, dall'altro da una forte fiducia sia nel potere legislativo sia nel ruolo dello strumento referendario quale forma di efficace contropotere.

La **Grecia** presenta un controllo sia diffuso sia accentrato di costituzionalità. Il primo, su cui ora ci si concentra, non consente semplicemente a ciascun giudice di disapplicare la norma ritenuta illegittima, ma anzi gli vieta di darle seguito[20]. Il corpo giudiziario tende comunque a esercitare con parsimonia tale potere, preferendo tentare delle interpretazioni che riconcilino i conflitti tra la Costituzione e altre disposizioni.

Il **Portogallo**, in una rinnovata attenzione per la Costituzione con l'avvento della democrazia nel 1976, ha introdotto una forma di sindacato diffuso, già previsto nel suo testo costituzionale pre dittatura del 1911. Il testo costituzionale attualmente in vigore, similmente a quanto accade in Grecia, vieta ai giudici comuni di applicare norme che essi ritengano incostituzionali[21], in sostanza decentrando il giudizio di costituzionalità all'interno dei procedimenti giudiziari.

Anche le forme di giudizio accentrato spesso **conoscono il controllo di costituzionalità in concreto, anche detto «incidentale»**. In questo caso, un giudice specifico e dedicato giudica la costituzionalità di una norma o un atto con efficacia per l'intero ordinamento, a partire da una controversia specifica. Nel **caso tedesco**, poiché la giurisdizione costituzionale è condivisa fra un Tribunale federale e i tribunali dei *Länder* esercitanti la medesima funzione, il controllo in concreto viene esercitato da più organi, la cui giurisdizione è individuata in base alla natura della disposizione oggetto della censura di incostituzionalità.

Il controllo in via incidentale normalmente si attiva sulla base di una richiesta di un giudice nazionale, rispetto a una disposizione che egli deve applicare in una controversia concreta ma della cui legittimità costituzionale dubita. Dunque, il primo vaglio di costituzionalità è effettuato nel corso di una controversia da un giudice comune, il quale riferisce la questione alla Corte dedicata solo affinché questa renda un giudizio sulla costituzionalità dell'atto che egli deve applicare. In altri termini, i giudici comuni non dismettono alcuna preoccupazione di salvaguardia della Costituzione, ma semplicemente ne rimettono la definizione a un giudice. Il sistema incidentale condivide dunque la funzione di fare giustizia nel caso concreto con le tipologie di controllo diffuso, ma rimette l'effettivo giudizio sulla legittimità costituzionale di un atto a un organo *ad hoc*.

Il controllo di costituzionalità successivo normalmente abbina alcune delle caratteristiche proprie del modello diffuso con quelle del sistema accentrato. Il giudice costituzionale, infatti, viene investito di una questione di costituzionalità da un'angolatura concreta, legata alla prassi. Dunque, il suo giudizio si arricchisce della prospettiva e dei dettagli forniti dal giudice *a quo*, dettagli che un giudizio preventivo difficilmente consentirebbe di immaginare. Il giudice costituzionale non è però giudice della specifica controversia. Egli infatti si limita a decidere la questione di costituzionalità, lasciando invece al

[20] Art. 93, ultimo comma della Costituzione greca: «I tribunali sono tenuti a non applicare una legge il cui contenuto sia contrario alla Costituzione».

[21] Art. 204 della Costituzione portoghese: «Nelle questioni sottoposte a giudizio i tribunali non possono applicare norme che violino il disposto della Costituzione o i principi in essa contenuti».

giudice *a quo* il compito di giudicare del caso concreto. Non è dunque quello incidentale un giudizio sui fatti, ma solo arricchito da questi ultimi: si svolge sul punto di diritto emerso nel contesto del giudizio *a quo*.

La funzione del controllo successivo non è semplicemente la tutela della situazione del singolo cui si riferisce il processo *a quo*, con cui può porsi persino in tensione. Infatti, il rinvio da parte del giudice di una questione di costituzionalità di fronte alla giurisdizione costituzionale assicura che il dubbio sulla costituzionalità di un ordinamento venga risolto una volta per tutte e unitariamente, svolgendo una funzione di «ripulitura» dell'ordinamento e non solo di giustizia nel caso concreto. Al contempo, tuttavia, rallenta la soddisfazione della richiesta di giustizia proveniente dalle parti nel giudizio *a quo*.

La configurazione di questo strumento muta molto da un ordinamento all'altro.

Il **Belgio** possiede lo strumento dell'incidentalità. Vale notare che nel caso del giudizio scaturito incidentalmente, nel sistema belga una sentenza di incostituzionalità vale solo nel contesto della controversia in cui è stata resa. Solo il giudice *a quo* e i giudici aditi in grado ulteriore sono vincolati dalla decisione. Altre autorità giudiziarie possono invece scegliere di uniformarvisi o sollevare nuovamente la medesima questione pregiudiziale. Il punto di chiusura di potenziali controlli a ripetizione sullo stesso atto con efficacia *inter partes* si ritrova però nella previsione che, qualora la Corte costituzionale si pronunci per l'incostituzionalità di un atto, si riaprono i termini per impugnare la disposizione tramite il ricorso per annullamento, secondo la modalità vista sopra nel contesto del giudizio di costituzionalità di tipo astratto.

In **Francia**, invece, la questione può prendere corso solo su richiesta dell'interessato. Può dunque accadere che il giudice debba applicare una legge anche se la ritiene incostituzionale, in quanto la parte danneggiata dalla disposizione legislativa ritiene di non sollevare la questione.

In **Germania** questo strumento di accesso alla giustizia costituzionale ha avuto fortuna solo modesta poiché vi si affianca il ricorso diretto da parte del singolo, che invece è stato utilizzato molto sovente. La Costituzione tedesca prevede che venga sollevata la questione di costituzionalità solo in presenza di una profonda convinzione in merito all'incostituzionalità della norma da applicare[22].

La **Grecia** non si distacca molto da questa impostazione. Anch'essa dotata di un controllo diffuso in assenza di una regola che imponga lo *stare decisis*, ha dovuto introdurre una norma di chiusura, che consente di risolvere conflitti

[22] Art. 100 della Legge fondamentale tedesca: «Se un tribunale ritiene che una legge, dalla cui validità dipende la propria decisione, sia incostituzionale, il procedimento dinanzi ad esso deve essere sospeso e la decisione deve essere rimessa, in caso di violazione della Costituzione di *Land*, all'organo giurisdizionale competente per le controversie costituzionali all'interno del *Land*, oppure, in caso di violazione di questa Legge fondamentale, al Tribunale costituzionale federale. Ciò vale anche se questa Legge fondamentale viene violata dal diritto di un *Land* o se una legge di un *Land* è incompatibile con una legge federale».

interpretativi scaturenti dalle massime magistrature attraverso l'intervento della Corte suprema[23].

Il sistema congegnato dalla Costituzione del **Portogallo**, che pure ammette lo strumento dell'incidentalità, si segnala per una certa peculiarità. Nel caso in cui il Tribunale costituzionale si esprima in un giudizio in concreto, la decisione di incostituzionalità vale *inter partes*. Poiché nell'ordinamento portoghese tecnicamente non vige la regola dello *stare decisis*, non sussiste alcun obbligo da parte dei giudici di allinearsi con la decisione del Tribunale. Tuttavia, la Costituzione portoghese contiene una norma di chiusura, prevedendo che, qualora il Tribunale costituzionale per tre volte dichiari l'illegittimità della stessa norma, debba attivarsi un procedimento astratto sulla costituzionalità della disposizione. Una decisione di illegittimità in questo caso vale *ex tunc* ed *erga omnes*[24].

In **Gran Bretagna**, da tempi recenti, è possibile il controllo su norme relative alla *devolution*, a partire da controversie giudiziarie concrete.

In **Spagna** si richiede che il giudice che rilevi, d'ufficio o istanza di parte, la possibile contrarietà alla Costituzione di una legge che deve applicare, debba sospendere il procedimento e trasmettere la questione al Tribunale costituzionale.

Il caso della **Svizzera** non rientra nei canoni dell'incidentalità visti sopra, in cui il giudice *a quo* e il giudice di costituzionalità sono soggetti diversi. Il Tribunale federale è infatti investito della funzione di decidere concrete controversie quale ultimo grado di giudizio. All'interno di tale funzione esso svolge anche il vaglio di legittimità costituzionale (che testualmente la Costituzione delimitava alle leggi cantonali ma che poi, come si vedrà di seguito, il Tribunale ha sostanzialmente esteso anche alle leggi federali). In questo modo, all'interno di una causa il Tribunale federale effettua anche la valutazione di legittimità costituzionale, emettendo dunque una decisione nel merito che tiene conto, ove riscontrata, dell'incostituzionalità di una norma.

Il controllo successivo ha sicuramente avuto una notevole fortuna nella seconda metà del Novecento, grazie anche al contributo della cultura giuridica italiana. Tale strumento, oltre a inserirsi nel contesto iberico, è filtrato nella giurisprudenza sovranazionale. Il **meccanismo del rinvio pregiudiziale**, con il quale la Corte di giustizia dell'Unione Europea giudica dell'interpretazione di una norma del diritto dell'Unione su sollecitazione di un giudice nazionale tenuto a darvi applicazione, è chiaramente debitrice di tale logica, capace di valutare una norma alla luce della sua concreta applicazione.

[23] Art. 100 della Costituzione greca: «1) È costituita una Corte suprema speciale, alla quale spettano: [...] *e)* il giudizio relativo alle contestazioni sull'incostituzionalità riguardante il contenuto o l'esatta interpretazione delle disposizioni di una legge formale, nei casi in cui il Consiglio di Stato, la Corte di cassazione o la Corte dei conti abbiano emesso al riguardo delle decisioni fra loro contraddittorie».

[24] Art. 281 della Costituzione portoghese: «3. Il Tribunale costituzionale valuta e dichiara altresì, con efficacia obbligatoria generale, l'incostituzionalità o l'illegittimità [*ilegalidade*] di una norma quando l'abbia giudicata incostituzionale o illegittima in tre casi concreti».

La risonanza di questo strumento è tale da aver influenzato anche le evoluzioni della giurisdizione della Corte europea dei diritti dell'uomo, per la quale è entrato in vigore il XVI Protocollo aggiuntivo, che consente alle corti domestiche superiori di adire la Corte EDU preventivamente per un giudizio sull'interpretazione di un articolo della Convenzione europea, laddove finora la Corte poteva soltanto essere coinvolta *ex post*, una volta esperiti i rimedi interni[25].

Il successo del modello successivo è rifluito poi dal piano sovranazionale e transnazionale a quello francese. Avendo l'obiettivo di assicurare la certezza giuridica tramite un giudizio oggettivo e astratto, la Francia postbellica ha a lungo mantenuto un controllo di costituzionalità solo in via preventiva. È tornata tuttavia sui suoi passi proprio in forza dell'affermazione del giudizio preventivo sul piano sovranazionale. Il giudizio concreto a disposizione della Corte di giustizia e quello *ex post* della Corte europea dei diritti dell'uomo hanno infatti posto l'ordinamento francese nella difficile situazione di non poter rimuovere dall'ordinamento tramite lo strumento giurisdizionale una legge, una volta che la Corte EDU l'avesse ritenuta incompatibile con la Convenzione o che la Corte di giustizia dell'Unione Europea vi avesse riscontrato un conflitto con il diritto dell'Unione. Questa difficile situazione ha sospinto la cultura giuspubblicistica francese e le istituzioni a considerare e infine **immettere nell'ordinamento delle forme, pur molto sorvegliate, di controllo di costituzionalità «ex post»**.

Infatti, **nel 2008 una riforma costituzionale ha ammesso che il Consiglio costituzionale francese, a certe condizioni, possa essere investito di una questione di costituzionalità su una legge nel corso di un procedimento**. Il Consiglio può affrontare tali questioni solo se: *a*) attengano a diritti o libertà, e non a qualsiasi disposto costituzionale, *b*) gli giungano dal Consiglio di Stato o dalla Corte di cassazione, ossia dalle giurisdizioni di vertice della giustizia ordinaria e amministrativa, e *c*) qualora queste corti ritengano che la questione da sottoporre sia «nuova» o «seria». In tal modo, il legislatore francese ha aperto una nuova via di accesso al Consiglio costituzionale ma vi ha anche imposto degli importanti filtri.

Un **terzo «genus» di giudizio di costituzionalità** non si verifica né in via astratta, né nell'ambito di un processo di fronte a un giudice comune. Esso invece **prende corpo quando un singolo lamenti la violazione dei propri diritti costituzionali da parte di un atto di un'autorità pubblica**. In tal caso, il giudice costituzionale si configura quale **giudice dei diritti di un soggetto**, focalizzandosi sull'esigenza specifica di giustizia che gli viene presentata.

L'impiego della giustizia costituzionale per rivendicare direttamente diritti sanciti dalla Costituzione è un portato importante della cultura costituzionale ispanica. È infatti nelle Costituzioni latino-americane dell'Ottocento che si

[25] Art. 1, Protocollo XVI della CEDU: «1 Le più alte giurisdizioni di un'Alta parte contraente [...] possono presentare alla Corte delle richieste di pareri consultivi su questioni di principio relative all'interpretazione o all'applicazione dei diritti e delle libertà definiti dalla Convenzione o dai suoi protocolli. 2 La giurisdizione che presenta la domanda può chiedere un parere consultivo solo nell'ambito di una causa pendente dinanzi a essa».

rinviene l'ipotesi del ricorso di **amparo**, ovvero **uno strumento con cui i giudici delle corti inferiori offrono una tutela costituzionale ai singoli soggetti**. L'istituto trova accoglienza e si diffonde in diversi ordinamenti, tramite una lunga serie di trasformazioni. Dall'America Latina l'*amparo* rifluisce anche in Europa, dove si intreccia e si salda con gli strumenti di tutela elaborati nei territori di lingua tedesca.

Compare in **Spagna**, una prima volta nella Costituzione del 1931 per poi essere ribadito in quella attuale del 1978, **consentendo a ciascun soggetto dell'ordinamento la protezione di un catalogo significativo di diritti costituzionali**. Questa forma di tutela è esperibile solo una volta terminati i rimedi giudiziali ordinari e può essere utilizzata nei confronti di qualunque atto della pubblica autorità di rango non legislativo. L'*amparo* si effettua direttamente al Tribunale costituzionale entro un termine limitato. Analogo potere di *amparo* spetta al difensore del popolo e al pubblico ministero che ha partecipato al procedimento giudiziario anteriore all'*amparo*.

In Spagna la fortuna dell'*amparo* è stata tale da ingolfare il Tribunale costituzionale. I casi di *amparo* nel 2005 hanno raggiunto la cifra di 9.700, costringendo l'ordinamento a inserire un filtro, tramite il quale selezionare i casi da sottoporre a giudizio. Il punto di equilibrio è stato ritrovato nel requisito della «speciale trascendenza costituzionale»: solo in questo caso il Tribunale costituzionale tratta la controversia che gli è stata sottoposta (ley orgánica 6/07).

Si avvicina all'«amparo» lo strumento del «Verfassungsbeschwerde», in vigore nei Paesi di lingua tedesca, derivante invece dalla parabola costituzionale dell'Impero austroungarico iniziata nel secondo Ottocento. Anche qui affondano nell'Ottocento le previsioni di carte costituzionali (come quella del Regno di Baviera del 1818) che consentivano ai cittadini e agli enti locali il ricorso contro la violazione dei loro diritti costituzionali. I ricorsi si rivolgevano però presso Assemblee rappresentative e non organi giurisdizionali. Più addentro al XIX secolo sono emerse altre formule. È in seguito alla Seconda guerra mondiale che una formula di ricorso diretto per violazione di diritti costituzionali si generalizza, soprattutto tra le Costituzioni dei *Länder* tedeschi. La Legge fondamentale della **Germania** del 1949 nulla prevede sul punto; è invece la Legge sul Tribunale costituzionale federale del 1951 a contemplare un ricorso diretto individuale. L'ascesa di questo strumento nella cultura e prassi costituzionale tedesca è tale tuttavia da condurlo alla costituzionalizzazione nel 1969[26].

Anche in questo caso, il successo del ricorso diretto in Germania ne ha messo a repentaglio la stessa operatività, imponendo una serie di limitazioni importanti al fine di ridurre la quantità di ricorsi. Attualmente, un ricorso diretto può essere esperito una volta esauriti i rimedi giudiziari comuni, in presenza di un preciso e attuale interesse, entro un termine breve da quando il soggetto

[26] Art. 93, comma 4 della Legge fondamentale tedesca: «Il Tribunale costituzionale federale decide [...] 4a. sui ricorsi di costituzionalità che possono essere presentati da chiunque ritenga di essere stato leso dal pubblico potere in uno dei suoi diritti fondamentali».

che ricorre riceve l'atto lesivo dei suoi diritti costituzionali o dall'entrata in vigore di una legge.

Nonostante l'ordinamento sia già di per sé molto selettivo grazie a queste precondizioni, l'inflazione di ricorsi diretti è stata di tale portata da condurre il Tribunale costituzionale a una copiosa giurisprudenza di ammissibilità, in base alla quale l'esame nel merito del ricorso può aversi solo in casi di rilevanza costituzionale fondamentale, ossia quando la questione rivolta al Tribunale abbia un carattere di novità. Chi ricorre ha l'ulteriore obbligo di dimostrare che, nel caso in cui la sua domanda di giustizia non fosse presa in considerazione, egli subirebbe un danno di grave entità.

Infine, anche **la Svizzera conosce un accesso diretto alla giurisdizione costituzionale sin dall'Ottocento**. Dopo la revisione profonda della Costituzione nel 1999, sussistono due strumenti alternativi con i quali può essere fatta valere l'incostituzionalità di una norma.

In primo luogo, attraverso ciò che acquista il nome di «ricorso di diritto pubblico», chi ha un interesse tutelato può censurare una norma cantonale direttamente di fronte al Tribunale federale, qualora non abbia altro rimedio a disposizione[27].

In secondo luogo, nell'ipotesi in cui una «decisione cantonale» (non dunque semplicemente una norma) violi i diritti costituzionali, e altre forme di ricorso non siano esperibili[28].

Per quanto il **ricorso diretto** rivesta, almeno teoricamente, un ruolo residuale tra le forme di accesso alla giustizia costituzionale, esso ha avuto una chiara fortuna in tempi recenti, dopo il crollo dell'Unione Sovietica e la trasformazione in senso democratico dei Paesi dell'Est europeo dal 1990, iniziando da **Lettonia** (1990) e **Lituania** (1992).

La fortuna e la medesima creazione di tali istituti sono senz'altro frutto non solo di una rinnovata cultura costituzionale e democratica, ma anche di una pressione internazionale, che tali Paesi hanno a lungo ben accolto anziché subito. Infatti, il ricorso diretto è stato un modo per eliminare dall'ordinamento, su impulso dei diretti interessati, norme incompatibili con i trattati internazionali in tema di diritti umani, e più precisamente con la Convenzione europea dei diritti dell'uomo, che è regolarmente rientrata nel ventaglio di diritti che i singoli possono far valere direttamente presso l'organo titolare della giurisdizione costituzionale. In tal modo, i Paesi di nuova apertura democratica hanno tentato di promuovere la propria adesione all'agenda dei diritti umani senza incorrere in violazioni e sanzioni della Corte europea dei diritti dell'uomo.

[27] Art. 87 della Legge sul Tribunale costituzionale federale svizzero, 17 giugno 2005: «Gli atti normativi cantonali sono direttamente impugnabili mediante ricorso se non è possibile avvalersi di alcun rimedio giuridico cantonale».

[28] Art. 113 della Legge sul Tribunale costituzionale federale svizzero, 17 giugno 2005: «Il Tribunale federale giudica i ricorsi in materia costituzionale interposti contro le decisioni cantonali di ultima istanza laddove non sia ammissibile il ricorso ordinario secondo gli artt. 72-89 [ossia altri strumenti di attivazione del giudizio di costituzionalità]».

Anche tra questi ordinamenti centro-orientali vi è stata un'evoluzione ulteriore. In particolare, l'Ungheria ha inizialmente dato vita all'*actio popularis*, un meccanismo di ricorso attraverso il quale qualunque individuo poteva sostenere l'incostituzionalità di una legge, senza dover lamentare la violazione di alcun proprio diritto o interesse giuridicamente protetto. Questo strumento, non completamente sconosciuto nell'Europa occidentale e del resto presente anche in America Latina, ma scartato già da Kelsen perché avrebbe intasato il lavoro dei giudici costituzionali, era volto alla tutela della Costituzione nel suo profilo oggettivo, sganciandola dalla lesione concreta di interessi individuali. L'*actio popularis* ungherese, invero piuttosto fortunata nel liquidare progressivamente l'ideologia totalitaria dal tessuto giuridico, è stata più recentemente sostituita da un modello di impugnazione presso la Corte costituzionale dai contenuti più moderati e meno impegnativo.

Normalmente, gli strumenti di impugnazione a disposizione strutturano fortemente il tipo di tutela della Costituzione in ciascun ordinamento.

I sistemi che adottano il **controllo preventivo**, prima che l'atto entri in vigore ed esplichi effetti, svolgono un ruolo ancillare rispetto al potere politico con cui interloquiscono.

Un **controllo successivo astratto** ha ancora una forte connotazione politica e tende a risolvere problemi di coerenza e giustizia complessivi dell'ordinamento.

Il **controllo concreto e diffuso** affronta la questione di costituzionalità all'interno della singola controversia, quindi con una forte preoccupazione di giustizia sostanziale, ma ovviamente può porre problemi di coerenza, in quanto singoli giudici possono raggiungere conclusioni differenti rispetto alla costituzionalità di una norma: per tale ragione sono soprattutto gli ordinamenti che adottano la regola dello *stare decisis* a utilizzarlo.

Il **giudizio incidentale** muove da una questione concreta ma viene affidato a una giurisdizione accentrata, dando vita a un procedimento aggravato per il singolo interessato e tuttavia connotato di un forte grado di certezza per l'ordinamento, se il giudizio di costituzionalità esplica effetti *erga omnes*.

Infine, il **ricorso diretto** presso una corte dedicata da parte di un singolo che fa valere la lesione di un suo diritto, a prescindere dall'esistenza di una più ampia controversia, si è dimostrato uno strumento di forte successo ma anche di ingolfamento dei meccanismi che tutelano il rispetto della Costituzione.

5. I GIUDICI COSTITUZIONALI

Negli ordinamenti in cui vige un **controllo diffuso**, il corpo che giudica la costituzionalità delle norme e dei comportamenti è composto dai giudici comuni; **nelle forme di giustizia costituzionale accentrata, esistono organi particolari**, normalmente sottoposti a un regime e a una selezione di natura differente da quella dei giudici comuni.

La specificità del metodo di selezione è un tratto caratterizzante proprio i modelli accentrati. Svincolare la giustizia costituzionale dalla normale giurisdizione ha, del resto, tra le sue ragioni proprio la necessità di affidarla a soggetti versati nella materia costituzionale e distaccati strutturalmente dall'ordine giudiziario, che potrebbe essere parte in causa nei conflitti tra poteri. Questa posizione istituzionale particolare dovrebbe consentire all'organo di controllo accentrato di sviluppare uno spirito critico nei confronti degli altri poteri e soprattutto del legislativo, rispetto ai giudici comuni invece normalmente tenuti ad applicare le leggi.

L'urgenza di distaccare i giudici dai circuiti politici e assicurare la terzietà dell'organo spesso si traduce *a*) in metodi di selezione che coinvolgono una pluralità di istituzioni. *b*) Nel caso in cui i giudici o una parte di essi venga scelta da istituzioni politiche collegiali, è sovente stabilita una maggioranza qualificata per la loro elezione, al fine di garantire o quanto meno favorire delle scelte politicamente trasversali. *c*) Spesso i giudici costituzionali godono di un mandato particolarmente lungo, normalmente tale da superare quello di qualunque altra istituzione o per lo meno di quelle che hanno partecipato all'elezione dei giudici. *d*) Sovente è previsto il divieto di rielezione, per evitare che i giudici orientino le proprie decisioni per divenire più popolari ed essere riconfermati nella carica.

Le esigenze di terzietà e imparzialità coesistono spesso con una speciale connotazione politica dell'organo deputato alla giustizia costituzionale: infatti, giudicando anche delle decisioni di indirizzo politico, esso può incaricarsi di valutazioni caratterizzate da un certo tasso di astrattezza. Inoltre, la giurisdizione costituzionale mira a garantire la tenuta complessiva dell'ordinamento giuridico, bilanciando interessi, diritti e principi attraverso argomentazioni molto sofisticate, che normalmente tengono conto di una pluralità di fattori. Emerge così una fisionomia tecnico-politica, declinata in ciascun ordinamento in modo molto differente, e che talvolta finisce per comprendere all'interno dell'organo anche soggetti non dotati strettamente di competenze giuridiche ma piuttosto provenienti dalla carriera politica.

La **Francia** conferma nella composizione del *Conseil constitutionnel* la sua speciale attenzione per il lato politico, che attribuisce la Costituzione a tale organo sin dal 1958 prevedendone l'intervento nel corso del procedimento legislativo. Gli **ex capi di Stato** (che intendano accedervi e non siano membri del Parlamento) confluiscono nel collegio del *Conseil constitutionnel*, aggiungendosi ai **9 membri nominati per un terzo rispettivamente dal presidente della Repubblica, dall'Assemblea nazionale e dal Senato e in carica per 9 anni**. Un ulteriore elemento di politicità dell'organo riguarda la selezione dei giudici costituzionali, che non deve necessariamente cadere tra soggetti con competenze tecniche, anche se di regola vengono scelti giuristi.

La **Germania** prevede che i **16 componenti del Tribunale costituzionale federale** rimangano **in carica 12 anni e** siano **eletti per metà dal Bundestag e altrettanti dal Bundesrat**, assicurando una parità tra la Federazione e i *Länder* rappresentati in quest'ultimo ramo e favorendo un equo apprezzamento delle ragioni del decentramento e dell'unità nelle controversie che contrappongono centro e periferie.

All'estremo opposto, in **Grecia**, l'ultima parola sulla legittimità costituzionale di una norma spetta a **un consesso composto appositamente, comprendente i presidenti delle supreme corti amministrative, ordinarie e dei conti, e da 4 ulteriori membri di tali corti**. Si tratta dunque di un organo esclusivamente composto da giudici, senza alcun legame con istituzioni di indirizzo politico.

Esistono altri sistemi misti, che fanno confluire soggetti eletti dalle magistrature con quelli selezionati dalle istituzioni sia di indirizzo politico sia di garanzia, come accade in **Spagna**, ove **i 12 membri che compongono il Tribunale costituzionale per 9 anni sono scelti per un terzo rispettivamente dal Congresso e dal Senato, mentre 2 sono scelti dal Consiglio generale dell'ordinamento giudiziario e 2 dal governo**.

In **Belgio** l'equilibrio costituzionale richiede non solo che i giudici della Corte costituzionale siano sganciati complessivamente dalle dinamiche politiche, ma che siano espressivi della diversità linguistica. Di qui il requisito che i **12 giudici, formalmente nominati a vita dal monarca e sottoposti a pensionamento obbligatorio al settantesimo anno di età**, siano **scelti in base a una doppia lista, adottata a maggioranza qualificata e presentata alternativamente dalle due Camere. Devono essere per metà francofoni e per metà neerlandesi**. Ancora, per metà deve trattarsi di ex membri del Parlamento nazionale o delle autonomie e per metà di docenti universitari di materie giuridiche. Tra questi ultimi, almeno uno deve conoscere il tedesco.

Gli **Stati Uniti** hanno un modello diffuso; tuttavia, conviene considerare brevemente questo ordinamento perché la Corte suprema federale è soprattutto un giudice di casi di rilievo costituzionale. Come per il resto dei giudici federali, l'esigenza di imparzialità e distacco della Corte suprema dall'arena politica si sviluppa attraverso due fattori: da un lato, **i 9 giudici hanno un mandato a vita**, dall'altro vengono **nominati su proposta del presidente** degli Stati Uniti **e con l'assenso del Senato**. Questo secondo elemento gioca un ruolo importante nella selezione dei giudici: qualora il presidente e la maggioranza del Senato abbiano lo stesso orientamento politico, normalmente il procedimento che conduce all'insediamento del giudice è più snello e può connotarsi politicamente molto di più di quando i due organi siano controllati da forze politiche opposte. In questa seconda ipotesi il conflitto politico si traduce in un confronto sulle nomine che premia candidature alla Corte più moderate, capaci di raccogliere un'adesione trasversale tra le forze politiche.

Il Tribunale federale della **Svizzera** è organo giudiziario di ultima istanza. A causa delle sue molteplici funzioni, attinenti alla giurisdizione comune oltreché a quella costituzionale, è composto da un numero importante di membri: da 35 a 45, in carica per 6 anni. L'Assemblea federale ne fissa il numero effettivo e procede alla loro elezione in seduta comune.

6. LA TUTELA DELLA COSTITUZIONE E I SUOI LIMITI

Come visto, un primo compito della giurisdizione costituzionale consiste nel **controllare l'attività degli organi di indirizzo politico e le relazioni tra i livelli di governo** con una competenza costituzionalmente protetta. In altre parole, la giustizia costituzionale tutela le competenze delle diverse istituzioni che trovano fondamento nel testo costituzionale, proteggendole dall'invasione (o eventualmente dall'inazione) delle altre. L'altro compito normalmente assolto dal giudizio di costituzionalità è la **tutela dei diritti fondamentali previsti da un testo costituzionale**, svolto in questo caso soprattutto a tutela degli individui e dei gruppi.

A seconda della genesi e dell'evoluzione degli ordinamenti e del controllo di costituzionalità in ciascuno di essi, anche questi due aspetti nei quali si può suddividere la tutela della Costituzione hanno preso strade differenti.

In **Belgio** l'impostazione originaria del controllo di costituzionalità si focalizzava sui rapporti tra le comunità territoriali, linguistiche e le istituzioni centrali. Per questa ragione, dalla sua istituzione la *Cour d'arbitrage* ha avuto giurisdizione sul riparto costituzionale di competenze. In seguito, quando in quell'ordinamento il ruolo della giurisdizione costituzionale si è allargato, il suo sindacato si è esteso ai diritti di libertà.

Analoghe evoluzioni si sono ritrovate anche altrove. In **Francia**, fino al 1971, il giudizio di costituzionalità risentiva di forti strettoie, concentrandosi soprattutto su aspetti procedurali. Del resto, la Costituzione del 1958 su cui il *Conseil* basava la propria attività non contiene una lista di diritti fondamentali. Dal 1971 invece, di propria iniziativa, il *Conseil constitutionnel* ha ammesso un'ampia tutela dei diritti, ben oltre quanto previsto dal testo costituzionale. L'allargamento dell'area di azione del *Conseil constitutionnel* è frutto di un'innovazione interpretativa. Essa ha infatti ragionato sul Preambolo costituzionale del testo del 1958. Questo richiama la Dichiarazione dei diritti dell'uomo e del cittadino del 1789 e il Preambolo della Costituzione del 1946. Il *Conseil* ha concluso che, **grazie al richiamo contenuto nel testo del 1958, la Dichiarazione del 1789 e la Costituzione del 1946 divengono parte integrante del controllo di costituzionalità**. Ne è nato così un *Bloc de constitutionnalité*, ossia una tavola di principi e diritti fondamentali, rispetto alla quale il *Conseil* ha stabilito di esercitare la propria giurisdizione[29].

Nel caso degli **Stati Uniti** la Corte suprema federale aveva inizialmente il compito soprattutto di tutelare le competenze degli Stati rispetto alla possibilità che la Federazione debordasse dai propri limiti invadendo lo spazio degli Stati o le libertà degli individui. A questo scopo, un catalogo dei diritti (il c.d. *Bill of Rights*) era stato aggiunto alla Costituzione già nel

[29] Sostiene il *Conseil*: «Vista la Costituzione e soprattutto il suo Preambolo [...]. Considerando che al numero dei principi fondamentali riconosciuti dalle leggi della Repubblica e solennemente riaffermati dal Preambolo della Costituzione si colloca il principio della libertà di associazione» (*Conseil constitutionnel*, sentenza 16 luglio 1971 [traduzione nostra]).

1791, ponendo espressi limiti alle attività della Federazione. In questo modo erano stati introdotti, per esempio, la libertà di religione o di espressione: il testo li proteggeva da intrusioni nei confronti della Federazione, senza dire nulla a proposito della capacità degli Stati di intervenire in queste aree. Solo dopo la guerra civile tra il Nord e il Sud (1861-1865) vennero aggiunti gli emendamenti della «Ricostruzione» (1865-1870), che questa volta imposero esplicitamente limiti agli Stati. La giurisprudenza costituzionale americana, fino ai primi del Novecento, interpretò il *Bill of Rights* di fine Settecento secondo il significato originario, ovvero come uno strumento protettivo nei confronti della Federazione. Gradualmente, nel Novecento inoltrato, la Corte suprema decise invece di applicare il *Bill of Rights* anche agli Stati (tramite una giurisprudenza che prende il nome di *incorporation*). In questo modo, **il catalogo dei diritti del «Bill of Rights», inizialmente rivolto nei confronti della Federazione, è diventato applicabile anche nei confronti degli Stati**.

All'opposto, alcuni ordinamenti, pur contemplando forme di giustizia costituzionale, *escludono* esplicitamente alcuni atti dal giudizio di costituzionalità. È questo il caso dell'ordinamento della **Svizzera**, la cui Costituzione pur prevede un ampio ruolo per il Tribunale federale, e tuttavia esclude esplicitamente che questo possa giudicare della legittimità costituzionale delle leggi federali. Pertanto, **la sua giurisdizione sugli atti si limita prevalentemente a valutare la compatibilità costituzionale delle leggi cantonali**[30].

Va tuttavia rilevato che l'acuta sensibilità per la giustizia costituzionale ha fatto breccia anche in quest'ordinamento, spingendosi oltre il dettato costituzionale. Da alcuni decenni, infatti, il Tribunale adotta la prassi di valutare la compatibilità della legislazione federale con il diritto costituzionale.

In un primo periodo non ha dichiarato l'illegittimità costituzionale di una norma eliminandola dall'ordinamento, ma piuttosto ha rivolto moniti al legislatore affinché si adeguasse al dettato costituzionale. Verso la metà degli anni Novanta, tuttavia, ha mosso un importante passo ulteriore: ha deciso di disapplicare il diritto interno quando questo sia in conflitto con un trattato internazionale, anziché ammonire il legislatore di eliminare il conflitto. Il Tribunale costituzionale è stato persuaso alla disapplicazione soprattutto dalla necessità di adeguare l'ordinamento svizzero alla Convenzione europea sui diritti dell'uomo. La giurisprudenza che ne è nata tende dunque a dichiarare inapplicabile il diritto interno che confligga sia con un diritto fondamentale riconosciuto dalla Costituzione federale, sia con un analogo diritto riconosciuto dalla CEDU.

[30] Art. 189 della Costituzione svizzera: «Il Tribunale federale giudica le controversie per violazione: *a*) del diritto federale; *b*) del diritto internazionale; *c*) del diritto intercantonale; *d*) dei diritti costituzionali cantonali; *e*) dell'autonomia comunale e di altre garanzie che i Cantoni conferiscono ad altri enti di diritto pubblico; *f*) delle disposizioni federali e cantonali sui diritti politici. [...]. 4. Gli atti dell'Assemblea federale e del Consiglio federale non possono essere impugnati presso il Tribunale federale. Le eccezioni sono stabilite dalla legge».

Il controllo di costituzionalità si può inoltre estendere alle riforme costituzionali: non solo al modo in cui vengono introdotte (il procedimento potrebbe infatti presentare dei vizi), ma ai loro contenuti. Alcune Costituzioni esplicitano importanti limiti alla revisione costituzionale, stabilendo che alcuni principi, diritti o strutture non possano essere emendati. È piuttosto nota la formula della Legge fondamentale della **Germania**, la quale sancisce, con quella che è stata definita una «clausola di eternità», ossia insuscettibile di modificazione, un nucleo di diritti previsti dall'ordinamento[31].
La giurisdizione costituzionale si allarga poi a tutelare la collocazione di un ordinamento in contesto ultrastatale. Molti testi costituzionali, supportati dalla prassi della giurisprudenza costituzionale, impongono a un ordinamento di rispettare il diritto internazionale o dell'Unione Europea. Negli ordinamenti in cui tale tutela è prevista, un atto o un comportamento istituzionale che violi il diritto internazionale può costituire anche una violazione della Costituzione e pertanto è soggetto alla giurisdizione costituzionale.
È inoltre normalmente uno dei compiti delicati della giurisdizione costituzionale **dipanare i casi di conflitto che si instaurano tra le fonti internazionali o sovranazionali da un lato, e quelle costituzionali dall'altro**. Il diritto internazionale o il diritto dell'Unione Europea possono infatti entrare in conflitto con il diritto costituzionale interno, e non con fonti di rango primario. Gli organi incaricati del compito di tutelare la Costituzione in tali casi accertano la sussistenza di un tale conflitto e stabiliscono se e in quali termini la norma costituzionale interna debba prevalere.

7. GLI EFFETTI DELLE DECISIONI

La diversità nei modelli di controllo si replica negli effetti delle decisioni; ciò accade in maniera particolarmente evidente nel contesto del giudizio sulle leggi.
I sistemi diffusi effettuano una verifica di costituzionalità all'interno di un giudizio più ampio. Il giudice che dichiara l'incostituzionalità di una norma la disapplica nel caso concreto. La disapplicazione inevitabilmente retroagisce, perché riguarda il rapporto giuridico oggetto della controversia. Se la sentenza valesse solo *pro futuro*, il rapporto oggetto della controversia rimarrebbe regolato dalla norma illegittima: la pronuncia di incostituzionalità sarebbe dunque ininfluente. Nei giudizi diffusi il giudizio di costituzionalità ha senso solo se può retroagire.

[31] Art. 79, comma 3 della Legge fondamentale tedesca: «Non è ammissibile una revisione di questa Legge fondamentale che tocchi l'articolazione dello Stato federale in *Länder*, il principio della partecipazione dei *Länder* alla legislazione o i principi sanciti dagli artt. 1 e 20». L'art. 1 sancisce l'intangibilità della dignità umana e dei diritti umani; l'art. 20 individua la struttura federale dell'ordinamento, il principio di sovranità popolare, la subordinazione del legislativo alla Legge fondamentale e la separazione dei poteri.

Teoricamente, poiché ciascun giudice è normalmente incaricato di valutare la costituzionalità di un atto, il suo giudizio di incostituzionalità si applica solo alla causa di cui egli si occupa; i giudici di altre controversie, nelle quali andrebbe applicata la medesima norma, possono comportarsi autonomamente e concludere che la norma non sia illegittima.
Tuttavia, come sopra già detto, il controllo diffuso ha trovato particolare fortuna nel mondo di **common law** con la sua regola del precedente vincolante. A causa del valore del precedente, nel *common law* i giudizi successivi, soprattutto se resi da corti superiori, vengono seguiti da quelle inferiori. Qualora la corte di ultima istanza dichiari che la norma è illegittima, le giurisdizioni inferiori sono vincolate al precedente e dunque debbono adeguarsi evitando di applicarla. Il potenziale disordine generato da pronunce divergenti sulla medesima norma è pertanto molto contenuto dalla gerarchia delle corti e dalla regola del precedente vincolante. Una sentenza della corte di ultima istanza su un caso costituzionale ha senz'altro efficacia *erga omnes*.
Valga un esempio tratto dalla giurisprudenza della Corte suprema degli Stati Uniti. Nel 2015 tale Corte è chiamata a intervenire per risolvere un conflitto giurisprudenziale: alcune corti d'appello (il territorio degli Stati Uniti è suddiviso in più giurisdizioni, in ciascuna delle quali operano giudici federali di primo e secondo grado) ritengono che la Costituzione imponga di riconoscere alle coppie omosessuali il diritto al matrimonio; altre corti d'appello opinano invece in senso contrario, giudicando che la Costituzione federale non comprenda un tale diritto. Si verifica dunque uno *split* nella giurisprudenza.
La Corte suprema accetta di trattare il tema, proprio a causa della divergenza tra le corti d'appello, che legittimano prassi differenti in diverse aree della Nazione. La Corte suprema prende formalmente in considerazione la decisione del Sesto Circuito, che nega il diritto al matrimonio omosessuale, e raggruppa intorno a tale giudizio una serie di decisioni confliggenti sul tema, provenienti da diverse corti d'appello. Infine, emette la sua decisione: *a*) dichiara *erga omnes* l'esistenza di tale diritto; *b*) rovescia espressamente la sentenza della corte d'appello del Sesto Circuito che formalmente ha dato origine alla causa[32].

[32] «Questi casi provengono dal Michigan, Kentucky, Ohio e Tennessee, Stati che definiscono il matrimonio come un'unione tra un uomo e una donna [...]. Gli attori sono quattordici coppie omosessuali e due uomini i cui partner sono deceduti. [...] Gli attori hanno iniziato l'azione nelle Corti distrettuali degli Stati Uniti negli Stati di loro appartenenza. Tutte le corti distrettuali hanno deciso in loro favore [...] I convenuti hanno interposto appello presso la Corte d'appello degli Stati Uniti del Sesto Circuito. Quest'ultima ha riunito le cause e rovesciato i giudizi [...]. La Corte d'appello ha statuito che uno Stato non ha l'obbligo costituzionale di consentire i matrimoni omosessuali o di riconoscere i matrimoni omosessuali celebrati al di fuori di esso. Gli attori hanno interposto appello [*certiorari*]. Questa Corte ha ammesso l'appello, limitatamente a due questioni. La prima [...] è se [la Costituzione] richiede che uno Stato consenta un matrimonio tra due persone dello stesso sesso. La seconda [...] è se [la Costituzione] richiede che uno Stato riconosca un matrimonio omosessuale consentito e celebrato in uno Stato che riconosce tale diritto. [Le coppie omosessuali che agiscono per ottenere il diritto al matrimonio] chiedono uguale dignità agli occhi della legge. La Costituzione garantisce loro questo diritto. Il giudizio della Corte d'appello per il Sesto Circuito è rovesciato» (*Obergefell vs Hodges*, 576 U.S., Corte suprema degli Stati Uniti (2015) [traduzione nostra]).

Più sfumati sono invece i contorni delle decisioni prese da organi giurisdizionali presso i quali è accentrato il controllo di costituzionalità. I primi teorici di questo modello pensavano a un controllo preventivo e astratto, che doveva intervenire prima dell'applicabilità della norma. In questo senso, gli effetti non dovevano retroagire, semplicemente perché il giudizio interveniva prima che essi iniziassero a esplicarsi. Ciò accade ancora in **Francia** nel caso del giudizio sulle leggi che anticipa la loro entrata in vigore.
Questa logica è stata però spodestata dall'affermarsi del controllo successivo, che si concentra su un atto da applicare in un caso concreto. Se la decisione sulla validità dell'atto valesse solo *pro futuro*, la controversia all'interno della quale viene in rilievo la legittimità dell'atto non ne sarebbe toccata e ciò renderebbe inutile il sindacato di costituzionalità incidentale. Nessun caso meriterebbe di essere posto all'attenzione del giudice costituzionale, perché nessuna sentenza di incostituzionalità si applicherebbe al caso da cui origina il giudizio di costituzionalità. Grazie in particolare al giudizio in via incidentale, si consolida tra gli ordinamenti la tendenza a prevedere che l'atto dichiarato illegittimo cessi non solo di avere effetto *pro futuro*, ma sia persino inapplicabile ai casi che già regolava, sin dal suo sorgere (*ex tunc*), arrestandosi invece soltanto di fronte alle circostanze nelle quali un diritto non possa più essere fatto valere, come nel caso di una sentenza passata in giudicato.
Gli ordinamenti di **civil law** differiscono quanto all'efficacia delle pronunce di illegittimità costituzionale.
Come già intravisto sopra, la Costituzione della **Grecia** consente a tutti i tribunali di disapplicare la legge contraria a Costituzione[33]. Contemporaneamente, però, essa attribuisce al Tribunale speciale superiore una particolare competenza: affrontare le questioni decise contraddittoriamente dal Consiglio di Stato, dalla Corte di cassazione o dei conti[34]. Questa funzione trova una spiegazione proprio nella mancanza dello *stare decisis*. Poiché l'ordinamento non conosce la regola del precedente, si possono avere decisioni conflittuali fra le corti superiori sulla costituzionalità delle medesime norme: di qui la necessità che tali conflitti vengano dipanati da un organo a ciò deputato.
Ugualmente peculiare è la soluzione congegnata dal sistema del **Portogallo**, il cui Tribunale costituzionale dichiara l'illegittimità di sentenze con effetto *inter partes*, ma effettua giudizi *erga omnes* qualora si sia già espresso tre volte sulla legittimità della medesima norma[35].

[33] Art. 87 della Costituzione greca: «2) Nell'esercizio delle loro funzioni, i giudici sono sottoposti soltanto alla Costituzione e alle leggi; in nessun caso essi sono tenuti a conformarsi a disposizioni emesse in violazione della Costituzione».
[34] Art. 100 della Costituzione greca: «1) È costituita una Corte suprema speciale, alla quale spettano: [...] *d*) i giudizi sui conflitti tra i tribunali e le autorità amministrative, o tra il Consiglio di Stato e i tribunali amministrativi ordinari, da una parte, e i tribunali civili e penali, dall'altra, o infine, tra la Corte dei conti e gli altri tribunali».
[35] Art. 281 della Costituzione portoghese: «3. Il Tribunale costituzionale valuta e dichiara altresì, con efficacia obbligatoria generale, l'incostituzionalità o l'illegittimità [*ilegalidade*] di una norma quando l'abbia giudicata incostituzionale o illegittima in tre casi concreti» (v. anche *supra* nota 24).

Il giudizio di costituzionalità presenta delicati profili di raccordo con il potere politico: una dichiarazione di illegittimità costituzionale può provocare un vuoto nell'ordinamento. Questo vale particolarmente in quei sistemi in cui una dichiarazione di incostituzionalità retroagisce: la falla nell'ordinamento in questo caso non può semplicemente essere coperta dal legislatore da quel momento in avanti, poiché colpisce anche situazioni già sorte nel passato. **Una sentenza di incostituzionalità, per esempio, può porre nel nulla disposizioni finanziarie, danneggiando le risorse pubbliche. Può anche ledere interessi privati**, generati dalla norma dichiarata incostituzionale tra operatori giuridici che avevano svolto le proprie attività sulla base di quella disposizione.
L'intervento del giudizio di costituzionalità su situazioni ad alto tasso di discrezionalità politica può ugualmente ingenerare problemi di particolare rilievo. Per esempio, una corte costituzionale può dichiarare incostituzionale una legge elettorale, ma non essere nelle condizioni di dettarne una nuova: data la varietà di modelli legittimamente adottabili, non potrebbe sceglierne una, poiché ciò configurerebbe una scelta politica. Anche questo caso apre una falla, poiché l'ordinamento rimane senza strumenti per procedere a nuove elezioni. Non è dunque insolito per gli ordinamenti occuparsi degli effetti delle decisioni di incostituzionalità, in particolare regolando la transizione tra la vecchia disciplina e quella risultante dalla decisione del giudice costituzionale.
Da alcuni decenni ormai le corti, anche in assenza di indicazioni costituzionali puntuali, mitigano gli effetti di alcune delle proprie decisioni. Esse possono stabilire che **i loro giudizi prendano vigore solo «pro futuro»**, senza interferire con le situazioni già in essere e dunque regolate dalla disciplina già dichiarata illegittima. Alternativamente, possono **procrastinare l'efficacia delle loro decisioni**, dando modo al legislatore di intervenire retroattivamente con una nuova disciplina ed evitando il temporaneo vuoto nell'ordinamento.
È di particolare importanza l'ampio ventaglio di soluzioni introdotte dal Tribunale costituzionale federale della **Germania** e poi recepite dal legislatore. Tale Tribunale ora annovera un ventaglio di formule mitiganti, come le dichiarazioni di **incompatibilità**, di **(mera) incostituzionalità**, o di **costituzionalità provvisoria**, al fine di riconoscere l'incostituzionalità di una disposizione ma evitando di colpirla immediatamente. In tal modo il Tribunale modera gli effetti delle sue dichiarazioni di illegittimità costituzionale e ammonisce il legislatore affinché modifichi la disciplina censurata. Si tratta di soluzioni importanti, che contemperano l'esigenza di espellere norme dal contenuto incompatibile con quella di continuità dell'ordinamento, lasciando alle istituzioni di indirizzo politico il tempo di intervenire sostituendole con altre compatibili.
La necessità di mitigare gli effetti delle proprie decisioni evitando di danneggiare equilibri complessi di interessi, creatisi durante la ragionevole presunzione di validità di una norma, ha fatto breccia nei testi costituzionali soprattutto recentemente, dando ampio agio alle corti di modificare l'area

di applicazione delle proprie decisioni. Così, la Costituzione della **Francia**, che da alcuni anni conosce il giudizio incidentale, prevede che il Consiglio costituzionale possa equilibrare gli interessi in gioco proprio regolando gli effetti delle proprie decisioni[36]. Anche la Corte costituzionale del **Belgio** e il Tribunale costituzionale del **Portogallo** detengono ampi poteri di modulazione degli effetti delle proprie decisioni, pur avendo come regime base l'annullamento di una disposizione *ex tunc*.

Conviene infine citare **l'ordinamento britannico** perché anch'esso **è stato, in un certo senso, interessato da una forma controllo di costituzionalità, sotto la spinta, tra l'altro, della Corte europea dei diritti dell'uomo**. Questa è in grado (come ha effettivamente fatto in diverse occasioni) di condannare il Regno Unito per violazioni della Convenzione europea dei diritti dell'uomo derivanti dall'esistenza di norme legislative britanniche con essa incompatibili. Non avendo i giudici britannici il potere di effettuare normalmente un controllo di costituzionalità, essi non hanno nemmeno quello di disapplicare il diritto interno perché in violazione della CEDU.

Proprio al fine di scongiurare la possibilità di condanne multiple da parte della Corte EDU sul medesimo argomento, e pur senza introdurre un vero e proprio *judicial review of legislation*, il Regno Unito ha dovuto ricercare un compromesso. Lo ha trovato nello *Human Rights Act* (1998), che ha introdotto dei meccanismi di adeguamento alle pronunce della Corte europea dei diritti dell'uomo, e nel *Constitutional Reform Act* (2005), con cui il Parlamento britannico ha sostituito organi giudiziari emanazione della Camera dei lord con una **Corte suprema, rendendo l'istituzione di vertice del potere giudiziario completamente autonoma dal potere legislativo**. L'*Act* soprattutto impone un duplice onere ai giudici del Regno Unito, ovvero *a*) interpretare il diritto interno nel modo più compatibile con le sentenze della Corte EDU, al fine di evitare violazioni e *b*) segnalare al Parlamento britannico l'esistenza di conflitti giudizialmente inconciliabili tra la giurisprudenza della Corte EDU e il diritto interno[37]. Questo dovrebbe consentire al Parlamento di rimuovere il conflitto attraverso le necessarie modifiche legislative. Tale meccanismo ha dato risultati importanti, giacché normalmente il Parlamento aderisce ai rilievi dei giudici e rimuove i punti di conflitto con la CEDU modificando il diritto interno.

[36] Art. 62 della Costituzione francese: «Una disposizione dichiarata incostituzionale [in via incidentale] è abrogata a partire dalla pubblicazione della decisione del Consiglio costituzionale o in altra data successiva quale stabilita da tale decisione. Il Consiglio costituzionale determina le condizioni e i limiti ai quali gli effetti prodotti da tale disposizione possono essere rimessi in causa».

[37] *Human Rights Act*, Cap. 42, art. 3: «Se [una corte superiore] ritiene che una previsione sia incompatibile con un diritto della Convenzione, può effettuare una dichiarazione di incompatibilità».

8. LA FORTUNA E LE PROSPETTIVE DELLA GIUSTIZIA COSTITUZIONALE

La vicenda della giustizia costituzionale è senz'altro una storia largamente di successo, in particolar modo a partire dal secondo Novecento. L'esperienza della tirannia delle maggioranze e della violazione dei diritti fondamentali per via legislativa nel primo Novecento ha sospinto non solo la formazione di Carte costituzionali lunghe e dettagliate, ma anche la creazione di organi o meccanismi di tutela dei diritti costituzionali. E sono proprio queste istituzioni ad avere occupato buona parte del campo del diritto pubblico, dal punto di vista sia pratico sia teorico.

I giudizi di costituzionalità, pur spesso affrontando questioni concrete, tendono a sviluppare i propri argomenti a un elevato grado di astrazione, soffermandosi su principi, diritti e doveri costituzionali ad ampio spettro. Giudicando della costituzionalità di atti e comportamenti, le corti incaricate della giurisdizione costituzionale **sono divenute le protagoniste dell'interpretazione costituzionale**, collocandosi in posizione centrale nel ricostruire la trama e i contenuti dell'ordinamento. All'interno delle loro decisioni è penetrato il ricco fascio di interessi e diritti costituzionalmente tutelati, sia nei contesti in cui il controllo di costituzionalità è diffuso sia ove è accentrato. Grazie alla loro capacità di intervenire effettivamente nelle relazioni tra i poteri, situandole nel contesto costituzionale mediante decisioni che trascendono il caso concreto e incidono in profondità nell'ordinamento, le corti hanno assunto una capacità ordinante, spodestando spesso l'attività scientifica. Nei Paesi di *civil law*, ove lo sguardo «dall'alto» sull'ordinamento era affidato agli studiosi e non ai pratici, questo cambiamento di ruoli ha avuto risvolti importanti per la cultura giuridica.

La giustizia costituzionale ha dovuto elaborare **strumenti di giudizio all'altezza del compito di bilanciare un ampio fascio di interessi di diversa natura**. Ha spesso introdotto tali strumenti autonomamente, in presenza di scarne indicazioni provenienti dal testo costituzionale o addirittura in assenza di esse. Ne è emerso un ampio ventaglio di strumenti, con i quali le corti ora effettuano in particolare il controllo di costituzionalità delle leggi, tentando di non sacrificare un interesse costituzionale per un altro, ma di bilanciarli e, più generalmente, di disciplinare l'esercizio di diritti potenzialmente confliggenti. In questo scenario hanno avuto successo tecniche di valutazione come la **ragionevolezza**, con la quale la giustizia costituzionale valuta normalmente la compatibilità di una norma con il contesto costituzionale nel suo complesso e non con un singolo precetto, o la **proporzionalità**, che tenta di cadenzare lo scrutinio di costituzionalità secondo un metodo trasparente e prevedibile, composto normalmente di tre o quattro fasi. Lo schema in quattro fasi si compone di questi passaggi: *i*) il giudice verifica che l'atto oggetto di giudizio abbia uno scopo costituzionalmente legittimo; *ii*) poi valuta il rapporto «mezzi/fini», ovvero se effettivamente l'atto sia destinato ai fini che intende perseguire; *iii*) in seguito verifica se l'atto persegua l'interesse cui è destinato nel modo meno invasivo di altri diritti o interessi protetti dalla Costituzione; *iv*) infine, valuta se i benefici dell'atto siano proporzionali ai sacrifici che esso richiede agli altri interessi (c.d. «proporzionalità in senso stretto»).

Tali strumenti hanno avuto la funzione, da un lato, di disciplinare l'esercizio della giustizia costituzionale, dall'altro, di espanderlo. Infatti, la disponibilità di strumenti relativamente sofisticati con i quali valutare la costituzionalità di un atto ha consentito alla giustizia costituzionale di spingersi in aree in cui si esprime largamente la discrezionalità politica.

Il successo degli organi di controllo di costituzionalità, le loro tecniche di scrutinio, la loro funzione ricostruttiva dell'ordinamento hanno **alimentato l'impressione che «qualunque cosa sia giustiziabile»**.

La capacità o l'opportunità di sottoporre a un giudizio i conflitti di natura politica ha però suscitato alcuni interrogativi. Gli ordinamenti infatti mostrano una propensione molto differente a consentire che conflitti di caratura politica vengano affrontati in sede giurisdizionale. È emerso e si è progressivamente stabilizzato un conflitto tra i sostenitori della giurisdizionalizzazione delle controversie politiche e coloro che sostengono che tale processo non farebbe che assegnare poteri discrezionali a organi giurisdizionali, e che dunque molti conflitti andrebbero invece inevitabilmente risolti attraverso le istituzioni politiche.

Una seconda sfida è di natura opposta, e **riguarda il contenimento del ruolo della giustizia costituzionale** senza mettere a repentaglio la sopravvivenza e l'idea stessa di «Costituzione» in senso moderno.

Da alcuni anni va costruendosi, in Europa come altrove, un'area composta di quelle che vengono definite «democrazie illiberali» o «democrazie populiste», ormai presenti in vari continenti: attualmente rientrerebbero nella lista almeno Ungheria, Polonia, Turchia, Filippine, Bolivia e Venezuela. Tali sistemi costituzionali spesso non rinnegano frontalmente i valori della democrazia e i diritti fondamentali, ma tendono a depotenziare l'opposizione politica ai partiti dominanti e contemporaneamente a contrarre il ruolo o l'efficacia del controllo di costituzionalità. Essi svuotano di contenuto alcuni dei principi forti del costituzionalismo contemporaneo, tentando di politicizzare la giustizia costituzionale in senso a loro favorevole e dunque togliendole il ruolo di controllore del potere politico.

L'esperienza delle «democrazie illiberali» ha reso particolarmente attuale un tema che aveva avuto sino a tempi recenti una dimensione prevalentemente teorica, relativo ai **limiti alla revisione costituzionale e al nucleo duro delle garanzie costituzionali**. Infatti, gli interventi sulla Costituzione – o la sua sostituzione con un nuovo documento – in alcuni Paesi hanno prodotto una profonda alterazione dei valori del costituzionalismo e di alcune componenti fondamentali dell'ordinamento. Il campo di azione della giustizia costituzionale nel tutelare i capisaldi di una Costituzione nei confronti di potenziali alterazioni è così divenuto un altro argomento di dibattito serrato.

Una terza sfida riguarda il rapporto tra la giustizia costituzionale e la sostenibilità finanziaria delle sue decisioni. Le esperienze di giustizia costituzionale del secondo dopoguerra europeo avevano utilizzato il controllo di costituzionalità soprattutto per espandere i diritti e garantirne la fruibilità generalizzata. Nel campo dei diritti sociali, questo ha significato aumentare i servizi a beneficio dei cittadini e dei residenti. Tale logica ha sviluppato un'acuta sensibilità per i diritti sociali, ma solo una relativa attenzione alla tenuta finanziaria. Ogni qualvolta i diritti sociali si espandono, però, aumentano le spese a carico delle finanze pubbliche.
Le crisi che ciclicamente hanno colpito i Paesi europei **hanno talvolta imposto alle corti costituzionali di consentire una riduzione dei servizi e dunque permettere che alla popolazione venissero imposti dei sacrifici**. Più recentemente, le misure di *austerity*, autoimposte o introdotte sotto la spinta delle istituzioni internazionali e sovranazionali in diversi Paesi interessati dalla crisi e costretti a un forte taglio del *welfare*, hanno posto importanti quesiti, di natura tanto pratica quanto teorica, alla giurisdizione costituzionale. In più di un'occasione, ai custodi della Costituzione sono giunti casi in cui si dubitava della legittimità di norme che riducevano servizi, stipendi o pensioni. Le corti hanno faticato molto a rispondere a queste sollecitazioni.
In particolare, è parsa particolarmente impervia per le corti qualsiasi valutazione di norme puntuali, che introducevano tagli e riduzioni di risorse. È emersa, da un lato, una difficoltà, probabilmente di natura strutturale, degli organi giurisdizionali a misurare nel concreto l'appropriatezza di tali misure emergenziali. I giudizi su interventi di *austerity* esigerebbero infatti valutazioni di natura finanziaria, applicate a riforme e misure emergenziali fondate a loro volta su scelte politiche discrezionali quanto su dottrine macroeconomiche: né la discrezionalità politica né lo studio della macroeconomia rientrano normalmente nell'ambito di valutazione giudiziaria.
Più ampiamente, la situazione di crisi strutturale prolungata ha probabilmente messo a nudo uno dei presupposti culturali della giustizia costituzionale contemporanea, per come essa è andata sviluppandosi: ossia la radicata convinzione che l'ordinamento costituzionale operi assicurando un'equa ridistribuzione di risorse crescenti e il *godimento* allargato di servizi. **Quando le giurisdizioni costituzionali hanno affrontato le recenti riduzioni del «welfare», hanno operato in un contesto volto a garantirne la sostenibilità, prima che il godimento**.

CAPITOLO 11

L'Unione Europea

Obiettivi di apprendimento

- **Verificare la natura ibrida dell'Unione Europea attraverso l'analisi delle categorie classiche del diritto pubblico**
- **Ricostruire la genesi e le tappe evolutive dell'UE**
- **Analizzare la struttura organizzativa e il funzionamento delle istituzioni europee**
- **Comprendere il sistema delle fonti del diritto dell'UE e i loro effetti all'interno degli ordinamenti degli Stati membri**
- **Descrivere nel diritto comparato, oltre all'UE, gli altri processi di integrazione sovranazionale in risposta alle trasformazioni derivanti dalla globalizzazione**

1. CHE COS'È L'UNIONE EUROPEA

Definire l'Unione Europea attraverso le categorie classiche del diritto pubblico è un'impresa ardua, che rischia spesso di semplificare eccessivamente la sua peculiare struttura e le sue molteplici finalità, portando il più delle volte a una descrizione parziale, insoddisfacente.

Convenzionalmente, **definiamo l'«Unione Europea» (UE) come un'organizzazione economica e politica tra Stati europei**. Eppure anche tale definizione non sembra descrivere al meglio la sua natura, lasciando intendere che anche l'UE rientri tra le altre, numerose, organizzazioni internazionali che regolano i rapporti politici ed economici tra Stati all'interno dell'ordinamento internazionale.

A ben vedere, il progetto di integrazione europea forse in passato poteva presentare gli elementi distintivi dell'organizzazione internazionale, quanto

Questo capitolo è di Edoardo Carlo Raffiotta.

meno in origine al tempo delle Comunità economiche europee. Oggi, però, pare certo che l'UE abbia acquisito un livello di integrazione così stretto e articolato da assumere una natura del tutto unica nel suo genere, assai diversa dalle altre organizzazioni internazionali tra Stati.

Nell'ordinamento internazionale, infatti, gli Stati, in quanto sovrani (ciascuno *superiorem non recognoscens*), si pongono tra loro in una posizione di parità e reciprocità, regolata attraverso il diritto consuetudinario e pattizio. Al contrario, non è questa la condizione nella quale operano i Paesi membri dell'UE, che attraverso le proprie Carte costituzionali, in alcuni casi anche a seguito di apposite riforme costituzionali[1], **limitano la propria sovranità in favore delle istituzioni europee** che, attraverso la compartecipazione e cooperazione comune di tutti gli Stati membri, determinano l'ordinamento europeo. Dunque, **l'UE non può essere definita una semplice organizzazione di diritto internazionale**.

Tra le altre ipotesi vi è chi ha ragionato sulla possibilità di considerarla come una particolare forma di ente più simile alla Confederazione di Stati. La Confederazione è un'unione tra Stati, i quali, pur rimanendo indipendenti e sovrani, creano istituzioni comuni attraverso cui realizzare una stretta cooperazione. Eppure anche questa classica categoria del diritto pubblico non pare ben definire la natura dell'UE. Innanzitutto, è difficile oggi sostenere che all'interno del progetto eurounitario la sovranità degli Stati europei sia rimasta piena e immutata, e dunque comparabile con quella di cui godono i Paesi membri di una Confederazione. Altresì, caratteristica della Confederazione è quella di disciplinare i propri rapporti attraverso il diritto internazionale e anche questo pare essere un tratto fortemente distintivo che, unitamente al primo, porta a escluderne anche tale classificazione.

Non sono mancate infine teorie volte a considerare l'UE, se non uno Stato federale, quanto meno un percorso di formazione tendente alla Federazione. Dunque un processo sempre maggiore di integrazione tra gli Stati membri, con un lento, ma costante e sempre più ampio trasferimento di funzioni, competenze e spazi di sovranità alle istituzioni comuni europee, che sarebbe il chiaro indice della graduale costituzione di uno Stato federale (simile a molti esempi che troviamo nel diritto comparato, come, fra tutti, quello degli Stati Uniti, storicamente il primo ordinamento federale nato dalla Costituzione del 1787).

[1] I principali riferimenti costituzionali, introdotti a seguito di apposita riforma, o di interpretazione, per ciascun Stato, sono: Austria, artt. 23A/23F Cost.; Belgio, art. 34 Cost.; Cipro, art. 179 Cost. Rep. Unita di Cipro (2004); Danimarca, art. 20 Cost.; Estonia, art. 123 Cost.; Finlandia, art. 1, comma 3, Cost.; Francia, artt. 88-1/88-4 Cost.; Germania, art. 23 LF; Grecia, art. 28 Cost.; Irlanda, art. 29 Cost.; Italia, artt. 11, 117 e 120 Cost.; Lettonia, artt. 68 e 79 Cost.; Lituania, art. 136 Cost.; Lussemburgo, artt. 37 e 49-*bis* Cost.; Malta, *European Union Act* 2003, *Chapter* 460; Paesi Bassi, artt. 92 e 93 Cost.; Polonia, artt. 90 e 91 Cost.; Portogallo, artt. 7 e 8 Cost.; Regno Unito, *European Communities Act* 1972; Repubblica Ceca, art. 10a Cost.; Slovacchia, art. 7 Cost.; Slovenia, art. 3a Cost.; Spagna, art. 93 Cost.; Svezia, Legge sulla forma di governo, Cap. X, art. 5; Ungheria, art. E, Principi fondamentali, Legge fondamentale.

Questo tipo di ordinamento si contraddistingue per la suddivisione dei classici tre poteri dello Stato non solo in modo funzionale (legislativo, esecutivo e giudiziario), bensì anche a livello territoriale, tra i due livelli differenti di governo territoriale nei quali si distribuisce la sovranità (quello generale della Federazione e quello particolare dello Stato). Storicamente l'ordinamento federale nasce da un processo di unificazione nel quale Stati indipendenti cedono la loro sovranità a seguito di un «patto» (*foedus*) che dà vita a un nuovo ente sovrano, che è appunto lo Stato federale. In tal senso, il processo di integrazione europea può senz'altro rappresentare un possibile esempio di graduale formazione simile a quello di un ordinamento federale, ma di certo ancora oggi non compiuto, mancando il completamento di tale processo, descritto dalla possibilità di riconoscere un solo Stato federale sovrano, che trova fondamento in un'unica comune Costituzione federale. Entrambi gli elementi mancano oggi all'UE, inducendo quindi lo studioso a escludere anche tale classificazione.
A seguito di tali difficoltà di classificazione, nonché per la complessità del processo di integrazione, nell'incertezza del prossimo futuro dell'UE, sembra altresì possibile in ultima analisi uscire dai classici modelli del diritto pubblico, **valorizzando l'unicità delle istituzioni europee, come se l'UE desse vita a una nuova categoria**, certo ancora in fase di evoluzione, ma che al di là delle etichette – come si vedrà – necessita di un rafforzamento in termini di competenze politiche e dunque di sovranità a scapito degli Stati.

2. NASCITA ED EVOLUZIONE DELL'UE

Il Trattato di Lisbona, siglato nella capitale portoghese il 13 dicembre 2007 ed entrato in vigore il 1° dicembre 2009, rappresenta l'ultima tappa nell'evoluzione dei trattati dell'Unione Europea. Formalmente è difficile qualificarlo come una «Costituzione», tuttavia, **rappresenta il vertice delle fonti del diritto nell'ordinamento europeo**.
Il progetto eurounitario ha inizio con l'istituzione delle Comunità economiche europee tra **i sei «Paesi fondatori» (Belgio, Francia, Germania, Italia, Lussemburgo e Paesi Bassi)**. La Comunità europea del carbone e dell'acciaio (CECA), siglata a Parigi nel 1951, l'Euratom e la Comunità economica europea (CEE), avviate a Roma nel 1957, sono noti come i «Trattati istitutivi». Essi, invero, non contemplavano il fine di giungere a un'unione politica tra gli Stati firmatari, piuttosto miravano alla realizzazione di un Mercato comune di «libero scambio». Tuttavia, è difficile sostenere che sin dalle origini, per le Comunità e per i governi fondatori, il Mercato comune fosse solo uno scopo, e non, anche, un mezzo per andare oltre la semplice integrazione delle economie nazionali. Certo, le istituzioni comunitarie – che lentamente si andavano costituendo – non avevano strumenti e competenze politiche, ma è altrettanto vero che i principi su cui si fondarono le Comunità economiche

erano talmente ampi e generici da consentire, sin dai primi tempi, una significativa sovrapposizione con le politiche fissate negli ordinamenti nazionali. Così l'art. 2 del Trattato di Roma tra i fini indicava quello di «promuovere, mediante l'instaurazione di un Mercato comune e il graduale ravvicinamento delle politiche economiche degli Stati membri, uno sviluppo armonioso delle attività economiche nell'insieme della Comunità, un'espansione continua ed equilibrata, una stabilità accresciuta, un miglioramento sempre più rapido del tenore di vita e più strette relazioni fra gli Stati». Un obiettivo, dunque, ambizioso che andava al di là della semplice integrazione economica. Più di altre, ne sono prova le varie decisioni della Corte di giustizia europea, con le quali, sin dall'inizio, vennero enucleati principi che insistevano sui diritti fondamentali derivanti dalle tradizioni costituzionali comuni degli Stati membri e dei trattati internazionali cui questi avevano aderito (in particolare della Convenzione europea dei diritti dell'uomo). Secondo la Corte europea, tali principi generali del diritto comunitario valevano non solo come parametro per verificare la legittimità degli atti comunitari, ma anche per il diritto interno, assicurando il rispetto degli obblighi assunti da parte degli Stati membri.
Un più concreto e consapevole avvio dell'integrazione politica si ha, però, solo con l'Atto unico europeo del 1986, nel quale si fissò l'obiettivo del passaggio dal Mercato comune al Mercato unico, contestualmente, rafforzando il ruolo del Parlamento europeo e gettando le basi per il superamento delle Comunità economiche europee e la costituzione dell'UE.
L'UE formalmente nasce nel 1993 dopo l'entrata in vigore, appunto, del Trattato sull'Unione Europea (TUE), siglato a Maastricht nel 1992. Tale trattato, seppur modificato, rappresenta l'architrave principale nel sistema delle fonti dell'UE. La principale innovazione è rappresentata dall'**istituzione dell'Unione economica e monetaria (UEM)**, la quale determinerà un sempre più stretto coordinamento delle politiche nazionali (non solo in materia economica). Per accedere all'UEM vennero fissati nel TUE quei parametri – ancora oggi vigenti e – noti come «parametri di Maastricht» o «criteri di convergenza», ovvero i requisiti economici e finanziari che gli Stati dell'UE avrebbero dovuto soddisfare per l'ingresso nell'UEM. Altresì, il TUE ha dato avvio al lungo processo che avrebbe portato alla **creazione dell'euro**, dal **2002**, in circolazione come moneta unica tra i Paesi aderenti.
Il TUE era ripartito in tre «pilastri»: nel primo erano confluite le originarie tre Comunità (CEE, CECA, Euratom) con le rispettive discipline; nel secondo si prevedevano competenze in materia di politica estera e di sicurezza comune; nel terzo si disponeva la cooperazione in materia di giustizia e affari interni. Solo il primo pilastro, però, era affidato al diritto europeo, gli altri due pilastri restavano invece alla cooperazione intergovernativa fra Stati secondo le regole del diritto internazionale, anche se con il coinvolgimento delle istituzioni comunitarie. Tale struttura e i contenuti del TUE mostravano quindi evidenti lacune, soprattutto, un evidente «*deficit* democratico» delle decisioni europee, essendo gran parte delle principali competenze politiche rimesse

ai governi dei singoli Stati e sottratte al Parlamento, sede di rappresentanza popolare europea.
Il tentativo di superare almeno in parte tali lacune fu fatto a Roma nel 2004 con il «Trattato che adotta una Costituzione per l'Europa», ma sfumò a seguito del voto referendario contrario di Francia e Paesi Bassi.
Dopo l'*impasse* derivante dalla mancata approvazione della «Costituzione per l'Europa» il Trattato di Lisbona ha sicuramente rappresentato un momento importante per oltrepassare la fase di stallo del progetto eurounitario. Tuttavia, le resistenze e le opposizioni di alcuni Stati membri a cedere concreti spazi di sovranità che hanno preceduto la sigla di tale trattato hanno comportato innovazioni più formali, che sostanziali, alla generale struttura dell'UE, non superando definitivamente le summenzionate criticità originarie.
Innanzitutto scompare dal trattato qualsiasi forma, o termine, che lo potesse qualificare come una «Costituzione europea». Vengono meno, altresì, locuzioni come «legge» e «legge quadro» europea, restando le principali fonti del diritto europeo denominate «regolamenti» e «direttive».
Al contrario del trattato del 2004, quello di Lisbona non abroga, ma modifica i trattati previgenti: superando la struttura ripartita in «pilastri», modifica il TUE nonché il TCE, che viene rinominato in «Trattato sul funzionamento dell'UE» (TFUE). **Tra gli allegati al Trattato di Lisbona spicca in particolare la Carta dei diritti fondamentali dell'Unione Europea**. Inizialmente, nel testo costituzionale del 2004, l'enunciazione di diritti e valori comuni ai Paesi membri era contenuta all'interno del testo del trattato; oggi, invece, è allegata allo stesso, mantenendo tuttavia (art. 6 TUE) lo stesso valore dei trattati[2]. Questa disposizione ha creato molte tensioni (rilevabili dalla dichiarazione di Polonia e Regno Unito sulla limitata efficacia della Carta nei loro ordinamenti). Tuttavia, al di là delle dichiarazioni e del valore formale, la Carta dei diritti, soprattutto a seguito dell'azione giurisprudenziale, sembra trovare una vigenza assai rilevante come parametro di legittimità anche per il diritto nazionale.
Ciò premesso, **il Trattato di Lisbona ha portato sicuramente novità rilevanti, attraverso il consolidamento del ruolo del Parlamento europeo e di istituti di partecipazione** (come l'iniziativa legislativa popolare) volti a colmare il tanto criticato *deficit* democratico. Ma non si può certo ancora individuare una netta connessione tra le istituzioni europee e i cittadini, così come manca un reale coordinamento delle politiche nazionali ed europee, persistendo ancora un *deficit*, non solo, e non tanto, di rappresentanza, bensì soprattutto di competenze dell'UE. Non sembra un caso, infatti, che l'Unione non sia stata in grado con i propri strumenti di rispondere alla crisi economico-finanziaria del 2008, dovendo modificare il trattato stesso (all'art. 136 TFUE[3])

[2] Art. 6 TUE: «L'Unione riconosce i diritti, le libertà e i principi sanciti nella Carta dei diritti fondamentali dell'Unione Europea del 7 dicembre 2000, adattata il 12 dicembre 2007 a Strasburgo, che ha lo stesso valore giuridico dei trattati. Le disposizioni della Carta non estendono in alcun modo le competenze dell'Unione definite nei trattati».
[3] Art. 136 TFUE: «Gli Stati membri la cui moneta è l'euro possono istituire un meccanismo di stabilità da attivare ove indispensabile per salvaguardare la stabilità dell'Eurozona

e ricorrendo ad altri trattati «satellite» (tra i quali il c.d. *Fiscal compact*), per di più prevedendo discipline sempre diverse per i Paesi dell'Eurozona. In tale contesto, invece di rafforzarsi, il processo eurounitario sembra sempre più soggetto a tensioni, espresse – tra i tanti sentori – di recente, dall'affermazione di movimenti euroscettici, indipendentisti e forze sovranazionali che mettono in discussione l'integrità, ancor prima dell'Unione, degli stessi Stati membri, di cui la massima espressione pare rappresentata dalla c.d. *Brexit*: la decisione del Regno Unito, a seguito del referendum del 23 giugno 2016, di abbandonare l'Unione, dando inizio a una complessa procedura ai sensi dell'art. 50 TUE, al completamento della quale, per la prima volta nella sua storia, l'Unione Europea perderà uno dei suoi Stati membri.
In tale contesto, è abbastanza probabile che il Trattato di Lisbona non sia l'ultima tappa del progetto eurounitario. Le debolezze istituzionali dell'UE – messe in evidenza dalle varie crisi – sembrano, invero, costringere l'intera comunità ad avviare una nuova fase e aprire nuovi scenari, che rafforzino e rilancino l'indispensabile percorso di integrazione tra Stati europei nel complesso e ineludibile scenario della globalizzazione.

3. LE ISTITUZIONI E L'ORGANIZZAZIONE DELL'UE

L'assetto istituzionale dell'Unione Europea è oggi rinvenibile all'interno del Trattato di Lisbona, trovando espressa disciplina nel Titolo III (artt. 13-19) del TUE, rubricato «Disposizioni relative alle istituzioni», nonché, più nel dettaglio, nel Titolo I della Parte VI del TFUE contenente appunto le «Disposizioni istituzionali e finanziarie».
Dalla lettura congiunta di tali disposizioni ne deriva un assetto istituzionale pressoché unico nel suo genere. Ai sensi dell'art. 13 TUE **le istituzioni dell'Unione sono: il Parlamento europeo, il Consiglio europeo, il Consiglio, la Commissione europea (d'ora in poi «Commissione»), la Corte di giustizia dell'Unione Europea, la Banca centrale europea, la Corte dei conti**[4]. A cui si aggiungono, sempre ai sensi dell'art. 13.4, con funzioni consultive, il Comitato economico e sociale e il Comitato delle Regioni, che assistono il Parlamento europeo, il Consiglio e la Commissione.

nel suo insieme. La concessione di qualsiasi assistenza finanziaria necessaria nell'ambito del meccanismo sarà soggetta a una rigorosa condizionalità».
[4] Art. 13 TUE: «L'Unione dispone di un quadro istituzionale che mira a promuoverne i valori, perseguirne gli obiettivi, servire i suoi interessi, quelli dei suoi cittadini e quelli degli Stati membri, garantire la coerenza, l'efficacia e la continuità delle sue politiche e delle sue azioni. Le istituzioni dell'Unione sono: il Parlamento europeo, il Consiglio europeo, il Consiglio, la Commissione europea [d'ora in poi «Commissione»], la Corte di giustizia dell'Unione Europea, la Banca centrale europea, la Corte dei conti».

Consiglio europeo (art. 15 TUE[5]; artt. 235-236 TFUE[6]). È un organo molto importante dell'UE, perché, ai sensi dell'art 15.1 TUE, **dà all'Unione gli impulsi necessari al suo sviluppo e ne definisce gli orientamenti e le priorità politiche generali. Non ha funzioni legislative e non va confuso con il Consiglio (senza aggettivo)**. Il Consiglio europeo è composto dai capi di Stato o di governo degli Stati membri, dal suo presidente e dal presidente della Commissione; inoltre, partecipa ai lavori anche l'alto rappresentante dell'Unione per gli Affari esteri e la politica di sicurezza. A tal fine si riunisce almeno due volte ogni 6 mesi. Dunque, tale organo, pur non esercitando funzioni legislative, riunendo al suo interno i leader politici a livello nazionale ed europeo, ha un ruolo centrale nel quadro istituzionale, determinando le priorità generali dell'UE, che poi saranno attuate dagli organi europei competenti, anche a livello legislativo.
Il Consiglio europeo elegge il presidente a maggioranza qualificata per un mandato di 2 anni e 6 mesi, rinnovabile una volta. In passato invece il ruolo di presidente toccava a rotazione semestrale al capo di Stato o di governo di ciascuno Paese membro. La sua elezione e la sua maggiore durata, con incarico esclusivo (non essendo ammessi altri incarichi istituzionali anche nazionali), ovviamente conferiscono al presidente un maggior rilievo. In particolare, tale figura: presiede e anima i lavori del Consiglio europeo; assicura la preparazione e la continuità dei lavori del Consiglio europeo, in cooperazione con il presidente della Commissione e in base ai lavori del Consiglio «Affari generali»; si adopera per facilitare la coesione e il consenso in seno al Consiglio europeo; presenta al Parlamento europeo una relazione dopo ciascuna delle riunioni del Consiglio europeo. Un ruolo, dunque, attivo, da protagonista nella direzione dell'istituzione e, più in generale, dell'UE, confermato del resto sempre dall'art. 15 TUE, secondo cui al presidente del Consiglio europeo compete la rappresentanza esterna dell'Unione per le materie relative alla politica estera e di sicurezza comune, fatte salve le attribuzioni dell'alto rappresentante dell'Unione per gli Affari esteri e la politica di sicurezza. Infine, il mandato

[5] Art. 15 TUE: «1. Il Consiglio europeo dà all'Unione gli impulsi necessari al suo sviluppo e ne definisce gli orientamenti e le priorità politiche generali. Non esercita funzioni legislative. 2. Il Consiglio europeo è composto dai capi di Stato o di governo degli Stati membri, dal suo presidente e dal presidente della Commissione. L'alto rappresentante dell'Unione per gli Affari esteri e la politica di sicurezza partecipa ai lavori. 3. Il Consiglio europeo si riunisce due volte a semestre su convocazione del presidente. Se l'ordine del giorno lo richiede, i membri del Consiglio europeo possono decidere di farsi assistere ciascuno da un ministro e, per quanto riguarda il presidente della Commissione, da un membro della Commissione. Se la situazione lo richiede, il presidente convoca una riunione straordinaria del Consiglio europeo. 4. Il Consiglio europeo si pronuncia per consenso, salvo nei casi in cui i trattati dispongano diversamente».
[6] Art. 235 TFUE: «1. In caso di votazione, ciascun membro del Consiglio europeo può ricevere delega da uno solo degli altri membri. [...] 2. Il presidente del Parlamento europeo può essere invitato per essere ascoltato dal Consiglio europeo. 3. Il Consiglio europeo delibera a maggioranza semplice in merito alle questioni procedurali e per l'adozione del suo regolamento interno. 4. Il Consiglio europeo è assistito dal segretariato generale del Consiglio». Art. 236 TFUE: «Il Consiglio europeo adotta a maggioranza qualificata: *a)* una decisione che stabilisce l'elenco delle formazioni del Consiglio, eccettuate quella "Affari generali" e quella "Affari esteri", conformemente all'art. 16, par. 6 del Trattato sull'Unione Europea; *b)* una decisione sulla presidenza delle formazioni del Consiglio, eccettuata quella "Affari esteri", conformemente all'art. 16, par. 9 del Trattato sull'Unione Europea».

del presidente può essere interrotto dallo stesso organo che lo ha eletto in caso di impedimento o colpa grave dello stesso.

Parlamento europeo (art. 14 TUE[7]; artt. 223-234 TFUE[8]). **È l'organo di rappresentanza dei cittadini dell'Unione. La sua funzione principale è quella legislativa, che esercita congiuntamente al Consiglio.** Altresì, il Parlamento svolge altre importanti funzioni, come quella di bilancio, nonché quella di eleggere il presidente della Commissione. Oltre a più generali funzioni di controllo politico e consultive alle condizioni stabilite dai trattati.
Il Parlamento è composto da 751 membri, garantendo la rappresentanza dei cittadini dei singoli Stati in modo degressivamente proporzionale rispetto alla loro popolazione, con un minimo di 6 seggi per Stato e non più di 96 (art. 14.2). I parlamentari europei sono eletti per 5 anni a suffragio universale diretto, libero e segreto, sulla base di leggi elettorali diverse per ciascuno Stato. Come tutte le principali Assemblee legislative moderne, anche il Parlamento europeo elegge tra i suoi membri il presidente e l'Ufficio di presidenza. Altresì, i parlamentari sono organizzati in gruppi politici di minimo 25 deputati eletti in almeno un quarto degli Stati. Se in passato i gruppi rappresentavano, di fatto,

[7] Art. 14 TUE: «1. Il Parlamento europeo esercita, congiuntamente al Consiglio, la funzione legislativa e la funzione di bilancio. Esercita funzioni di controllo politico e consultive alle condizioni stabilite dai trattati. Elegge il presidente della Commissione. 2. Il Parlamento europeo è composto di rappresentanti dei cittadini dell'Unione. Il loro numero non può essere superiore a 750, più il presidente. La rappresentanza dei cittadini è garantita in modo degressivamente proporzionale, con una soglia minima di 6 eletti per Stato membro. A nessuno Stato membro sono assegnati più di 96 seggi. Il Consiglio europeo adotta all'unanimità, su iniziativa del Parlamento europeo e con l'approvazione di quest'ultimo, una decisione che stabilisce la composizione del Parlamento europeo, nel rispetto dei principi di cui al comma 1. 3. I membri del Parlamento europeo sono eletti a suffragio universale diretto, libero e segreto, per un mandato di 5 anni. 4. Il Parlamento europeo elegge tra i suoi membri il presidente e l'Ufficio di presidenza».

[8] Art. 223 TFUE: «1. Il Parlamento europeo elabora un progetto volto a stabilire le disposizioni necessarie per permettere l'elezione dei suoi membri a suffragio universale diretto, secondo una procedura uniforme in tutti gli Stati membri o secondo principi comuni a tutti gli Stati membri. Il Consiglio, deliberando all'unanimità secondo una procedura legislativa speciale e previa approvazione del Parlamento europeo che si pronuncia a maggioranza dei membri che lo compongono, stabilisce le disposizioni necessarie. Tali disposizioni entrano in vigore previa approvazione degli Stati membri conformemente alle rispettive norme costituzionali. 2. Previo parere della Commissione e con l'approvazione del Consiglio, il Parlamento europeo, di sua iniziativa, deliberando mediante regolamenti secondo una procedura legislativa speciale, stabilisce lo statuto e le condizioni generali per l'esercizio delle funzioni dei suoi membri. Per le norme o le condizioni relative al regime fiscale dei membri o ex membri è richiesta l'unanimità in sede di Consiglio». Art. 234 TFUE: «Il Parlamento europeo, cui sia presentata una mozione di censura sull'operato della Commissione, non può pronunciarsi su tale mozione prima che siano trascorsi almeno 3 giorni dal suo deposito e con scrutinio pubblico. Se la mozione di censura è approvata a maggioranza di due terzi dei voti espressi e a maggioranza dei membri che compongono il Parlamento europeo, i membri della Commissione si dimettono collettivamente dalle loro funzioni e l'alto rappresentante dell'Unione per gli Affari esteri e la politica di sicurezza si dimette dalle funzioni che esercita in seno alla Commissione. Essi rimangono in carica e continuano a curare gli affari di ordinaria amministrazione fino alla loro sostituzione conformemente all'art. 17 del Trattato sull'Unione Europea. In questo caso, il mandato dei membri della Commissione nominati per sostituirli scade alla data in cui sarebbe scaduto il mandato dei membri della Commissione costretti a dimettersi collettivamente dalle loro funzioni».

le principali famiglie politiche della tradizione europea (come il Gruppo del Partito popolare europeo; il Gruppo dell'Alleanza progressista dei socialisti e dei democratici; il Gruppo dell'Alleanza dei liberali e democratici per l'Europa; il Gruppo dei verdi; il Gruppo dei conservatori e dei riformisti europei; il Gruppo confederale della sinistra unitaria europea), al contrario, negli ultimi anni sono nati nuovi gruppi rappresentanti di altrettanti nuovi soggetti politici, alcuni dei quali in aperto contrasto con lo stesso progetto eurounitario (come il Gruppo Europa della libertà e della democrazia diretta; Gruppo Europa delle Nazioni e delle libertà). I **membri del Parlamento** operano all'interno delle commissioni parlamentari in ossequio al regolamento interno approvato a maggioranza dei componenti. Di norma il Parlamento delibera a maggioranza dei voti espressi.

Consiglio (art. 16 TUE[9]; artt. 237-243 TFUE[10]). Assieme al Parlamento europeo il Consiglio **è il principale organo decisionale dell'UE, esercitando innanzitutto la funzione legislativa e la funzione di bilancio, nonché altre funzioni di definizione delle politiche e di coordinamento** a seguito di spe-

[9] Art. 16 TUE: «1. Il Consiglio esercita, congiuntamente al Parlamento europeo, la funzione legislativa e la funzione di bilancio. Esercita funzioni di definizione delle politiche e di coordinamento alle condizioni stabilite nei trattati. 2. Il Consiglio è composto da un rappresentante di ciascuno Stato membro a livello ministeriale, abilitato a impegnare il governo dello Stato membro che rappresenta e a esercitare il diritto di voto. 3. Il Consiglio delibera a maggioranza qualificata, salvo nei casi in cui i trattati dispongano diversamente. 4. A decorrere dal 1° novembre 2014, per maggioranza qualificata si intende almeno il 55% dei membri del Consiglio, con un minimo di 15, rappresentanti Stati membri che totalizzino almeno il 65% della popolazione dell'Unione. La minoranza di blocco deve comprendere almeno 4 membri del Consiglio; in caso contrario la maggioranza qualificata si considera raggiunta. Le altre modalità che disciplinano il voto a maggioranza qualificata sono stabilite all'art. 238, par. 2 del Trattato sul funzionamento dell'Unione Europea. 5. Le disposizioni transitorie relative alla definizione della maggioranza qualificata applicabili fino al 31 ottobre 2014 e quelle applicabili tra il 1° novembre 2014 e il 31 marzo 2017 sono stabilite dal Protocollo sulle disposizioni transitorie. 6. Il Consiglio si riunisce in varie formazioni, il cui elenco è adottato conformemente all'art. 236 del Trattato sul funzionamento dell'Unione Europea. Il Consiglio "Affari generali" assicura la coerenza dei lavori delle varie formazioni del Consiglio. Esso prepara le riunioni del Consiglio europeo e ne assicura il seguito in collegamento con il presidente del Consiglio europeo e la Commissione. Il Consiglio "Affari esteri" elabora l'azione esterna dell'Unione secondo le linee strategiche definite dal Consiglio europeo e assicura la coerenza dell'azione dell'Unione. 7. Un Comitato dei rappresentanti permanenti dei governi degli Stati membri è responsabile della preparazione dei lavori del Consiglio. 8. Il Consiglio si riunisce in seduta pubblica quando delibera e vota su un progetto di atto legislativo. A tal fine, ciascuna sessione del Consiglio è suddivisa in due parti dedicate, rispettivamente, alle deliberazioni su atti legislativi dell'Unione e alle attività non legislative. 9. La presidenza delle formazioni del Consiglio, a eccezione della formazione "Affari esteri", è esercitata dai rappresentanti degli Stati membri nel Consiglio secondo un sistema di rotazione paritaria, alle condizioni stabilite conformemente all'art. 236 del Trattato sul funzionamento dell'Unione Europea.

[10] Art. 237 TFUE: «Il Consiglio si riunisce su convocazione del suo presidente, per iniziativa di questi, di uno dei suoi membri o della Commissione». Art. 243 TFUE: «Il Consiglio fissa gli stipendi, le indennità e le pensioni del presidente del Consiglio europeo, del presidente della Commissione, dell'alto rappresentante dell'Unione per gli Affari esteri e la politica di sicurezza, dei membri della Commissione, dei presidenti, dei membri e dei cancellieri della Corte di giustizia dell'Unione Europea, nonché del segretario generale del Consiglio. Esso fissa altresì tutte le indennità sostitutive di retribuzione».

cifiche attribuzioni menzionate nei trattati. Per meglio distinguerlo, nella prassi prende il nome di **Consiglio dei ministri dell'Unione Europea**, e non va confuso né con il Consiglio europeo, di cui si è già detto, né con il Consiglio d'Europa (che non è un'istituzione dell'UE).

Nel Consiglio i ministri dei governi di ciascun Paese dell'UE si incontrano per discutere, modificare e adottare la legislazione e coordinare le politiche. Attualmente sono previste 10 formazioni del Consiglio: Consiglio «Affari generali»; Consiglio «Affari esteri»; Consiglio «Affari economici e finanziari» (Consiglio Ecofin); Consiglio «Agricoltura e pesca»; Consiglio «Giustizia e affari interni»; Consiglio «Occupazione, politica sociale, salute e consumatori»; Consiglio «Competitività»; Consiglio «Trasporti, telecomunicazioni ed energia»; Consiglio «Ambiente»; Consiglio «Istruzione, gioventù e cultura». Pertanto, la formazione del Consiglio varia a seconda dell'ambito nel quale debba decidere, discutere e adottare la legislazione o coordinare le politiche: così, per esempio, nel caso si tratti di materia dei trasporti sarà composto dai ministri dei Trasporti dei singoli Stati membri, in materia di agricoltura dai ministri dell'Agricoltura, e così via. Pur non essendovi una gerarchia tra le varie formazioni del Consiglio, svolgono un ruolo particolare di coordinamento due formazioni previste dagli artt. 16 TUE e 236 TFUE: il Consiglio Affari generali e il Consiglio «Affari esteri». Il Consiglio «Affari generali», composto dai ministri degli Affari europei, assicura la coerenza dei lavori delle varie formazioni del Consiglio. Esso prepara le riunioni del Consiglio europeo e ne assicura il seguito in collegamento con il presidente del Consiglio europeo e la Commissione. Il Consiglio «Affari esteri», invece, composto dai ministri degli Esteri, elabora l'azione esterna dell'Unione secondo le linee strategiche definite dal Consiglio europeo e assicura la coerenza dell'azione dell'Unione. Tale Consiglio, per il particolare ruolo, è presieduto dall'alto rappresentante dell'Unione per gli Affari esteri e la politica di sicurezza, che si avvale di un servizio diplomatico denominato «Servizio europeo per l'azione esterna» (artt. 18 e 27 TUE).

Ai sensi dell'art. 16 TUE il Consiglio è composto da un rappresentante di ciascuno Stato membro a livello ministeriale, abilitato a impegnare il governo dello Stato membro che rappresenta e a esercitare il diritto di voto. Anche i commissari europei responsabili dei settori interessati sono invitati alle sessioni del Consiglio. La Banca centrale europea è invitata nei casi in cui ha avviato la procedura legislativa. Le sessioni sono presiedute dai ministri degli Stati membri a rotazione. Fa eccezione, come detto, il Consiglio «Affari esteri», presieduto dall'alto rappresentante dell'Unione per gli Affari esteri e la politica di sicurezza.

Un'attenzione particolare la merita il Consiglio «Affari economici e finanziari», meglio noto come *Ecofin*, non solo per la delicata materia nella quale opera, bensì anche perché al suo interno è costituito – per i soli Paesi dell'Eurozona – l'*Eurogruppo*, composto dai rispettivi ministri dell'Economia e delle finanze, che si riunisce il giorno prima del Consiglio, al fine di coordinare le politiche economiche dell'Eurozona. Gli accordi raggiunti dall'Eurogruppo necessitano della successiva approvazione da parte del Consiglio del giorno successivo, con il solo voto ovviamente dei ministri dei Paesi dell'Eurozona.

Oltre a condividere la funzione legislativa e di approvazione del bilancio annuale dell'UE con il Parlamento europeo, il Consiglio svolge molte altre funzioni di particolare rilievo, quali: coordinare le politiche dei Paesi dell'UE; elaborare la politica estera e di sicurezza dell'UE sulla base degli orientamenti del Consiglio europeo; decidere sulla firma e conclusione di accordi tra l'UE e altri Paesi o organizzazioni internazionali. Quando il Consiglio discute e vota progetti di atti legislativi, le sue sedute sono pubbliche. A tal fine, ciascuna sessione del Consiglio è suddivisa in due parti dedicate, rispettivamente, alle deliberazioni su atti legislativi dell'Unione e alle attività non legislative.
Il metodo di votazione comune nell'assunzione delle decisioni del Consiglio è la maggioranza qualificata, usata per circa l'80% della legislazione dell'UE. Per «maggioranza qualificata» si intende una deliberazione presa con il consenso del 55% dei Paesi (almeno 16 Stati membri sugli attuali 28) che rappresentino almeno il 65% della popolazione totale dell'UE. Un eventuale veto contro la deliberazione necessita dell'accordo di almeno 4 Stati, in grado di rappresentare almeno il 35% della popolazione dell'UE, in questo modo evitando che tre dei quattro stati più grandi dell'UE (Germania, Francia, Regno Unito, Italia) possano costituire una minoranza in grado di contrastare la volontà generale dei Paese membri.
In alcuni casi, però, per le questioni considerate sensibili dagli Stati membri in materie delicate come la politica estera o la fiscalità è richiesto il voto all'unanimità, per cui è necessario il consenso di tutti i Paesi membri, anche se l'eventuale astensione di uno Stato non impedisce l'adozione della decisione. Altra eccezione alla regola è prevista per le questioni procedurali e amministrative per le quali vige la maggioranza semplice.

Commissione (art. 17 TUE[11]; artt. 244-250 TFUE[12]). **È l'organo esecutivo dell'UE, al quale spetta attuare le decisioni del Parlamento europeo e del**

[11] Art. 17 TUE: «1. La Commissione promuove l'interesse generale dell'Unione e adotta le iniziative appropriate a tal fine. Vigila sull'applicazione dei trattati e delle misure adottate dalle istituzioni in virtù dei trattati. Vigila sull'applicazione del diritto dell'Unione sotto il controllo della Corte di giustizia dell'Unione Europea. Dà esecuzione al bilancio e gestisce i programmi. Esercita funzioni di coordinamento, di esecuzione e di gestione, alle condizioni stabilite dai trattati. Assicura la rappresentanza esterna dell'Unione, fatta eccezione per la politica estera e di sicurezza comune e per gli altri casi previsti dai trattati. Avvia il processo di programmazione annuale e pluriennale dell'Unione per giungere ad accordi interistituzionali. 2. Un atto legislativo dell'Unione può essere adottato solo su proposta della Commissione, salvo che i trattati non dispongano diversamente. Gli altri atti sono adottati su proposta della Commissione se i trattati lo prevedono. 3. Il mandato della Commissione è di 5 anni. I membri della Commissione sono scelti in base alla loro competenza generale e al loro impegno europeo e tra personalità che offrono tutte le garanzie di indipendenza. La Commissione esercita le sue responsabilità in piena indipendenza. Fatto salvo l'art. 18, par. 2, i membri della Commissione non sollecitano né accettano istruzioni da alcun governo, istituzione, organo o organismo. Essi si astengono da ogni atto incompatibile con le loro funzioni o con l'esecuzione dei loro compiti. 4. La Commissione nominata tra la data di entrata in vigore del Trattato di Lisbona e il 31 ottobre 2014 è composta da un cittadino di ciascuno Stato membro, compreso il presidente e l'alto rappresentante dell'Unione per gli Affari esteri e la politica di sicurezza, che è uno dei vicepresidenti».

[12] Art. 244 TFUE: «A norma dell'art. 17, par. 5 del Trattato sull'Unione Europea i membri della Commissione sono scelti in base a un sistema di rotazione stabilito all'unanimità dal Consiglio europeo secondo i principi seguenti: *a*) gli Stati membri sono trattati su un piano

Consiglio dell'UE, in una particolare posizione di indipendenza politica dalle altre istituzioni europee, nonché, soprattutto, dagli Stati.
La Commissione dura in carica 5 anni ed è composta da un cittadino per ciascuno Stato membro; al momento, dunque, i commissari sono 28. Ai sensi dell'art. 17.5 TUE, dal 1° novembre 2014 la Commissione avrebbe dovuto essere composta da un numero minore di membri pari ai due terzi degli Stati, scelti in base a un sistema di rotazione paritaria. Tuttavia, la medesima disposizione prevede la possibilità per il Consiglio europeo, deliberando all'unanimità, di modificare tale numero di componenti. Così, prima dell'entrata in vigore della composizione ridotta, a causa di una forte contrarietà di alcuni governi, il Consiglio europeo ha deciso di mantenere invariata la corrispondenza di un commissario per ciascun Paese dell'UE.
Dunque, allo stato attuale, il collegio dei commissari è costituito dal presidente della Commissione, da 7 vicepresidenti, tra i quali rientrano, altresì, il primo vicepresidente e l'alto rappresentante dell'Unione per gli Affari esteri e la politica di sicurezza, nonché da 20 commissari incaricati dei rispettivi portafogli, comparabili con i ministeri[13].

di assoluta parità per quanto concerne la determinazione dell'avvicendamento e del periodo di permanenza dei loro cittadini in seno alla Commissione; pertanto lo scarto tra il numero totale dei mandati detenuti da cittadini di 2 Stati membri non può mai essere superiore a uno; *b*) fatta salva la lett. *a*, ciascuna delle Commissioni successive è costituita in modo da riflettere in maniera soddisfacente la molteplicità demografica e geografica degli Stati membri». Art. 245 TFUE: «I membri della Commissione si astengono da ogni atto incompatibile con il carattere delle loro funzioni. Gli Stati membri rispettano la loro indipendenza e non cercano di influenzarli nell'adempimento dei loro compiti. I membri della Commissione non possono, per la durata delle loro funzioni, esercitare alcun'altra attività professionale, remunerata o meno. Fin dal loro insediamento, essi assumono l'impegno solenne di rispettare, per la durata delle loro funzioni e dopo la cessazione di queste, gli obblighi derivanti dalla loro carica, e in particolare i doveri di onestà e delicatezza per quanto riguarda l'accettare, dopo tale cessazione, determinate funzioni o vantaggi. In caso di violazione degli obblighi stessi, la Corte di giustizia, su istanza del Consiglio, che delibera a maggioranza semplice, o della Commissione, può, a seconda dei casi, pronunciare le dimissioni d'ufficio alle condizioni previste dall'art. 247 ovvero la decadenza dal diritto a pensione dell'interessato o da altri vantaggi sostitutivi». Art. 247 TFUE: «Qualsiasi membro della Commissione che non risponda più alle condizioni necessarie all'esercizio delle sue funzioni o che abbia commesso una colpa grave può essere dichiarato dimissionario dalla Corte di giustizia, su istanza del Consiglio, che delibera a maggioranza semplice, o della Commissione». Art. 248 TFUE: «Fatto salvo l'art. 18, par. 4 del Trattato sull'Unione Europea, le competenze che spettano alla Commissione sono strutturate e ripartite fra i membri dal presidente, in conformità dell'art. 17, par. 6 di detto trattato. Il presidente può modificare la ripartizione delle competenze nel corso del mandato. I membri della Commissione esercitano le funzioni loro attribuite dal presidente, sotto la sua autorità». Art. 249 TFUE: «1. La Commissione stabilisce il proprio regolamento interno allo scopo di assicurare il proprio funzionamento e quello dei propri servizi. Essa provvede alla pubblicazione del regolamento. 2. La Commissione pubblica ogni anno, almeno un mese prima dell'apertura della sessione del Parlamento europeo, una relazione generale sull'attività dell'Unione». Art. 250 TFUE: «Le deliberazioni della Commissione sono prese a maggioranza dei suoi membri. Il regolamento interno fissa il numero legale».

[13] Che attualmente sono: Qualità della legislazione, relazioni interistituzionali, Stato di diritto e Carta dei diritti fondamentali; Affari esteri e politica di sicurezza; Programmazione finanziaria, bilancio e risorse umane; Euro e dialogo sociale; Mercato unico digitale; Lavoro, crescita, investimenti e competitività; Unione energetica; Politica di vicinato e negoziati di allargamento; Occupazione, affari sociali, competenze e mobilità del lavoro; Cooperazione internazionale e sviluppo; Commercio; Concorrenza; Affari economici e

Il Trattato di Lisbona assegna un ruolo di assoluto rilievo al presidente della Commissione come emerge già dalla procedura di nomina prevista dall'art. 17.7 TUE. Il presidente, infatti, è eletto dal Parlamento europeo a maggioranza dei membri che lo compongono, su proposta del Consiglio europeo, deliberata a maggioranza qualificata, sulla base dell'esito delle precedenti elezioni europee. Il senso della disposizione è quello di individuare una figura che sia politicamente in sintonia con il Parlamento europeo, ovvero con l'orientamento politico dei cittadini europei emerso dalle elezioni. Infatti, se il Parlamento respinge la proposta ricevuta, il Consiglio deve, entro un mese, proporre un nuovo nome secondo la medesima procedura, sino alla coincidenza di intenti tra l'organo parlamentare di rappresentanza popolare e il Consiglio espressione dei governi statali: con una tendenziale prevalenza del Parlamento.

L'approvazione del Parlamento è inoltre prevista anche per l'individuazione degli altri componenti della Commissione. Una procedura però che vede coinvolto lo stesso presidente della Commissione eletto che, assieme al Consiglio europeo, individua i nomi dei singoli commissari selezionati sulla base delle proposte fatte da ciascuno Stato membro. Alla fine di tale procedura di selezione, il presidente, l'alto rappresentante dell'Unione per gli Affari esteri e la politica di sicurezza e gli altri membri della Commissione devono ricevere, collettivamente, un voto di approvazione da parte del Parlamento europeo. Solo dopo tale approvazione la Commissione è formalmente nominata a maggioranza qualificata dal Consiglio europeo. Dunque, una procedura complessa e mediata tra le varie istituzioni europee coinvolte.

Con riferimento alle funzioni, la Commissione ha un ruolo assai ampio quale organo esecutivo, ma non solo. Infatti, tale istituzione, oltre a promuovere «l'interesse generale dell'Unione» e adottare «le iniziative appropriate a tal fine», svolge un particolare ruolo di vigilanza, sia «sull'applicazione dei trattati» e sulle misure adottate dalle altre istituzioni, sia sull'applicazione del diritto dell'Unione, ovviamente sotto il controllo della Corte di giustizia dell'Unione Europea. I poteri di vigilanza riguardano altresì il rispetto dei vincoli di bilancio e il coordinamento delle politiche economiche nazionali. Sono queste funzioni molto delicate nei rapporti con gli Stati, ai quali la Commissione può rivolgere «avvertimenti» al fine di coordinare le politiche economiche e sorvegliare la situazione di bilancio di ciascuno Stato, potendo finanche proporre al Consiglio l'avvio di una «procedura per disavanzo eccessivo»[14].

monetari, fiscalità e unione doganale; Economia e società digitali; Migrazioni, affari interni e cittadinanza; Agricoltura e sviluppo rurale; Salute e sicurezza alimentare; Ambiente, affari marittimi e pesca; Mercato interno, industria, imprenditoria, piccole e medie imprese; Ricerca, scienza e innovazione; Stabilità finanziaria, servizi finanziari e mercato unico dei capitali; Giustizia, tutela dei consumatori e uguaglianza di genere; Politica regionale; Trasporti; Azione per il clima e l'energia; Istruzione, cultura, gioventù e sport.

[14] Art. 126 TFUE: «1. Gli Stati membri devono evitare disavanzi pubblici eccessivi. [...] 2. La Commissione sorveglia l'evoluzione della situazione di bilancio e dell'entità del debito pubblico negli Stati membri, al fine di individuare errori rilevanti. [...] 3. Se uno Stato membro non rispetta i requisiti previsti da uno o entrambi i criteri menzionati, la

Inoltre, la Commissione svolge un ruolo di rappresentanza esterna dell'Unione, nel rispetto delle specifiche competenze dell'alto rappresentante per gli Affari esteri e la sicurezza comune e per gli altri casi previsti dai trattati. In una posizione di quasi esclusività in capo alla Commissione, invece, è il potere di iniziativa sugli atti normativi dell'UE, che solo in specifici casi di eccezione è assegnato dai trattati ad altre istituzioni.
Spetta invece in particolare al presidente della Commissione stabilire l'organizzazione interna della Commissione, anche nominando i vicepresidenti, nonché, soprattutto, definire gli orientamenti generali dell'istituzione che presiede (art. 17.6 TUE). Infine, il trattato assegna al presidente anche un potere di «revoca», potendo chiedere a un membro della Commissione di rassegnare le dimissioni.
Anche se il presidente definisce l'indirizzo politico della Commissione, le decisioni dell'istituzione avvengono attraverso un processo decisionale collettivo con una conseguente assunzione di responsabilità collettiva. Infatti, la Commissione è responsabile collegialmente nei confronti del Parlamento europeo, il quale detiene il potere di votare una «mozione di censura»[15], che determina le dimissioni dell'intero organo (art. 17.6 TUE).

Commissione prepara una relazione. La relazione della Commissione tiene conto anche dell'eventuale differenza tra il disavanzo pubblico e la spesa pubblica per gli investimenti e tiene conto di tutti gli altri fattori significativi, compresa la posizione economica e di bilancio a medio termine dello Stato membro. La Commissione può inoltre preparare una relazione se ritiene che in un determinato Stato membro, malgrado i criteri siano rispettati, sussista il rischio di un disavanzo eccessivo. [...] 5. La Commissione, se ritiene che in uno Stato membro esista o possa determinarsi in futuro un disavanzo eccessivo, trasmette un parere allo Stato membro interessato e ne informa il Consiglio. 6. Il Consiglio, su proposta della Commissione e considerate le osservazioni che lo Stato membro interessato ritenga di formulare, decide, dopo una valutazione globale, se esiste un disavanzo eccessivo. 7. Se, ai sensi del par. 6, decide che esiste un disavanzo eccessivo, il Consiglio adotta senza indebito ritardo, su raccomandazione della Commissione, le raccomandazioni allo Stato membro in questione al fine di far cessare tale situazione entro un determinato periodo. [...] 9. Qualora uno Stato membro persista nel disattendere le raccomandazioni del Consiglio, quest'ultimo può decidere di intimare allo Stato membro di prendere, entro un termine stabilito, le misure volte alla riduzione del disavanzo che il Consiglio ritiene necessaria per correggere la situazione. In tal caso il Consiglio può chiedere allo Stato membro in questione di presentare relazioni secondo un calendario preciso, al fine di esaminare gli sforzi compiuti da detto Stato membro per rimediare alla situazione. [...] 11. Fintantoché uno Stato membro non ottempera ad una decisione presa in conformità del par. 9, il Consiglio può decidere di applicare o, a seconda dei casi, di rafforzare una o più delle seguenti misure: chiedere che lo Stato membro interessato pubblichi informazioni supplementari, che saranno specificate dal Consiglio, prima dell'emissione di obbligazioni o altri titoli, invitare la Banca europea per gli investimenti a riconsiderare la sua politica di prestiti verso lo Stato membro in questione, richiedere che lo Stato membro in questione costituisca un deposito infruttifero di importo adeguato presso l'Unione, fino a quando, a parere del Consiglio, il disavanzo eccessivo non sia stato corretto, infliggere ammende di entità adeguata. Il presidente del Consiglio informa il Parlamento europeo delle decisioni adottate».

[15] Secondo la procedura prevista dall'art. 234 TFUE: «Il Parlamento europeo, cui sia presentata una mozione di censura sull'operato della Commissione, non può pronunciarsi su tale mozione prima che siano trascorsi almeno 3 giorni dal suo deposito e con scrutinio pubblico. Se la mozione di censura è approvata a maggioranza di due terzi dei voti espressi e a maggioranza dei membri che compongono il Parlamento europeo, i membri della Commissione si dimettono collettivamente dalle loro funzioni e l'alto rappresentante

Del resto, tutti i commissari hanno il medesimo peso all'interno della Commissione e generalmente sono privi di potere decisionale individuale. Le loro decisioni devono essere assunte nel rispetto dei trattati e nell'esclusivo interesse dell'UE, come detto, ma è bene enfatizzarlo, in una posizione di assoluta indipendenza degli Stati, ovviamente, o meglio, in particolar modo, da quello di provenienza nazionale, ma inoltre da qualsiasi altro soggetto, o istituzione pubblica e privata.

Corte di giustizia dell'Unione Europea (art. 19 TUE[16]; artt. 251-281 TFUE[17]). Ai sensi dell'art. 19 TUE **è l'organo giudiziario dell'Unione. Composta**

dell'Unione per gli Affari esteri e la politica di sicurezza si dimette dalle funzioni che esercita in seno alla Commissione. Essi rimangono in carica e continuano a curare gli affari di ordinaria amministrazione fino alla loro sostituzione conformemente all'art. 17 del Trattato sull'Unione Europea. In questo caso, il mandato dei membri della Commissione nominati per sostituirli scade alla data in cui sarebbe scaduto il mandato dei membri della Commissione costretti a dimettersi collettivamente dalle loro funzioni».

[16] Art. 19 TUE: «La Corte di giustizia dell'Unione europea comprende la Corte di giustizia, il Tribunale e i tribunali specializzati. Assicura il rispetto del diritto nell'interpretazione e nell'applicazione dei trattati. Gli Stati membri stabiliscono i rimedi giurisdizionali necessari per assicurare una tutela giurisdizionale effettiva nei settori disciplinati dal diritto dell'Unione. 2. La Corte di giustizia è composta da un giudice per Stato membro. È assistita da avvocati generali. Il Tribunale è composto da almeno un giudice per Stato membro. I giudici e gli avvocati generali della Corte di giustizia e i giudici del Tribunale sono scelti tra personalità che offrano tutte le garanzie di indipendenza e che soddisfino le condizioni richieste agli artt. 253 e 254 del Trattato sul funzionamento dell'Unione Europea. Sono nominati di comune accordo dai governi degli Stati membri per 6 anni. I giudici e gli avvocati generali uscenti possono essere nuovamente nominati. 3. La Corte di giustizia dell'Unione Europea si pronuncia conformemente ai trattati: *a*) sui ricorsi presentati da uno Stato membro, da un'istituzione o da una persona fisica o giuridica; *b*) in via pregiudiziale, su richiesta delle giurisdizioni nazionali, sull'interpretazione del diritto dell'Unione o sulla validità degli atti adottati dalle istituzioni; *c*) negli altri casi previsti dai trattati».

[17] Art. 251 TFUE: «La Corte di giustizia si riunisce in sezioni o in Grande sezione, conformemente alle regole previste a tal fine dallo Statuto della Corte di giustizia dell'Unione Europea. Ove ciò sia previsto dallo Statuto, la Corte di giustizia può riunirsi anche in seduta plenaria». Art. 253 TFUE: «I giudici e gli avvocati generali della Corte di giustizia, scelti tra personalità che offrano tutte le garanzie di indipendenza e che riuniscano le condizioni richieste per l'esercizio, nei rispettivi Paesi, delle più alte funzioni giurisdizionali, ovvero che siano giureconsulti di notoria competenza, sono nominati di comune accordo per 6 anni dai governi degli Stati membri, previa consultazione del comitato di cui all'art. 255. Ogni 3 anni si procede a un rinnovo parziale dei giudici e degli avvocati generali, alle condizioni previste dallo Statuto della Corte di giustizia dell'Unione Europea. I giudici designano tra loro, per 3 anni, il presidente della Corte di giustizia. Il suo mandato è rinnovabile. I giudici e gli avvocati generali uscenti possono essere nuovamente nominati. La Corte di giustizia nomina il proprio cancelliere, di cui fissa lo Statuto. La Corte di giustizia stabilisce il proprio regolamento di procedura. Tale regolamento è sottoposto all'approvazione del Consiglio». Art. 256 TFUE: «Il Tribunale è competente a conoscere in primo grado dei ricorsi di cui agli artt. 263, 265, 268, 270 e 272, a eccezione di quelli attribuiti a un tribunale specializzato istituito in applicazione dell'art. 257 e di quelli che lo Statuto riserva alla Corte di giustizia. Lo Statuto può prevedere che il Tribunale sia competente per altre categorie di ricorsi. Le decisioni emesse dal Tribunale ai sensi del presente paragrafo possono essere oggetto di impugnazione dinanzi alla Corte di giustizia per i soli motivi di diritto e alle condizioni ed entro i limiti previsti dallo Statuto. Il Tribunale è competente a conoscere dei ricorsi proposti contro le decisioni dei tribunali specializzati. Le decisioni emesse dal Tribunale ai sensi del presente paragrafo possono eccezionalmente essere oggetto di riesame da parte della Corte di giustizia, alle condizioni ed entro i limiti previsti dallo Statuto, ove sussistano gravi rischi che l'unità o la coerenza

dalla Corte di giustizia, dal Tribunale e dai tribunali specializzati, si occupa principalmente di garantire «il rispetto del diritto nell'interpretazione e nell'applicazione dei trattati» nonché risolvere le eventuali le controversie giuridiche che possono sorgere tra: i governi nazionali; i governi nazionali e le istituzioni europee; le stesse istituzioni europee; persone fisiche, o giuridiche, e l'Unione.

Più nel dettaglio la Corte di giustizia dell'Unione Europea redistribuisce le sue funzioni tra le sue due sezioni: la Corte di giustizia, infatti, tratta le richieste di pronuncia pregiudiziale presentate dai tribunali nazionali e alcuni ricorsi per annullamento e impugnazioni; il Tribunale, invece, giudica sui ricorsi per annullamento presentati da privati cittadini, imprese e, in taluni casi, governi di Paesi dell'UE. Le decisioni del tribunale sono impugnabili davanti alla Corte solo per motivi di legittimità relativi all'interpretazione del diritto[18]. I tribunali specializzati invece possono essere istituiti mediante un regolamento del Consiglio e del Parlamento europeo, per conoscere in prima istanza alcune categorie di ricorsi in materie specifiche (art. 257 TFUE). Attualmente, l'unico tribunale specializzato esistente è il Tribunale della funzione pubblica dell'Unione Europea, competente per le controversie tra l'UE e i suoi agenti. Ciascuna sezione è composta da giudici e avvocati generali nominati congiuntamente dai governi nazionali tra personalità che offrano tutte le garanzie di

del diritto dell'Unione siano compromesse. Il Tribunale è competente a conoscere delle questioni pregiudiziali, sottoposte ai sensi dell'art. 267, in materie specifiche determinate dallo Statuto. Il Tribunale, ove ritenga che la causa richieda una decisione di principio che potrebbe compromettere l'unità o la coerenza del diritto dell'Unione, può rinviare la causa dinanzi alla Corte di giustizia affinché si pronunci. Le decisioni emesse dal Tribunale su questioni pregiudiziali possono eccezionalmente essere oggetto di riesame da parte della Corte di giustizia, alle condizioni ed entro i limiti previsti dallo Statuto, ove sussistano gravi rischi che l'unità o la coerenza del diritto dell'Unione siano compromesse». Art. 257 TFUE: «Il Parlamento europeo e il Consiglio, deliberando secondo la procedura legislativa ordinaria, possono istituire tribunali specializzati affiancati al Tribunale, e incaricati di conoscere in primo grado di talune categorie di ricorsi proposti in materie specifiche. Il Parlamento europeo e il Consiglio deliberano mediante regolamenti su proposta della Commissione e previa consultazione della Corte di giustizia o su richiesta della Corte di giustizia e previa consultazione della Commissione. Il regolamento sull'istituzione di un tribunale specializzato stabilisce le regole relative alla composizione di tale tribunale e precisa la portata delle competenze a esso conferite. Le decisioni dei tribunali specializzati possono essere oggetto di impugnazione per i soli motivi di diritto o, qualora il regolamento sull'istituzione del tribunale specializzato lo preveda, anche per motivi di fatto, dinanzi al Tribunale. I membri dei tribunali specializzati sono scelti tra persone che offrano tutte le garanzie di indipendenza e possiedano la capacità per l'esercizio di funzioni giurisdizionali. Essi sono nominati dal Consiglio, che delibera all'unanimità. I tribunali specializzati stabiliscono il proprio regolamento di procedura di concerto con la Corte di giustizia. Tale regolamento è sottoposto all'approvazione del Consiglio. Salvo ove diversamente disposto dal regolamento sull'istituzione del tribunale specializzato, le disposizioni dei trattati relative alla Corte di giustizia dell'Unione Europea e le disposizioni dello Statuto della Corte di giustizia dell'Unione Europea si applicano ai tribunali specializzati. Il Titolo I dello Statuto e l'art. 64 del medesimo si applicano in ogni caso ai tribunali specializzati».

[18] Art. 256 TFUE: «Le decisioni emesse dal Tribunale su questioni pregiudiziali possono eccezionalmente essere oggetto di riesame da parte della Corte di giustizia, alle condizioni ed entro i limiti previsti dallo Statuto, ove sussistano gravi rischi che l'unità o la coerenza del diritto dell'Unione siano compromesse».

indipendenza e alta professionalità, per un mandato rinnovabile di 6 anni[19]. La Corte di giustizia è composta da un giudice per ogni Stato membro, e dunque da 28 componenti nonché da 11 avvocati. Il Tribunale, invece, si compone di 2 giudici per Stato membro, dunque, 56 membri (prima del 2019 erano 47 componenti). I giudici di ciascuna sezione eleggono il proprio presidente che resta in carica per un mandato rinnovabile di 3 anni.

La Corte di giustizia ha svolto un ruolo davvero da protagonista nell'affermare, in una prima fase, il primato del diritto UE, e, successivamente, nel contribuire sensibilmente alla sua espansione. In tal senso, innanzitutto, non si può non ricordare la sentenza *Costa v. Enel*, causa 6/64, del 1964, nella quale la Corte affermò sin dai primi anni il principio del primato del diritto comunitario, che avrebbe successivamente ribadito, laddove in caso di conflitto tra una disposizione nazionale e una comunitaria la disciplina europea prevale al fine di garantire l'uniforme applicazione del diritto comunitario in tutti gli Stati membri[20].

Così come determinante fu il ruolo della Corte nel riconoscere i diritti fondamentali come «principi generali dell'ordinamento comunitario», derivanti dalle tradizioni costituzionali comuni degli Stati membri e dai trattati internazionali cui questi avevano aderito (in particolare della Convenzione europea dei diritti dell'uomo). Secondo la Corte di giustizia, a partire dalla sentenza *Stauder*, causa 29/69, del 1969, tali principi generali del diritto comunitario valevano non solo come parametro per verificare la legittimità degli atti comunitari, ma anche per il diritto interno, assicurando il rispetto degli obblighi assunti da parte degli Stati membri.

Dunque, al di là della lettera dei trattati, il ruolo della Corte è stato centrale e di massima espansione. In concreto, i ricorsi alla Corte di giustizia dell'UE possono concernere:

- **procedure di infrazione** (art. 260 TFUE)[21] avviate dalla Commissione europea o da un altro Stato membro nei casi in cui un governo nazionale non

[19] L'art. 253 TFUE specifica che: «I giudici e gli avvocati generali della Corte di giustizia, scelti tra personalità che offrano tutte le garanzie di indipendenza e che riuniscano le condizioni richieste per l'esercizio, nei rispettivi Paesi, delle più alte funzioni giurisdizionali, ovvero che siano giureconsulti di notoria competenza, sono nominati di comune accordo per 6 anni dai governi degli Stati membri, previa consultazione del comitato di cui all'art. 255». Inoltre, l'art. 255 prevede l'istituzione di «un comitato con l'incarico di fornire un parere sull'adeguatezza dei candidati all'esercizio delle funzioni di giudice e di avvocato generale della Corte di giustizia e del Tribunale, prima che i governi degli Stati membri procedano alle nomine in conformità degli artt. 253 e 254. Il comitato è composto da 7 personalità scelte tra ex membri della Corte di giustizia e del Tribunale, membri dei massimi organi giurisdizionali nazionali e giuristi di notoria competenza, uno dei quali è proposto dal Parlamento europeo. Il Consiglio adotta una decisione che stabilisce le regole di funzionamento di detto comitato e una decisione che ne designa i membri. Esso delibera su iniziativa del presidente della Corte di giustizia».

[20] Tra le molte altre si vedano le storiche pronunce *Van Gend en Loos*, causa 26/62, del 1963, e *Van Duyn*, causa 41/74, del 1974, sugli effetti diretti del diritto comunitario «al quale sono soggetti non soltanto gli Stati membri, ma i loro cittadini».

[21] Art. 260 TFUE: «Quando la Corte di giustizia dell'Unione Europea riconosca che uno Stato membro ha mancato a uno degli obblighi a esso incombenti in virtù dei trattati, tale Stato è tenuto a prendere i provvedimenti che l'esecuzione della sentenza della Corte

rispetti il diritto dell'UE. Tali procedure possono concludersi con sanzioni anche di tipo pecuniario;

- **ricorsi per annullamento** (artt. 263 e 269 TFUE) proposti da uno Stato membro o dalle istituzioni europee nel caso in cui un atto della stessa UE violi i trattati o i diritti fondamentali; in alcuni casi tali ricorsi possono essere promossi dai cittadini se direttamente lesi dall'atto UE;
- **ricorsi per omissione** (art. 265 TFUE), promossi, anche in questo caso, dai governi nazionali, dalle stesse istituzioni europee, o in alcune ipotesi da privati cittadini, nei casi in cui Parlamento, Consiglio e Commissione omettano di assumere atti o decisioni previsti dai trattati, la cui omissione pertanto ne rappresenti una violazione;
- **pronunce pregiudiziali** sull'interpretazione del diritto UE (art. 267 TFUE)[22], che nascono dalle istanze dei giudici nazionali, al fine di rendere uniforme l'applicazione del diritto. Le pronunce pregiudiziali possono nascere da un dubbio del giudice interno dello Stato, sia sull'interpretazione, o applicazione, diretta di una normativa dell'UE, sia quando riscontri un possibile contrasto con una disposizione nazionale dello Stato incompatibile con il diritto dell'UE. In entrambe le ipotesi il giudice solleva la questione alla Corte europea;
- **azioni di risarcimento del danno** (art. 268 TFUE)[23] promosse da persone fisiche o giuridiche i cui diritti e interessi siano stati lesi da azioni o omissioni delle istituzioni UE, al fine di ottenere adeguato ristoro per i danni subiti.

Corte dei conti (artt. 285-287 TFUE). Può essere definita come l'**organo di controllo contabile dell'UE**. Dotata anch'essa di indipendenza dalle istituzioni e dagli Stati dell'UE, la Corte dei conti controlla che i fondi dell'UE siano raccolti e utilizzati correttamente, contribuendo a migliorare la gestione finanziaria del bilancio da parte della Commissione europea, anche a tutela

comporta [...] Se la Corte constata l'inadempimento, può comminare allo Stato membro in questione il pagamento di una somma forfettaria o di una penalità entro i limiti dell'importo indicato dalla Commissione. Il pagamento è esigibile alla data fissata dalla Corte nella sentenza».

[22] Art. 267 TFUE: «La Corte di giustizia dell'Unione Europea è competente a pronunciarsi, in via pregiudiziale: *a*) sull'interpretazione dei trattati; *b*) sulla validità e l'interpretazione degli atti compiuti dalle istituzioni, dagli organi o dagli organismi dell'Unione. Quando una questione del genere è sollevata dinanzi a una giurisdizione di uno degli Stati membri, tale giurisdizione può, qualora reputi necessaria per emanare la sua sentenza una decisione su questo punto, domandare alla Corte di pronunciarsi sulla questione. Quando una questione del genere è sollevata in un giudizio pendente davanti a una giurisdizione nazionale, avverso le cui decisioni non possa proporsi un ricorso giurisdizionale di diritto interno, tale giurisdizione è tenuta a rivolgersi alla Corte. Quando una questione del genere è sollevata in un giudizio pendente davanti a una giurisdizione nazionale e riguardante una persona in stato di detenzione, la Corte statuisce il più rapidamente possibile».

[23] L'art. 268 TFUE prevede che: «La Corte di giustizia dell'Unione Europea è competente a conoscere delle controversie relative al risarcimento dei danni di cui all'art. 340, commi 2 e 3». A sua volta l'art. 340, commi 2 e 3, TFUE dispone che: «in materia di responsabilità extracontrattuale, l'Unione deve risarcire, conformemente ai principi generali comuni ai diritti degli Stati membri, i danni cagionati dalle sue istituzioni o dai suoi agenti nell'esercizio delle loro funzioni. In deroga al comma 2, la Banca centrale europea deve risarcire, conformemente ai principi generali comuni al diritto degli Stati membri, i danni cagionati da essa stessa o dai suoi agenti nell'esercizio delle loro funzioni».

degli interessi dei contribuenti dell'UE. Composta da 28 membri nominati dal Consiglio, previa consultazione del Parlamento, per periodi di 6 anni rinnovabili, elegge il proprio presidente per un periodo di 3 anni, rinnovabile. La Corte dei conti può effettuare tre tipologie di controlli: **finanziari**, verificando la regolarità dei conti; **di conformità**, controllando che le transazioni finanziarie rispettino le disposizioni che li prevedono; **di gestione**, verificando che i fondi dell'UE siano stati gestiti nel modo più efficiente e raggiungano gli obiettivi per i quali sono stati destinati.

4. LA BANCA CENTRALE EUROPEA E L'UNIONE MONETARIA

La Banca centrale europea (BCE; artt. 127-133, 282-284 TFUE, Prot. n. 4[24]) **è l'organo di governo del Sistema europeo delle banche centrali** (SEBC).

[24] Art. 127 TFUE: «1. L'obiettivo principale del Sistema europeo delle banche centrali [d'ora in poi "SEBC"] è il mantenimento della stabilità dei prezzi. Fatto salvo l'obiettivo della stabilità dei prezzi, il SEBC sostiene le politiche economiche generali nell'Unione al fine di contribuire alla realizzazione degli obiettivi dell'Unione definiti nell'art. 3 del Trattato sull'Unione Europea. Il SEBC agisce in conformità del principio di un'economia di mercato aperta e in libera concorrenza, favorendo un'efficace allocazione delle risorse e rispettando i principi di cui all'art. 119. I compiti fondamentali da assolvere tramite il SEBC sono i seguenti: – definire e attuare la politica monetaria dell'Unione, – svolgere le operazioni sui cambi in linea con le disposizioni dell'art. 219, – detenere e gestire le riserve ufficiali in valuta estera degli Stati membri, – promuovere il regolare funzionamento dei sistemi di pagamento». Art. 128 TFUE: «La Banca centrale europea ha il diritto esclusivo di autorizzare l'emissione di banconote in euro all'interno dell'Unione. La Banca centrale europea e le banche centrali nazionali possono emettere banconote. Le banconote emesse dalla Banca centrale europea e dalle banche centrali nazionali costituiscono le uniche banconote aventi corso legale nell'Unione. Gli Stati membri possono coniare monete metalliche in euro con l'approvazione della Banca centrale europea per quanto riguarda il volume del conio. Il Consiglio, su proposta della Commissione e previa consultazione del Parlamento europeo e della Banca centrale europea, può adottare misure per armonizzare le denominazioni e le specificazioni tecniche di tutte le monete metalliche destinate alla circolazione, nella misura necessaria per agevolare la loro circolazione nell'Unione». Art. 129 TFUE: «1. Il SEBC è retto dagli organi decisionali della Banca centrale europea che sono il Consiglio direttivo e il Comitato esecutivo. 2. Lo Statuto del Sistema europeo delle banche centrali e della Banca centrale europea [d'ora in poi "Statuto del SEBC e della BCE"] è definito nel Protocollo allegato ai trattati». Art. 282 TFUE: «1. La Banca centrale europea e le banche centrali nazionali costituiscono il Sistema europeo delle banche centrali (SEBC). La Banca centrale europea e le banche centrali nazionali degli Stati membri la cui moneta è l'euro, che costituiscono l'Eurosistema, conducono la politica monetaria dell'Unione. 2. Il SEBC è diretto dagli organi decisionali della Banca centrale europea. L'obiettivo principale del SEBC è il mantenimento della stabilità dei prezzi. Fatto salvo tale obiettivo, esso sostiene le politiche economiche generali nell'Unione per contribuire alla realizzazione degli obiettivi di quest'ultima. 3. La Banca centrale europea ha personalità giuridica. Ha il diritto esclusivo di autorizzare l'emissione dell'euro. È indipendente nell'esercizio dei suoi poteri e nella gestione delle sue finanze. Le istituzioni, organi e organismi dell'Unione e i governi degli Stati membri rispettano tale indipendenza. 4. La Banca centrale europea adotta le misure necessarie all'assolvimento dei suoi compiti in conformità degli artt. da 127 a 133, dell'art. 138 e delle condizioni stabilite dallo Statuto del SEBC e della BCE. In conformità con questi stessi articoli, gli Stati membri la cui moneta non è l'euro e le rispettive banche centrali conservano le loro competenze nel settore monetario. 5. Nei settori che rientrano nelle sue attribuzioni, la Banca centrale europea è consultata su ogni progetto di atto dell'Unione e su ogni progetto di atto normativo a livello nazionale, e può formulare pareri».

Ai sensi dell'art. 13 TUE, la BCE è formalmente un'istituzione dell'UE, con sede a Francoforte sul Meno, è dotata di personalità giuridica, di competenze tecniche, di poteri normativi, ma soprattutto di un elevato grado di indipendenza dalle altre istituzioni e dai governi nazionali. Il suo presidente, in carica per 8 anni, non rinnovabile, è nominato dal Consiglio europeo a maggioranza qualificata, insieme agli altri 5 membri del Comitato esecutivo, i quali, unitamente ai governatori delle banche centrali nazionali, compongono il Consiglio direttivo.

Tra le altre funzioni, la BCE fissa i tassi di interesse, determinando il costo del denaro che viene acquistato attraverso prestiti alle banche commerciali degli Stati che aderiscono all'euro (denominata *Eurozona*). Attraverso tale funzione, di fatto controlla l'offerta di moneta e dunque l'inflazione all'interno dell'area dei Paesi che adottano l'euro. La BCE ha anche funzioni di vigilanza nei confronti delle autorità nazionali alle quali spetta controllare la regolarità delle istituzioni e sui mercati finanziari. Inoltre, assicura e garantisce la sicurezza e la solidità del sistema bancario europeo; autorizza l'emissione di euro in banconote da parte dei Paesi dell'Eurozona e assicura la stabilità dei prezzi, adottando tutte le misure necessarie a tal fine. Per comprendere le suddette funzioni, tra cui innanzitutto quella della stabilità dei prezzi, è bene fare una piccola digressione storica e chiarire alcuni concetti tecnici che in particolare interessano l'Unione monetaria e la sua moneta: l'**euro**.

La BCE nasce con un obiettivo su tutti bene definito: quello di governare e rafforzare l'**Unione monetaria** e dunque la sua moneta che, a partire dal Trattato di Maastricht (TUE), a tappe, si sarebbe realizzata. Al fine di raggiungere tale complesso obiettivo, la BCE viene caratterizzata per la forte competenza tecnica nonché per la sua massima indipendenza in particolare dai governi nazionali. Nell'anno della sigla del TUE (1992) non si sapeva ancora se avessero aderito tutti i Paesi dell'Unione e neppure come si sarebbe chiamata la moneta (solo nel 1995 verrà denominata «euro»). Si sapeva, però, che sarebbe dovuta essere una moneta stabile, non soggetta a inflazione o a politiche di svalutazione. Già il TUE (art. 105, par. 1), ma anche lo Statuto della BCE (art. 2), chiariscono che l'obiettivo principale del SEBC è il mantenimento della stabilità dei prezzi.

Tale regola (tecnica) siglata nel TUE, ha a sua volta una ragione politica, legata alle origini dell'Unione monetaria. L'epocale decisione di costituire a livello europeo un'Unione monetaria è stata frutto di una lunga riflessione e mediazione politica tra gli Stati membri delle Comunità economiche europee, in particolare dopo la fine degli accordi di Bretton Woods[25], che avevano re-

[25] Tali accordi prendono il nome dalla Conferenza di Bretton Woods (1-22 luglio 1944, presso l'omonima località del New Hampshire), in cui, a conclusione della Seconda guerra mondiale, si stabilirono le regole delle relazioni commerciali e finanziarie tra i più importanti Paesi industrializzati del mondo per rilanciare l'economia in crisi. Tra queste, centrale era il sistema di regolazione dei cambi internazionali che creava le condizioni per una stabilizzazione dei tassi di cambio rispetto al dollaro (eletto a valuta di riferimento). A seguito di tali accordi, per rilanciare e regolare il nuovo scenario economico nacquero le prime «istituzioni globali» tra cui: il General Agreement on Tariffs and Trade (GATT),

golato e stabilizzato il sistema dei cambi internazionali dalla fine del secondo dopoguerra sino al 1971. La fluttuazione dei cambi delle rispettive valute dei Paesi delle Comunità rappresentava un concreto ostacolo per gli scambi all'interno del Mercato comune. Così il Rapporto Werner, prima, e quello Delors, poi, individuavano, tecnicamente, nell'Unione monetaria l'unico strumento per favorire scambi e investimenti nel Mercato comune. Infatti, se l'omogeneità tra i cambi, limitando le fluttuazioni delle valute – come all'epoca degli accordi di Bretton Woods – avrebbe favorito il commercio tra i Paesi delle Comunità, l'unico modo per compiere una concreta unità economica era dunque quello di creare una moneta unica, che consentisse il passaggio dal Mercato comune al Mercato unico. L'Unione monetaria europea nasce e si fonda quindi sull'accordo politico volto a perseguire alcune scelte: innanzitutto, la regola economica di fondare una moneta unica tra gli Stati, premessa indispensabile per la creazione del Mercato europeo.

La moneta, da sempre sinonimo di «sovranità», viene ceduta dagli Stati all'Unione Europea. Il TUE disegna la futura moneta europea – che sarebbe entrata in vigore il 1° gennaio 1999 – come una moneta fiduciaria, il cui prezzo non è legato ad alcun valore reale (come, per esempio, le riserve auree). La fiducia in essa è pertanto strettamente connessa alla fiducia che i mercati avranno sulla credibilità delle politiche monetarie dell'UE. Un soggetto nuovo, non ancora bene definito, la cui credibilità è strettamente legata a quella dei Paesi membri, ma che appunto devono creare una moneta che possa godere di una sua autonoma fiducia. È per tale ragione che il TUE fissa come **principio fondamentale la stabilità dei prezzi, vietando politiche di svalutazione monetaria**. Una scelta tecnica, di politica monetaria, che, invero, avrebbe determinato per il futuro delle rilevanti conseguenze di politica economica. Avere una moneta stabile, infatti, significa escludere qualsiasi ricorso alla svalutazione che, come noto, in molti Paesi aveva rappresentato, per molto tempo, un frequente strumento di politica economica, al fine di favorire l'espansione delle esportazioni e, di conseguenza, determinare una diversa redistribuzione di vantaggi a favore delle imprese esportatrici, e quindi anche dei lavoratori, a svantaggio del potere di acquisto dei percettori di redditi fissi di lavoro e, soprattutto, del risparmio. È questo un principio che, potremmo dire, viene affermato in quella che per alcuni rappresenta la Costituzione economica europea. Dopo Maastricht tale principio è costituzionalizzato, di fatto, in tutti i Paesi dell'Eurozona, che cedono la loro sovranità monetaria e si rimettono alle decisioni della BCE, mutando altresì l'ordinamento delle proprie banche centrali, che avrebbero fatto parte del SEBC.

La garanzia che la moneta unica europea sia e resti stabile, evitando il ricorso a politiche deflattive è assicurata, infatti, proprio dalla decisione – siglata nel Trattato di Maastricht – di sottrarre la politica monetaria alla competenza degli

la Banca mondiale (BM) e, soprattutto, il Fondo monetario internazionale (FMI), ancora oggi protagonista nella governance economica globale, che secondo gli accordi di Bretton Woods aveva innanzitutto il ruolo preminente di eliminare le condizioni di squilibrio determinate dai pagamenti internazionali.

Stati e affidarla appunto al SEBC, governato dalla BCE. La Banca centrale europea ha avuto tale determinante fine, per questo costruita come un organo tecnico, terzo, indipendente dalla politica, da scelte e interessi di singoli Stati, ma, soprattutto, non influenzabile da passeggere e mutevoli maggioranze elettorali. La sua struttura e il suo chiaro mandato rappresentano ancora oggi la principale garanzia di stabilità della moneta europea.
A seguito della crisi dell'euro del 2010 la BCE è stata costretta ad assumere un ruolo di garanzia a protezione dell'euro, interpretando estensivamente le proprie funzioni. All'apice della crisi economico-finanziaria, che ha determinato il concreto rischio di fallimento di quei Paesi che soffrivano di un alto indebitamento e di una bassa crescita del prodotto interno lordo, la BCE ha sostenuto a dismisura i debiti nazionali attraverso l'acquisto senza reali limiti dei loro titoli di debito. Un intervento con il quale si è assicurata la stabilità economico-finanziaria di tali Stati dell'Eurozona, al fine dichiarato di preservare il sistema monetario europeo e la sua moneta.

5. LE FONTI DELL'UE

Nel sistema delle fonti del diritto dell'UE si è soliti distinguere le **fonti originarie** e le **fonti derivate**. Le fonti originarie sono i trattati, che come già descritto, a partire dai Trattati istitutivi delle Comunità economiche europee, dopo una lunga evoluzione, vedono oggi nel Trattato di Lisbona la fonte primaria vigente.
Il Trattato di Lisbona, concluso tra gli Stati membri dell'UE, non prevede una data di termine della sua efficacia, anche se, per la prima volta, indica una procedura formale nell'ipotesi in cui uno Stato membro desideri recedere dall'UE (art. 50 TUE), procedura come già ricordato avviata dalle negoziazioni con il Regno Unito.
Il Trattato è suddiviso a sua volta in «due parti»: il Trattato sull'UE (TUE) e il Trattato sul funzionamento dell'UE (TFUE). Il TUE contiene 55 articoli, ripartiti in 6 titoli, mentre il TFUE è composto da 358 articoli, suddivisi in 7 parti per un totale di 34 titoli. All'interno del Trattato di Lisbona, oltre alla previsione dei principi fondamentali dell'UE, troviamo le regole secondo cui operano le istituzioni dell'Unione Europea nonché la distribuzione delle competenze politiche interne ed esterne tra l'UE e i Paesi membri. Altresì, al suo interno sono previste le c.d. **fonti derivate dell'UE**, le cui procedure di adozione sono regolate dal medesimo trattato.
Gli organi dell'Unione Europea adottano atti normativi e atti amministrativi. La loro tipologia risulta soprattutto dall'art. 288 TFUE che individua: regolamenti, direttive, decisioni, raccomandazioni e pareri.
Tra le fonti derivate sono soprattutto i regolamenti e le direttive a interessare i rapporti fra gli ordinamenti nazionali e l'ordinamento dell'Unione Europea, anche perché la loro diffusione, sia in termini numerici, sia, soprattutto, per

ambiti di intervento, è ormai talmente vasta da insistere sulla maggior parte delle normative nazionali adottate dai Parlamenti, dai governi e dalle regioni degli Stati membri.

Regolamenti. Hanno natura normativa, **sono fonte primaria del diritto dell'Unione Europea di portata generale, obbligatoria in tutte le loro parti, direttamente applicabili in tutti gli Stati membri, direttamente efficaci anche nei confronti di persone fisiche o giuridiche, soggetti pubblici o privati** (art. 288 TFUE)[26]. All'interno dell'ordinamento dell'Unione Europea potrebbero essere considerati alla stregua delle «leggi», presentandone tutte le caratteristiche; tuttavia, i trattati non prevedono tale denominazione (prevista invece nel Trattato costituzionale del 2004, come noto, non entrato in vigore).
La fonte regolamentare dell'UE opera negli ordinamenti nazionali immediatamente, senza alcuna valutazione preventiva, o altro atto di esecuzione, da parte dello Stato e delle Regioni. Pertanto, i giudici nazionali applicano tali atti direttamente, anche al posto delle norme interne incompatibili.

Direttive. Sono atti normativi che vincolano gli Stati membri destinatari a introdurre una determinata disciplina all'interno del proprio ordinamento, dando esecuzione alle previsioni della stessa direttiva, ma lasciando discrezionalità allo Stato sulle modalità di attuazione[27]. Tuttavia, nella prassi sono sempre più comuni direttive dettagliate, che hanno cioè nel loro testo norme specifiche, analoghe a quelle dei regolamenti, limitando sensibilmente l'ambito di discrezionalità degli Stati destinatari. Tali direttive, inoltre, possono essere anche *autoapplicative*, nel caso in cui non siano attuate dagli Stati entro una determinata scadenza, producendo effetti diretti nei confronti delle persone fisiche e giuridiche nonché delle autorità nazionali che sono tenute a osservarle.
Gli Stati possono dare attuazione alle direttive attraverso i propri atti normativi nazionali: leggi del Parlamento; fonti governative, anche regolamentari o, altresì, con fonti degli enti territoriali regionali, a seconda del riparto di competenze previsto dall'ordinamento costituzionale nazionale per la specifica disciplina.

Decisioni. Sono atti vincolanti in tutti i loro elementi. Anche classificate come «atti normativi secondari» dell'UE, come accade per i regolamenti, le decisioni non possono essere applicate in maniera incompleta, selettiva o parziale, ma vanno, appunto, applicate[28]. Con riferimento ai destinatari, le decisioni possono essere rivolte sia a persone fisiche e giuridiche sia a Stati

[26] Art. 288 TFUE: «Il regolamento ha portata generale. Esso è obbligatorio in tutti i suoi elementi e direttamente applicabile in ciascuno degli Stati membri».
[27] Art. 288 TFUE: «La direttiva vincola lo Stato membro cui è rivolta per quanto riguarda il risultato da raggiungere, salva restando la competenza degli organi nazionali in merito alla forma e ai mezzi».
[28] Art. 288 TFUE: «La decisione è obbligatoria in tutti i suoi elementi. Se designa i destinatari è obbligatoria soltanto nei confronti di questi».

membri. I loro effetti, invece, possono essere legislativi o non legislativi: nel primo caso la loro portata è generale, nel secondo hanno contenuto particolare. Il valore di atti legislativi si ha quando le decisioni vengono adottate congiuntamente: dal Parlamento europeo e dal Consiglio nel quadro della procedura legislativa ordinaria; dal Parlamento europeo con la partecipazione del Consiglio; dal Consiglio con la partecipazione del Parlamento europeo nel quadro della procedura legislativa speciale. In tutti gli altri casi le decisioni sono atti non legislativi.
Infine, l'art. 288[29] menziona le **raccomandazioni** e i **pareri**, che non hanno effetti vincolanti, rappresentando dunque atti di indirizzo politico che non determinano alcun diritto, né obbligo nei confronti dei destinatari.
Gli atti giuridici sin qui descritti si approvano attraverso le **procedure per la formazione del diritto derivato dell'UE** menzionate dall'art. 289 TFUE[30] a seconda delle specifiche previsioni previste dai trattati.

Procedura ordinaria. È prevista dall'art. 294 TFUE[31] e in linea di principio **consiste in una proposta formulata dalla Commissione sull'introduzione di**

[29] Art. 288 TFUE: «Le raccomandazioni e i pareri non sono vincolanti».
[30] Art. 289 TFUE: «1. La procedura legislativa ordinaria consiste nell'adozione congiunta di un regolamento, di una direttiva o di una decisione da parte del Parlamento europeo e del Consiglio su proposta della Commissione. Tale procedura è definita all'art. 294. 2. Nei casi specifici previsti dai trattati, l'adozione di un regolamento, di una direttiva o di una decisione da parte del Parlamento europeo con la partecipazione del Consiglio o da parte di quest'ultimo con la partecipazione del Parlamento europeo costituisce una procedura legislativa speciale. 3. Gli atti giuridici adottati mediante procedura legislativa sono atti legislativi. 4. Nei casi specifici previsti dai trattati, gli atti legislativi possono essere adottati su iniziativa di un gruppo di Stati membri o del Parlamento europeo, su raccomandazione della Banca centrale europea o su richiesta della Corte di giustizia o della Banca europea per gli investimenti».
[31] Art. 294 TFUE: «1. Quando nei trattati si fa riferimento alla procedura legislativa ordinaria per l'adozione di un atto, si applica la procedura che segue. 2. La Commissione presenta una proposta al Parlamento europeo e al Consiglio. Prima lettura. 3. Il Parlamento europeo adotta la sua posizione in prima lettura e la trasmette al Consiglio. 4. Se il Consiglio approva la posizione del Parlamento europeo, l'atto in questione è adottato nella formulazione che corrisponde alla posizione del Parlamento europeo. 5. Se il Consiglio non approva la posizione del Parlamento europeo, esso adotta la sua posizione in prima lettura e la trasmette al Parlamento europeo. 6. Il Consiglio informa esaurientemente il Parlamento europeo dei motivi che l'hanno indotto ad adottare la sua posizione in prima lettura. La Commissione informa esaurientemente il Parlamento europeo della sua posizione. Seconda lettura. 7. Se, entro un termine di 3 mesi da tale comunicazione, il Parlamento europeo: *a*) approva la posizione del Consiglio in prima lettura o non si è pronunciato, l'atto in questione si considera adottato nella formulazione che corrisponde alla posizione del Consiglio; *b*) respinge la posizione del Consiglio in prima lettura a maggioranza dei membri che lo compongono, l'atto proposto si considera non adottato; *c*) propone emendamenti alla posizione del Consiglio in prima lettura a maggioranza dei membri che lo compongono, il testo così emendato è comunicato al Consiglio e alla Commissione che formula un parere su tali emendamenti. 8. Se, entro un termine di 3 mesi dal ricevimento degli emendamenti del Parlamento europeo, il Consiglio, deliberando a maggioranza qualificata: *a*) approva tutti gli emendamenti, l'atto in questione si considera adottato; *b*) non approva tutti gli emendamenti, il presidente del Consiglio, d'intesa con il presidente del Parlamento europeo, convoca entro 6 settimane il Comitato di conciliazione. 9. Il Consiglio delibera all'unanimità sugli emendamenti rispetto ai quali la Commissione ha dato parere negativo. Conciliazione. 10. Il Comitato di conciliazione, che riunisce i membri del Consiglio o i loro rappresentanti e altrettanti membri rappresentanti il Parlamento

nuovi atti legislativi, che il Parlamento europeo e il Consiglio devono adottare attraverso varie letture che portino ad approvare il medesimo testo. Se il Consiglio e il Parlamento non riescono a trovare un accordo sugli emendamenti, si passa a una seconda lettura. Nel caso il disaccordo persista, viene convocato il Comitato di conciliazione, paritetico Consiglio-Parlamento, al quale prende parte nel corso dei lavori anche la Commissione, al fine di mediare sull'approvazione del testo. Il Comitato di conciliazione deve raggiungere un accordo su un progetto comune entro 6 settimane, in caso contrario l'atto si considera non adottato.

Procedure legislative speciali. Sono, invece, menzionate in specifichi casi dai trattati e nella maggior parte delle ipotesi **prevedono che l'atto sia adottato dal Consiglio previa consultazione oppure previa approvazione da parte del Parlamento europeo**.

A conclusione delle procedure previste, gli atti normativi dell'UE sono firmati dal presidente del Parlamento europeo e dal presidente del Consiglio e, infine, pubblicati nella *Gazzetta Ufficiale dell'Unione Europea*, entrando in vigore, di norma, 20 giorni dopo la pubblicazione.

6. IL FUNZIONAMENTO DELL'UE: PRINCIPI E COMPETENZE

Per comprendere il funzionamento dell'UE e i principi che la ispirano è necessario analizzare il **Trattato di Lisbona** che rappresenta l'ultima tappa del processo di integrazione o, meglio, per utilizzare le parole dello stesso

europeo, ha il compito di giungere a un accordo su un progetto comune a maggioranza qualificata dei membri del Consiglio o dei loro rappresentanti e a maggioranza dei membri rappresentanti il Parlamento europeo entro un termine di 6 settimane dalla convocazione, basandosi sulle posizioni del Parlamento europeo e del Consiglio in seconda lettura. 11. La Commissione partecipa ai lavori del Comitato di conciliazione e prende ogni iniziativa necessaria per favorire un ravvicinamento fra la posizione del Parlamento europeo e quella del Consiglio. 12. Se, entro un termine di 6 settimane dalla convocazione, il Comitato di conciliazione non approva un progetto comune, l'atto in questione si considera non adottato. Terza lettura. 13. Se, entro tale termine, il Comitato di conciliazione approva un progetto comune, il Parlamento europeo e il Consiglio dispongono ciascuno di un termine di 6 settimane a decorrere dall'approvazione per adottare l'atto in questione in base al progetto comune; il Parlamento europeo delibera a maggioranza dei voti espressi e il Consiglio a maggioranza qualificata. In mancanza di una decisione, l'atto in questione si considera non adottato. 14. I termini di 3 mesi e di 6 settimane di cui al presente articolo sono prorogati rispettivamente di un mese e di 2 settimane, al massimo, su iniziativa del Parlamento europeo o del Consiglio. Disposizioni particolari. 15. Quando, nei casi previsti dai trattati, un atto legislativo è soggetto alla procedura legislativa ordinaria su iniziativa di un gruppo di Stati membri, su raccomandazione della Banca centrale europea o su richiesta della Corte di giustizia, il par. 2, il par. 6, seconda frase e il par. 9 non si applicano. In tali casi, il Parlamento europeo e il Consiglio trasmettono alla Commissione il progetto di atto insieme alle loro posizioni in prima e seconda lettura. Il Parlamento europeo o il Consiglio possono chiedere il parere della Commissione durante tutta la procedura, parere che la Commissione può altresì formulare di sua iniziativa. Se lo reputa necessario, essa può anche partecipare al Comitato di conciliazione conformemente al par. 11».

trattato: «**una nuova tappa nel processo di creazione di un'unione sempre più stretta tra i popoli dell'Europa**». Se, infatti, in un primo momento, come visto, le Comunità economiche europee erano principalmente un'organizzazione di libero scambio e di cooperazione economica, già alla fine degli anni Ottanta, con l'Atto unico europeo e poi negli anni Novanta con il Trattato di Maastricht, l'UE si è trasformata sempre più in un progetto di integrazione politica che, alla ritrosia degli Stati a cedere competenze, univa la difficoltà di legittimare le istituzioni europee che nella definizione delle politiche si sostituivano alla sovranità statale.

Al fine di comprendere l'attività dell'UE, in particolare così come disegnata dal Trattato di Lisbona, è bene partire dall'analisi dei **principi fondamentali** che ispirano l'UE e la sua azione, descrivendone i fini di comunità politica. Tali principi, pur già descritti nel **Preambolo**[32], sono espressamente fissati nei titoli I e II del TUE. Innanzitutto, è nell'art. 2 TUE[33] che sono dichiarati i valori fondamentali tipici delle liberal-democrazie moderne, come il «**rispetto della dignità umana, della libertà, della democrazia, dell'uguaglianza, dello Stato di diritto e del rispetto dei diritti umani, compresi i diritti delle persone appartenenti a minoranze**». Valori che, ricorda il trattato, sono propri dell'UE, perché comuni a tutti gli Stati membri. A tali principi sono poi connessi altrettanti fini quali la promozione della pace, del benessere dei suoi popoli, nonché la creazione di «uno spazio di libertà, sicurezza e giustizia senza frontiere interne», combattendo «l'esclusione sociale e le discriminazioni e promuove[ndo] la giustizia e la protezione sociali, la parità tra donne e uomini, la solidarietà tra le generazioni e la tutela dei diritti del minore» (art. 3 TUE)[34].

[32] «Ispirandosi alle eredità culturali, religiose e umanistiche dell'Europa, da cui si sono sviluppati i valori universali dei diritti inviolabili e inalienabili della persona, della libertà, della democrazia, dell'uguaglianza e dello Stato di diritto; confermando il proprio attaccamento ai principi della libertà, della democrazia e del rispetto dei diritti dell'uomo e delle libertà fondamentali nonché dello Stato di diritto; confermando il proprio attaccamento ai diritti sociali fondamentali quali definiti nella Carta sociale europea firmata a Torino il 18 ottobre 1961 e nella Carta comunitaria dei diritti sociali fondamentali dei lavoratori del 1989».

[33] Art. 2 TUE: «L'Unione si fonda sui valori del rispetto della dignità umana, della libertà, della democrazia, dell'uguaglianza, dello Stato di diritto e del rispetto dei diritti umani, compresi i diritti delle persone appartenenti a minoranze. Questi valori sono comuni agli Stati membri in una società caratterizzata dal pluralismo, dalla non discriminazione, dalla tolleranza, dalla giustizia, dalla solidarietà e dalla parità tra donne e uomini».

[34] Art. 3 TUE: «1. L'Unione si prefigge di promuovere la pace, i suoi valori e il benessere dei suoi popoli. 2. L'Unione offre ai suoi cittadini uno spazio di libertà, sicurezza e giustizia senza frontiere interne, in cui sia assicurata la libera circolazione delle persone insieme a misure appropriate per quanto concerne i controlli alle frontiere esterne, l'asilo, l'immigrazione, la prevenzione della criminalità e la lotta contro quest'ultima. 3. L'Unione instaura un mercato interno. Si adopera per lo sviluppo sostenibile dell'Europa, basato su una crescita economica equilibrata e sulla stabilità dei prezzi, su un'economia sociale di mercato fortemente competitiva, che mira alla piena occupazione e al progresso sociale, e su un elevato livello di tutela e di miglioramento della qualità dell'ambiente. Essa promuove il progresso scientifico e tecnologico. L'Unione combatte l'esclusione sociale e le discriminazioni e promuove la giustizia e la protezione sociali, la parità tra donne e uomini, la solidarietà tra le generazioni e la tutela dei diritti del minore».

Il rispetto dei valori all'art. 2 TUE costituisce requisito indispensabile ai fini dell'adesione di nuovi Stati all'Unione (art. 49 TUE)[35], e sono altresì alla base del meccanismo di salvaguardia con finalità sanzionatorie previsto dall'art. 7 TUE[36] nei casi di evidente rischio di violazione grave da parte di uno Stato membro.

Del resto, caratteristica distintiva del Trattato di Lisbona è il richiamo alla **Carta dei diritti fondamentali dell'Unione Europea**, proclamata dal Parlamento europeo, dal Consiglio e dalla Commissione (Nizza, 7 dicembre 2000, adattata il 12 dicembre 2007), alla quale è riconosciuto lo stesso valore giuridico dei trattati (art. 6 TUE). Anche se la medesima disposizione prevede che la Carta non estende «in alcun modo le competenze dell'Unione definite nei trattati»[37].

[35] Art. 49 TUE: «Ogni Stato europeo che rispetti i valori di cui all'art. 2 e si impegni a promuoverli può domandare di diventare membro dell'Unione. Il Parlamento europeo e i Parlamenti nazionali sono informati di tale domanda. Lo Stato richiedente trasmette la sua domanda al Consiglio, che si pronuncia all'unanimità, previa consultazione della Commissione e previa approvazione del Parlamento europeo, che si pronuncia a maggioranza dei membri che lo compongono. Si tiene conto dei criteri di ammissibilità convenuti dal Consiglio europeo. Le condizioni per l'ammissione e gli adattamenti dei trattati su cui è fondata l'Unione, da essa determinati, formano l'oggetto di un accordo tra gli Stati membri e lo Stato richiedente. Tale accordo è sottoposto a ratifica da tutti gli Stati contraenti conformemente alle loro rispettive norme costituzionali».

[36] Art. 7 TUE: «1. Su proposta motivata di un terzo degli Stati membri, del Parlamento europeo o della Commissione europea, il Consiglio, deliberando con la maggioranza dei quattro quinti dei suoi membri previa approvazione del Parlamento europeo, può constatare che esiste un evidente rischio di violazione grave da parte di uno Stato membro dei valori di cui all'art. 2. Prima di procedere a tale constatazione il Consiglio ascolta lo Stato membro in questione e può rivolgergli delle raccomandazioni, deliberando secondo la stessa procedura. Il Consiglio verifica regolarmente se i motivi che hanno condotto a tale constatazione permangono validi. 2. Il Consiglio europeo, deliberando all'unanimità su proposta di un terzo degli Stati membri o della Commissione europea e previa approvazione del Parlamento europeo, può constatare l'esistenza di una violazione grave e persistente da parte di uno Stato membro dei valori di cui all'art. 2, dopo aver invitato tale Stato membro a presentare osservazioni. 3. Qualora sia stata effettuata la constatazione di cui al par. 2, il Consiglio, deliberando a maggioranza qualificata, può decidere di sospendere alcuni dei diritti derivanti allo Stato membro in questione dall'applicazione dei trattati, compresi i diritti di voto del rappresentante del governo di tale Stato membro in seno al Consiglio. Nell'agire in tal senso, il Consiglio tiene conto delle possibili conseguenze di una siffatta sospensione sui diritti e sugli obblighi delle persone fisiche e giuridiche. Lo Stato membro in questione continua in ogni caso a essere vincolato dagli obblighi che gli derivano dai trattati. 4. Il Consiglio, deliberando a maggioranza qualificata, può successivamente decidere di modificare o revocare le misure adottate a norma del par. 3, per rispondere ai cambiamenti nella situazione che ha portato alla loro imposizione. 5. Le modalità di voto che, ai fini del presente articolo, si applicano al Parlamento europeo, al Consiglio europeo e al Consiglio sono stabilite nell'art. 354 del Trattato sul funzionamento dell'Unione Europea».

[37] Art. 6 TUE: «1. L'Unione riconosce i diritti, le libertà e i principi sanciti nella Carta dei diritti fondamentali dell'Unione Europea del 7 dicembre 2000, adattata il 12 dicembre 2007 a Strasburgo, che ha lo stesso valore giuridico dei trattati. Le disposizioni della Carta non estendono in alcun modo le competenze dell'Unione definite nei trattati. I diritti, le libertà e i principi della Carta sono interpretati in conformità delle disposizioni generali del Titolo VII della Carta che disciplinano la sua interpretazione e applicazione e tenendo in debito conto le spiegazioni cui si fa riferimento nella Carta, che indicano le fonti di tali disposizioni. 2. L'Unione aderisce alla Convenzione europea per la salvaguardia dei diritti dell'uomo e delle libertà fondamentali. Tale adesione non modifica le competenze dell'Unione definite nei trattati. 3. I diritti fondamentali, garantiti dalla Convenzione

Altro tratto caratterizzante dell'UE è **la cittadinanza europea**. Già prevista dal Trattato di Maastricht, attribuita automaticamente a tutti cittadini di uno Stato membro, **è aggiuntiva e non sostitutiva della cittadinanza di origine**. Essere cittadino europeo comporta importanti diritti e responsabilità all'interno dello spazio unico europeo, espressamente dichiarati dall'art. 20 TFUE[38], tra cui, innanzitutto: «il diritto di circolare e di soggiornare liberamente nel territorio degli Stati membri»; «il diritto di voto e di eleggibilità» sia alle elezioni del Parlamento europeo, sia alle elezioni comunali dello Stato membro in cui si risiede; il diritto di presentare petizioni al Parlamento europeo e di ricorrere al Mediatore europeo «in una delle lingue dei trattati», ricevendo «una risposta nella stessa lingua».
Inoltre, i cittadini dell'UE, in numero di almeno un milione, che abbiano la cittadinanza di un numero significativo di Stati membri, possono prendere l'iniziativa di invitare la Commissione europea a presentare la proposta di un atto giuridico dell'Unione nelle materie di competenza, introducendo così un istituto simile all'iniziativa popolare di legge (art. 11 TUE).
Con riferimento alle **competenze** dell'UE nei rapporti con i Paesi membri, invece, sin dalle origini, la questione principale e maggiormente complessa è stata quella di definire l'entità degli spazi di sovranità nazionale da trasferire alle istituzioni europee, nonché, altresì, rendere i processi decisionali all'interno dell'UE sempre più democratici, soprattutto attraverso il rafforzamento del ruolo del Parlamento europeo, sede di rappresentanza dei cittadini europei. Il Trattato di Lisbona tenta di contribuire significamene al superamento delle due classiche questioni, riformando – rispetto ai precedenti trattati – le politiche interne ed esterne di competenza dell'UE, ma soprattutto attribuendo al Parlamento europeo un più ampio potere legislativo, assicurando una maggiore democraticità nel processo decisionale dell'UE. Connesso a tale fine, obiettivo, non secondario, del Trattato è stato quello di modernizzare e migliorare il processo decisionale di un'Unione Europea allargata a 28 Paesi, modificando, non solo le procedure, ma altresì le maggioranze di votazione all'interno delle istituzioni che assumono le decisioni politiche nell'UE. Il

europea per la salvaguardia dei diritti dell'uomo e delle libertà fondamentali e risultanti dalle tradizioni costituzionali comuni agli Stati membri, fanno parte del diritto dell'Unione in quanto principi generali».

[38] Art. 20 TFUE: «1. È istituita una cittadinanza dell'Unione. È cittadino dell'Unione chiunque abbia la cittadinanza di uno Stato membro. La cittadinanza dell'Unione si aggiunge alla cittadinanza nazionale e non la sostituisce. 2. I cittadini dell'Unione godono dei diritti e sono soggetti ai doveri previsti nei trattati. Essi hanno, tra l'altro: *a*) il diritto di circolare e di soggiornare liberamente nel territorio degli Stati membri; *b*) il diritto di voto e di eleggibilità alle elezioni del Parlamento europeo e alle elezioni comunali nello Stato membro in cui risiedono, alle stesse condizioni dei cittadini di detto Stato; *c*) il diritto di godere, nel territorio di un Paese terzo nel quale lo Stato membro di cui hanno la cittadinanza non è rappresentato, della tutela delle autorità diplomatiche e consolari di qualsiasi Stato membro, alle stesse condizioni dei cittadini di detto Stato; *d*) il diritto di presentare petizioni al Parlamento europeo, di ricorrere al Mediatore europeo, di rivolgersi alle istituzioni e agli organi consultivi dell'Unione in una delle lingue dei trattati e di ricevere una risposta nella stessa lingua». Tali diritti sono esercitati secondo le condizioni e i limiti definiti dai trattati e dalle misure adottate in applicazione degli stessi.

Trattato, infatti, estende il voto a maggioranza qualificata in seno al Consiglio dell'UE, divenendo la forma ordinaria di voto per la maggior parte delle sue decisioni[39].

Inoltre, la **democraticità**, non solo è affermata formalmente nel Titolo II del TUE, «Disposizioni relative ai principi democratici» – e in particolare nell'art. 10 TUE per cui il funzionamento dell'Unione si fonda sulla democrazia rappresentativa –, bensì è in concreto assicurata dalla generale previsione del procedimento ordinario di assunzione delle decisioni politiche nell'UE con il coinvolgimento dell'Assemblea di rappresentanza dei cittadini. Il Parlamento europeo, infatti, interviene nell'approvazione di testi normativi delle politiche europee attraverso la procedura legislativa ordinaria (in passato nota come procedura di codecisione) in oltre quaranta ambiti di competenza.

Dopo Lisbona prevale dunque fortemente la decisione a livello di istituzioni europee, con una centralità dell'organo di rappresentanza dei cittadini europei, in luogo della cooperazione intergovernativa, tra le quali resta ancora competente la materia della cooperazione giudiziaria in materia penale e la cooperazione di polizia (Titolo V, Parte III, TFUE).

Con riferimento alla **tipologia di competenze**, già l'art. 1 TUE, chiarisce che l'Unione esercita solo quelle espressamente attribuite dal trattato, lasciando residualmente tutte le altre agli Stati. Le materie assegnate all'UE sono ripartite attraverso tre tipologie di competenza: esclusiva, concorrente e di sostegno (art. 2 TFUE).

La **competenza esclusiva** è prevista per quelle aree in cui solo l'UE può legiferare e adottare atti giuridicamente vincolanti. In tali materie gli Stati membri possono solo adottare decisioni di attuazione della normativa europea, o regolare l'ambito autonomamente, solo se autorizzati dall'Unione (artt. 2.1 e 3 TFUE)[40].

[39] Con il Trattato di Lisbona la *maggioranza qualificata* sostituisce l'unanimità in svariati nuovi settori: le misure in materia di controlli alle frontiere esterne, di asilo e di immigrazione; la cooperazione giudiziaria in materia civile e l'armonizzazione in materia di diritto penale, nel definire per esempio reati e sanzioni in settori particolarmente gravi della criminalità (per esempio, il terrorismo, la tratta di esseri umani, lo sfruttamento sessuale di donne e bambini, il traffico di droga, il riciclaggio di denaro); la cooperazione di polizia; la creazione dei diritti europei sulla proprietà intellettuale per offrire una protezione uniforme dei diritti sulla proprietà intellettuale in tutta l'UE; lo spazio europeo della ricerca e la politica spaziale europea; l'energia; gli aiuti umanitari; le misure per promuovere lo sport e la cultura; taluni aspetti della politica commerciale dell'UE (nei settori dei servizi culturali e audiovisivi, dei servizi sociali, educativi o sanitari e per l'adozione di norme interne). L'*unanimità* resta tuttavia la norma generale in settori sensibili quali: l'adozione del quadro finanziario pluriennale dell'UE; l'armonizzazione fiscale (imposte dirette); la sicurezza sociale e la protezione sociale; gli aspetti transfrontalieri del diritto di famiglia; la politica estera e di sicurezza.

[40] Art. 3 TFUE: «1. L'Unione ha competenza esclusiva nei seguenti settori: *a*) unione doganale; *b*) definizione delle regole di concorrenza necessarie al funzionamento del mercato interno; *c*) politica monetaria per gli Stati membri la cui moneta è l'euro; *d*) conservazione delle risorse biologiche del mare nel quadro della politica comune della pesca; *e*) politica commerciale comune. 2. L'Unione ha inoltre competenza esclusiva per la conclusione di accordi internazionali allorché tale conclusione è prevista in un atto legislativo dell'Unione o è necessaria per consentirle di esercitare le sue competenze a livello interno o nella misura in cui può incidere su norme comuni o modificarne la portata».

Quando invece il trattato attribuisce all'Unione **competenza concorrente** con gli Stati membri, in tali ambiti entrambi possono regolare la materia, ma con una prevalenza della normazione europea, perché gli Stati membri possono esercitare la loro competenza nella misura in cui l'Unione non abbia esercitato la propria (artt. 2.2 e 4 TFUE)[41].
Infine, la **competenza di sostegno** determina la facoltà per l'UE di adottare misure volte a sostenere, coordinare o completare le politiche nazionali, senza tuttavia sostituirsi alla competenza degli Stati in tali settori (artt. 2.5 e 6 TFUE)[42].
Ciò detto, è bene precisare come la distribuzione delle competenze tra istituzioni europee e Stati non sia statica, ma dinamica e flessibile, specialmente, grazie a due principi previsti dal trattato: la sussidiarietà e la proporzionalità. Se, infatti, il principio di **attribuzione** – già menzionato dall'art. 1 TUE – delimita le competenze dell'Unione nei limiti fissati dagli Stati membri nel Trattato, il principio di **sussidiarietà**, più in generale, consente all'UE di intervenire anche nei settori che non sono di sua competenza esclusiva «soltanto se e in quanto gli obiettivi dell'azione prevista non possono essere conseguiti in misura sufficiente dagli Stati membri» (art. 5 TUE). Dunque, l'intervento del livello superiore europeo si giustifica, nonostante la mancanza di una specifica competenza esclusiva, perché rappresenta il livello in grado di poter conseguire effetti migliori e solo in tale caso può essere giustificato, d'altro canto, rappresentando un limite, perché se l'Unione non è in grado di raggiungere un migliore risultato dello Stato membro, allora deve astenersi dall'intervenire. In ogni caso, l'intervento dell'UE deve essere **proporzionale**, cioè, in altre parole, la sua azione non deve andare al di là di quanto necessario al conseguimento degli obiettivi europei, nel massimo rispetto delle competenze nazionali.

[41] Art. 4 TFUE: «1. L'Unione ha competenza concorrente con quella degli Stati membri quando i trattati le attribuiscono una competenza che non rientra nei settori di cui agli artt. 3 e 6. 2. L'Unione ha una competenza concorrente con quella degli Stati membri nei principali seguenti settori: *a*) mercato interno; *b*) politica sociale, per quanto riguarda gli aspetti definiti nel presente trattato; *c*) coesione economica, sociale e territoriale; *d*) agricoltura e pesca, tranne la conservazione delle risorse biologiche del mare; *e*) ambiente; *f*) protezione dei consumatori; *g*) trasporti; *h*) reti transeuropee; *i*) energia; *j*) spazio di libertà, sicurezza e giustizia; *k*) problemi comuni di sicurezza in materia di sanità pubblica, per quanto riguarda gli aspetti definiti nel presente trattato. 3. Nei settori della ricerca, dello sviluppo tecnologico e dello spazio, l'Unione ha competenza per condurre azioni, in particolare la definizione e l'attuazione di programmi, senza che l'esercizio di tale competenza possa avere per effetto di impedire agli Stati membri di esercitare la loro. 4. Nei settori della cooperazione allo sviluppo e dell'aiuto umanitario, l'Unione ha competenza per condurre azioni e una politica comune, senza che l'esercizio di tale competenza possa avere per effetto di impedire agli Stati membri di esercitare la loro».

[42] Art. 6 TFUE: «L'Unione ha competenza per svolgere azioni intese a sostenere, coordinare o completare l'azione degli Stati membri. I settori di tali azioni, nella loro finalità europea, sono i seguenti: *a*) tutela e miglioramento della salute umana; *b*) industria; *c*) cultura; *d*) turismo; *e*) istruzione, formazione professionale, gioventù e sport; *f*) protezione civile; *g*) cooperazione amministrativa.

7. L'UE E LE ALTRE ORGANIZZAZIONI DI INTEGRAZIONE SOVRANAZIONALE

Lo studio dell'UE nel diritto comparato non può prescindere da una – seppur breve – trattazione dell'ordinamento delle altre organizzazioni di integrazione sovranazionale. Due sono i motivi principali: innanzitutto, per meglio comprendere le caratteristiche di unicità e peculiarità dell'UE, che rappresenta il caso più forte di integrazione sovranazionale tra Stati; ma, altresì, per un'altra ragione, affatto secondaria, ovvero la constatazione che il progetto eurounitario non è l'unico, essendo nei medesimi anni di avvio delle Comunità economiche europee sorti molti altri progetti di integrazione sovrastatale. Una constatazione che pare assai significativa, perché indicativa della necessità, invero sempre maggiore, di cooperazione e integrazione tra Stati per rispondere alle trasformazioni imposte dalla globalizzazione dell'economia e della società, al fine di favorire il progresso e lo sviluppo comune. A ben vedere, infatti, la transnazionalità degli scambi commerciali, prima, e la globalizzazione dei mercati, poi, hanno favorito, e in alcuni casi determinato, processi di integrazione sovranazionale in tutte le aree del mondo. Già a partire dagli anni Cinquanta del Novecento è possibile individuare processi di integrazione limitati a rapporti e interessi di vicinanza territoriale, all'interno di ambiti regionali spesso omogenei, ma comunque legati a comuni aree continentali. Contestualmente alla nascita delle prime Comunità economiche europee, tra gli anni Cinquanta e Sessanta, è possibile rinvenire forme più o meno evolute di integrazione anche negli altri continenti. Limitandoci a ricordare gli esempi più significativi: partendo dall'Asia, l'Associazione Sud-Est asiatico (ASA) del 1961, poi inclusa, nel **1967**, nell'**Associazione delle Nazioni del Sud-Est asiatico (ASEAN), costituita da Filippine, Thailandia e Malesia, con l'aggiunta di Indonesia e Singapore**, che, sottoscrivendo la Dichiarazione di Bangkok, avviarono un percorso volto a coordinare e collegare le economie nazionali, invero, in quel preciso periodo storico, anche in chiave anticomunista contrapponendosi alle geograficamente prossime Unione Sovietica e Repubblica popolare cinese. Oggi l'ASEAN rappresenta uno dei principali processi di integrazione: una vera e propria istituzione della globalizzazione che attraverso l'ASEAN Regional Forum dialoga e interagisce a livello globale con le organizzazioni regionali degli altri continenti.

Una consolidata area di libero scambio e cooperazione economica la troviamo in Oceania, in particolare tra **Australia e Nuova Zelanda**, a seguito dell'**Australia-New Zealand Closer Economic Relations Trade Agreement (ANZCERTA), istituita formalmente nel 1983**, come seconda fase del più antico New Zealand Australia Free Trade Agreement del 1965. L'ANZCERTA oggi prevede un'area di libero scambio, priva di tariffe o restrizioni sui quantitativi dei beni esportati, con una comune disciplina della concorrenza.

Organizzazioni volte a realizzare aree di libero scambio e cooperazione economica possono essere rinvenute anche nel continente africano, pur però tenendo ben presenti le peculiarità dell'area, contraddistinta per la diffusa instabilità politica. Attualmente in Africa l'organizzazione generale, che mira a realizzare una maggiore cooperazione e integrazione in tutto il continente, è la **Comunità economica africana (African Economic Community, AEC), fondata con il Trattato di Abuja, sottoscritto nel 1991 ed entrato in vigore nel 1994**, da quasi tutti i Paesi africani. Invero, nel continente africano organizzazioni regionali di cooperazione economica sono sorte già a partire dagli anni Sessanta: conclusa, infatti, l'epoca coloniale, per molti Stati le integrazioni regionali erano fondamentali per rilanciare le fragili economie nazionali, anche se gli esiti furono meno positivi di quanto sperato. Non solo per la fortissima instabilità politica e per l'asimmetria tra le economie nazionali, ma, anche, per la generale reticenza dei Paesi divenuti indipendenti dal colonialismo a sottomettere la propria sovranità a organizzazioni sovranazionali. Le organizzazioni in tutto il continente africano, all'interno dell'AEC, sono numerosissime e con differenti livelli di integrazione, ma non è possibile in questa sede ricordarle tutte.

Nel continente americano, a Nord, opera da tempo l'area di libero scambio commerciale istituita a seguito del **North American Free Trade Agreement (NAFTA), ovvero il Trattato siglato da Stati Uniti, Canada e Messico il 17 dicembre 1992 ed entrato in vigore il 1° gennaio 1994**, con il quale, di fatto, è stato esteso al Messico l'accordo esistente di libero commercio tra Canada e Stati Uniti del 1989. Anche in questo caso il libero scambio regionale è realizzato attraverso l'abolizione, sebbene graduale e non generale, di dazi e barriere fiscali, oltre che attraverso comuni investimenti volti a favorire lo sviluppo economico fra i tre Paesi. Dunque un'organizzazione abbastanza articolata coordinata dalla Free Trade Commission, composta da rappresentanti ministeriali dei tre partner e molte altre commissioni con specifiche competenze per l'integrazione nei vari settori di rilievo economico (come quella sulla cooperazione in materia di lavoro). In particolare, si ricordi il ruolo del Segretariato, diviso in tre sezioni, con una sede in ciascun Stato aderente, che, tra le altre competenze, ha il compito di risolvere dispute commerciali fra i tre Paesi. Invero, nell'ottobre del 2018 il NAFTA è stato modificato nel senso di una sensibile restrizione del libero scambio nell'ottica della politica nazionalista del presidente degli Stati Uniti Donald Trump. Tuttavia, l'efficacia di tali revisioni è ancora soggetta alla ratifica da parte dei Parlamenti dei tre Paesi. Negli stessi Stati Uniti l'esito della ratifica non è scontato, considerato che dopo le elezioni del novembre 2018 i democratici, in opposizione alle politiche restrittive del presidente, controllano la Camera dei rappresentanti.

Anche in Sudamerica è possibile individuare sviluppate e dinamiche integrazioni sovranazionali, sia in termini storici, sia con riguardo all'attualità. Integrazioni, quelle latinoamericane, caratterizzate da forme subregionali che coinvolgono aree più limitate rispetto alle grandi aggregazioni geografiche e sicuramente ancora oggi assai meno mature se rapportate al livello di integrazione politica raggiunta nell'UE, tuttavia assai più sviluppate di altre

realtà sin qui ricordate. Quella più nota – ma non l'unica – che si distingue per l'elevato livello di cooperazione è l'area di integrazione del **Mercado común del Sur (MERCOSUR)**.
Invero, l'America latina presenta un quadro assai complesso di integrazioni nel quale coesistono diversi raggruppamenti di Paesi, in alcuni casi complementari e sovrapposti. Storicamente la prima reale forma di integrazione sudamericana fu **l'Associazione latinoamericana di libero commercio (ALALC), nata con il Trattato di Montevideo del 1960 tra Argentina, Brasile, Cile e Uruguay**, finalizzata alla creazione di una zona di libero scambio. L'ALALC fu un'organizzazione intergovernativa, attuata nell'ambito e attraverso gli istituti di cooperazione regionale previsti dal GATT. Tuttavia, questo primo esperimento fallì entro pochi anni, a causa della rivalità tra i due principali membri (Argentina e Brasile), ma soprattutto per la forte instabilità politica del tempo, dovuta in particolare alle dittature e ai nazionalismi che in quel periodo si andavano affermando in tutta la regione.
L'integrazione sudamericana riprese ben presto con il Trattato di Montevideo del **1980**, che ha istituito l'**Associazione latinoamericana di integrazione (ALADI)**, in sostituzione della precedente ALALC. Partecipata da quasi tutti i Paesi dell'America Latina[43], l'ALADI è stata costituita al fine di realizzare un'area di cooperazione economica in differenti settori e una graduale unione doganale, altresì attraverso accordi differenziati e un'integrazione asimmetrica, anche tra singoli Paesi aderenti. All'interno di questa ampia e generale associazione (per componenti e materie) sono nate forme di integrazione regionale particolari, assai più sviluppate, tra le quali: la Comunità andina delle Nazioni (CAN), formata in origine da Bolivia, Cile, Colombia, Ecuador e Perù; ma, soprattutto, il MERCOSUR.
Osservando l'America Latina, invero, si dovrebbe parlare anche di ulteriori organizzazioni di integrazione regionale, come, tra le altre, il **Sistema di integrazione centroamericana (SICA)**[44] o la **Caribbean Community (CARICOM)**[45], anche se l'unico processo di integrazione ancora oggi più attivo è rappresentato dal MERCOSUR.
Il **MERCOSUR** nasce nell'ambito della più generale ALADI, grazie all'iniziativa di due importanti Paesi (**Argentina e Brasile**), che a metà degli anni Ottanta – probabilmente anche sulla scia del successo delle Comunità europee che negli stessi anni si apprestavano alla costituzione del Mercato unico – avviarono le prime trattative per realizzare una comune cooperazione fra le proprie economie. La spinta più forte e reale però derivava da

[43] Membri dell'ALADI sono Argentina, Bolivia, Brasile, Cile, Colombia, Cuba, Ecuador, Messico, Panama, Paraguay, Perù, Uruguay, Venezuela.
[44] Composto dai 7 Paesi dell'istmo centroamericano: Guatemala, Belize, El Salvador, Honduras, Nicaragua, Costa Rica e Panama.
[45] Istituita con il Trattato di Chaguaramas del 1973, attualmente composto da 15 membri: Antigua e Barbuda, Bahamas, Barbados, Belize, Repubblica Dominicana, Grenada, Guyana, Haiti, Giamaica, Montserrat, Saint Lucia, Saint Kitts e Nevis, Saint Vincent e Grenadine, Suriname, Trinidad e Tobago. Sono membri associati: Turks e Caicos, Isole Vergini Britanniche, Anguilla, Isole Cayman e Bermuda.

alcune condizioni comuni che qualche anno prima avevano portato alla realizzazione delle Comunità europee: innanzitutto la fine, in entrambi i Paesi, delle dittature, alla ricerca di una maggiore stabilità sociale e politica, che il processo di integrazione regionale avrebbe certamente favorito. A questo principale motivo se ne aggiungevano altri, certo non secondari, come l'enorme debito pubblico contratto dai due Stati, e la difficoltà a reperire nuovi creditori internazionali, nonché la necessità di realizzare nuove infrastrutture e investimenti che potessero rilanciare l'economia nazionale, anche favorendo l'iniezione di capitali esteri. Una collaborazione commerciale comune con la creazione di un'area di libero scambio, favorita dall'unione doganale, avrebbe sicuramente – come poi è accaduto – favorito lo sviluppo e la crescita economica oltre a, non secondariamente, garantire pace e stabilità politica nella regione.
Le trattative, iniziate nel 1985, ebbero un riconoscimento formale, alla fine dello stesso anno, con la Dichiarazione di Foz do Iguaçu, dove i due Paesi assunsero l'impegno di presentare entro la metà del 1986 una relazione contenente i principi fondamentali per lo sviluppo del rapporto di cooperazione, che si concretizzerà nell'Atto per l'integrazione argentino-brasiliana, attraverso il quale prendeva avvio una reale cooperazione economica, gettando le basi per la creazione di un'area di libero scambio. L'atto conteneva 12 protocolli commerciali volti ad avviare collaborazioni per la produzione comune in specifici settori, anche promuovendo l'impiego di nuove tecnologie e concordando una comune politica di produzione dell'energia nucleare.
Successivamente, il processo di integrazione continuò con l'**adesione, nel 1988, dell'Uruguay e, nel 1991, del Paraguay**. Il 1991 è l'anno, infatti, della sigla del Trattato di Asunción, con il quale, oltre all'inclusione del Paraguay, fu istituita, tra i quattro Paesi membri, una zona di libero scambio e un'unione doganale per un periodo di quattro anni, fino al dicembre 1994, anno nel quale ci fu la firma del Protocollo di Ouro Preto, con cui si convenne e si realizzò un primo, ancora oggi fondamentale, apparato istituzionale del MERCOSUR, che formalmente prese avvio il 1° gennaio 1995. **Successivamente, hanno aderito, come partner economici, il Cile e la Bolivia (1996), il Perù (2003), la Colombia e l'Ecuador (2004). Nel 2012 – dopo la sospensione del Paraguay, poi rientrato nel 2013 – il Venezuela è passato dallo «status» di associato a quello di membro a pieno titolo, mentre nel 2004 il Messico è stato ammesso come osservatore**.
Pur adeguando i sui fini nel tempo e alle mutate condizioni, il MERCOSUR, sin dalla sua istituzione, ha mantenuto come suo principale obiettivo quello di costituire un'area di libero scambio e libera circolazione di beni, servizi e fattori produttivi tra gli Stati membri, unitamente alla creazione di un'unità doganale, armonizzando gli ordinamenti giuridici degli Stati interessati, in particolare delle normative volte a favorire gli scambi commerciali, prevedendo inoltre un coordinamento delle politiche economiche e commerciali.

8. L'UE COME DEMOCRAZIA STABILIZZATA

Si è parlato della difficoltà di qualificare l'UE attraverso le categorie classiche del diritto pubblico: da un lato, infatti, essa non può essere considerata uno Stato sovrano, né una Confederazione, dall'altro, però, neppure una semplice organizzazione tra Stati di diritto internazionale. In tal senso, la comparazione qui fatta con le altre organizzazioni rappresenta la migliore conferma della specialità del livello di integrazione raggiunto oggi dall'UE, talmente stretto e articolato da assumere una natura del tutto unica nel suo genere.

Dunque, l'UE è sì un'organizzazione dalla natura ibrida, ancora in una fase di evoluzione, ma allo stesso tempo è altrettanto possibile affermare che essa rappresenti una democrazia o, meglio, una democrazia stabilizzata, quanto meno sotto un duplice aspetto.

Innazitutto, se è vero che in passato il progetto eurounitario ha subito di un eccessivo *deficit* democratico – come visto – il Trattato di Lisbona ha sicuramente, se non colmato, quanto meno decisamente attenuato tale *deficit* attraverso il consolidamento del ruolo del Parlamento europeo e degli istituti di partecipazione. In un contesto, in ogni caso, nel quale il Parlamento concorre ad assumere decisioni politiche con governi nazionali che sono comunque espressione democratica dei cittadini degli Stati membri. Altresì, il Trattato ha rafforzato la democraticità dell'UE anche migliorando il suo processo decisionale, modificando non solo le procedure, ma anche le maggioranze di votazione all'interno delle istituzioni che assumono le decisioni politiche, per esempio prevedendo il voto a maggioranza qualificata come la forma di votazione ordinaria in seno al Consiglio dell'UE.

Certo, come detto, è auspicabile – e probabile – che il Trattato di Lisbona non sia l'ultima tappa del progetto eurounitario, anche nel senso di rafforzare ulteriormente la sua democraticità, ma soprattutto l'incidenza delle sue competenze.

D'altro canto, che l'UE sia una democrazia stabilizzata, lo dimostra non secondariamente il significativo contributo che il progetto eurounitario ha dato in questi anni all'affermazione e al rafforzamento della democrazia e dei suoi valori all'interno degli Stati membri. Non si può infatti sottovalutare come l'UE sia stato determinante strumento per ribadire con forza quel patrimonio di diritti e valori tipico delle democrazie costituzionali, i quali sono icasticamente descritti già nel Preambolo al Trattato nonché nei principi fondamentali che tutti gli Stati – con e nell'UE – debbono accettare, rispettare e sempre più affermare.

Gli Autori

Carla Bassu insegna Diritto pubblico comparato nell'Università di Sassari.

Francesco Clementi insegna Diritto pubblico comparato nell'Università di Perugia.

Lorenzo Cuocolo insegna Diritto pubblico comparato nell'Università di Genova.

Tommaso Edoardo Frosini insegna Diritto pubblico comparato nell'Università Suor Orsola Benincasa di Napoli.

Claudio Martinelli insegna Diritto pubblico comparato nell'Università Bicocca di Milano.

Pier Luigi Petrillo insegna Diritto pubblico comparato nell'Università Unitelma Sapienza di Roma.

Andrea Pin insegna Diritto pubblico comparato nell'Università di Padova.

Edoardo Carlo Raffiotta insegna Diritto costituzionale nell'Università di Bologna.

Lucia Scaffardi insegna Diritto pubblico comparato nell'Università di Parma.

Fausto Vecchio insegna Diritto pubblico comparato nell'Università Kore di Enna.

Finito di stampare nel mese di marzo 2021
presso la Tipografia Casma, Bologna